XINGSHI ANJIAN GUANXIA GUIDING YU
LI'AN ZHUISU BIAOZHUN

刑事案件管辖规定与立案追诉标准

白永媛 编著

中国法制出版社
CHINA LEGAL PUBLISHING HOUSE

让刑事立案门槛清晰明朗

——《刑事案件管辖规定与立案追诉标准》编印记

刑事立案是刑事案件的入门程序，决定了侦查机关是否开展深层次的侦查活动，是对涉案的人、财、物采取强制措施的法律前提。就一个案件而言，侦查机关决定是否立案取决于两个方面：一是需要追究刑事责任的犯罪事实是否达到构罪标准，二是该侦查机关是否有权管辖。“秉纲而目自张，执本而末自从”，厘清刑事案件管辖规定和立案追诉标准是对侦查人员最基本的要求，是依法准确办理刑事案件的基础。

2008 年以来，最高人民检察院、公安部先后印发了三个关于公安机关管辖的刑事案件立案追诉标准的规定以及有关补充规定，在很大程度上解决了刑事执法中缺乏明确的立案追诉标准问题。然而法无常法，水无常形。近年来我国经济和社会发展日新月异，各种新的犯罪形态、新的犯罪手段不断涌现出来，传统犯罪也借助于新技术手段“花样翻新”。出于规制新型犯罪的需要，一系列刑法修正案和司法解释接连出台，最高人民法院、最高人民检察院、公安部诸多的批复、答复接踵而至，让一线执法者目不暇接。更让执法者无所适从的是很多司法解释、批复更新或者取代了原有的“立案追诉标准”，让“标准不再标准”。与之同时，监察法、刑事诉讼法、消防法、药品管理法相继出台、修改，对相关刑事案件的部门管辖也做出了相应调整。

这些变化让执法者曾经熟悉的刑事案件管辖和立案基本问题变得复杂起来。对于案件是属于公安机关管辖还是属于监察机关、检察院、法院管辖，构罪的标准是否有调整和变化，不仅使一线侦查员感到迷茫，就连天天“法条不离手”的法制民警也如履薄冰。侦查员有时花费了大量的精力开展调查，却最终发现不属于公安机关管辖，或者远未达到立案追诉标准。不仅做了无用功，更为可怕的是错误立案将引发错误的刑事拘留或者刑事查封、扣押、冻结，不自觉地侵害了公民合法的人身权益和财产权益，甚至导致国家赔偿、办案民警被追责等法律后果。

因此，笔者积极破解法律难题，将多年积累的丰富实践经验和最新的法律规范、司法解释相结合，力图让刑事立案的门槛清晰明朗起来，以解决侦查员的难点和痛点，快速判断是否构成刑事案件的基础问题。笔者立足实际，注重实效，希望为一线民警侦查办案提供“一站式”查询服务，框架结构采取简单列举式，清新悦目；法律依据紧随其后，一目了然；无须翻阅资料，省去反复比照，实现了“一书在手，标准无忧”。

本书不是法律法规和司法解释的简单汇编，也不做法律理论的分析探讨。直接阐明含义，指明一般标准，注明依据，指引办案民警解决最基础的入罪门槛问题。立案追诉标准一般按刑法条文的顺序排列，检索方便。一是突出时效性，坚持最新法律优先，坚持最新解释优先，坚持新标准优于老标准，把最新的法律法规和司法解释对构罪标准的调整及调整的依据采用说明和脚注的方式呈现给一线办案人员，力求说清讲明。二是突出全面性，从浩如烟海的法律法规、司法解释、批复、答复中逐一核对公安机关办理刑事案件的管辖和立案追诉标准，认真研究，系统总结。除了对最高人民检察院、公安部的立案追诉标准进行优化整合，还把与管辖、立案追诉标准有关的立法解释、司法解释节录选择，以及将部分易忽略的批复、答复汇编到本书中。

衷心希望本书的出版能为更多的执法人员在办理刑事案件过程中答疑解惑，减少和避免执法风险，减少和避免对公民合法权益的侵害，让人民群众在每一个案件中感受到公平正义。

目　　录

第一编　刑事案件管辖规定

第二编　公安机关管辖的刑事案件立案追诉标准

附录：相关司法解释与规范性文件

第一编　刑事案件管辖规定

《中华人民共和国刑事诉讼法》第二章使用了十个法条对刑事案件管辖问题进行规范，但这种规范是概念性、框架式的，可操作性不强。最高人民法院、最高人民检察院、公安部等部门先后出台了一系列司法解释和规范性文件，对刑事案件的管辖问题予以细化。随着司法体制改革的深入，特别是监察委成立后，刑事案件的管辖问题更加复杂，使得基层一线刑事执法过程中对于主办案件管辖问题亟须理顺。梳理相关的法律、司法解释和规范性文件，厘清管辖边界，明确案件主办单位是笔者编写本编的初衷。

刑事案件管辖从法理上划分为职能管辖、地域管辖、级别管辖、协商管辖、指定管辖。本编不再对相关概念进行专门论述，而是从执法实践层面予以整理。

第一章　刑事案件职能管辖分工

依据《中华人民共和国刑法》《中华人民共和国刑事诉讼法》《最高人民法院关于适用〈中华人民共和国刑事诉讼法〉的解释》《人民检察院刑事诉讼规则》《关于人民检察院立案侦查司法工作人员相关职务犯罪案件若干问题的规定》《公安机关办理刑事案件程序规定》及其他有关规定，将刑事案件管辖分工整理如下：

一、人民法院直接受理的案件

自诉案件，由人民法院受理。人民法院直接受理的自诉案件包括：

（一）告诉才处理的案件：

1. 侮辱、诽谤案（刑法第二百四十六条，但是严重危害社会秩序和国家利益的除外）；

2. 暴力干涉婚姻自由案（刑法第二百五十七条第一款）；

3. 虐待案（刑法第二百六十条第一款，但被害人没有能力告诉或者因受到强制、威吓无法告诉的除外）；

4. 侵占案（刑法第二百七十条）。

（二）人民检察院没有提起公诉，被害人有证据证明的轻微刑事案件：

1. 故意伤害案（刑法第二百三十四条第一款）；

2. 非法侵入住宅案（刑法第二百四十五条）；

3. 侵犯通信自由案（刑法第二百五十二条）；

4. 重婚案（刑法第二百五十八条）；

5. 遗弃案（刑法第二百六十一条）；

6. 生产、销售伪劣商品案（刑法分则第三章第一节，但严重危害社会秩序和国家利益的除外）；

7. 侵犯知识产权案（刑法分则第三章第七节，但严重危害社会秩序和国家利益的除外）；

8. 刑法分则第四章、第五章规定的，对被告人可能判处三年有期徒刑以下刑罚的案件。

以上规定的案件，被害人直接向人民法院起诉的，人民法院应当依法受理。对其中证据不足、可以由公安机关受理的，或者认为对被告人可能判处三年有期徒刑以上刑罚的，应当告知被害人向公安机关报案，或者移送公安机关立案侦查。

（三）被害人有证据证明对被告人侵犯自己人身、财产权利的行为应当依法追究刑事责任，且有证据证明曾经提出控告，而公安机关或者人民检察院不予追究被告人刑事责任的案件。

管辖依据

1.《中华人民共和国刑事诉讼法》第十九条第三款

2.《最高人民法院关于适用〈中华人民共和国刑事诉讼法〉的解释》(2021年1月26日　法释〔2021〕1号)[①] 第一条

---

① 本书中引用的规范后注明的时间一般指发布时间。

二、人民检察院侦查的案件

（一）对人民检察院在对诉讼活动实行法律监督中，发现司法工作人员涉嫌利用职权实施的下列侵犯公民权利、损害司法公正的犯罪案件，可以立案侦查：

1. 非法拘禁罪（刑法第二百三十八条）（非司法人员除外）；
2. 非法搜查罪（刑法第二百四十五条）（非司法人员除外）；
3. 刑讯逼供罪（刑法第二百四十七条）；
4. 暴力取证罪（刑法第二百四十七条）；
5. 虐待被监管人员罪（刑法第二百四十八条）；
6. 滥用职权罪（刑法第三百九十七条）（非司法工作人员滥用职权侵犯公民权利、损害司法公正的情形除外）；
7. 玩忽职守罪（刑法第三百九十七条）（非司法工作人员滥用职权侵犯公民权利、损害司法公正的情形除外）；
8. 徇私枉法罪（刑法第三百九十九条第一款）；
9. 民事、行政枉法裁判罪（刑法第三百九十九条第二款）；
10. 执行判决、裁定失职罪（刑法第三百九十九条第三款）；
11. 执行判决、裁定滥用职权罪（刑法第三百九十九条第三款）；
12. 私放在押人员罪（刑法第四百条第一款）；
13. 失职致使在押人员脱逃罪（刑法第四百条第二款）；
14. 徇私舞弊减刑、假释、暂予监外执行罪（刑法第四百零一条）

管辖依据

1.《中华人民共和国刑事诉讼法》第十九条第二款

2.《人民检察院刑事诉讼规则》（2019年12月30日　高检发释字〔2019〕4号）第十三条

3.《关于人民检察院立案侦查司法工作人员相关职务犯罪案件若干问题的规定》（2018年11月24日）

（二）对于公安机关管辖的国家机关工作人员利用职权实施的重大犯罪案件，需要由人民检察院直接受理的时候，经省级以上人民检察院决定，可以由人民检察院立案侦查。

管辖依据

1.《中华人民共和国刑事诉讼法》第十九条第二款

2.《人民检察院刑事诉讼规则》(2019 年 12 月 30 日　高检发释字〔2019〕4 号)第十三条

三、监察委员会管辖的案件

监察机关对下列公职人员和有关人员进行监察：

(一)中国共产党机关、人民代表大会及其常务委员会机关、人民政府、监察委员会、人民法院、人民检察院、中国人民政治协商会议各级委员会机关、民主党派机关和工商业联合会机关的公务员，以及参照《中华人民共和国公务员法》管理的人员；

(二)法律、法规授权或者受国家机关依法委托管理公共事务的组织中从事公务的人员；

(三)国有企业管理人员；

(四)公办的教育、科研、文化、医疗卫生、体育等单位中从事管理的人员；

(五)基层群众性自治组织中从事管理的人员；

(六)其他依法履行公职的人员。

人民法院、人民检察院、公安机关、审计机关等国家机关在工作中发现公职人员涉嫌贪污贿赂、失职渎职等职务违法或者职务犯罪的问题线索，应当移送监察机关，由监察机关依法调查处置。

被调查人既涉嫌严重职务违法或者职务犯罪，又涉嫌其他违法犯罪的，一般应当由监察机关为主调查，其他机关予以协助。

管辖依据

《中华人民共和国监察法》第十五条、第三十四条

四、国家安全机关侦查的案件

国家安全机关依照法律规定，办理危害国家安全的刑事案件，行使与公安机关相同的职权。

管辖依据

《中华人民共和国刑事诉讼法》第四条

五、军队保卫部门侦查的案件

军队保卫部门对军人违反职责的犯罪和军队内部发生的刑事案件行使侦查权。

（一）军人违反职责罪

1. 战时违抗命令罪（刑法第四百二十一条）；
2. 隐瞒、谎报军情罪（刑法第四百二十二条）；
3. 拒传、假传军令罪（刑法第四百二十二条）；
4. 投降罪（刑法第四百二十三条）；
5. 战时临阵脱逃罪（刑法第四百二十四条）；
6. 擅离、玩忽军事职守罪（刑法第四百二十五条）；
7. 阻碍执行军事职务罪（刑法第四百二十六条）；
8. 指使部属违反职责罪（刑法第四百二十七条）；
9. 违令作战消极罪（刑法第四百二十八条）；
10. 拒不救援友邻部队罪（刑法第四百二十九条）；
11. 军人叛逃罪（刑法第四百三十条）；
12. 非法获取军事秘密罪（刑法第四百三十一条第一款）；
13. 为境外窃取、刺探、收买、非法提供军事秘密罪（刑法第四百三十一条第二款）；
14. 故意泄露军事秘密罪（刑法第四百三十二条）；
15. 过失泄露军事秘密罪（刑法第四百三十二条）；
16. 战时造谣惑众罪（刑法第四百三十三条）；
17. 战时自伤罪（刑法第四百三十四条）；
18. 逃离部队罪（刑法第四百三十五条）；
19. 武器装备肇事罪（刑法第四百三十六条）；
20. 擅自改变武器装备编配用途罪（刑法第四百三十七条）；
21. 盗窃、抢夺武器装备、军用物资罪（刑法第四百三十八条）；
22. 非法出卖、转让武器装备罪（刑法第四百三十九条）；
23. 遗弃武器装备罪（刑法第四百四十条）；
24. 遗失武器装备罪（刑法第四百四十一条）；
25. 擅自出卖、转让军队房地产罪（刑法第四百四十二条）；
26. 虐待部属罪（刑法第四百四十三条）；

27. 遗弃伤病军人罪（刑法第四百四十四条）；
28. 战时拒不救治伤病军人罪（刑法第四百四十五条）；
29. 战时残害居民、掠夺居民财物罪（刑法第四百四十六条）；
30. 私放俘虏罪（刑法第四百四十七条）；
31. 虐待俘虏罪（刑法第四百四十八条）。

（二）军队内部发生的刑事案件

管辖依据

1. 《中华人民共和国刑事诉讼法》第三百零八条
2. 《公安机关办理刑事案件程序规定》（2020年7月20日）第十四条

六、监狱侦查的案件

对罪犯在监狱内犯罪的案件由监狱进行侦查。

管辖依据

1. 《中华人民共和国刑事诉讼法》第三百零八条
2. 《公安机关办理刑事案件程序规定》（2020年7月20日）第十四条

七、中国海警局侦查的案件

中国海警局履行海上维权执法职责，对海上发生的刑事案件行使侦查权。

海警部门管辖海（岛屿）岸线以外我国管辖海域内发生的刑事案件。对于发生在沿海港岙口、码头、滩涂、台轮停泊点等区域的，由公安机关管辖。

管辖依据

1. 《中华人民共和国刑事诉讼法》第三百零八条
2. 《公安机关办理刑事案件程序规定》（2020年7月20日）第十四条

八、公安机关管辖的刑事案件

刑事案件的侦查由公安机关进行，法律另有规定的除外。

管辖依据

《中华人民共和国刑事诉讼法》第十九条

第二章　刑事案件地域管辖

一、人民法院的地域管辖

（一）地域管辖的一般原则

1. 刑事案件由犯罪地的人民法院管辖。如果由被告人居住地的人民法院审判更为适宜的，可以由被告人居住地的人民法院管辖。

被告人的户籍地为其居住地。经常居住地与户籍地不一致的，经常居住地为其居住地。经常居住地为被告人被追诉前已连续居住一年以上的地方，但住院就医的除外。

被告单位登记的住所地为其居住地。主要营业地或者主要办事机构所在地与登记的住所地不一致的，主要营业地或者主要办事机构所在地为其居住地。

管辖依据

1.《中华人民共和国刑事诉讼法》第二十五条

2.《最高人民法院关于适用〈中华人民共和国刑事诉讼法〉的解释》（2021年1月26日　法释〔2021〕1号）第三条

2. 几个同级人民法院都有权管辖的案件，由最初受理的人民法院审判。在必要的时候，可以移送主要犯罪地的人民法院审判。

管辖依据

《中华人民共和国刑事诉讼法》第二十六条

（二）地域管辖的特殊规定

1. 在中华人民共和国内水、领海发生的刑事案件，由犯罪地或者被告人登陆地的人民法院管辖。由被告人居住地的人民法院审判更为适宜的，可以由被告人居住地的人民法院管辖。

2. 在列车上的犯罪，被告人在列车运行途中被抓获的，由前方停靠站所在地负责审判铁路运输刑事案件的人民法院管辖。必要时，也可以由始发站或者终点站所在地负责审判铁路运输刑事案件的人民法院管辖。

被告人不是在列车运行途中被抓获的，由负责该列车乘务的铁路公安机关对应的审判铁路运输刑事案件的人民法院管辖；被告人在列车运行途经车站被抓获的，也可以由该车站所在地负责审判铁路运输刑事案件的人民法院管辖。

3. 在国际列车上的犯罪，根据我国与相关国家签订的协定确定管辖；没有协定的，由该列车始发或者前方停靠的中国车站所在地负责审判铁路运输刑事案件的人民法院管辖。

4. 在中华人民共和国领域外的中国船舶内的犯罪，由该船舶最初停泊的中国口岸所在地或者被告人登陆地、入境地的人民法院管辖。

5. 在中华人民共和国领域外的中国航空器内的犯罪，由该航空器在中国最初降落地的人民法院管辖。

6. 中国公民在中国驻外使领馆内的犯罪，由其主管单位所在地或者原户籍地的人民法院管辖。

7. 中国公民在中华人民共和国领域外的犯罪，由其登陆地、入境地、离境前居住地或者现居住地的人民法院管辖；被害人是中国公民的，也可以由被害人离境前居住地或者现居住地的人民法院管辖。

8. 外国人在中华人民共和国领域外对中华人民共和国国家或者公民犯罪，根据《中华人民共和国刑法》应当受处罚的，由该外国人登陆地、入境地或者入境后居住地的人民法院管辖，也可以由被害人离境前居住地或者现居住地的人民法院管辖。

9. 对中华人民共和国缔结或者参加的国际条约所规定的罪行，中华人民共和国在所承担条约义务的范围内行使刑事管辖权的，由被告人被抓获地、登陆地或者入境地的人民法院管辖。

10. 正在服刑的罪犯在判决宣告前还有其他罪没有判决的，由原审地人民法院管辖；由罪犯服刑地或者犯罪地的人民法院审判更为适宜的，可以由罪犯服刑地或者犯罪地的人民法院管辖。

罪犯在服刑期间又犯罪的，由服刑地的人民法院管辖。

罪犯在脱逃期间又犯罪的，由服刑地的人民法院管辖。但是，在犯罪地抓获罪犯并发现其在脱逃期间犯罪的，由犯罪地的人民法院管辖。

管辖依据

《最高人民法院关于适用〈中华人民共和国刑事诉讼法〉的解释》（2021 年 1 月 26 日　法释〔2021〕1 号）第四条至第十三条

二、人民检察院的地域管辖

（一）《人民检察院刑事诉讼规则》第十三条[①]规定的案件，由犯罪嫌疑人工作单位所在地的人民检察院管辖。如果由其他人民检察院管辖更为适宜的，可以由其他人民检察院管辖。

（二）几个人民检察院都有权管辖的案件，由最初受理的人民检察院管辖。必要时，可以由主要犯罪地的人民检察院管辖。

管辖依据

《人民检察院刑事诉讼规则》（2019 年 12 月 30 日　高检发释字〔2019〕4 号）第十九条、第二十一条

三、公安机关的地域管辖

（一）地域管辖的一般原则

1. 刑事案件由犯罪地的公安机关管辖。如果由犯罪嫌疑人居住地的公安机关管辖更为适宜[②]的，可以由犯罪嫌疑人居住地的公安机关管辖。

犯罪地包括犯罪行为发生地和犯罪结果发生地。犯罪行为发生地，包括犯罪行为的实施地以及预备地、开始地、途经地、结束地等与犯罪行为有关的地点；犯罪行为有连续、持续或者继续状态的，犯罪行为连续、持续或者继续实施的地方都属于犯罪行为发生地。犯罪结果发生地，包括犯罪对象被侵害地、犯罪所得的实际取得地、藏匿地、转移地、使用地、销售地。

居住地包括户籍所在地、经常居住地。经常居住地是指公民离开户籍所在地最后连续居住一年以上的地方，但住院就医的除外。单位登记的住所地为其居住地。主要营业地或者主要办事机构所在地与登记的住所地不一致的，主要

---

① 《人民检察院刑事诉讼规则》第十三条规定，人民检察院在对诉讼活动实行法律监督中发现的司法工作人员利用职权实施的非法拘禁、刑讯逼供、非法搜查等侵犯公民权利、损害司法公正的犯罪，可以由人民检察院立案侦查。对于公安机关管辖的国家机关工作人员利用职权实施的重大犯罪案件，需要由人民检察院直接受理的，经省级以上人民检察院决定，可以由人民检察院立案侦查。

② “更为适宜”，一般是指：（1）犯罪嫌疑人流窜作案，主要犯罪地难以确定，而居住地群众更了解其犯罪情况的；（2）犯罪嫌疑人在居住地民愤很大，当地群众强烈要求在居住地进行审判的；（3）可能对犯罪嫌疑人判处管制或者适用缓刑，应当在犯罪嫌疑人居住地执行监督、考察的。参见孙茂利主编：《公安机关办理刑事案件程序规定释义与实务指南》，中国人民公安大学出版社 2020 年版，第 36 页。

营业地或者主要办事机构所在地为其居住地。

法律、司法解释或者其他规范性文件对有关犯罪案件的管辖作出特别规定的，从其规定。

管辖依据

《公安机关办理刑事案件程序规定》（2020年7月20日）第十五条、第十六条

2. 几个公安机关都有权管辖的刑事案件，由最初受理的公安机关管辖。必要时，可以由主要犯罪地的公安机关管辖。

管辖依据

《公安机关办理刑事案件程序规定》（2020年7月20日）第二十一条

3. 具有下列情形之一的，人民法院、人民检察院、公安机关可以在职责范围内并案侦查：

（1）一人犯数罪的；

（2）共同犯罪的；

（3）共同犯罪的犯罪嫌疑人、被告人还实施其他犯罪的；

（4）多个犯罪嫌疑人、被告人实施的犯罪存在关联，并案处理有利于查明犯罪事实的。

“更为适宜”，一般是指：（1）犯罪嫌疑人流窜作案，主要犯罪地难以确定，而居住地群众更了解其犯罪情况的；（2）犯罪嫌疑人在居住地民愤很大，当地群众强烈要求在居住地进行审判的；（3）可能对犯罪嫌疑人判处管制或者适用缓刑，应当在犯罪嫌疑人居住地执行监督、考察的。①

管辖依据

1. 《公安机关办理刑事案件程序规定》（2020年7月20日）第二十一条

2. 《最高人民法院、最高人民检察院、公安部、国家安全部、司法部、全国人大常委会法制工作委员会关于实施刑事诉讼法若干问题的规定》（2012年12月26日）第三条

（二）地域管辖的特殊规定

1. 针对或者主要利用计算机网络实施的犯罪，用于实施犯罪行为的网络服务使用的服务器所在地，网络服务提供者所在地，被侵害的网络信息系统及其管理者所在地，以及犯罪过程中犯罪嫌疑人、被害人使用的网络信息系

① 参见孙茂利主编：《公安机关办理刑事案件程序规定释义与实务指南》，中国人民公安大学出版社2020年版，第36页。

统所在地，被害人被侵害时所在地和被害人财产遭受损失地公安机关可以管辖。

2. 行驶中的交通工具上发生的刑事案件，由交通工具最初停靠地公安机关管辖；必要时，交通工具始发地、途经地、目的地公安机关也可以管辖。

3. 在中华人民共和国领域外的中国航空器内发生的刑事案件，由该航空器在中国最初降落地的公安机关管辖。

4. 中国公民在中国驻外使、领馆内的犯罪，由其主管单位所在地或者原户籍地的公安机关管辖。

中国公民在中华人民共和国领域外的犯罪，由其入境地、离境前居住地或者现居住地的公安机关管辖；被害人是中国公民的，也可由被害人离境前居住地或者现居住地的公安机关管辖。

管辖依据

《公安机关办理刑事案件程序规定》（2020 年 7 月 20 日）第十七条、第十八条、第十九条、第二十条

5. 经济犯罪案件

（1）非国家工作人员利用职务上的便利实施经济犯罪的，由犯罪嫌疑人工作单位所在地公安机关管辖。如果由犯罪行为实施地或者犯罪嫌疑人居住地的公安机关管辖更为适宜的，也可以由犯罪行为实施地或者犯罪嫌疑人居住地的公安机关管辖。

（2）几个公安机关都有权管辖的经济犯罪案件，由最初受理的公安机关管辖。必要时，可以由主要犯罪地的公安机关管辖。对管辖不明确或者有争议的，应当协商管辖；协商不成的，由共同的上级公安机关指定管辖。

主要利用通讯工具、互联网等技术手段实施的经济犯罪案件，由最初发现、受理的公安机关或者主要犯罪地的公安机关管辖。

管辖依据

《最高人民检察院、公安部关于公安机关办理经济犯罪案件的若干规定》（2017 年 11 月 24 日　公通字〔2017〕25 号）第九条、第十一条

第三章　刑事案件级别管辖

一、人民法院的级别管辖

基层人民法院管辖第一审普通刑事案件，但是依照本法由上级人民法院管辖的除外。

中级人民法院管辖下列第一审刑事案件：

1. 危害国家安全、恐怖活动案件；

2. 可能判处无期徒刑、死刑的案件。

高级人民法院管辖的第一审刑事案件，是全省（自治区、直辖市）性的重大刑事案件。

最高人民法院管辖的第一审刑事案件，是全国性的重大刑事案件。

管辖依据

《中华人民共和国刑事诉讼法》（2018 年 10 月 26 日）第二十条至第二十三条

二、人民检察院的级别管辖

1. 人民检察院办理直接受理侦查的案件，由设区的市级人民检察院立案侦查。基层人民检察院发现犯罪线索的，应当报设区的市级人民检察院决定立案侦查。

设区的市级人民检察院根据案件情况也可以将案件交由基层人民检察院立案侦查，或者要求基层人民检察院协助侦查。对于刑事执行派出检察院辖区内与刑事执行活动有关的犯罪线索，可以交由刑事执行派出检察院立案侦查。

最高人民检察院、省级人民检察院发现犯罪线索的，可以自行立案侦查，也可以将犯罪线索交由指定的省级人民检察院或者设区的市级人民检察院立案侦查。

2. 对《人民检察院刑事诉讼规则》第十三条第二款规定的案件，人民检察院需要直接立案侦查的，应当层报省级人民检察院决定。

报请省级人民检察院决定立案侦查的案件，应当制作提请批准直接受理书，写明案件情况以及需要由人民检察院立案侦查的理由，并附有关材料。

省级人民检察院应当在收到提请批准直接受理书后十日以内作出是否立案侦查的决定。省级人民检察院可以决定由设区的市级人民检察院立案侦查，也可以自行立案侦查。

3. 上级人民检察院在必要的时候，可以直接立案侦查或者组织、指挥、参与侦查下级人民检察院管辖的案件。下级人民检察院认为案情重大、复杂，需要由上级人民检察院立案侦查的案件，可以请求移送上级人民检察院立案侦查。

管辖依据

《人民检察院刑事诉讼规则》（2019 年 12 月 30 日　高检发释字〔2019〕4 号）第十四条、第十五条、第十六条

三、公安机关的级别管辖

（一）县级公安机关负责侦查发生在本辖区内的刑事案件。

设区的市一级以上公安机关负责下列犯罪中重大案件的侦查：

（1）危害国家安全犯罪；

（2）恐怖活动犯罪；

（3）涉外犯罪；

（4）经济犯罪；

（5）集团犯罪；

（6）跨区域犯罪。

上级公安机关认为有必要的，可以侦查下级公安机关管辖的刑事案件；下级公安机关认为案情重大需要上级公安机关侦查的刑事案件，可以请求上一级公安机关管辖。

管辖依据

《公安机关办理刑事案件程序规定》（2020 年 7 月 20 日）第二十四条

（二）涉嫌证券期货犯罪的第一审案件，由中级人民法院管辖，同级人民检察院负责提起公诉，地（市）级以上公安机关负责立案侦查。

管辖依据

《最高人民法院、最高人民检察院、公安部、中国证券监督管理委员会关于

办理证券期货违法犯罪案件工作若干问题的意见》（2011 年 4 月 27 日　证监发〔2011〕30 号）第十条

（三）外国人犯中华人民共和国缔结或者参加的国际条约规定的罪行后进入我国领域内的，由该外国人被抓获地的设区的市一级以上公安机关立案侦查。

管辖依据

《公安机关办理刑事案件程序规定》（2020 年 7 月 20 日）第三百六十四条

第四章　刑事案件协商管辖、指定管辖

一、人民法院

1. 管辖权发生争议的，应当在审理期限内协商解决；协商不成的，由争议的人民法院分别层报共同的上级人民法院指定管辖。

2. 上级人民法院可以指定下级人民法院审判管辖不明的案件，也可以指定下级人民法院将案件移送其他人民法院审判。

3. 有管辖权的人民法院因案件涉及本院院长需要回避或者其他原因，不宜行使管辖权的，可以请求移送上一级人民法院管辖。上一级人民法院可以管辖，也可以指定与提出请求的人民法院同级的其他人民法院管辖。

4. 管辖不明的案件，上级人民法院可以指定下级人民法院审判。

有关案件，由犯罪地、被告人居住地以外的人民法院审判更为适宜的，上级人民法院可以指定下级人民法院管辖。

管辖依据

1.《最高人民法院关于适用〈中华人民共和国刑事诉讼法〉的解释》(2021年1月26日　法释〔2021〕1号）第十九条第二款

2.《中华人民共和国刑事诉讼法》第二十七条

3.《最高人民法院关于适用〈中华人民共和国刑事诉讼法〉的解释》(2021年1月26日　法释〔2021〕1号）第十八条

4.《最高人民法院关于适用〈中华人民共和国刑事诉讼法〉的解释》(2021年1月26日　法释〔2021〕1号）第二十条

二、人民检察院

1. 对管辖不明确的案件，可以由有关人民检察院协商确定管辖。

2. 对于下列案件，上级人民检察院可以指定管辖：

（1）管辖有争议的案件；

（2）需要改变管辖的案件；

（3）需要集中管辖的特定类型的案件；

（4）其他需要指定管辖的案件。

对前款案件的审查起诉指定管辖的，人民检察院应当与相应的人民法院协商一致。对前款第三项案件的审查逮捕指定管辖的，人民检察院应当与相应的公安机关协商一致。

管辖依据

《人民检察院刑事诉讼规则》（2019 年 12 月 30 日　高检发释字〔2019〕4 号）第二十条、第二十二条

三、公安机关

1. 对管辖不明确或者有争议的刑事案件，可以由有关公安机关协商。协商不成的，由共同的上级公安机关指定管辖。

对情况特殊的刑事案件，可以由共同的上级公安机关指定管辖。

提请上级公安机关指定管辖时，应当在有关材料中列明犯罪嫌疑人基本情况、涉嫌罪名、案件基本事实、管辖争议情况、协商情况和指定管辖理由，经公安机关负责人批准后，层报有权指定管辖的上级公安机关。

管辖依据

《公安机关办理刑事案件程序规定》（2020 年 7 月 20 日）第二十二条

2. 辩护人实施干扰诉讼活动行为，涉嫌犯罪，属于公安机关管辖的，应当由办理辩护人所承办案件的公安机关报请上一级公安机关指定其他公安机关立案侦查，或者由上一级公安机关立案侦查。不得指定原承办案件公安机关的下级公安机关立案侦查。辩护人是律师的，立案侦查的公安机关应当及时通知其所在的律师事务所、所属的律师协会以及司法行政机关。

管辖依据

1.《公安机关办理刑事案件程序规定》（2020 年 7 月 20 日）第五十六条

2.《中华人民共和国刑事诉讼法》第四十四条

3. 指定管辖的程序

上级公安机关指定管辖的，应当将《指定管辖决定书》分别送达被指定管辖的公安机关和其他有关的公安机关。

原受理案件的公安机关，在收到上级公安机关指定其他公安机关管辖的决定书后，不再行使管辖权，同时应当将犯罪嫌疑人、涉案财物以及案卷材料等

移送被指定管辖的公安机关。

对指定管辖的案件，需要逮捕犯罪嫌疑人的，由被指定管辖的公安机关提请同级人民检察院审查批准；需要提起公诉的，由该公安机关移送同级人民检察院审查决定。

管辖依据

《公安机关办理刑事案件程序规定》（2020 年 7 月 20 日）第二十三条

第五章　公安机关与其他部门互涉案件的管辖

一、公安机关、人民检察院、人民法院等机关和监察机关互涉案件的管辖

1. 人民法院、人民检察院、公安机关、审计机关等国家机关在工作中发现公职人员涉嫌贪污贿赂、失职渎职等职务违法或者职务犯罪的问题线索，应当移送监察机关，由监察机关依法调查处置。

被调查人既涉嫌严重职务违法或者职务犯罪，又涉嫌其他违法犯罪的，一般应当由监察机关为主调查，其他机关予以协助。

2. 人民检察院办理直接受理侦查的案件，发现犯罪嫌疑人同时涉嫌监察机关管辖的职务犯罪线索的，应当及时与同级监察机关沟通。

经沟通，认为全案由监察机关管辖更为适宜的，人民检察院应当将案件和相应职务犯罪线索一并移送监察机关；认为由监察机关和人民检察院分别管辖更为适宜的，人民检察院应当将监察机关管辖的相应职务犯罪线索移送监察机关，对依法由人民检察院管辖的犯罪案件继续侦查。

人民检察院应当及时将沟通情况报告上一级人民检察院。沟通期间不得停止对案件的侦查。

3. 公安机关侦查的刑事案件的犯罪嫌疑人涉及监察机关管辖的案件时，应当及时与同级监察机关协商，一般应当由监察机关为主调查，公安机关予以协助。

管辖依据

1.《中华人民共和国监察法》（2018 年 3 月 20 日）第三十四条

2.《人民检察院刑事诉讼规则》（2019 年 12 月 30 日　高检发释字〔2019〕4 号）第十七条

3.《公安机关办理刑事案件程序规定》（2020 年 7 月 20 日）第二十九条

二、公安机关与人民法院互涉案件的管辖

人民检察院没有提起公诉，被害人有证据证明的下列轻微刑事案件，人民

法院应当受理：故意伤害案（刑法第二百三十四条第一款），非法侵入住宅案（刑法第二百四十五条），侵犯通信自由案（刑法第二百五十二条），重婚案（刑法第二百五十八条），遗弃案（刑法第二百六十一条），生产、销售伪劣商品案（刑法分则第三章第一节规定的，但严重危害社会秩序和国家利益的除外），侵犯知识产权案（刑法分则第三章第七节规定的，但严重危害社会秩序和国家利益的除外），刑法分则第四章、第五章规定的，对被告人可能判处三年有期徒刑以下刑罚的案件。

上述案件，被害人直接向人民法院起诉的，人民法院应当依法受理。对其中证据不足、可以由公安机关受理的，或者认为对被告人可能判处三年有期徒刑以上刑罚的，应当告知被害人向公安机关报案，或者移送公安机关立案侦查。

管辖依据

《最高人民法院关于适用〈中华人民共和国刑事诉讼法〉的解释》（2021 年 1 月 26 日　法释〔2021〕1 号）第一条

三、公安机关与人民检察院互涉案件的管辖

1. 公安机关侦查的刑事案件涉及人民检察院管辖的案件时，应当将属于人民检察院管辖的刑事案件移送人民检察院。涉嫌主罪属于公安机关管辖的，由公安机关为主侦查；涉嫌主罪属于人民检察院管辖的，公安机关予以配合。

公安机关侦查的刑事案件涉及其他侦查机关管辖的案件时，参照前款规定办理。

2. 人民检察院办理直接受理侦查的案件涉及公安机关管辖的刑事案件，应当将属于公安机关管辖的刑事案件移送公安机关。如果涉嫌的主罪属于公安机关管辖，由公安机关为主侦查，人民检察院予以配合；如果涉嫌的主罪属于人民检察院管辖，由人民检察院为主侦查，公安机关予以配合。

对于一人犯数罪、共同犯罪、共同犯罪的犯罪嫌疑人还实施其他犯罪、多个犯罪嫌疑人实施的犯罪存在关联，并案处理有利于查明案件事实和诉讼进行的，人民检察院可以在职责范围内对相关犯罪案件并案处理。

管辖依据

1. 《公安机关办理刑事案件程序规定》（2020 年 7 月 20 日）第三十条

2. 《人民检察院刑事诉讼规则》（2019 年 12 月 30 日　高检发释字〔2019〕4 号）第十八条

四、公安机关与军队互涉案件的管辖

办理军队和地方互涉刑事案件，依据《办理军队和地方互涉刑事案件规定》办理。

（一）本规定适用于下列案件：

1. 军人与地方人员共同犯罪的；

2. 军人在营区外犯罪的；

3. 军人在营区侵害非军事利益犯罪的；

4. 地方人员在营区犯罪的；

5. 地方人员在营区外侵害军事利益犯罪的；

6. 其他需要军队和地方协作办理的案件。

（二）对军人的侦查、起诉、审判，由军队保卫部门、军事检察院、军事法院管辖。军队文职人员、非现役公勤人员、在编职工、由军队管理的离退休人员，以及执行军事任务的预备役人员和其他人员，按照军人确定管辖。

对地方人员的侦查、起诉、审判，由地方公安机关、国家安全机关、人民检察院、人民法院管辖。列入中国人民武装警察部队序列的公安边防、消防、警卫部队人员，按照地方人员确定管辖①。

（三）发生在营区的案件，由军队保卫部门或者军事检察院立案侦查；其中犯罪嫌疑人不明确且侵害非军事利益的，由军队保卫部门或者军事检察院与地方公安机关或者国家安全机关、人民检察院，按照管辖分工共同组织侦查，查明犯罪嫌疑人属于地方人员的，移交地方公安机关或者国家安全机关、人民检察院处理。

发生在营区外的案件，由地方公安机关或者国家安全机关、人民检察院立案侦查；查明犯罪嫌疑人属于军人的，移交军队保卫部门或者军事检察院处理。

（四）军队和地方共同使用的营房、营院、机场、码头等区域发生的案件，发生在军队管理区域的，按照发生在营区的案件的规定办理；发生在地方管理区域的，按照发生在营区外的案件的规定办理。管理区域划分不明确的，由军队和地方主管机关协商办理。

军队在地方国家机关和单位设立的办公场所、对外提供服务的场所、实行

---

① 根据2018年3月21日中共中央印发的《深化党和国家机构改革方案》和2018年3月17日第十三届全国人民代表大会第一次会议通过的《关于国务院机构改革方案的决定》，公安边防部队、公安消防部队、公安警卫部队，不再列入武装警察部队序列，全部退出现役。

物业化管理的住宅小区，以及在地方执行警戒勤务任务的部位、住处发生的案件，按照发生在营区外的案件的规定办理。

（五）军人入伍前涉嫌犯罪需要依法追究刑事责任的，由地方公安机关、国家安全机关、人民检察院提供证据材料，送交军队军级以上单位保卫部门、军事检察院审查后，移交地方公安机关、国家安全机关、人民检察院处理。

军人退出现役后，发现其在服役期内涉嫌犯罪的，由地方公安机关、国家安全机关、人民检察院处理；但涉嫌军人违反职责罪的，由军队保卫部门、军事检察院处理。

（六）军地互涉案件管辖不明确的，由军队军区级以上单位保卫部门、军事检察院、军事法院与地方省级公安机关、国家安全机关、人民检察院、人民法院协商确定管辖；管辖有争议或者情况特殊的案件，由总政治部保卫部与公安部、国家安全部协商确定，或者由解放军军事检察院、解放军军事法院报请最高人民检察院、最高人民法院指定管辖。

（七）军队保卫部门、军事检察院、军事法院和地方公安机关、国家安全机关、人民检察院、人民法院对于军地互涉案件的报案、控告、举报或者犯罪嫌疑人自首的，都应当接受。对于不属于自己管辖的，应当移送主管机关处理，并通知报案人、控告人、举报人；对于不属于自己管辖而又必须采取紧急措施的，应当先采取紧急措施，然后移送主管机关处理。

（八）军人在营区外作案被当场抓获或者有重大犯罪嫌疑的，地方公安机关、国家安全机关、人民检察院可以对其采取紧急措施，二十四小时内通知军队有关部门，及时移交军队保卫部门、军事检察院处理；地方人员在营区作案被当场抓获或者有重大犯罪嫌疑的，军队保卫部门、军事检察院可以对其采取紧急措施，二十四小时内移交地方公安机关、国家安全机关、人民检察院处理。

（九）地方人员涉嫌非法生产、买卖军队制式服装，伪造、盗窃、买卖或者非法提供、使用军队车辆号牌等专用标志，伪造、变造、买卖或者盗窃、抢夺军队公文、证件、印章，非法持有属于军队绝密、机密的文件、资料或者其他物品，冒充军队单位和人员犯罪等被军队当场查获的，军队保卫部门可以对其采取紧急措施，核实身份后二十四小时内移交地方公安机关处理。

（十）战时发生的侵害军事利益或者危害军事行动安全的军地互涉案件，军队保卫部门、军事检察院可先行对涉嫌犯罪的地方人员进行必要的调查和采取相应的强制措施。查清主要犯罪事实后，移交地方公安机关、国家安全机关、人民检察院处理。

本规定所称军人，是指中国人民解放军的现役军官、文职干部、士兵及具有军籍的学员和中国人民武装警察部队的现役警官、文职干部、士兵及具有军籍的学员；军人身份自批准入伍之日获取，批准退出现役之日终止。

本规定所称营区，是指由军队管理使用的区域，包括军事禁区、军事管理区，以及军队设立的临时驻地等。

管辖依据

《办理军队和地方互涉刑事案件规定》（2009年5月1日　政保〔2009〕1号）

五、公安机关与监狱互涉案件的管辖

（一）对监狱在押罪犯与监狱工作人员（监狱警察、工人）或者狱外人员共同犯罪案件，涉案的在押罪犯由监狱立案侦查，涉案的监狱工作人员或者狱外人员由人民检察院①或者公安机关立案侦查，在侦查过程中，双方应当相互协作。侦查终结后，需要追究刑事责任的，由侦查机关分别向当地人民检察院移送审查起诉。如果案件适宜合并起诉的，有关人民检察院可以并案向人民法院提起公诉。

（二）罪犯在监狱内犯罪，办理案件期间该罪犯原判刑期即将届满需要逮捕的，在侦查阶段由监狱在刑期届满前提请人民检察院审查批准逮捕，在审查起诉阶段由人民检察院决定逮捕，在审判阶段由人民法院决定逮捕；批准或者决定逮捕后，监狱将被逮捕人送监狱所在地看守所羁押。

（三）罪犯在监狱内犯罪，假释期间被发现的，由审判新罪的人民法院撤销假释，并书面通知原裁定假释的人民法院和社区矫正机构。撤销假释的决定作出前，根据案件情况需要逮捕的，由人民检察院或者人民法院批准或者决定逮捕，公安机关执行逮捕，并将被逮捕人送监狱所在地看守所羁押，同时通知社区矫正机构。刑满释放后被发现，需要逮捕的，由监狱提请人民检察院审查批准逮捕，公安机关执行逮捕后，将被逮捕人送监狱所在地看守所羁押。

（四）在押罪犯脱逃后未实施其他犯罪的，由监狱立案侦查，公安机关抓获后通知原监狱押回，监狱所在地人民检察院审查起诉。罪犯脱逃期间又实施其他犯罪，在捕回监狱前发现的，由新罪犯罪地公安机关侦查新罪，并通知监狱；监狱对脱逃罪侦查终结后移送管辖新罪的公安机关，由公安机关一并移送当地人民检察院审查起诉，人民法院判决后，送当地监狱服刑，罪犯服刑的原

① 涉案的监狱工作人员或者狱外人员，应当按照职能管辖的规定，确定由人民检察院或者监察委员会立案侦查。

监狱应当配合。

（五）监狱办理罪犯在监狱内犯罪案件，需要相关刑事技术支持的，由监狱所在地公安机关提供协助。需要在监狱外采取侦查措施的，应当通报当地公安机关，当地公安机关应当协助实施。

管辖依据

《关于监狱办理刑事案件有关问题的规定》（2014 年 8 月 11 日　司发通〔2014〕80 号）

第六章　部分特殊刑事案件的管辖

一、非法集资刑事案件

办理跨区域非法集资刑事案件，如果多个公安机关都有权立案侦查的，一般由主要犯罪地公安机关作为案件主办地，对主要犯罪嫌疑人立案侦查和移送审查起诉；由其他犯罪地公安机关作为案件分办地根据案件具体情况，对本地区犯罪嫌疑人立案侦查和移送审查起诉。

管辖不明或者有争议的，按照有利于查清犯罪事实、有利于诉讼的原则，由其共同的上级公安机关协调确定或者指定有关公安机关作为案件主办地立案侦查。需要提请批准逮捕、移送审查起诉、提起公诉的，由分别立案侦查的公安机关所在地的人民检察院、人民法院受理。

对于重大、疑难、复杂的跨区域非法集资刑事案件，公安机关应当在协调确定或者指定案件主办地立案侦查的同时，通报同级人民检察院、人民法院。人民检察院、人民法院参照前款规定，确定主要犯罪地作为案件主办地，其他犯罪地作为案件分办地，由所在地的人民检察院、人民法院负责起诉、审判。

本条规定的“主要犯罪地”，包括非法集资活动的主要组织、策划、实施地，集资行为人的注册地、主要营业地、主要办事机构所在地，集资参与人的主要所在地等。

管辖依据

《最高人民法院、最高人民检察院、公安部关于办理非法集资刑事案件若干问题的意见》（2019 年 1 月 30 日　高检会〔2019〕2 号）第七条

二、假币犯罪案件

根据刑事诉讼法的有关规定，假币犯罪案件的地域管辖应当遵循以犯罪地管辖为主，犯罪嫌疑人居住地管辖为辅的原则。假币犯罪案件的犯罪地，既包

括犯罪预谋地、行为发生地，也包括运输假币的途径地。假币犯罪案件中的犯罪嫌疑人居住地，不仅包括犯罪嫌疑人经常居住地和户籍所在地，也包括其临时居住地。

几个公安机关都有权管辖的假币犯罪案件，由最初立案地或者主要犯罪地公安机关管辖；对管辖有争议或者情况特殊的，由共同的上级公安机关指定管辖。如需人民检察院、人民法院指定管辖的，公安机关要及时提出相关建议。如审查需要指定的，人民检察院、人民法院要依法指定管辖。

管辖依据

《最高人民法院、最高人民检察院、公安部关于严厉打击假币犯罪活动的通知》（2009 年 9 月 15 日　公通字〔2009〕45 号）第二条

三、信用卡诈骗犯罪案件

对以窃取、收买等手段非法获取他人信用卡信息资料后在异地使用的信用卡诈骗犯罪案件，持卡人信用卡申领地的公安机关、人民检察院、人民法院可以依法立案侦查、起诉、审判。

管辖依据

《最高人民法院、最高人民检察院、公安部关于信用卡诈骗犯罪管辖有关问题的通知》（2011 年 8 月 8 日　公通字〔2011〕29 号）

四、危害税收征管犯罪案件

1. 逃税案、逃避追缴欠税案。

纳税人为根据法律、行政法规规定应当向税务机关办理税务登记的，由税务登记机关所在地县级以上公安机关管辖。如果由纳税义务发生地公安机关管辖更为适宜的，可以由纳税义务发生地县级以上公安机关管辖；纳税人为根据法律、行政法规规定不需要向税务机关办理税务登记的，由纳税义务发生地或其他法定纳税地县级以上公安机关管辖。

扣缴义务人逃税案适用前款规定。

2. 抗税案。由抗税行为发生地县级以上公安机关管辖。

3. 骗取出口退税案。由骗取出口退税地县级以上公安机关管辖，其他涉案地公安机关予以配合。

4. 虚开增值税专用发票、用于骗取出口退税、抵扣税款发票案。

为他人虚开案件，由开票企业税务登记机关所在地县级以上公安机关管辖；

为自己虚开案件、让他人为自己虚开案件，由受票企业税务登记机关所在地县级以上公安机关管辖；介绍他人虚开案件，可以与为他人虚开案件、让他人为自己虚开案件并案处理。

对于自然人实施的前款规定的虚开案件，由虚开地县级以上公安机关管辖。如果几个公安机关都有权管辖的，由最初受理的公安机关管辖；必要时，可以由主要犯罪地县级以上公安机关管辖。

对为他人虚开、为自己虚开、让他人为自己虚开、介绍他人虚开等几种情况交织在一起，且几个公安机关都有权管辖的，由最初受理的公安机关管辖；必要时，由票源集中地或者虚开行为集中企业的税务登记机关所在地县级以上公安机关管辖。

5. 伪造增值税专用发票案，非法制造用于骗取出口退税、抵扣税款发票案，非法制造发票案，由伪造地、非法制造地县级以上公安机关管辖。

6. 出售伪造的增值税专用发票案，购买伪造的增值税专用发票案，出售非法制造的用于骗取出口退税、抵扣税款发票案，出售非法制造的发票案，由出售地、购买地县级以上公安机关管辖；在办理本条规定的案件过程中，发现伪造地、非法制造地的，由最初受理的公安机关管辖，伪造地、非法制造地公安机关予以配合。如果由伪造地、非法制造地公安机关管辖更为适宜的，可以将案件移交伪造地、非法制造地县级以上公安机关管辖。

7. 非法出售增值税专用发票案，非法购买增值税专用发票案，非法出售用于骗取出口退税、抵扣税款发票案，非法出售发票案，由出售地、购买地县级以上公安机关管辖。如果由最初受理的公安机关管辖更为适宜的，由最初受理的公安机关管辖；必要时，可以将案件移交票源集中地县级以上公安机关管辖。

8. 对于本规定第一条至第七条规定的案件，如果由犯罪嫌疑人居住地公安机关管辖更为适宜的，由犯罪嫌疑人居住地县级以上公安机关管辖。

9. 对于本规定第一条至第七条规定的案件，凡是属于重大涉外犯罪、重大集团犯罪和下级公安机关侦破有困难的严重刑事案件，由地（市）级以上公安机关管辖。

10. 对管辖不明确或者几个公安机关都有权管辖的案件，可以由有关公安机关协商确定管辖。对管辖有争议或者情况特殊的案件，可以由共同的上级公安机关指定管辖。

11. 上级公安机关可以指定下级公安机关立案侦查管辖不明确或者需要改

变管辖的案件。下级公安机关认为案情重大、复杂，需要由上级公安机关侦查的案件，可以请求移送上级公安机关侦查。

管辖依据

《公安机关办理危害税收征管刑事案件管辖若干问题的规定》（2004 年 2 月 19 日　公通字〔2004〕12 号）①

五、侵犯知识产权犯罪案件

侵犯知识产权犯罪案件由犯罪地公安机关立案侦查。必要时，可以由犯罪嫌疑人居住地公安机关立案侦查。

侵犯知识产权犯罪案件的犯罪地，包括侵权产品制造地、储存地、运输地、销售地，传播侵权作品、销售侵权产品的网站服务器所在地、网络接入地、网站建立者或者管理者所在地，侵权作品上传者所在地，权利人受到实际侵害的犯罪结果发生地。

对有多个侵犯知识产权犯罪地的，由最初受理的公安机关或者主要犯罪地的公安机关管辖。多个知识产权犯罪地的公安机关对管辖有争议的，由共同的的上级公安机关指定管辖，需要提请批准逮捕、移送审查起诉、提起公诉的，由该公安机关所在地的同级人民检察院、人民法院受理。

对于不同犯罪嫌疑人、犯罪团伙跨地区实施的涉及同一批侵权产品的制造、储存、运输、销售等侵犯知识产权犯罪行为，符合并案处理要求的，有关公安机关可以一并立案侦查，需要提请批准逮捕、移送审查起诉、提起公诉的，由该公安机关所在地的同级人民检察院、人民法院受理。

管辖依据

《最高人民法院、最高人民检察院、公安部关于办理侵犯知识产权刑事案件适用法律若干问题的意见》（2011 年 1 月 10 日　法发〔2011〕3 号）第一条

六、非法从事资金支付结算业务、非法买卖外汇刑事案件（非法经营罪）

非法从事资金支付结算业务、非法买卖外汇刑事案件中的犯罪地，包括犯罪嫌疑人、被告人用于犯罪活动的账号开立地、资金接收地、资金过渡账户开

---

① 载青岛政务网，http：//www. qingdao. gov. cn/n172/n24624151/n24625695/n24625709/n24625723/120908193330685677. html，最后访问时间：2021 年 2 月 2 日。

立地、资金账户操作地，以及资金交易对手资金交付和汇出地等。

管辖依据

《最高人民法院、最高人民检察院关于办理非法从事资金支付结算业务、非法买卖外汇刑事案件适用法律若干问题的解释》（2019 年 1 月 31 日　法释〔2019〕1 号）第十条

七、证券期货犯罪案件

涉嫌证券期货犯罪的第一审案件，由中级人民法院管辖，同级人民检察院负责提起公诉，地（市）级以上公安机关负责立案侦查。

管辖依据

《最高人民法院、最高人民检察院、公安部、中国证券监督管理委员会关于办理证券期货违法犯罪案件工作若干问题的意见》（2011 年 4 月 27 日　证监发〔2011〕30 号）第十条

八、虚假诉讼案件

虚假诉讼刑事案件由虚假民事诉讼案件的受理法院所在地或者执行法院所在地人民法院管辖。有刑法第三百零七条之一第四款情形的，上级人民法院可以指定下级人民法院将案件移送其他人民法院审判。

管辖依据

《最高人民法院、最高人民检察院关于办理虚假诉讼刑事案件适用法律若干问题的解释》（2018 年 9 月 26 日　法释〔2018〕17 号）第十条

九、拒不执行判决、裁定案件

拒不执行判决、裁定刑事案件，一般由执行法院所在地人民法院管辖。

管辖依据

《最高人民法院关于审理拒不执行判决、裁定刑事案件适用法律若干问题的解释》（2015 年 7 月 20 日　法释〔2015〕16 号）第五条

十、拐卖妇女、儿童犯罪案件

拐卖妇女、儿童犯罪案件依法由犯罪地的司法机关管辖。拐卖妇女、儿童犯罪的犯罪地包括拐出地、中转地、拐入地以及拐卖活动的途经地。如果由犯

罪嫌疑人、被告人居住地的司法机关管辖更为适宜的，可以由犯罪嫌疑人、被告人居住地的司法机关管辖。

几个地区的司法机关都有权管辖的，一般由最先受理的司法机关管辖。犯罪嫌疑人、被告人或者被拐卖的妇女、儿童人数较多，涉及多个犯罪地的，可以移送主要犯罪地或者主要犯罪嫌疑人、被告人居住地的司法机关管辖。

相对固定的多名犯罪嫌疑人、被告人分别在拐出地、中转地、拐入地实施某一环节的犯罪行为，犯罪所跨地域较广，全案集中管辖有困难的，可以由拐出地、中转地、拐入地的司法机关对不同犯罪分子分别实施的拐出、中转、拐入犯罪行为分别管辖。

对管辖权发生争议的，争议各方应当本着有利于迅速查清犯罪事实，及时解救被拐卖的妇女、儿童，以及便于起诉、审判的原则，在法定期间内尽快协商解决；协商不成的，报请共同的上级机关确定管辖。

正在侦查中的案件发生管辖权争议的，在上级机关作出管辖决定前，受案机关不得停止侦查工作。

管辖依据

最高人民法院、最高人民检察院、公安部、司法部《关于依法惩治拐卖妇女儿童犯罪的意见》（2010 年 3 月 15 日　法发〔2010〕7 号）第二条

十一、毒品犯罪案件

根据刑事诉讼法的规定，毒品犯罪案件的地域管辖，应当坚持以犯罪地管辖为主、被告人居住地管辖为辅的原则。

“犯罪地”包括犯罪预谋地，毒资筹集地，交易进行地，毒品生产地，毒资、毒赃和毒品的藏匿地、转移地，走私或者贩运毒品的目的地以及犯罪嫌疑人被抓获地等。

“被告人居住地”包括被告人常住地、户籍地及其临时居住地。

对怀孕、哺乳期妇女走私、贩卖、运输毒品案件，查获地公安机关认为移交其居住地管辖更有利于采取强制措施和查清犯罪事实的，可以报请共同的上级公安机关批准，移送犯罪嫌疑人居住地公安机关办理，查获地公安机关应继续配合。

公安机关对侦办跨区域毒品犯罪案件的管辖权有争议的，应本着有利于查清犯罪事实，有利于诉讼，有利于保障案件侦查安全的原则，认真协商解决。经协商无法达成一致的，报共同的上级公安机关指定管辖。对即将侦查终结的

跨省（自治区、直辖市）重大毒品案件，必要时可由公安部商最高人民法院和最高人民检察院指定管辖。

为保证及时结案，避免超期羁押，人民检察院对于公安机关移送审查起诉的案件，人民法院对于已进入审判程序的案件，被告人及其辩护人提出管辖异议或者办案单位发现没有管辖权的，受案人民检察院、人民法院经审查可以依法报请上级人民检察院、人民法院指定管辖，不再自行移送有管辖权的人民检察院、人民法院。

管辖依据

最高人民法院、最高人民检察院、公安部《办理毒品犯罪案件适用法律若干问题的意见》（2007 年 12 月 18 日　公通字〔2007〕84 号）第一条

十二、网络犯罪案件

1. 网络犯罪案件由犯罪地的公安机关立案侦查。必要时，可以由犯罪嫌疑人居住地公安机关立案侦查。

网络犯罪案件的犯罪地包括用于实施犯罪行为的网站服务器所在地，网络接入地，网站建立者、管理者所在地，被侵害的计算机信息系统或其管理者所在地，犯罪嫌疑人、被害人使用的计算机信息系统所在地，被害人被侵害时所在地，以及被害人财产遭受损失地等。

涉及多个环节的网络犯罪案件，犯罪嫌疑人为网络犯罪提供帮助的，其犯罪地或者居住地公安机关可以立案侦查。

2. 有多个犯罪地的网络犯罪案件，由最初受理的公安机关或者主要犯罪地公安机关立案侦查。有争议的，按照有利于查清犯罪事实、有利于诉讼的原则，由共同上级公安机关指定有关公安机关立案侦查。

3. 具有下列情形之一的，有关公安机关可以在其职责范围内并案侦查，需要提请批准逮捕、移送审查起诉、提起公诉的，由该公安机关所在地的人民检察院、人民法院受理：

（1）一人犯数罪的；

（2）共同犯罪的；

（3）共同犯罪的犯罪嫌疑人、被告人还实施其他犯罪的；

（4）多个犯罪嫌疑人、被告人实施的犯罪存在关联，并案处理有利于查明案件事实的。

4. 对因网络交易、技术支持、资金支付结算等关系形成多层次链条、跨区

域的网络犯罪案件，共同上级公安机关可以按照有利于查清犯罪事实，有利于诉讼的原则，指定有关公安机关一并立案侦查。需要提请批准逮捕、移送审查起诉、提起公诉的，由该公安机关所在地的人民检察院、人民法院受理。

5. 具有特殊情况，由异地公安机关立案侦查更有利于查清犯罪事实、保证案件公正处理的跨省（自治区、直辖市）重大网络犯罪案件，可以由公安部商最高人民检察院和最高人民法院指定管辖。

6. 人民检察院对于公安机关移送审查起诉的网络犯罪案件，发现犯罪嫌疑人还有犯罪被其他公安机关立案侦查的，应当通知移送审查起诉的公安机关。人民法院受理案件后，发现被告人还有犯罪被其他公安机关立案侦查的，可以建议人民检察院补充侦查。人民检察院经审查，认为需要补充侦查的，应当通知移送审查起诉的公安机关。经人民检察院通知，有关公安机关根据案件具体情况，可以对犯罪嫌疑人所犯其他犯罪并案侦查。

7. 为保证及时结案，避免超期羁押，人民检察院对于公安机关提请批准逮捕、移送审查起诉的网络犯罪案件，第一审人民法院对于已经受理的网络犯罪案件，经审查发现没有管辖权的，可以依法报请共同上级人民检察院、人民法院指定管辖。

8. 部分犯罪嫌疑人在逃，但不影响对已到案共同犯罪嫌疑人、被告人的犯罪事实认定的网络犯罪案件，可以依法先行追究已到案共同犯罪嫌疑人、被告人的刑事责任。在逃的共同犯罪嫌疑人、被告人归案后，可以由原公安机关、人民检察院、人民法院管辖其所涉及的案件。

管辖依据

《最高人民法院、最高人民检察院、公安部关于办理网络犯罪案件适用刑事诉讼程序若干问题的意见》（2014 年 5 月 4 日　公通字〔2014〕10 号）第二条

十三、网络赌博犯罪案件

网络赌博犯罪案件的地域管辖，应当坚持以犯罪地管辖为主、被告人居住地管辖为辅的原则。

“犯罪地”包括赌博网站服务器所在地，网络接入地，赌博网站建立者、管理者所在地，以及赌博网站代理人、参赌人实施网络赌博行为地等。

公安机关对侦办跨区域网络赌博犯罪案件的管辖权有争议的，应本着有利于查清犯罪事实、有利于诉讼的原则，认真协商解决。经协商无法达成一致的，报共同的上级公安机关指定管辖。对即将侦查终结的跨省（自治区、直辖市）

重大网络赌博案件，必要时可由公安部商最高人民法院和最高人民检察院指定管辖。

为保证及时结案，避免超期羁押，人民检察院对于公安机关提请审查逮捕、移送审查起诉的案件，人民法院对于已进入审判程序的案件，犯罪嫌疑人、被告人及其辩护人提出管辖异议或者办案单位发现没有管辖权的，受案人民检察院、人民法院经审查可以依法报请上级人民检察院、人民法院指定管辖，不再自行移送有管辖权的人民检察院、人民法院。

管辖依据

《最高人民法院、最高人民检察院、公安部关于办理网络赌博犯罪案件适用法律若干问题的意见》（2010 年 8 月 31 日　公通字〔2010〕40 号）第四条

十四、电信诈骗案件

1. 电信网络诈骗犯罪案件一般由犯罪地公安机关立案侦查，如果由犯罪嫌疑人居住地公安机关立案侦查更为适宜的，可以由犯罪嫌疑人居住地公安机关立案侦查。犯罪地包括犯罪行为发生地和犯罪结果发生地。

“犯罪行为发生地”包括用于电信网络诈骗犯罪的网站服务器所在地，网站建立者、管理者所在地，被侵害的计算机信息系统或其管理者所在地，犯罪嫌疑人、被害人使用的计算机信息系统所在地，诈骗电话、短信息、电子邮件等的拨打地、发送地、到达地、接受地，以及诈骗行为持续发生的实施地、预备地、开始地、途经地、结束地。

“犯罪结果发生地”包括被害人被骗时所在地，以及诈骗所得财物的实际取得地、藏匿地、转移地、使用地、销售地等。

2. 电信网络诈骗最初发现地公安机关侦办的案件，诈骗数额当时未达到“数额较大”标准，但后续累计达到“数额较大”标准，可由最初发现地公安机关立案侦查。

3. 具有下列情形之一的，有关公安机关可以在其职责范围内并案侦查：

（1）一人犯数罪的；

（2）共同犯罪的；

（3）共同犯罪的犯罪嫌疑人还实施其他犯罪的；

（4）多个犯罪嫌疑人实施的犯罪存在直接关联，并案处理有利于查明案件事实的。

4. 对因网络交易、技术支持、资金支付结算等关系形成多层级链条、跨区

域的电信网络诈骗等犯罪案件，可由共同上级公安机关按照有利于查清犯罪事实、有利于诉讼的原则，指定有关公安机关立案侦查。

5. 多个公安机关都有权立案侦查的电信网络诈骗等犯罪案件，由最初受理的公安机关或者主要犯罪地公安机关立案侦查。有争议的，按照有利于查清犯罪事实、有利于诉讼的原则，协商解决。经协商无法达成一致的，由共同上级公安机关指定有关公安机关立案侦查。

6. 在境外实施的电信网络诈骗等犯罪案件，可由公安部按照有利于查清犯罪事实、有利于诉讼的原则，指定有关公安机关立案侦查。

7. 公安机关立案、并案侦查，或因有争议，由共同上级公安机关指定立案侦查的案件，需要提请批准逮捕、移送审查起诉、提起公诉的，由该公安机关所在地的人民检察院、人民法院受理。

对重大疑难复杂案件和境外案件，公安机关应在指定立案侦查前，向同级人民检察院、人民法院通报。

8. 已确定管辖的电信诈骗共同犯罪案件，在逃的犯罪嫌疑人归案后，一般由原管辖的公安机关、人民检察院、人民法院管辖。

管辖依据

《最高人民法院、最高人民检察院、公安部关于办理电信网络诈骗等刑事案件适用法律若干问题的意见》（2016年12月19日　法发〔2016〕32号）第五条

十五、污染环境案件

跨区域环境污染犯罪案件由犯罪地的公安机关管辖。如果由犯罪嫌疑人居住地的公安机关管辖更为适宜的，可以由犯罪嫌疑人居住地的公安机关管辖。

犯罪地包括环境污染行为发生地和结果发生地。“环境污染行为发生地”包括环境污染行为的实施地以及预备地、开始地、途经地、结束地以及排放、倾倒污染物的车船停靠地、始发地、途经地、到达地等地点；环境污染行为有连续、持续或者继续状态的，相关地方都属于环境污染行为发生地。“环境污染结果发生地”包括污染物排放地、倾倒地、堆放地、污染发生地等。

多个公安机关都有权立案侦查的，由最初受理的或者主要犯罪地的公安机关立案侦查，管辖有争议的，按照有利于查清犯罪事实、有利于诉讼的原则，由共同的上级公安机关协调确定的公安机关立案侦查，需要提请批准逮捕、移送审查起诉、提起公诉的，由该公安机关所在地的人民检察院、人民法院办理。

管辖依据

《最高人民法院、最高人民检察院、公安部、司法部、生态环境部关于办理环境污染刑事案件有关问题座谈会纪要》（2019 年 2 月 20 日印发）第十二条

十六、“套路贷”案件

“套路贷”犯罪案件一般由犯罪地公安机关侦查，如果由犯罪嫌疑人居住地公安机关立案侦查更为适宜的，可以由犯罪嫌疑人居住地公安机关立案侦查。犯罪地包括犯罪行为发生地和犯罪结果发生地。

“犯罪行为发生地”包括为实施“套路贷”所设立的公司所在地、“借贷”协议或相关协议签订地、非法讨债行为实施地、为实施“套路贷”而进行诉讼、仲裁、公证的受案法院、仲裁委员会、公证机构所在地，以及“套路贷”行为的预备地、开始地、途径地、结束地等。

“犯罪结果发生地”包括违法所得财物的支付地、实际取得地、藏匿地、转移地、使用地、销售地等。

除犯罪地、犯罪嫌疑人居住地外，其他地方公安机关对于公民扭送、报案、控告、举报或者犯罪嫌疑人自首的“套路贷”犯罪案件，都应当立即受理，经审查认为有犯罪事实的，移送有管辖权的公安机关处理。

黑恶势力实施的“套路贷”犯罪案件，由侦办黑社会性质组织、恶势力或者恶势力犯罪集团案件的公安机关进行侦查。

具有下列情形之一的，有关公安机关可以在其职责范围内并案侦查：

（1）一人犯数罪的；

（2）共同犯罪的；

（3）共同犯罪的犯罪嫌疑人还实施其他犯罪的；

（4）多个犯罪嫌疑人实施的犯罪存在直接关联，并案处理有利于查明案件事实的。

管辖依据

《最高人民法院、最高人民检察院、公安部、司法部关于办理“套路贷”刑事案件若干问题的意见》（2019 年 4 月 9 日　法发〔2019〕11 号）第十一条、第十二条

十七、伤害案件

1. 轻伤以下的伤害案件由公安派出所管辖。

2. 重伤及因伤害致人死亡的案件由公安机关刑事侦查部门管辖。

3. 伤情不明、难以确定管辖的，由最先受理的部门先行办理，待伤情鉴定后，按第1项、第2项规定移交主管部门办理。

4. 因管辖问题发生争议的，由共同的上级公安机关指定管辖。

5. 被害人有证据证明的故意伤害（轻伤）案件，办案人员应当告知被害人可以直接向人民法院起诉。如果被害人要求公安机关处理的，公安机关应当受理。

6. 人民法院直接受理的故意伤害（轻伤）案件，因证据不足，移送公安机关侦查的，公安机关应当受理。

管辖依据

《公安机关办理伤害案件规定》（2005年12月27日　公通字〔2005〕98号）第四条至第九条①

① 载吉林省公安厅网站，http：//gat. jl. gov. cn/zwgk/zcfg/xszc/201205/t20120530_ 1214681. html，最后访问时间：2021年2月2日。

第二编　公安机关管辖的刑事案件立案追诉标准

本编中的“立案追诉标准”一般分为以下几种情形：一是直接引用最高人民检察院、公安部印发的关于公安机关管辖的刑事案件立案追诉标准的规定；二是虽然最高人民检察院、公安部印发的关于公安机关管辖的刑事案件立案追诉标准的规定中没有规定，但是引用了其他相关的司法解释、规范性文件；三是在最高人民检察院、公安部印发的关于公安机关管辖的刑事案件立案追诉标准的规定基础上，变动或者补充整合了新的司法解释、规范性文件的内容；四是在最高人民检察院、公安部印发的关于公安机关管辖的刑事案件立案追诉标准的规定基础上结合其他依据作了部分修改，其他部分仍然保留；五是将部分散见于不同的司法解释、规范性文件中的案件的立案追诉标准进行归纳汇总。

第一章　危害公共安全案

一、失火案（刑法第一百一十五条）

◎ 刑法规定

第一百一十五条　【放火罪】【决水罪】【爆炸罪】【投放危险物质罪】

【以危险方法危害公共安全罪】[1] 放火、决水、爆炸以及投放毒害性、放射性、传染病病原体等物质或者以其他危险方法致人重伤、死亡或者使公私财产遭受重大损失的，处十年以上有期徒刑、无期徒刑或者死刑。

【失火罪】【过失决水罪】【过失爆炸罪】【过失投放危险物质罪】【过失以危险方法危害公共安全罪】过失犯前款罪的，处三年以上七年以下有期徒刑；情节较轻的，处三年以下有期徒刑或者拘役。

◎ 立案追诉标准

过失引起火灾，涉嫌下列情形之一的，应予立案追诉：

（一）造成死亡一人以上，或者重伤三人以上的；

（二）造成公共财产或者他人财产直接经济损失五十万元以上的；

（三）造成十户以上家庭的房屋以及其他基本生活资料烧毁的；

（四）造成森林火灾，过火有林地面积二公顷以上，或者过火疏林地、灌木林地、未成林地、苗圃地面积四公顷以上的；

（五）其他造成严重后果的情形。

本条规定的“有林地”“疏林地”“灌木林地”“未成林地”“苗圃地”，按照国家林业主管部门的有关规定确定。

◎ 标准依据

《最高人民检察院、公安部关于公安机关管辖的刑事案件立案追诉标准的规定（一）》（2008 年 6 月 25 日　公通字〔2008〕36 号）

第一条（见附录）

二、组织、领导、参加恐怖组织案（刑法第一百二十条）

◎ 刑法规定

第一百二十条　【组织、领导、参加恐怖组织罪】组织、领导恐怖活动组织的，处十年以上有期徒刑或者无期徒刑，并处没收财产；积极参加的，处三年以上十年以下有期徒刑，并处罚金；其他参加的，处三年以下有期徒刑、拘役、管制或者剥夺政治权利，可以并处罚金。

犯前款罪并实施杀人、爆炸、绑架等犯罪的，依照数罪并罚的规定处罚。

---

① 刑法条文主旨为编者所加，本书下同。

◎ **立案追诉标准**

（一）具有下列情形之一的，以组织、领导恐怖组织罪立案追诉：

1. 发起、建立恐怖活动组织的；

2. 恐怖活动组织成立后，对组织及其日常运行负责决策、指挥、管理的；

3. 恐怖活动组织成立后，组织、策划、指挥该组织成员进行恐怖活动的；

4. 其他组织、领导恐怖活动组织的情形。

（二）具有下列情形之一的，以参加恐怖组织罪立案追诉：

1. 纠集他人共同参加恐怖活动组织的；

2. 多次参加恐怖活动组织的；

3. 曾因参加恐怖活动组织、实施恐怖活动被追究刑事责任或者二年内受过行政处罚，又参加恐怖活动组织的；

4. 在恐怖活动组织中实施恐怖活动且作用突出的；

5. 在恐怖活动组织中积极协助组织、领导者实施组织、领导行为的；

6. 其他积极参加恐怖活动组织的情形。

（三）参加恐怖活动组织，但不具有前两款规定情形的，应当认定为刑法第一百二十条规定的"其他参加"，以参加恐怖组织罪立案追诉。

◎ **标准依据**

《最高人民法院、最高人民检察院、公安部、司法部关于办理恐怖活动和极端主义犯罪案件适用法律若干问题的意见》（2018 年 3 月 16 日　高检会〔2018〕1 号）（见附录）

三、帮助恐怖活动案（刑法第一百二十条之一）

◎ **刑法规定**

第一百二十条之一　【帮助恐怖活动罪】资助恐怖活动组织、实施恐怖活动的个人的，或者资助恐怖活动培训的，处五年以下有期徒刑、拘役、管制或者剥夺政治权利，并处罚金；情节严重的，处五年以上有期徒刑，并处罚金或者没收财产。

为恐怖活动组织、实施恐怖活动或者恐怖活动培训招募、运送人员的，依照前款的规定处罚。

单位犯前两款罪的，对单位判处罚金，并对其直接负责的主管人员和其他直接责任人员，依照第一款的规定处罚。

◎ 立案追诉标准

涉嫌下列情形之一的，应予立案追诉：

（一）以募捐、变卖房产、转移资金等方式为恐怖活动组织、实施恐怖活动的个人、恐怖活动培训筹集、提供经费，或者提供器材、设备、交通工具、武器装备等物资，或者提供其他物质便利的；

（二）以宣传、招收、介绍、输送等方式为恐怖活动组织、实施恐怖活动、恐怖活动培训招募人员的；

（三）以帮助非法出入境，或者为非法出入境提供中介服务、中转运送、停留住宿、伪造身份证明材料等便利，或者充当向导、帮助探查偷越国（边）境路线等方式，为恐怖活动组织、实施恐怖活动、恐怖活动培训运送人员的；

（四）其他资助恐怖活动组织、实施恐怖活动的个人、恐怖活动培训，或者为恐怖活动组织、实施恐怖活动、恐怖活动培训招募、运送人员的情形。

实施恐怖活动的个人，包括已经实施恐怖活动的个人，也包括准备实施、正在实施恐怖活动的个人。包括在我国领域内实施恐怖活动的个人，也包括在我国领域外实施恐怖活动的个人。包括我国公民，也包括外国公民和无国籍人。

帮助恐怖活动罪的主观故意，应当根据案件具体情况，结合行为人的具体行为、认知能力、一贯表现和职业等综合认定。

明知是恐怖活动犯罪所得及其产生的收益，为掩饰、隐瞒其来源和性质，而提供资金账户，协助将财产转换为现金、金融票据、有价证券，通过转账或者其他结算方式协助资金转移，协助将资金汇往境外的，以洗钱罪定罪处罚。事先通谋的，以相关恐怖活动犯罪的共同犯罪论处。

◎ 标准依据

《最高人民检察院、公安部关于公安机关管辖的刑事案件立案追诉标准的规定（二）》（2010 年 5 月 7 日　公通字〔2010〕23 号）

第一条　【资助恐怖活动案（刑法第一百二十条之一）】 *资助恐怖活动组织或者实施恐怖活动的个人的，应予立案追诉。*

本条规定的“资助”，是指为恐怖活动组织或者实施恐怖活动的个人筹集、提供经费、物质或者提供场所以及其他物质便利的行为。“实施恐怖活动的个

*人”，包括预谋实施、准备实施和实际实施恐怖活动的个人。*①

《最高人民法院、最高人民检察院、公安部、司法部关于办理恐怖活动和极端主义犯罪案件适用法律若干问题的意见》（2018年3月16日　高检会〔2018〕1号）（见附录）

◎ 特别说明

1. 本罪名由2001年12月29日公布的《中华人民共和国刑法修正案（三）》所增加。

2015年8月29日公布的《中华人民共和国刑法修正案（九）》对本条进行了修改。

修改前刑法第一百二十条之一条文为：“资助恐怖活动组织或者实施恐怖活动的个人的，处五年以下有期徒刑、拘役、管制或者剥夺政治权利，并处罚金；情节严重的，处五年以上有期徒刑，并处罚金或者没收财产。单位犯前款罪的，对单位判处罚金，并对其直接负责的主管人员和其他直接责任人员，依照前款的规定处罚”。

2. 根据2015年11月1日起施行的《最高人民法院、最高人民检察院关于执行〈中华人民共和国刑法〉确定罪名的补充规定（六）》（法释〔2015〕20号），刑法第一百二十条之一对应的罪名为“帮助恐怖活动罪”，不再称为“资助恐怖活动罪”。

3.《最高人民检察院、公安部关于公安机关管辖的刑事案件立案追诉标准的规定（二）》发布之后，《最高人民法院、最高人民检察院、公安部、司法部关于办理恐怖活动和极端主义犯罪案件适用法律若干问题的意见》对帮助恐怖活动作出了新规定，应以新规定为准。

四、准备实施恐怖活动案（刑法第一百二十条之二）

◎ 刑法规定

第一百二十条之二　【准备实施恐怖活动罪】有下列情形之一的，处五年以下有期徒刑、拘役、管制或者剥夺政治权利，并处罚金；情节严重的，处五

① 本书中的斜体字表示原有关于立案追诉标准的相关规定，有关的新司法解释或者其他规范公布以后，立案追诉标准可能有变动，应以新规定为准。因此本书将需要注意结合新规范理解的规定内容用斜体字表示，具体适用要点请参见“特别说明”部分。

年以上有期徒刑，并处罚金或者没收财产：

（一）为实施恐怖活动准备凶器、危险物品或者其他工具的；

（二）组织恐怖活动培训或者积极参加恐怖活动培训的；

（三）为实施恐怖活动与境外恐怖活动组织或者人员联络的；

（四）为实施恐怖活动进行策划或者其他准备的。

有前款行为，同时构成其他犯罪的，依照处罚较重的规定定罪处罚。

◎ 立案追诉标准

涉嫌下列情形之一的，应予立案追诉：

（一）为实施恐怖活动制造、购买、储存、运输凶器，易燃易爆、易制爆品，腐蚀性、放射性、传染性、毒害性物品等危险物品，或者其他工具的；

（二）以当面传授、开办培训班、组建训练营、开办论坛、组织收听收看音频视频资料等方式，或者利用网站、网页、论坛、博客、微博客、网盘、即时通信、通讯群组、聊天室等网络平台、网络应用服务组织恐怖活动培训的，或者积极参加恐怖活动心理体能培训，传授、学习犯罪技能方法或者进行恐怖活动训练的；

（三）为实施恐怖活动，通过拨打电话、发送短信、电子邮件等方式，或者利用网站、网页、论坛、博客、微博客、网盘、即时通信、通讯群组、聊天室等网络平台、网络应用服务与境外恐怖活动组织、人员联络的；

（四）为实施恐怖活动出入境或者组织、策划、煽动、拉拢他人出入境的；

（五）为实施恐怖活动进行策划或者其他准备的情形。

◎ 标准依据

《最高人民法院、最高人民检察院、公安部、司法部关于办理恐怖活动和极端主义犯罪案件适用法律若干问题的意见》（2018年3月16日　高检会〔2018〕1号）（见附录）

五、宣扬恐怖主义、极端主义、煽动实施恐怖活动案（刑法第一百二十条之三）

◎ 刑法规定

第一百二十条之三　【宣扬恐怖主义、极端主义、煽动实施恐怖活动罪】以制作、散发宣扬恐怖主义、极端主义的图书、音频视频资料或者其他物品，或者通过讲授、发布信息等方式宣扬恐怖主义、极端主义的，或者煽动实施恐怖活动的，处五年以下有期徒刑、拘役、管制或者剥夺政治权利，并处罚金；情节严重的，处五年以上有期徒刑，并处罚金或者没收财产。

◎ 立案追诉标准

实施下列行为之一，宣扬恐怖主义、极端主义或者煽动实施恐怖活动的，应予立案追诉：

（一）编写、出版、印刷、复制、发行、散发、播放载有宣扬恐怖主义、极端主义内容的图书、报刊、文稿、图片或者音频视频资料的；

（二）设计、生产、制作、销售、租赁、运输、托运、寄递、散发、展示带有宣扬恐怖主义、极端主义内容的标识、标志、服饰、旗帜、徽章、器物、纪念品等物品的；

（三）利用网站、网页、论坛、博客、微博客、网盘、即时通信、通讯群组、聊天室等网络平台、网络应用服务等登载、张贴、复制、发送、播放、演示载有恐怖主义、极端主义内容的图书、报刊、文稿、图片或者音频视频资料的；

（四）网站、网页、论坛、博客、微博客、网盘、即时通信、通讯群组、聊天室等网络平台，网络应用服务的建立、开办、经营、管理者，明知他人利用网络平台、网络应用服务散布、宣扬恐怖主义、极端主义内容，经相关行政主管部门处罚后仍允许或者放任他人发布的；

（五）利用教经、讲经、解经、学经、婚礼、葬礼、纪念、聚会和文体活动等宣扬恐怖主义、极端主义、煽动实施恐怖活动的；

（六）其他宣扬恐怖主义、极端主义、煽动实施恐怖活动的行为。

◎ 标准依据

《最高人民法院、最高人民检察院、公安部、司法部关于办理恐怖活动和极端主义犯罪案件适用法律若干问题的意见》（2018 年 3 月 16 日　高检会〔2018〕1 号）（见附录）

六、利用极端主义破坏法律实施案（刑法第一百二十条之四）

◎ 刑法规定

第一百二十条之四　【利用极端主义破坏法律实施罪】利用极端主义煽动、胁迫群众破坏国家法律确立的婚姻、司法、教育、社会管理等制度实施的，处三年以下有期徒刑、拘役或者管制，并处罚金；情节严重的，处三年以上七年以下有期徒刑，并处罚金；情节特别严重的，处七年以上有期徒刑，并处罚金或者没收财产。

◎ **立案追诉标准**

利用极端主义，实施下列行为之一的，应予立案追诉：

（一）煽动、胁迫群众以宗教仪式取代结婚、离婚登记，或者干涉婚姻自由的；

（二）煽动、胁迫群众破坏国家法律确立的司法制度实施的；

（三）煽动、胁迫群众干涉未成年人接受义务教育，或者破坏学校教育制度、国家教育考试制度等国家法律规定的教育制度的；

（四）煽动、胁迫群众抵制人民政府依法管理，或者阻碍国家机关工作人员依法执行职务的；

（五）煽动、胁迫群众损毁居民身份证、居民户口簿等国家法定证件以及人民币的；

（六）煽动、胁迫群众驱赶其他民族、有其他信仰的人员离开居住地，或者干涉他人生活和生产经营的；

（七）其他煽动、胁迫群众破坏国家法律制度实施的行为。

◎ **标准依据**

《最高人民法院、最高人民检察院、公安部、司法部关于办理恐怖活动和极端主义犯罪案件适用法律若干问题的意见》（2018年3月16日　高检会〔2018〕1号）（见附录）

七、强制穿戴宣扬恐怖主义、极端主义服饰、标志案（刑法第一百二十条之五）

◎ **刑法规定**

第一百二十条之五　【强制穿戴宣扬恐怖主义、极端主义服饰、标志罪】以暴力、胁迫等方式强制他人在公共场所穿着、佩戴宣扬恐怖主义、极端主义服饰、标志的，处三年以下有期徒刑、拘役或者管制，并处罚金。

◎ **立案追诉标准**

涉嫌下列情形之一的，应予立案追诉：

（一）以暴力、胁迫等方式强制他人在公共场所穿着、佩戴宣扬恐怖主义、极端主义服饰的；

（二）以暴力、胁迫等方式强制他人在公共场所穿着、佩戴含有恐怖主义、极端主义的文字、符号、图形、口号、徽章的服饰、标志的；

（三）其他强制他人穿戴宣扬恐怖主义、极端主义服饰、标志的情形。

◎ **标准依据**

《最高人民法院、最高人民检察院、公安部、司法部关于办理恐怖活动和极端主义犯罪案件适用法律若干问题的意见》（2018 年 3 月 16 日　高检会〔2018〕1 号）（见附录）

八、非法持有宣扬恐怖主义、极端主义物品案（刑法第一百二十条之六）

◎ **刑法规定**

第一百二十条之六　【非法持有宣扬恐怖主义、极端主义物品罪】明知是宣扬恐怖主义、极端主义的图书、音频视频资料或者其他物品而非法持有，情节严重的，处三年以下有期徒刑、拘役或者管制，并处或者单处罚金。

◎ **立案追诉标准**

明知是载有宣扬恐怖主义、极端主义内容的图书、报刊、文稿、图片、音频视频资料、服饰、标志或者其他物品而非法持有，达到下列数量标准之一的，应予立案追诉：

（一）图书、刊物二十册以上，或者电子图书、刊物五册以上的；

（二）报纸一百份（张）以上，或者电子报纸二十份（张）以上的；

（三）文稿、图片一百篇（张）以上，或者电子文稿、图片二十篇（张）以上，或者电子文档五十万字符以上的；

（四）录音带、录像带等音像制品二十个以上，或者电子音频视频资料五个以上，或者电子音频视频资料二十分钟以上的；

（五）服饰、标志二十件以上的。

非法持有宣扬恐怖主义、极端主义的物品，虽未达到前款规定的数量标准，但具有多次持有，持有多类物品，造成严重后果或者恶劣社会影响，曾因实施恐怖活动、极端主义违法犯罪被追究刑事责任或者二年内受过行政处罚等情形之一的，也可以定罪处罚。

多次非法持有宣扬恐怖主义、极端主义的物品，未经处理的，数量应当累计计算。非法持有宣扬恐怖主义、极端主义的物品，涉及不同种类或者形式的，可以根据本条规定的不同数量标准的相应比例折算后累计计算。

非法持有宣扬恐怖主义、极端主义物品罪主观故意中的“明知”，应当根据案件具体情况，以行为人实施的客观行为为基础，结合其一贯表现，具体行为、程度、手段、事后态度以及年龄、认知和受教育程度、所从事的职业等综合审查判断。

具有下列情形之一，行为人不能做出合理解释的，可以认定其“明知”，但有证据证明确属被蒙骗的除外：

（一）曾因实施恐怖活动、极端主义违法犯罪被追究刑事责任，或者二年内受过行政处罚，或者被责令改正后又实施的；

（二）在执法人员检查时，有逃跑、丢弃携带物品或者逃避、抗拒检查等行为，在其携带、藏匿或者丢弃的物品中查获宣扬恐怖主义、极端主义的物品的；

（三）采用伪装、隐匿、暗语、手势、代号等隐蔽方式制作、散发、持有宣扬恐怖主义、极端主义的物品的；

（四）以虚假身份、地址或者其他虚假方式办理托运，寄递手续，在托运、寄递的物品中查获宣扬恐怖主义、极端主义的物品的；

（五）有其他证据足以证明行为人应当知道的情形。

◎ 标准依据

《最高人民法院、最高人民检察院、公安部、司法部关于办理恐怖活动和极端主义犯罪案件适用法律若干问题的意见》（2018年3月16日　高检会〔2018〕1号）（见附录）

九、非法制造、买卖、运输、邮寄、储存枪支、弹药、爆炸物案（刑法第一百二十五条第一款）

◎ 刑法规定

第一百二十五条　【非法制造、买卖、运输、邮寄、储存枪支、弹药、爆炸物罪】非法制造、买卖、运输、邮寄、储存枪支、弹药、爆炸物的，处三年以上十年以下有期徒刑；情节严重的，处十年以上有期徒刑、无期徒刑或者死刑。

【非法制造、买卖、运输、储存危险物质罪】非法制造、买卖、运输、储存毒害性、放射性、传染病病原体等物质，危害公共安全的，依照前款的规定处罚。

单位犯前两款罪的，对单位判处罚金，并对其直接负责的主管人员和其他直接责任人员，依照第一款的规定处罚。

◎ 立案追诉标准

个人或者单位非法制造、买卖、运输、邮寄、储存枪支、弹药、爆炸物，涉嫌下列情形之一的，应予立案追诉：

（一）非法制造、买卖、运输、邮寄、储存军用枪支一支以上的；

（二）非法制造、买卖、运输、邮寄、储存以火药为动力发射枪弹的非军用枪支一支以上或者以压缩气体等为动力的其他非军用枪支二支以上的；

（三）非法制造、买卖、运输、邮寄、储存军用子弹十发以上、气枪铅弹五百发以上或者其他非军用子弹一百发以上的；

（四）非法制造、买卖、运输、邮寄、储存手榴弹一枚以上的；

（五）非法制造、买卖、运输、邮寄、储存爆炸装置的；

（六）非法制造、买卖、运输、邮寄、储存炸药、发射药、黑火药一千克以上或者烟火药三千克以上、雷管三十枚以上或者导火索、导爆索三十米以上的；

（七）具有生产爆炸物品资格的单位不按照规定的品种制造，或者具有销售、使用爆炸物品资格的单位超过限额买卖炸药、发射药、黑火药十千克以上或者烟火药三十千克以上、雷管三百枚以上或者导火索、导爆索三百米以上的；

（八）多次非法制造、买卖、运输、邮寄、储存弹药、爆炸物的；

（九）虽未达到上述最低数量标准，但具有造成严重后果等其他恶劣情节的；

介绍买卖枪支、弹药、爆炸物的，以买卖枪支、弹药、爆炸物罪的共犯论处。

非法制造、买卖、运输、邮寄、储存成套枪支散件的，以相应数量的枪支计；非成套枪支散件以每三十件为一成套枪支散件计。

◎ 标准依据

《最高人民法院关于审理非法制造、买卖、运输枪支、弹药、爆炸物等刑事案件具体应用法律若干问题的解释》（2009 年 11 月 16 日　法释〔2009〕18 号）

第一条　个人或者单位非法制造、买卖、运输、邮寄、储存枪支、弹药、爆炸物，具有下列情形之一的，依照刑法第一百二十五条第一款的规定，以非法制造、买卖、运输、邮寄、储存枪支、弹药、爆炸物罪定罪处罚：

（一）非法制造、买卖、运输、邮寄、储存军用枪支一支以上的；

（二）非法制造、买卖、运输、邮寄、储存以火药为动力发射枪弹的非军用枪支一支以上或者以压缩气体等为动力的其他非军用枪支二支以上的；

（三）非法制造、买卖、运输、邮寄、储存军用子弹十发以上、气枪铅弹五百发以上或者其他非军用子弹一百发以上的；

（四）非法制造、买卖、运输、邮寄、储存手榴弹一枚以上的；

（五）非法制造、买卖、运输、邮寄、储存爆炸装置的；

（六）非法制造、买卖、运输、邮寄、储存炸药、发射药、黑火药一千克以上或者烟火药三千克以上、雷管三十枚以上或者导火索、导爆索三十米以上的；

（七）具有生产爆炸物品资格的单位不按照规定的品种制造，或者具有销售、使用爆炸物品资格的单位超过限额买卖炸药、发射药、黑火药十千克以上或者烟火药三十千克以上、雷管三百枚以上或者导火索、导爆索三百米以上的；

（八）多次非法制造、买卖、运输、邮寄、储存弹药、爆炸物的；

（九）虽未达到上述最低数量标准，但具有造成严重后果等其他恶劣情节的。

介绍买卖枪支、弹药、爆炸物的，以买卖枪支、弹药、爆炸物罪的共犯论处。

第七条 非法制造、买卖、运输、邮寄、储存、盗窃、抢夺、持有、私藏、携带成套枪支散件的，以相应数量的枪支计；非成套枪支散件以每三十件为一成套枪支散件计。

十、非法制造、买卖、运输、储存危险物质案（刑法第一百二十五条第二款）

◎ 刑法规定

同本书“九、非法制造、买卖、运输、邮寄、储存枪支、弹药、爆炸物案”

◎ 立案追诉标准

非法制造、买卖、运输、储存毒害性、放射性、传染病病原体等物质，危害公共安全，涉嫌下列情形之一的，应予立案追诉：

（一）造成人员重伤或者死亡的；

（二）造成直接经济损失十万元以上的；

（三）非法制造、买卖、运输、储存毒鼠强、氟乙酰胺、氟乙酸钠、毒鼠硅、甘氟原粉、原液、制剂五十克以上，或者饵料二千克以上的；

（四）造成急性中毒、放射性疾病或者造成传染病流行、暴发的；

（五）造成严重环境污染的；

（六）造成毒害性、放射性、传染病病原体等危险物质丢失、被盗、被抢或者被他人利用进行违法犯罪活动的；

（七）其他危害公共安全的情形。

◎ 标准依据

《最高人民检察院、公安部关于公安机关管辖的刑事案件立案追诉标准的规定（一）》（2008 年 6 月 25 日　公通字〔2008〕36 号）

第一条（见附录）

十一、违规制造、销售枪支案（刑法第一百二十六条）

◎ 刑法规定

第一百二十六条　【违规制造、销售枪支罪】依法被指定、确定的枪支制造企业、销售企业，违反枪支管理规定，有下列行为之一的，对单位判处罚金，并对其直接负责的主管人员和其他直接责任人员，处五年以下有期徒刑；情节严重的，处五年以上十年以下有期徒刑；情节特别严重的，处十年以上有期徒刑或者无期徒刑：

（一）以非法销售为目的，超过限额或者不按照规定的品种制造、配售枪支的；

（二）以非法销售为目的，制造无号、重号、假号的枪支的；

（三）非法销售枪支或者在境内销售为出口制造的枪支的。

◎ 立案追诉标准

依法被指定、确定的枪支制造企业、销售企业，违反枪支管理规定，以非法销售为目的，超过限额或者不按照规定的品种制造、配售枪支，或者以非法销售为目的，制造无号、重号、假号的枪支，或者非法销售枪支或者在境内销售为出口制造的枪支，涉嫌下列情形之一的，应予立案追诉：

（一）违规制造枪支五支以上的；

（二）违规销售枪支二支以上的；

（三）虽未达到上述数量标准，但具有造成严重后果等其他恶劣情节的。

本条和本书第十三条、第十六条规定的“枪支”，包括枪支散件。成套枪支散件，以相应数量的枪支计；非成套枪支散件，以每三十件为一成套枪支散件计。

◎ 标准依据

《最高人民检察院、公安部关于公安机关管辖的刑事案件立案追诉标准的规定（一）》（2008年6月25日　公通字〔2008〕36号）

第三条（见附录）

十二、盗窃、抢夺枪支、弹药、爆炸物案（刑法第一百二十七条第一款）

◎ 刑法规定

第一百二十七条第一款　【盗窃、抢夺枪支、弹药、爆炸物、危险物质罪】盗窃、抢夺枪支、弹药、爆炸物的，或者盗窃、抢夺毒害性、放射性、传染病病原体等物质，危害公共安全的，处三年以上十年以下有期徒刑；情节严重的，处十年以上有期徒刑、无期徒刑或者死刑。

◎ 立案追诉标准

盗窃、抢夺枪支、弹药、爆炸物，涉嫌下列情形之一的，应予立案追诉：

（一）盗窃、抢夺以火药为动力的发射枪弹非军用枪支一支以上或者以压缩气体等为动力的其他非军用枪支二支以上的；

（二）盗窃、抢夺军用子弹十发以上、气枪铅弹五百发以上或者其他非军用子弹一百发以上的；

（三）盗窃、抢夺爆炸装置的；

（四）盗窃、抢夺炸药、发射药、黑火药一千克以上或者烟火药三千克以上、雷管三十枚以上或者导火索、导爆索三十米以上的；

（五）虽未达到上述最低数量标准，但具有造成严重后果等其他恶劣情节的。

盗窃、抢夺成套枪支散件的，以相应数量的枪支计；非成套枪支散件以每三十件为一成套枪支散件计。

◎ 标准依据

《最高人民法院关于审理非法制造、买卖、运输枪支、弹药、爆炸物等刑事案件具体应用法律若干问题的解释》（2009年11月16日　法释〔2009〕18号）

第四条　盗窃、抢夺枪支、弹药、爆炸物，具有下列情形之一的，依照刑法第一百二十七条第一款的规定，以盗窃、抢夺枪支、弹药、爆炸物罪定罪处罚：

（一）盗窃、抢夺以火药为动力的发射枪弹非军用枪支一支以上或者以压缩气体等为动力的其他非军用枪支二支以上的；

（二）盗窃、抢夺军用子弹十发以上、气枪铅弹五百发以上或者其他非军用子弹一百发以上的；

（三）盗窃、抢夺爆炸装置的；

（四）盗窃、抢夺炸药、发射药、黑火药一千克以上或者烟火药三千克以上、雷管三十枚以上或者导火索、导爆索三十米以上的；

（五）虽未达到上述最低数量标准，但具有造成严重后果等其他恶劣情节的。

具有下列情形之一的，属于刑法第一百二十七条第一款规定的"情节严重"：

（一）盗窃、抢夺枪支、弹药、爆炸物的数量达到本条第一款规定的最低数量标准五倍以上的；

（二）盗窃、抢夺军用枪支的；

（三）盗窃、抢夺手榴弹的；

（四）盗窃、抢夺爆炸装置，危害严重的；

（五）达到本条第一款规定的最低数量标准，并具有造成严重后果等其他恶劣情节的。

第七条 非法制造、买卖、运输、邮寄、储存、盗窃、抢夺、持有、私藏、携带成套枪支散件的，以相应数量的枪支计；非成套枪支散件以每三十件为一成套枪支散件计。

十三、非法持有、私藏枪支、弹药案（刑法第一百二十八条第一款）

◎ 刑法规定

第一百二十八条第一款 【非法持有、私藏枪支、弹药罪】违反枪支管理规定，非法持有、私藏枪支、弹药的，处三年以下有期徒刑、拘役或者管制；情节严重的，处三年以上七年以下有期徒刑。

◎ 立案追诉标准

违反枪支管理规定，非法持有、私藏枪支、弹药，涉嫌下列情形之一的，应予立案追诉：

（一）非法持有、私藏军用枪支一支以上的；

（二）非法持有、私藏以火药为动力发射枪弹的非军用枪支一支以上，或者以压缩气体等为动力的其他非军用枪支二支以上的；

（三）非法持有、私藏军用子弹二十发以上、气枪铅弹一千发以上或者其他非军用子弹二百发以上的；

（四）非法持有、私藏手榴弹、炸弹、地雷、手雷等具有杀伤性弹药一枚以上的；

（五）非法持有、私藏的弹药造成人员伤亡、财产损失的。

本条规定的“非法持有”，是指不符合配备、配置枪支、弹药条件的人员，擅自持有枪支、弹药的行为；“私藏”，是指依法配备、配置枪支、弹药的人员，在配备、配置枪支、弹药的条件消除后，私自藏匿所配备、配置的枪支、弹药且拒不交出的行为。

◎ 标准依据

《最高人民检察院、公安部关于公安机关管辖的刑事案件立案追诉标准的规定（一）》（2008年6月25日　公通字〔2008〕36号）

第四条（见附录）

［相关规范］《最高人民法院、最高人民检察院关于涉以压缩气体为动力的枪支、气枪铅弹刑事案件定罪量刑问题的批复》（2018年3月8日　法释〔2018〕8号）

一、对于非法制造、买卖、运输、邮寄、储存、持有、私藏、走私以压缩气体为动力且枪口比动能较低的枪支的行为，在决定是否追究刑事责任以及如何裁量刑罚时，不仅应当考虑涉案枪支的数量，而且应当充分考虑涉案枪支的外观、材质、发射物、购买场所和渠道、价格、用途、致伤力大小、是否易于通过改制提升致伤力，以及行为人的主观认知、动机目的、一贯表现、违法所得、是否规避调查等情节，综合评估社会危害性，坚持主客观相统一，确保罪责刑相适应。

二、对于非法制造、买卖、运输、邮寄、储存、持有、私藏、走私气枪铅弹的行为，在决定是否追究刑事责任以及如何裁量刑罚时，应当综合考虑气枪铅弹的数量、用途以及行为人的动机目的、一贯表现、违法所得、是否规避调查等情节，综合评估社会危害性，确保罪责刑相适应。

十四、非法出租、出借枪支案（刑法第一百二十八条第二款、第三款、第四款）

◎ 刑法规定

第一百二十八条　【非法持有、私藏枪支、弹药罪】违反枪支管理规定，非法持有、私藏枪支、弹药的，处三年以下有期徒刑、拘役或者管制；情节严重的，处三年以上七年以下有期徒刑。

【非法出租、出借枪支罪】依法配备公务用枪的人员，非法出租、出借枪支的，依照前款的规定处罚。

【非法出租、出借枪支罪】依法配置枪支的人员，非法出租、出借枪支，造成严重后果的，依照第一款的规定处罚。

单位犯第二款、第三款罪的，对单位判处罚金，并对其直接负责的主管人员和其他直接责任人员，依照第一款的规定处罚。

◎ 立案追诉标准

依法配备公务用枪的人员或者单位，非法将枪支出租、出借给未取得公务用枪配备资格的人员或者单位，或者将公务用枪用作借债质押物的，应予立案追诉。

依法配备公务用枪的人员或者单位，非法将枪支出租、出借给具有公务用枪配备资格的人员或者单位，以及依法配置民用枪支的人员或者单位，非法出租、出借民用枪支，涉嫌下列情形之一的，应予立案追诉：

（一）造成人员轻伤以上伤亡事故的；

（二）造成枪支丢失、被盗、被抢的；

（三）枪支被他人利用进行违法犯罪活动的；

（四）其他造成严重后果的情形。

◎ 标准依据

《最高人民检察院、公安部关于公安机关管辖的刑事案件立案追诉标准的规定（一）》（2008 年 6 月 25 日　公通字〔2008〕36 号）

第五条（见附录）

十五、丢失枪支不报案（刑法第一百二十九条）

◎ **刑法规定**

第一百二十九条　【丢失枪支不报罪】依法配备公务用枪的人员，丢失枪支不及时报告，造成严重后果的，处三年以下有期徒刑或者拘役。

◎ **立案追诉标准**

依法配备公务用枪的人员，丢失枪支不及时报告，涉嫌下列情形之一的，应予立案追诉：

（一）丢失的枪支被他人使用造成人员轻伤以上伤亡事故的；

（二）丢失的枪支被他人利用进行违法犯罪活动的；

（三）其他造成严重后果的情形。

◎ **标准依据**

《最高人民检察院、公安部关于公安机关管辖的刑事案件立案追诉标准的规定（一）》（2008 年 6 月 25 日　公通字〔2008〕36 号）

第六条（见附录）

十六、非法携带枪支、弹药、管制刀具、危险物品危及公共安全案（刑法第一百三十条）

◎ **刑法规定**

第一百三十条　【非法携带枪支、弹药、管制刀具、危险物品危及公共安全罪】非法携带枪支、弹药、管制刀具或者爆炸性、易燃性、放射性、毒害性、腐蚀性物品，进入公共场所或者公共交通工具，危及公共安全，情节严重的，处三年以下有期徒刑、拘役或者管制。

◎ **立案追诉标准**

非法携带枪支、弹药、管制刀具或者爆炸性、易燃性、放射性、毒害性、腐蚀性物品，进入公共场所或者公共交通工具，危及公共安全，涉嫌下列情形之一的，应予立案追诉：

（一）携带枪支一支以上或者手榴弹、炸弹、地雷、手雷等具有杀伤性弹药一枚以上的；

（二）携带爆炸装置一套以上的；

（三）携带炸药、发射药、黑火药五百克以上或者烟火药一千克以上、雷管二十枚以上或者导火索、导爆索二十米以上，或者虽未达到上述数量标准，但拒不交出的；

（四）携带的弹药、爆炸物在公共场所或者公共交通工具上发生爆炸或者燃烧，尚未造成严重后果的；

（五）携带管制刀具二十把以上，或者虽未达到上述数量标准，但拒不交出，或者用来进行违法活动尚未构成其他犯罪的；

（六）携带的爆炸性、易燃性、放射性、毒害性、腐蚀性物品在公共场所或者公共交通工具上发生泄漏、遗洒，尚未造成严重后果的；

（七）其他情节严重的情形。

◎ 标准依据

《最高人民检察院、公安部关于公安机关管辖的刑事案件立案追诉标准的规定（一）》（2008 年 6 月 25 日　公通字〔2008〕36 号）

第七条（见附录）

十七、交通肇事案（刑法第一百三十三条）

◎ 刑法规定

第一百三十三条　【交通肇事罪】违反交通运输管理法规，因而发生重大事故，致人重伤、死亡或者使公私财产遭受重大损失的，处三年以下有期徒刑或者拘役；交通运输肇事后逃逸或者有其他特别恶劣情节的，处三年以上七年以下有期徒刑；因逃逸致人死亡的，处七年以上有期徒刑。

◎ 立案追诉标准

交通肇事涉嫌下列情形之一的，应予立案追诉：

（一）死亡一人或者重伤三人以上，负事故全部或者主要责任的；

（二）死亡三人以上，负事故同等责任的；

（三）造成公共财产或者他人财产直接损失，负事故全部或者主要责任，无能力赔偿数额在三十万元以上的；

（四）交通肇事致一人以上重伤，负事故全部或者主要责任，并具有下列情形之一的，以交通肇事罪定罪处罚：

1. 酒后、吸食毒品后驾驶机动车辆的；

2. 无驾驶资格驾驶机动车辆的；

3. 明知是安全装置不全或者安全机件失灵的机动车辆而驾驶的；

4. 明知是无牌证或者已报废的机动车辆而驾驶的；

5. 严重超载驾驶的；

6. 为逃避法律追究逃离事故现场的。

单位主管人员、机动车辆所有人或者机动车辆承包人指使、强令他人违章驾驶造成重大交通事故，具有上述规定情形之一的，以交通肇事罪定罪处罚。

交通肇事后，单位主管人员、机动车辆所有人、承包人或者乘车人指使肇事人逃逸，致使被害人因得不到救助而死亡的，以交通肇事罪的共犯论处。

◎ 标准依据

《最高人民法院关于审理交通肇事刑事案件具体应用法律若干问题的解释》（2000年11月15日　法释〔2000〕33号）

第二条　交通肇事具有下列情形之一的，处3年以下有期徒刑或者拘役：

（一）死亡1人或者重伤3人以上，负事故全部或者主要责任的；

（二）死亡3人以上，负事故同等责任的；

（三）造成公共财产或者他人财产直接损失，负事故全部或者主要责任，无能力赔偿数额在30万元以上的。

交通肇事致1人以上重伤，负事故全部或者主要责任，并具有下列情形之一的，以交通肇事罪定罪处罚：

（一）酒后、吸食毒品后驾驶机动车辆的；

（二）无驾驶资格驾驶机动车辆的；

（三）明知是安全装置不全或者安全机件失灵的机动车辆而驾驶的；

（四）明知是无牌证或者已报废的机动车辆而驾驶的；

（五）严重超载驾驶的；

（六）为逃避法律追究逃离事故现场的。

第五条　"因逃逸致人死亡"，是指行为人在交通肇事后为逃避法律追究而逃跑，致使被害人因得不到救助而死亡的情形。

交通肇事后，单位主管人员、机动车辆所有人、承包人或者乘车人指使肇事人逃逸，致使被害人因得不到救助而死亡的，以交通肇事罪的共犯论处。

第七条 单位主管人员、机动车辆所有人或者机动车辆承包人指使、强令他人违章驾驶造成重大交通事故，具有本解释第二条规定情形之一的，以交通肇事罪定罪处罚。

[相关规范]《最高人民法院、最高人民检察院、公安部关于依法办理“碰瓷”违法犯罪案件的指导意见》（2020年9月22日　公通字〔2020〕12号）

六、实施“碰瓷”，驾驶机动车对其他机动车进行追逐、冲撞、挤别、拦截或者突然加减速、急刹车等可能影响交通安全的行为，因而发生重大事故，致人重伤、死亡或者使公私财物遭受重大损失，符合刑法第一百三十三条规定的，以交通肇事罪定罪处罚。

十八、危险驾驶案（刑法第一百三十三条之一）

◎ 刑法规定

第一百三十三条之一　【危险驾驶罪】在道路上驾驶机动车，有下列情形之一的，处拘役，并处罚金：

（一）追逐竞驶，情节恶劣的；

（二）醉酒驾驶机动车的；

（三）从事校车业务或者旅客运输，严重超过额定乘员载客，或者严重超过规定时速行驶的；

（四）违反危险化学品安全管理规定运输危险化学品，危及公共安全的。

机动车所有人、管理人对前款第三项、第四项行为负有直接责任的，依照前款的规定处罚。

有前两款行为，同时构成其他犯罪的，依照处罚较重的规定定罪处罚。

◎ 立案追诉标准

（一）在道路上驾驶机动车，涉嫌下列情形之一的，应予立案追诉：

1. 追逐竞驶，情节恶劣的；

2. 违反危险化学品安全管理规定运输危险化学品，危及公共安全的。

（二）在道路上驾驶机动车，血液酒精含量达到80毫克/100毫升以上的，应予立案追诉。

犯罪嫌疑人经呼气酒精含量检验达到醉酒标准，在抽取血样之前脱逃的，可以以呼气酒精含量检验结果作为认定其醉酒的依据。

犯罪嫌疑人在公安机关依法检查时，为逃避法律追究，在呼气酒精含量检验或者抽取血样前又饮酒，经检验其血样酒精含量达到醉酒标准的，应当认定为醉酒。

◎ **标准依据**

最高人民法院、最高人民检察院、公安部《关于办理醉酒驾驶机动车刑事案件适用法律若干问题的意见》（2013 年 12 月 18 日　法发〔2013〕15 号）

一、在道路上驾驶机动车，血液酒精含量达到 80 毫克/100 毫升以上的，属于醉酒驾驶机动车，依照刑法第一百三十三条之一第一款的规定，以危险驾驶罪定罪处罚。

前款规定的“道路”“机动车”，适用道路交通安全法的有关规定。

六、血液酒精含量检验鉴定意见是认定犯罪嫌疑人是否醉酒的依据。犯罪嫌疑人经呼气酒精含量检验达到本意见第一条规定的醉酒标准，在抽取血样之前脱逃的，可以以呼气酒精含量检验结果作为认定其醉酒的依据。

犯罪嫌疑人在公安机关依法检查时，为逃避法律追究，在呼气酒精含量检验或者抽取血样前又饮酒，经检验其血液酒精含量达到本意见第一条规定的醉酒标准的，应当认定为醉酒。

十九、重大责任事故案（刑法第一百三十四条第一款）

◎ **刑法规定**

第一百三十四条第一款　【重大责任事故罪】在生产、作业中违反有关安全管理的规定，因而发生重大伤亡事故或者造成其他严重后果的，处三年以下有期徒刑或者拘役；情节特别恶劣的，处三年以上七年以下有期徒刑。

◎ **立案追诉标准**

在生产、作业中违反有关安全管理的规定，涉嫌下列情形之一的，应予立案追诉：

（一）造成死亡一人以上，或者重伤三人以上的；

（二）造成直接经济损失一百万元以上的；

（三）其他造成严重后果或者重大安全事故的情形。

◎ 标准依据

《最高人民检察院、公安部关于公安机关管辖的刑事案件立案追诉标准的规定（一）》（2008年6月25日公通字〔2008〕36号）

第八条　【重大责任事故案（刑法第一百三十四条第一款）】 *在生产、作业中违反有关安全管理的规定，涉嫌下列情形之一的，应予立案追诉：*

（一）造成死亡一人以上，或者重伤三人以上的；

（二）造成直接经济损失五十万元以上的；

（三）发生矿山生产安全事故，造成直接经济损失一百万元以上的；

（四）其他造成严重后果的情形。

《最高人民法院、最高人民检察院关于办理危害生产安全刑事案件适用法律若干问题的解释》（2015年12月14日　法释〔2015〕22号）

第六条　实施刑法第一百三十二条、第一百三十四条第一款、第一百三十五条、第一百三十五条之一、第一百三十六条、第一百三十九条规定的行为，因而发生安全事故，具有下列情形之一的，应当认定为“造成严重后果”或者“发生重大伤亡事故或者造成其他严重后果”，对相关责任人员，处三年以下有期徒刑或者拘役：

（一）造成死亡一人以上，或者重伤三人以上的；

（二）造成直接经济损失一百万元以上的；

（三）其他造成严重后果或者重大安全事故的情形。

……

◎ 特别说明

《最高人民检察院、公安部关于公安机关管辖的刑事案件立案追诉标准的规定（一）》发布之后，《最高人民法院、最高人民检察院关于办理危害生产安全刑事案件适用法律若干问题的解释》对“发生重大伤亡事故或者造成其他严重后果”作出了新规定，应以新规定为准。

[相关规范1]《最高人民法院、最高人民检察院关于办理危害生产安全刑事案件适用法律若干问题的解释》（2015年12月14日　法释〔2015〕22号）

第一条　刑法第一百三十四条第一款规定的犯罪主体，包括对生产、作业负有组织、指挥或者管理职责的负责人、管理人员、实际控制人、投资人等人员，以及直接从事生产、作业的人员。

［相关规范2］《最高人民法院关于依法妥善审理高空抛物、坠物案件的意见》（2019年10月21日　法发〔2019〕25号）

7. 准确认定高空坠物犯罪。过失导致物品从高空坠落，致人死亡、重伤，符合刑法第二百三十三条、第二百三十五条规定的，依照过失致人死亡罪、过失致人重伤罪定罪处罚。在生产、作业中违反有关安全管理规定，从高空坠落物品，发生重大伤亡事故或者造成其他严重后果的，依照刑法第一百三十四条第一款的规定，以重大责任事故罪定罪处罚。

［相关规范3］《最高人民法院、最高人民检察院、公安部关于办理涉窨井盖相关刑事案件的指导意见》（2020年3月16日　高检发〔2020〕3号）

五、在生产、作业中违反有关安全管理的规定，擅自移动窨井盖或者未做好安全防护措施等，发生重大伤亡事故或者造成其他严重后果的，依照刑法第一百三十四条第一款的规定，以重大责任事故罪定罪处罚。

……

二十、强令、组织他人违章冒险作业案（刑法第一百三十四条第二款）

◎ 刑法规定

第一百三十四条第二款　【强令、组织他人违章冒险作业罪】强令他人违章冒险作业，或者明知存在重大事故隐患而不排除，仍冒险组织作业，因而发生重大伤亡事故或者造成其他严重后果的，处五年以下有期徒刑或者拘役；情节特别恶劣的，处五年以上有期徒刑。[①]

◎ 立案追诉标准[②]

强令他人违章冒险作业，涉嫌下列情形之一的，应予立案追诉：

（一）造成死亡一人以上，或者重伤三人以上的；

---

① 原刑法条文第一百三十四条第二款规定："强令他人违章冒险作业，因而发生重大伤亡事故或者造成其他严重后果的，处五年以下有期徒刑或者拘役；情节特别恶劣的，处五年以上有期徒刑。"《中华人民共和国刑法修正案（十一）》增加了"明知存在重大事故隐患而不排除，仍冒险组织作业"的行为方式。根据《中华人民共和国刑法修正案（十一）》和《最高人民法院、最高人民检察院关于执行〈中华人民共和国刑法〉确定罪名的补充规定（七）》，原"强令违章冒险作业罪"罪名被取消，刑法第一百三十四条第二款罪名确定为"强令、组织他人违章冒险作业罪"。

② 此标准是《中华人民共和国刑法修正案（十一）》出台之前强令违章冒险作业罪的立案追诉标准。关于组织他人违章冒险作业罪的标准，按以后出台的相关规定办理。

（二）造成直接经济损失一百万元以上的；

（三）其他造成严重后果或者重大安全事故的情形。

◎ 标准依据

《最高人民检察院、公安部关于公安机关管辖的刑事案件立案追诉标准的规定（一）》（2008 年 6 月 25 日　公通字〔2008〕36 号）

第九条　【强令违章冒险作业案（刑法第一百三十四条第二款）】 *强令他人违章冒险作业，涉嫌下列情形之一的，应予立案追诉：*

（一）造成死亡一人以上，或者重伤三人以上的；

（二）造成直接经济损失五十万元以上的；

（三）发生矿山生产安全事故，造成直接经济损失一百万元以上的；

（四）其他造成严重后果的情形。

《最高人民法院、最高人民检察院关于办理危害生产安全刑事案件适用法律若干问题的解释》（2015 年 12 月 14 日　法释〔2015〕22 号）

第六条　实施刑法第一百三十二条、第一百三十四条第一款、第一百三十五条、第一百三十五条之一、第一百三十六条、第一百三十九条规定的行为，因而发生安全事故，具有下列情形之一的，应当认定为“造成严重后果”或者“发生重大伤亡事故或者造成其他严重后果”，对相关责任人员，处三年以下有期徒刑或者拘役：

（一）造成死亡一人以上，或者重伤三人以上的；

（二）造成直接经济损失一百万元以上的；

（三）其他造成严重后果或者重大安全事故的情形。

实施刑法第一百三十四条第二款规定的行为，因而发生安全事故，具有本条第一款规定情形的，应当认定为“发生重大伤亡事故或者造成其他严重后果”，对相关责任人员，处五年以下有期徒刑或者拘役。

……

◎ 特别说明

《最高人民检察院、公安部关于公安机关管辖的刑事案件立案追诉标准的规定（一）》发布之后，《最高人民法院、最高人民检察院关于办理危害生产安全刑事案件适用法律若干问题的解释》对“发生重大伤亡事故或者造成其他严重后果”作出了新规定，应以新规定为准。

[相关规范]《最高人民法院、最高人民检察院关于办理危害生产安全刑事案件适用法律若干问题的解释》（2015年12月14日　法释〔2015〕22号）

第二条　刑法第一百三十四条第二款规定的犯罪主体，包括对生产、作业负有组织、指挥或者管理职责的负责人、管理人员、实际控制人、投资人等人员。

第五条　明知存在事故隐患、继续作业存在危险，仍然违反有关安全管理的规定，实施下列行为之一的，应当认定为刑法第一百三十四条第二款规定的“强令他人违章冒险作业”：

（一）利用组织、指挥、管理职权，强制他人违章作业的；

（二）采取威逼、胁迫、恐吓等手段，强制他人违章作业的；

（三）故意掩盖事故隐患，组织他人违章作业的；

（四）其他强令他人违章作业的行为。

二十一、重大劳动安全事故案（刑法第一百三十五条）

◎ 刑法规定

第一百三十五条　【重大劳动安全事故罪】安全生产设施或者安全生产条件不符合国家规定，因而发生重大伤亡事故或者造成其他严重后果的，对直接负责的主管人员和其他直接责任人员，处三年以下有期徒刑或者拘役；情节特别恶劣的，处三年以上七年以下有期徒刑。

◎ 立案追诉标准

安全生产设施或者安全生产条件不符合国家规定，涉嫌下列情形之一的，应予立案追诉：

（一）造成死亡一人以上，或者重伤三人以上的；

（二）造成直接经济损失一百万元以上的；

（三）其他造成严重后果或者重大安全事故的情形。

◎ 标准依据

《最高人民检察院、公安部关于公安机关管辖的刑事案件立案追诉标准的规定（一）》（2008年6月25日　公通字〔2008〕36号）

第十条　【重大劳动安全事故案（刑法第一百三十五条）】*安全生产设施或者安全生产条件不符合国家规定，涉嫌下列情形之一的，应予立案追诉：*

（一）造成死亡一人以上，或者重伤三人以上的；

（二）造成直接经济损失五十万元以上的；

（三）发生矿山生产安全事故，造成直接经济损失一百万元以上的；

（四）其他造成严重后果的情形。

《最高人民法院、最高人民检察院关于办理危害生产安全刑事案件适用法律若干问题的解释》（2015年12月14日　法释〔2015〕22号）

（参见本书“十九、重大责任事故案”）

◎ **特别说明**

《最高人民检察院、公安部关于公安机关管辖的刑事案件立案追诉标准的规定（一）》发布之后，《最高人民法院、最高人民检察院关于办理危害生产安全刑事案件适用法律若干问题的解释》对“发生重大伤亡事故或者造成其他严重后果”作出了新规定，应以新规定为准。

［相关规范］《最高人民法院、最高人民检察院关于办理危害生产安全刑事案件适用法律若干问题的解释》（2015年12月14日　法释〔2015〕22号）

第三条　刑法第一百三十五条规定的“直接负责的主管人员和其他直接责任人员”，是指对安全生产设施或者安全生产条件不符合国家规定负有直接责任的生产经营单位负责人、管理人员、实际控制人、投资人，以及其他对安全生产设施或者安全生产条件负有管理、维护职责的人员。

二十二、大型群众性活动重大安全事故案（刑法第一百三十五条之一）

◎ **刑法规定**

第一百三十五条之一　【大型群众性活动重大安全事故罪】举办大型群众性活动违反安全管理规定，因而发生重大伤亡事故或者造成其他严重后果的，对直接负责的主管人员和其他直接责任人员，处三年以下有期徒刑或者拘役；情节特别恶劣的，处三年以上七年以下有期徒刑。

◎ **立案追诉标准**

举办大型群众性活动违反安全管理规定，涉嫌下列情形之一的，应予立案追诉：

（一）造成死亡一人以上，或者重伤三人以上的；

（二）造成直接经济损失一百万元以上的；

（三）其他造成严重后果或者重大安全事故的情形。

◎ 标准依据

《最高人民检察院、公安部关于公安机关管辖的刑事案件立案追诉标准的规定（一）》（2008 年 6 月 25 日 公通字〔2008〕36 号）

第十一条 【大型群众性活动重大安全事故案（刑法第一百三十五条之一）】 *举办大型群众性活动违反安全管理规定，涉嫌下列情形之一的，应予立案追诉：*

（一）造成死亡一人以上，或者重伤三人以上的；

（二）造成直接经济损失五十万元以上的；

（三）其他造成严重后果的情形。

《最高人民法院、最高人民检察院关于办理危害生产安全刑事案件适用法律若干问题的解释》（2015 年 12 月 14 日 法释〔2015〕22 号）

（参见本书“十九、重大责任事故案”）

◎ 特别说明

《最高人民检察院、公安部关于公安机关管辖的刑事案件立案追诉标准的规定（一）》发布之后，《最高人民法院、最高人民检察院关于办理危害生产安全刑事案件适用法律若干问题的解释》对“发生重大伤亡事故或者造成其他严重后果”作出了新规定，应以新规定为准。

二十三、危险物品肇事案（刑法第一百三十六条）

◎ 刑法规定

第一百三十六条 【危险物品肇事罪】违反爆炸性、易燃性、放射性、毒害性、腐蚀性物品的管理规定，在生产、储存、运输、使用中发生重大事故，造成严重后果的，处三年以下有期徒刑或者拘役；后果特别严重的，处三年以上七年以下有期徒刑。

◎ 立案追诉标准

违反爆炸性、易燃性、放射性、毒害性、腐蚀性物品的管理规定，在生产、储存、运输、使用中发生重大事故，涉嫌下列情形之一的，应予立案追诉：

（一）造成死亡一人以上，或者重伤三人以上的；

（二）造成直接经济损失一百万元以上的；

（三）其他造成严重后果或者重大安全事故的情形。

◎ **标准依据说明**

《最高人民检察院、公安部关于公安机关管辖的刑事案件立案追诉标准的规定（一）》（2008年6月25日　公通字〔2008〕36号）

第十二条　【危险物品肇事案（刑法第一百三十六条）】违反爆炸性、易燃性、放射性、毒害性、腐蚀性物品的管理规定，在生产、储存、运输、使用中发生重大事故，涉嫌下列情形之一的，应予立案追诉：

（一）造成死亡一人以上，或者重伤三人以上的；

（二）造成直接经济损失五十万元以上的；

（三）其他造成严重后果的情形。

《最高人民法院、最高人民检察院关于办理危害生产安全刑事案件适用法律若干问题的解释》（2015年12月14日　法释〔2015〕22号）

（参见本书“十九、重大责任事故案”）

◎ **特别说明**

《最高人民检察院、公安部关于公安机关管辖的刑事案件立案追诉标准的规定（一）》发布之后，《最高人民法院、最高人民检察院关于办理危害生产安全刑事案件适用法律若干问题的解释》对“造成严重后果”作出了新规定，应以新规定为准。

二十四、工程重大安全事故案（刑法第一百三十七条）

◎ **刑法规定**

第一百三十七条　【工程重大安全事故罪】建设单位、设计单位、施工单位、工程监理单位违反国家规定，降低工程质量标准，造成重大安全事故的，对直接责任人员，处五年以下有期徒刑或者拘役，并处罚金；后果特别严重的，处五年以上十年以下有期徒刑，并处罚金。

◎ **立案追诉标准**

建设单位、设计单位、施工单位、工程监理单位违反国家规定，降低工程质量标准，涉嫌下列情形之一的，应予立案追诉：

（一）造成死亡一人以上，或者重伤三人以上的；

（二）造成直接经济损失一百万元以上的；

（三）其他造成严重后果或者重大安全事故的情形。

◎ 标准依据

《最高人民检察院、公安部关于公安机关管辖的刑事案件立案追诉标准的规定（一）》（2008年6月25日　公通字〔2008〕36号）

*第十三条　**【工程重大安全事故案（刑法第一百三十七条）】**建设单位、设计单位、施工单位、工程监理单位违反国家规定，降低工程质量标准，涉嫌下列情形之一的，应予立案追诉：*

（一）造成死亡一人以上，或者重伤三人以上的；

（二）造成直接经济损失五十万元以上的；

（三）其他造成严重后果的情形。

《最高人民法院、最高人民检察院关于办理危害生产安全刑事案件适用法律若干问题的解释》（2015年12月14日　法释〔2015〕22号）

第六条　实施刑法第一百三十二条、第一百三十四条第一款、第一百三十五条、第一百三十五条之一、第一百三十六条、第一百三十九条规定的行为，因而发生安全事故，具有下列情形之一的，应当认定为“造成严重后果”或者“发生重大伤亡事故或者造成其他严重后果”，对相关责任人员，处三年以下有期徒刑或者拘役：

（一）造成死亡一人以上，或者重伤三人以上的；

（二）造成直接经济损失一百万元以上的；

（三）其他造成严重后果或者重大安全事故的情形。

……

实施刑法第一百三十七条规定的行为，因而发生安全事故，具有本条第一款规定情形的，应当认定为“造成重大安全事故”，对直接责任人员，处五年以下有期徒刑或者拘役，并处罚金。

……

◎ 特别说明

《最高人民检察院、公安部关于公安机关管辖的刑事案件立案追诉标准的规定（一）》发布之后，《最高人民法院、最高人民检察院关于办理危害生产安全刑事案件适用法律若干问题的解释》对“造成重大安全事故”作出了新规定，应以新规定为准。

[相关规范]《最高人民法院、最高人民检察院、公安部关于办理涉窨井盖相关刑事案件的指导意见》（2020年3月16日　高检发〔2020〕3号）

五、……窨井盖建设、设计、施工、工程监理单位违反国家规定，降低工程质量标准，造成重大安全事故的，依照刑法第一百三十七条的规定，以工程重大安全事故罪定罪处罚。

二十五、教育设施重大安全事故案（刑法第一百三十八条）

◎ 刑法规定

第一百三十八条　【教育设施重大安全事故罪】明知校舍或者教育教学设施有危险，而不采取措施或者不及时报告，致使发生重大伤亡事故的，对直接责任人员，处三年以下有期徒刑或者拘役；后果特别严重的，处三年以上七年以下有期徒刑。

◎ 立案追诉标准

明知校舍或者教育教学设施有危险，而不采取措施或者不及时报告，造成死亡一人以上，或者重伤三人以上的，应予立案追诉：

◎ 标准依据

《最高人民检察院、公安部关于公安机关管辖的刑事案件立案追诉标准的规定（一）》（2008年6月25日　公通字〔2008〕36号）

第十四条　【教育设施重大安全事故案（刑法第一百三十八条）】*明知校舍或者教育教学设施有危险，而不采取措施或者不及时报告，涉嫌下列情形之一的，应予立案追诉：*

（一）造成死亡一人以上、重伤三人以上或者轻伤十人以上的；

（二）其他致使发生重大伤亡事故的情形。

《最高人民法院、最高人民检察院关于办理危害生产安全刑事案件适用法律若干问题的解释》（2015年12月14日　法释〔2015〕22号）

第六条　实施刑法第一百三十二条、第一百三十四条第一款、第一百三十五条、第一百三十五条之一、第一百三十六条、第一百三十九条规定的行为，因而发生安全事故，具有下列情形之一的，应当认定为“造成严重后果”或者

“发生重大伤亡事故或者造成其他严重后果”，对相关责任人员，处三年以下有期徒刑或者拘役：

（一）造成死亡一人以上，或者重伤三人以上的；

（二）造成直接经济损失一百万元以上的；

（三）其他造成严重后果或者重大安全事故的情形。

……

实施刑法第一百三十八条规定的行为，因而发生安全事故，具有本条第一款第一项规定情形的，应当认定为“发生重大伤亡事故”，对直接责任人员，处三年以下有期徒刑或者拘役。

◎ 特别说明

《最高人民检察院、公安部关于公安机关管辖的刑事案件立案追诉标准的规定（一）》发布之后，《最高人民法院、最高人民检察院关于办理危害生产安全刑事案件适用法律若干问题的解释》对“发生重大伤亡事故”作出了新规定，应以新规定为准。

二十六、消防责任事故案（刑法第一百三十九条）

◎ 刑法规定

第一百三十九条　【消防责任事故罪】违反消防管理法规，经消防监督机构通知采取改正措施而拒绝执行，造成严重后果的，对直接责任人员，处三年以下有期徒刑或者拘役；后果特别严重的，处三年以上七年以下有期徒刑。

◎ 立案追诉标准

违反消防管理法规，经消防监督机构通知采取改正措施而拒绝执行，涉嫌下列情形之一的，应予立案追诉：

（一）造成死亡一人以上，或者重伤三人以上的；

（二）造成直接经济损失一百万元以上的；

（三）其他造成严重后果或者重大安全事故的情形。

◎ 标准依据

《最高人民检察院、公安部关于公安机关管辖的刑事案件立案追诉标准的规定（一）》（2008年6月25日　公通字〔2008〕36号）

第十五条　【消防责任事故案（刑法第一百三十九条）】违反消防管理法规，经消防监督机构通知采取改正措施而拒绝执行，涉嫌下列情形之一的，应予立案追诉：

（一）造成死亡一人以上，或者重伤三人以上的；

（二）造成直接经济损失五十万元以上的；

（三）造成森林火灾，过火有林地面积二公顷以上，或者过火疏林地、灌木林地、未成林地、苗圃地面积四公顷以上的；

（四）其他造成严重后果的情形。

《最高人民法院、最高人民检察院关于办理危害生产安全刑事案件适用法律若干问题的解释》（2015 年 12 月 14 日　法释〔2015〕22 号）

（参见本书“十九、重大责任事故案”）

◎ 特别说明

《最高人民检察院、公安部关于公安机关管辖的刑事案件立案追诉标准的规定（一）》发布之后，《最高人民法院、最高人民检察院关于办理危害生产安全刑事案件适用法律若干问题的解释》对“造成严重后果”作出了新规定，应以新规定为准。

二十七、不报、谎报安全事故案（刑法第一百三十九条之一）

◎ 刑法规定

第一百三十九条之一　【不报、谎报安全事故罪】在安全事故发生后，负有报告职责的人员不报或者谎报事故情况，贻误事故抢救，情节严重的，处三年以下有期徒刑或者拘役；情节特别严重的，处三年以上七年以下有期徒刑。

◎ 立案追诉标准

在安全事故发生后，负有报告职责的人员不报或者谎报事故情况，贻误事故抢救，涉嫌下列情形之一的，应予立案追诉：

（一）导致事故后果扩大，增加死亡一人以上，或者增加重伤三人以上，或者增加直接经济损失一百万元以上的；

（二）实施下列行为之一，致使不能及时有效开展事故抢救的：

1. 决定不报、迟报、谎报事故情况或者指使、串通有关人员不报、迟报、谎报事故情况的；

2. 在事故抢救期间擅离职守或者逃匿的；

3. 伪造、破坏事故现场，或者转移、藏匿、毁灭遇难人员尸体，或者转移、藏匿受伤人员的；

4. 毁灭、伪造、隐匿与事故有关的图纸、记录、计算机数据等资料以及其他证据的；

（三）其他不报、谎报安全事故情节严重的情形。

本条规定的“负有报告职责的人员”，是指负有组织、指挥或者管理职责的负责人、管理人员、实际控制人、投资人，以及其他负有报告职责的人员。

◎ 标准依据

《最高人民检察院、公安部关于公安机关管辖的刑事案件立案追诉标准的规定（一）的补充规定》（2017年4月27日　公通字〔2017〕12号）

一、（见附录）

第二章　破坏社会主义市场经济秩序案

二十八、生产、销售伪劣产品案（刑法第一百四十条）

◎ 刑法规定

第一百四十条　【生产、销售伪劣产品罪】生产者、销售者在产品中掺杂、掺假，以假充真，以次充好或者以不合格产品冒充合格产品，销售金额五万元以上不满二十万元的，处二年以下有期徒刑或者拘役，并处或者单处销售金额百分之五十以上二倍以下罚金；销售金额二十万元以上不满五十万元的，处二年以上七年以下有期徒刑，并处销售金额百分之五十以上二倍以下罚金；销售金额五十万元以上不满二百万元的，处七年以上有期徒刑，并处销售金额百分之五十以上二倍以下罚金；销售金额二百万元以上的，处十五年有期徒刑或者无期徒刑，并处销售金额百分之五十以上二倍以下罚金或者没收财产。

◎ 立案追诉标准

生产者、销售者在产品中掺杂、掺假，以假充真，以次充好或者以不合格产品冒充合格产品，涉嫌下列情形之一的，应予立案追诉：

（一）伪劣产品销售金额五万元以上的；

（二）伪劣产品尚未销售，货值金额十五万元以上的；

（三）伪劣产品销售金额不满五万元，但将已销售金额乘以三倍后，与尚未销售的伪劣产品货值金额合计十五万元以上的。

本条规定的“掺杂、掺假”，是指在产品中掺入杂质或者异物，致使产品质量不符合国家法律、法规或者产品明示质量标准规定的质量要求，降低、失去应有使用性能的行为；“以假充真”，是指以不具有某种使用性能的产品冒充具有该种使用性能的产品的行为；“以次充好”，是指以低等级、低档次产品冒充高等级、高档次产品，或者以残次、废旧零配件组合、拼装后冒充正品或者新产品的行为；“不合格产品”，是指不符合《中华人民共和国产品质量法》规定的质量要求的产品。

对本条规定的上述行为难以确定的，应当委托法律、行政法规规定的产品质量检验机构进行鉴定。

本条规定的“销售金额”，是指生产者、销售者出售伪劣产品后所得和应得的全部违法收入；“货值金额”，以违法生产、销售的伪劣产品的标价计算；没有标价的，按照同类合格产品的市场中间价格计算。货值金额难以确定的，按照《扣押、追缴、没收物品估价管理办法》的规定，委托估价机构进行确定。

◎ 标准依据

《最高人民检察院、公安部关于公安机关管辖的刑事案件立案追诉标准的规定（一）》（2008年6月25日　公通字〔2008〕36号）

第十六条（见附录）

[相关规范1]**《最高人民法院、最高人民检察院关于办理危害食品安全刑事案件适用法律若干问题的解释》**（2013年5月2日　法释〔2013〕12号）

第十条　生产、销售不符合食品安全标准的食品添加剂，用于食品的包装材料、容器、洗涤剂、消毒剂，或者用于食品生产经营的工具、设备等，构成犯罪的，依照刑法第一百四十条的规定以生产、销售伪劣产品罪定罪处罚。

[相关规范2]**《最高人民检察院关于废止〈最高人民检察院关于办理非法经营食盐刑事案件具体应用法律若干问题的解释〉的决定》**（2020年3月27日）

该解释废止后，对以非碘盐充当碘盐或者以工业用盐等非食盐充当食盐等危害食盐安全的行为，人民检察院可以依据《最高人民法院、最高人民检察院关于办理生产、销售伪劣商品刑事案件具体应用法律若干问题的解释》（法释〔2001〕10号）、《最高人民法院、最高人民检察院关于办理危害食品安全刑事案件适用法律若干问题的解释》（法释〔2013〕12号）的规定，分别不同情况，以生产、销售伪劣产品罪，或者生产、销售不符合安全标准的食品罪，或者生产、销售有毒、有害食品罪追究刑事责任。

二十九、生产、销售、提供假药案（刑法第一百四十一条）

◎ 刑法规定

第一百四十一条　【生产、销售、提供假药罪】[①] 生产、销售假药的，处

---

① 根据《中华人民共和国刑法修正案（十一）》和《最高人民法院、最高人民检察院关于执行〈中华人民共和国刑法〉确定罪名的补充规定（七）》，原“生产、销售假药罪”罪名被取消，刑法第一百四十一条罪名确定为“生产、销售、提供假药罪”。

三年以下有期徒刑或者拘役，并处罚金；对人体健康造成严重危害或者有其他严重情节的，处三年以上十年以下有期徒刑，并处罚金；致人死亡或者有其他特别严重情节的，处十年以上有期徒刑、无期徒刑或者死刑，并处罚金或者没收财产。

药品使用单位的人员明知是假药而提供给他人使用的，依照前款的规定处罚。

◎ 立案追诉标准①

生产、销售假药的，应予立案追诉。但销售少量根据民间传统配方私自加工的药品，或者销售少量未经批准进口的国外、境外药品，没有造成他人伤害后果或者延误诊治，情节显著轻微危害不大的除外。

以生产、销售假药为目的，具有下列情形之一的，属于本条规定的“生产”：

（一）合成、精制、提取、储存、加工炮制药品原料的；

（二）将药品原料、辅料、包装材料制成成品过程中，进行配料、混合、制剂、储存、包装的；

（三）印制包装材料、标签、说明书的。

医疗机构、医疗机构工作人员明知是假药而有偿提供给他人使用，或者为出售而购买、储存的，属于本条规定的“销售”。

禁止生产（包括配制）、销售、使用假药。有下列情形之一的，为假药：

（一）药品所含成份与国家药品标准规定的成份不符；

（二）以非药品冒充药品或者以他种药品冒充此种药品；

（三）变质的药品；

（四）药品所标明的适应症或者功能主治超出规定范围。

是否属于假药难以确定的，可以根据地市级以上药品监督管理部门出具的认定意见等相关材料进行认定。必要时，可以委托省级以上药品监督管理部门设置或者确定的药品检验机构进行检验。

◎ 标准依据

《最高人民检察院、公安部关于公安机关管辖的刑事案件立案追诉标准的规定（一）的补充规定》（2017年4月27日　公通字〔2017〕12号）

二、将《立案追诉标准（一）》第十七条修改为：［生产、销售假药案（刑

① 此标准是《中华人民共和国刑法修正案（十一）》之前生产、销售假药罪的立案追诉标准。关于提供假药罪的标准，按以后出台的相关规定办理。

法第一百四十一条)] 生产、销售假药的，应予立案追诉。但销售少量根据民间传统配方私自加工的药品，或者销售少量未经批准进口的国外、境外药品，没有造成他人伤害后果或者延误诊治，情节显著轻微危害不大的除外。

以生产、销售假药为目的，具有下列情形之一的，属于本条规定的“生产”：

(一) 合成、精制、提取、储存、加工炮制药品原料的；

(二) 将药品原料、辅料、包装材料制成成品过程中，进行配料、混合、制剂、储存、包装的；

(三) 印制包装材料、标签、说明书的。

医疗机构、医疗机构工作人员明知是假药而有偿提供给他人使用，或者为出售而购买、储存的，属于本条规定的“销售”。

*本条规定的“假药”，是指依照《中华人民共和国药品管理法》的规定属于假药和按假药处理的药品、非药品。*是否属于假药难以确定的，可以根据地市级以上药品监督管理部门出具的认定意见等相关材料进行认定。必要时，可以委托省级以上药品监督管理部门设置或者确定的药品检验机构进行检验。

《中华人民共和国药品管理法》(2019 年 8 月 26 日)

第九十八条 禁止生产(包括配制，下同)、销售、使用假药、劣药。

有下列情形之一的，为假药：

(一) 药品所含成份与国家药品标准规定的成份不符；

(二) 以非药品冒充药品或者以他种药品冒充此种药品；

(三) 变质的药品；

(四) 药品所标明的适应症或者功能主治超出规定范围。

……

◎ 特别说明

本条的立案追诉标准是根据《最高人民检察院、公安部关于公安机关管辖的刑事案件立案追诉标准的规定(一)的补充规定》和《中华人民共和国药品管理法》(2019 年) 归纳整理而成。

[相关规范]《最高人民法院、最高人民检察院关于办理危害药品安全刑事案件适用法律若干问题的解释》(2014 年 11 月 3 日　法释〔2014〕14 号)

第八条 明知他人生产、销售假药、劣药，而有下列情形之一的，以共同犯罪论处：

（一）提供资金、贷款、账号、发票、证明、许可证件的；

（二）提供生产、经营场所、设备或者运输、储存、保管、邮寄、网络销售渠道等便利条件的；

（三）提供生产技术或者原料、辅料、包装材料、标签、说明书的；

（四）提供广告宣传等帮助行为的。

三十、生产、销售、提供劣药案（刑法第一百四十二条）

◎ 刑法规定

第一百四十二条　【生产、销售、提供劣药罪】① 生产、销售劣药，对人体健康造成严重危害的，处三年以上十年以下有期徒刑，并处罚金；后果特别严重的，处十年以上有期徒刑或者无期徒刑，并处罚金或者没收财产。

药品使用单位的人员明知是劣药而提供给他人使用的，依照前款的规定处罚。

◎ 立案追诉标准②

生产（包括配制）、销售劣药，涉嫌下列情形之一的，应予立案追诉：

（一）造成人员轻伤、重伤或者死亡的；

（二）其他对人体健康造成严重危害的情形。

禁止生产（包括配制）、销售、使用劣药。有下列情形之一的，为劣药：

（一）药品成份的含量不符合国家药品标准；

（二）被污染的药品；

（三）未标明或者更改有效期的药品；

（四）未注明或者更改产品批号的药品；

（五）超过有效期的药品；

（六）擅自添加防腐剂、辅料的药品；

（七）其他不符合药品标准的药品。

---

① 依据《中华人民共和国刑法修正案（十一）》和《最高人民法院、最高人民检察院关于执行〈中华人民共和国刑法〉确定罪名的补充规定（七）》，原“生产、销售劣药罪”罪名被取消，刑法第一百四十二条罪名确定为“生产、销售、提供劣药罪”。

② 此标准是《中华人民共和国刑法修正案（十一）》之前生产、销售劣药的立案追诉标准。关于提供劣药罪的标准，按以后出台的规定办理。

◎ **标准依据**

《最高人民检察院、公安部关于公安机关管辖的刑事案件立案追诉标准的规定（一）》（2008年6月25日　公通字〔2008〕36号）

第十八条　【生产、销售劣药案（刑法第一百四十二条）】生产（包括配制）、销售劣药，涉嫌下列情形之一的，应予立案追诉：

（一）造成人员轻伤、重伤或者死亡的；

（二）其他对人体健康造成严重危害的情形。

本条规定的“劣药”，是指依照《中华人民共和国药品管理法》的规定，药品成份的含量不符合国家药品标准的药品和按劣药论处的药品。

《中华人民共和国药品管理法》（2019年8月26日）

第九十八条　禁止生产（包括配制，下同）、销售、使用假药、劣药。

……

有下列情形之一的，为劣药：

（一）药品成份的含量不符合国家药品标准；

（二）被污染的药品；

（三）未标明或者更改有效期的药品；

（四）未注明或者更改产品批号的药品；

（五）超过有效期的药品；

（六）擅自添加防腐剂、辅料的药品；

（七）其他不符合药品标准的药品。

……

◎ **特别说明**

本条的立案追诉标准是根据《最高人民检察院、公安部关于公安机关管辖的刑事案件立案追诉标准的规定（一）》和《中华人民共和国药品管理法》（2019年）归纳整理而成。

[相关规范]《最高人民法院、最高人民检察院关于办理危害药品安全刑事案件适用法律若干问题的解释》（2014年11月3日　法释〔2014〕14号）

第六条　以生产、销售假药、劣药为目的，实施下列行为之一的，应当认定为刑法第一百四十一条、第一百四十二条规定的“生产”：

（一）合成、精制、提取、储存、加工炮制药品原料的行为；

（二）将药品原料、辅料、包装材料制成成品过程中，进行配料、混合、制剂、储存、包装的行为；

（三）印制包装材料、标签、说明书的行为。

医疗机构、医疗机构工作人员明知是假药、劣药而有偿提供给他人使用，或者为出售而购买、储存的行为，应当认定为刑法第一百四十一条、第一百四十二条规定的“销售”。

第八条 明知他人生产、销售假药、劣药，而有下列情形之一的，以共同犯罪论处：

（一）提供资金、贷款、账号、发票、证明、许可证件的；

（二）提供生产、经营场所、设备或者运输、储存、保管、邮寄、网络销售渠道等便利条件的；

（三）提供生产技术或者原料、辅料、包装材料、标签、说明书的；

（四）提供广告宣传等帮助行为的。

三十一、生产、销售不符合安全标准的食品案（刑法第一百四十三条）

◎ 刑法规定

第一百四十三条 【生产、销售不符合安全标准的食品罪】生产、销售不符合食品安全标准的食品，足以造成严重食物中毒事故或者其他严重食源性疾病的，处三年以下有期徒刑或者拘役，并处罚金；对人体健康造成严重危害或者有其他严重情节的，处三年以上七年以下有期徒刑，并处罚金；后果特别严重的，处七年以上有期徒刑或者无期徒刑，并处罚金或者没收财产。

◎ 立案追诉标准

生产、销售不符合食品安全标准的食品，涉嫌下列情形之一的，应予立案追诉：

（一）食品含有严重超出标准限量的致病性微生物、农药残留、兽药残留、重金属、污染物质以及其他危害人体健康的物质的；

（二）属于病死、死因不明或者检验检疫不合格的畜、禽、兽、水产动物及其肉类、肉类制品的；

（三）属于国家为防控疾病等特殊需要明令禁止生产、销售的食品的；

（四）婴幼儿食品中生长发育所需营养成分严重不符合食品安全标准的；

（五）其他足以造成严重食物中毒事故或者严重食源性疾病的情形。

在食品加工、销售、运输、贮存等过程中，违反食品安全标准，超限量或者超范围滥用食品添加剂，足以造成严重食物中毒事故或者其他严重食源性疾病的，应予立案追诉。

在食用农产品种植、养殖、销售、运输、贮存等过程中，违反食品安全标准，超限量或者超范围滥用添加剂、农药、兽药等，足以造成严重食物中毒事故或者其他严重食源性疾病的，应予立案追诉。

◎ 标准依据

《最高人民检察院、公安部关于公安机关管辖的刑事案件立案追诉标准的规定（一）的补充规定》（2017 年 4 月 27 日　公通字〔2017〕12 号）

三、（见附录）

［相关规范］《最高人民法院关于审理走私、非法经营、非法使用兴奋剂刑事案件适用法律若干问题的解释》（2019 年 11 月 18 日　法释〔2019〕16 号）

第五条　生产、销售含有兴奋剂目录所列物质的食品，符合刑法第一百四十三条、第一百四十四条规定的，以生产、销售不符合安全标准的食品罪、生产、销售有毒、有害食品罪定罪处罚。

三十二、生产、销售有毒、有害食品案（刑法第一百四十四条）

◎ 刑法规定

第一百四十四条　【生产、销售有毒、有害食品罪】在生产、销售的食品中掺入有毒、有害的非食品原料的，或者销售明知掺有有毒、有害的非食品原料的食品的，处五年以下有期徒刑，并处罚金；对人体健康造成严重危害或者有其他严重情节的，处五年以上十年以下有期徒刑，并处罚金；致人死亡或者有其他特别严重情节的，依照本法第一百四十一条的规定处罚。

◎ 立案追诉标准

在生产、销售的食品中掺入有毒、有害的非食品原料的，或者销售明知掺有有毒、有害的非食品原料的食品的，应予立案追诉。

在食品加工、销售、运输、贮存等过程中，掺入有毒、有害的非食品原料，或者使用有毒、有害的非食品原料加工食品的，应予立案追诉。

在食用农产品种植、养殖、销售、运输、贮存等过程中，使用禁用农药、兽药等禁用物质或者其他有毒、有害物质的，应予立案追诉。

在保健食品或者其他食品中非法添加国家禁用药物等有毒、有害物质的，应予立案追诉。

下列物质应当认定为本条规定的“有毒、有害的非食品原料”：

（一）法律、法规禁止在食品生产经营活动中添加、使用的物质；

（二）国务院有关部门公布的《食品中可能违法添加的非食用物质名单》《保健食品中可能非法添加的物质名单》中所列物质；

（三）国务院有关部门公告禁止使用的农药、兽药以及其他有毒、有害物质；

（四）其他危害人体健康的物质。

◎ 标准依据

《最高人民检察院、公安部关于公安机关管辖的刑事案件立案追诉标准的规定（一）的补充规定》（2017 年 4 月 27 日　公通字〔2017〕12 号）

四、（见附录）

［**相关规范**］**《最高人民法院关于审理走私、非法经营、非法使用兴奋剂刑事案件适用法律若干问题的解释》**（2019 年 11 月 18 日　法释〔2019〕16 号）

第五条　生产、销售含有兴奋剂目录所列物质的食品，符合刑法第一百四十三条、第一百四十四条规定的，以生产、销售不符合安全标准的食品罪、生产、销售有毒、有害食品罪定罪处罚。

三十三、生产、销售不符合标准的医用器材案（刑法第一百四十五条）

◎ 刑法规定

第一百四十五条　【生产、销售不符合标准的医用器材罪】生产不符合保障人体健康的国家标准、行业标准的医疗器械、医用卫生材料，或者销售明知是不符合保障人体健康的国家标准、行业标准的医疗器械、医用卫生材料，足以严重危害人体健康的，处三年以下有期徒刑或者拘役，并处销售金额百分之五十以上二倍以下罚金；对人体健康造成严重危害的，处三年以上十年以下有期徒刑，并处销售金额百分之五十以上二倍以下罚金；后果特别严重的，处十年以上有期徒刑或者无期徒刑，并处销售金额百分之五十以上二倍以下罚金或者没收财产。

◎ 立案追诉标准

生产不符合保障人体健康的国家标准、行业标准的医疗器械、医用卫生材料，或者销售明知是不符合保障人体健康的国家标准、行业标准的医疗器械、医用卫生材料，涉嫌下列情形之一的，应予立案追诉：

（一）进入人体的医疗器械的材料中含有超过标准的有毒有害物质的；

（二）进入人体的医疗器械的有效性指标不符合标准要求，导致治疗、替代、调节、补偿功能部分或者全部丧失，可能造成贻误诊治或者人体严重损伤的；

（三）用于诊断、监护、治疗的有源医疗器械的安全指标不符合强制性标准要求，可能对人体构成伤害或者潜在危害的；

（四）用于诊断、监护、治疗的有源医疗器械的主要性能指标不合格，可能造成贻误诊治或者人体严重损伤的；

（五）未经批准，擅自增加功能或者适用范围，可能造成贻误诊治或者人体严重损伤的；

（六）其他足以严重危害人体健康或者对人体健康造成严重危害的情形。

医疗机构或者个人知道或者应当知道是不符合保障人体健康的国家标准、行业标准的医疗器械、医用卫生材料而购买并有偿使用的，视为本条规定的“销售”。

◎ 标准依据

《最高人民检察院、公安部关于公安机关管辖的刑事案件立案追诉标准的规定（一）》（2008年6月25日　公通字〔2008〕36号）

第二十一条（见附录）

三十四、生产、销售不符合安全标准的产品案（刑法第一百四十六条）

◎ 刑法规定

第一百四十六条　【生产、销售不符合安全标准的产品罪】生产不符合保障人身、财产安全的国家标准、行业标准的电器、压力容器、易燃易爆产品或者其他不符合保障人身、财产安全的国家标准、行业标准的产品，或者销售明知是以上不符合保障人身、财产安全的国家标准、行业标准的产品，造成严重后果的，处五年以下有期徒刑，并处销售金额百分之五十以上二倍以下罚金；后果特别严重的，处五年以上有期徒刑，并处销售金额百分之五十以上二倍以下罚金。

◎ 立案追诉标准

生产不符合保障人身、财产安全的国家标准、行业标准的电器、压力容器、易燃易爆产品或者其他不符合保障人身、财产安全的国家标准、行业标准的产品，或者销售明知是以上不符合保障人身、财产安全的国家标准、行业标准的产品，涉嫌下列情形之一的，应予立案追诉：

（一）造成人员重伤或者死亡的；

（二）造成直接经济损失十万元以上的；

（三）其他造成严重后果的情形。

◎ 标准依据

《最高人民检察院、公安部关于公安机关管辖的刑事案件立案追诉标准的规定（一）》（2008年6月25日　公通字〔2008〕36号）

第二十二条（见附录）

［相关规范］《最高人民法院、最高人民检察院、公安部关于办理涉窨井盖相关刑事案件的指导意见》（2020年3月16日　高检发〔2020〕3号）

六、生产不符合保障人身、财产安全的国家标准、行业标准的窨井盖，或者销售明知是不符合保障人身、财产安全的国家标准、行业标准的窨井盖，造成严重后果的，依照刑法第一百四十六条的规定，以生产、销售不符合安全标准的产品罪定罪处罚。

三十五、生产、销售伪劣农药、兽药、化肥、种子案（刑法第一百四十七条）

◎ 刑法规定

第一百四十七条　【生产、销售伪劣农药、兽药、化肥、种子罪】生产假农药、假兽药、假化肥，销售明知是假的或者失去使用效能的农药、兽药、化肥、种子，或者生产者、销售者以不合格的农药、兽药、化肥、种子冒充合格的农药、兽药、化肥、种子，使生产遭受较大损失的，处三年以下有期徒刑或者拘役，并处或者单处销售金额百分之五十以上二倍以下罚金；使生产遭受重大损失的，处三年以上七年以下有期徒刑，并处销售金额百分之五十以上二倍以下罚金；使生产遭受特别重大损失的，处七年以上有期徒刑或者无期徒刑，并处销售金额百分之五十以上二倍以下罚金或者没收财产。

◎ 立案追诉标准

生产假农药、假兽药、假化肥，销售明知是假的或者失去使用效能的农药、兽药、化肥、种子，或者生产者、销售者以不合格的农药、兽药、化肥、种子冒充合格的农药、兽药、化肥、种子，涉嫌下列情形之一的，应予立案追诉：

（一）使生产遭受损失二万元以上的；

（二）其他使生产遭受较大损失的情形。

◎ 标准依据

《最高人民检察院、公安部关于公安机关管辖的刑事案件立案追诉标准的规定（一）》（2008年6月25日　公通字〔2008〕36号）

第二十三条（见附录）

三十六、生产、销售不符合卫生标准的化妆品案（刑法第一百四十八条）

◎ 刑法规定

第一百四十八条　【生产、销售不符合卫生标准的化妆品罪】生产不符合卫生标准的化妆品，或者销售明知是不符合卫生标准的化妆品，造成严重后果的，处三年以下有期徒刑或者拘役，并处或者单处销售金额百分之五十以上二倍以下罚金。

◎ 立案追诉标准

生产不符合卫生标准的化妆品，或者销售明知是不符合卫生标准的化妆品，涉嫌下列情形之一的，应予立案追诉：

（一）造成他人容貌毁损或者皮肤严重损伤的；

（二）造成他人器官组织损伤导致严重功能障碍的；

（三）致使他人精神失常或者自杀、自残造成重伤、死亡的；

（四）其他造成严重后果的情形。

◎ **标准依据**

《最高人民检察院、公安部关于公安机关管辖的刑事案件立案追诉标准的规定（一）》（2008年6月25日　公通字〔2008〕36号）

第二十四条（见附录）

三十七、走私假币案（刑法第一百五十一条第一款）

◎ **刑法规定**

第一百五十一条　【走私武器、弹药罪】【走私核材料罪】【走私假币罪】走私武器、弹药、核材料或者伪造的货币的，处七年以上有期徒刑，并处罚金或者没收财产；情节特别严重的，处无期徒刑，并处没收财产；情节较轻的，处三年以上七年以下有期徒刑，并处罚金。

……

单位犯本条规定之罪的，对单位判处罚金，并对其直接负责的主管人员和其他直接责任人员，依照本条各款的规定处罚。

◎ **立案追诉标准**

走私伪造的货币，总面额在二千元以上或者币量在二百张（枚）以上的，应予立案追诉。

◎ **标准依据**

《最高人民检察院、公安部关于公安机关管辖的刑事案件立案追诉标准的规定（二）》（2010年5月7日　公通字〔2010〕23号）

第二条（见附录）

三十八、走私淫秽物品案（刑法第一百五十二条第一款）

◎ **刑法规定**

第一百五十二条第一款　【走私淫秽物品罪】以牟利或者传播为目的，走私淫秽的影片、录像带、录音带、图片、书刊或者其他淫秽物品的，处三年以上十年以下有期徒刑，并处罚金；情节严重的，处十年以上有期徒刑或者无期徒刑，并处罚金或者没收财产；情节较轻的，处三年以下有期徒刑、拘役或者管制，并处罚金。

◎ 立案追诉标准

以牟利或者传播为目的，走私淫秽物品，涉嫌下列情形之一的，应予立案追诉：

（一）走私淫秽录像带、影碟五十盘（张）以上不满一百盘（张）的；

（二）走私淫秽录音带、音碟一百盘（张）以上不满二百盘（张）的；

（三）走私淫秽扑克、书刊、画册一百副（册）以上不满二百副（册）的；

（四）走私淫秽照片、画片五百张以上不满一千张的；

（五）走私其他淫秽物品相当于上述数量的。

◎ 标准依据

《最高人民检察院、公安部关于公安机关管辖的刑事案件立案追诉标准的规定（一）》（2008 年 6 月 25 日　公通字〔2008〕36 号）

第二十五条　【走私淫秽物品案（刑法第一百五十二条第一款）】 *以牟利或者传播为目的，走私淫秽的影片、录像带、录音带、图片、书刊或者其他通过文字、声音、形象等形式表现淫秽内容的影碟、音碟、电子出版物等物品，涉嫌下列情形之一的，应予立案追诉：*

（一）走私淫秽录像带、影碟五十盘（张）以上的；

（二）走私淫秽录音带、音碟一百盘（张）以上的；

（三）走私淫秽扑克、书刊、画册一百副（册）以上的；

（四）走私淫秽照片、图片五百张以上的；

（五）走私其他淫秽物品相当于上述数量的；

（六）走私淫秽物品数量虽未达到本条第（一）项至第（四）项规定标准，但分别达到其中两项以上标准的百分之五十以上的。

《最高人民法院、最高人民检察院关于办理走私刑事案件适用法律若干问题的解释》（2014 年 8 月 12 日　法释〔2014〕10 号）

第十三条　以牟利或者传播为目的，走私淫秽物品，达到下列数量之一的，可以认定为刑法第一百五十二条第一款规定的“情节较轻”：

（一）走私淫秽录像带、影碟五十盘（张）以上不满一百盘（张）的；

（二）走私淫秽录音带、音碟一百盘（张）以上不满二百盘（张）的；

（三）走私淫秽扑克、书刊、画册一百副（册）以上不满二百副（册）的；

（四）走私淫秽照片、画片五百张以上不满一千张的；

（五）走私其他淫秽物品相当于上述数量的。

……

◎ 特别说明

《最高人民检察院、公安部关于公安机关管辖的刑事案件立案追诉标准的规定（一）》发布之后，《最高人民法院、最高人民检察院关于办理走私刑事案件适用法律若干问题的解释》对走私淫秽物品罪作出了新规定，应以新规定为准。

三十九、虚报注册资本案（刑法第一百五十八条）

◎ 刑法规定

第一百五十八条　【虚报注册资本罪】申请公司登记使用虚假证明文件或者采取其他欺诈手段虚报注册资本，欺骗公司登记主管部门，取得公司登记，虚报注册资本数额巨大、后果严重或者有其他严重情节的，处三年以下有期徒刑或者拘役，并处或者单处虚报注册资本金额百分之一以上百分之五以下罚金。

单位犯前款罪的，对单位判处罚金，并对其直接负责的主管人员和其他直接责任人员，处三年以下有期徒刑或者拘役。

◎ 立案追诉标准

申请公司登记使用虚假证明文件或者采取其他欺诈手段虚报注册资本，欺骗公司登记主管部门，取得公司登记，涉嫌下列情形之一的，应予立案追诉：

（一）超过法定出资期限，实缴注册资本不足法定注册资本最低限额，有限责任公司虚报数额在三十万元以上并占其应缴出资数额百分之六十以上的，股份有限公司虚报数额在三百万元以上并占其应缴出资数额百分之三十以上的；

（二）超过法定出资期限，实缴注册资本达到法定注册资本最低限额，但仍虚报注册资本，有限责任公司虚报数额在一百万元以上并占其应缴出资数额百分之六十以上的，股份有限公司虚报数额在一千万元以上并占其应缴出资数额百分之三十以上的；

（三）造成投资者或者其他债权人直接经济损失累计数额在十万元以上的；

（四）虽未达到上述数额标准，但具有下列情形之一的：

1. 两年内因虚报注册资本受过行政处罚二次以上，又虚报注册资本的；

2. 向公司登记主管人员行贿的；

3. 为进行违法活动而注册的。

（五）其他后果严重或者有其他严重情节的情形。

本条中的“虽未达到上述数额标准”，是指接近上述数额标准且已达到该数额的百分之八十以上的①。

◎ **标准依据**

《最高人民检察院、公安部关于公安机关管辖的刑事案件立案追诉标准的规定（二）》（2010 年 5 月 7 日　公通字〔2010〕23 号）

第三条（见附录）

［相关规范］《全国人民代表大会常务委员会关于〈中华人民共和国刑法〉第一百五十八条、第一百五十九条的解释》（2014 年 4 月 24 日第十二届全国人民代表大会常务委员会第八次会议通过）

全国人民代表大会常务委员会讨论了公司法修改后刑法第一百五十八条、第一百五十九条对实行注册资本实缴登记制、认缴登记制的公司的适用范围问题，解释如下：

刑法第一百五十八条、第一百五十九条的规定，只适用于依法实行注册资本实缴登记制的公司。

四十、虚假出资、抽逃出资案（刑法第一百五十九条）

◎ **刑法规定**

第一百五十九条　【虚假出资、抽逃出资罪】公司发起人、股东违反公司法的规定未交付货币、实物或者未转移财产权，虚假出资，或者在公司成立后又抽逃其出资，数额巨大、后果严重或者有其他严重情节的，处五年以下有期徒刑或者拘役，并处或者单处虚假出资金额或者抽逃出资金额百分之二以上百分之十以下罚金。

单位犯前款罪的，对单位判处罚金，并对其直接负责的主管人员和其他直接责任人员，处五年以下有期徒刑或者拘役。

◎ **立案追诉标准**

公司发起人、股东违反公司法的规定未交付货币、实物或者未转移财产权，虚假出资，或者在公司成立后又抽逃其出资，涉嫌下列情形之一的，应予立案追诉：

（一）超过法定出资期限，有限责任公司股东虚假出资数额在三十万元以上并占其应缴出资数额百分之六十以上的，股份有限公司发起人、股东虚假出

① 根据《最高人民检察院、公安部关于公安机关管辖的刑事案件立案追诉标准的规定（二）》第八十八条，本规定中的“虽未达到上述数额标准”，是指接近上述数额标准且已达到该数额的百分之八十以上的。

资数额在三百万元以上并占其应缴出资数额百分之三十以上的；

（二）有限责任公司股东抽逃出资数额在三十万元以上并占其实缴出资数额百分之六十以上的，股份有限公司发起人、股东抽逃出资数额在三百万元以上并占其实缴出资数额百分之三十以上的；

（三）造成公司、股东、债权人的直接经济损失累计数额在十万元以上的；

（四）虽未达到上述数额标准，但具有下列情形之一的：

1. 致使公司资不抵债或者无法正常经营的；

2. 公司发起人、股东合谋虚假出资、抽逃出资的；

3. 两年内因虚假出资、抽逃出资受过行政处罚二次以上，又虚假出资、抽逃出资的；

4. 利用虚假出资、抽逃出资所得资金进行违法活动的。

（五）其他后果严重或者有其他严重情节的情形。

本条中的“虽未达到上述数额标准”，是指接近上述数额标准且已达到该数额的百分之八十以上的①。

◎ 标准依据

《最高人民检察院、公安部关于公安机关管辖的刑事案件立案追诉标准的规定（二）》（2010 年 5 月 7 日　公通字〔2010〕23 号）

第四条（见附录）

［相关规范］《全国人民代表大会常务委员会关于〈中华人民共和国刑法〉第一百五十八条、第一百五十九条的解释》（2014 年 4 月 24 日第十二届全国人民代表大会常务委员会第八次会议通过）

（参见本书“三十九、虚报注册资本案”）

四十一、欺诈发行证券案（刑法第一百六十条）

◎ 刑法规定

第一百六十条　【欺诈发行证券罪】② 在招股说明书、认股书、公司、企业债券募集办法等发行文件中隐瞒重要事实或者编造重大虚假内容，发行股票

---

① 《最高人民检察院、公安部关于公安机关管辖的刑事案件立案追诉标准的规定（二）》第八十八条规定：“本规定中的‘虽未达到上述数额标准’，是指接近上述数额标准且已达到该数额的百分之八十以上的。”

② 依据《中华人民共和国刑法修正案（十一）》和《最高人民法院、最高人民检察院关于执行〈中华人民共和国刑法〉确定罪名的补充规定（七）》，原“欺诈发行股票、债券罪”罪名被取消，刑法第一百六十条罪名确定为“欺诈发行证券罪”。

或者公司、企业债券、存托凭证或者国务院依法认定的其他证券，数额巨大、后果严重或者有其他严重情节的，处五年以下有期徒刑或者拘役，并处或者单处罚金；数额特别巨大、后果特别严重或者有其他特别严重情节的，处五年以上有期徒刑，并处罚金。

控股股东、实际控制人组织、指使实施前款行为的，处五年以下有期徒刑或者拘役，并处或者单处非法募集资金金额百分之二十以上一倍以下罚金；数额特别巨大、后果特别严重或者有其他特别严重情节的，处五年以上有期徒刑，并处非法募集资金金额百分之二十以上一倍以下罚金。

单位犯前两款罪的，对单位判处非法募集资金金额百分之二十以上一倍以下罚金，并对其直接负责的主管人员和其他直接责任人员，依照第一款的规定处罚。

◎ 立案追诉标准

在招股说明书、认股书、公司、企业债券募集办法中隐瞒重要事实或者编造重大虚假内容，发行股票或者公司、企业债券①，涉嫌下列情形之一的，应予立案追诉：

（一）发行数额在五百万元以上的；

（二）伪造、变造国家机关公文、有效证明文件或者相关凭证、单据的；

（三）利用募集的资金进行违法活动的；

（四）转移或者隐瞒所募集资金的；

（五）其他后果严重或者有其他严重情节的情形。

◎ 标准依据

《最高人民检察院、公安部关于公安机关管辖的刑事案件立案追诉标准的规定（二）》（2010 年 5 月 7 日　公通字〔2010〕23 号）

第五条（见附录）

① 原刑法第一百六十条规定："在招股说明书、认股书、公司、企业债券募集办法中隐瞒重要事实或者编造重大虚假内容，发行股票或者公司、企业债券，数额巨大、后果严重或者有其他严重情节的，处五年以下有期徒刑或者拘役，并处或者单处非法募集资金金额百分之一以上百分之五以下罚金。单位犯前款罪的，对单位判处罚金，并对其直接负责的主管人员和其他直接责任人员，处五年以下有期徒刑或者拘役。"《中华人民共和国刑法修正案（十一）》将原条文中的："股票或者公司、企业债券"修改为"股票或者公司、企业债券、存托凭证或者国务院依法认定的其他证券"，因此立案追诉标准应当结合修正后的刑法规定执行。

四十二、违规披露、不披露重要信息案（刑法第一百六十一条）

◎ 刑法规定

第一百六十一条　【违规披露、不披露重要信息罪】依法负有信息披露义务的公司、企业向股东和社会公众提供虚假的或者隐瞒重要事实的财务会计报告，或者对依法应当披露的其他重要信息不按照规定披露，严重损害股东或者其他人利益，或者有其他严重情节的，对其直接负责的主管人员和其他直接责任人员，处五年以下有期徒刑或者拘役，并处或者单处罚金；情节特别严重的，处五年以上十年以下有期徒刑，并处罚金。

前款规定的公司、企业的控股股东、实际控制人实施或者组织、指使实施前款行为的，或者隐瞒相关事项导致前款规定的情形发生的，依照前款的规定处罚。

犯前款罪的控股股东、实际控制人是单位的，对单位判处罚金，并对其直接负责的主管人员和其他直接责任人员，依照第一款的规定处罚。

◎ 立案追诉标准

依法负有信息披露义务的公司、企业向股东和社会公众提供虚假的或者隐瞒重要事实的财务会计报告，或者对依法应当披露的其他重要信息不按照规定披露，涉嫌下列情形之一的，应予立案追诉：

（一）造成股东、债权人或者其他人直接经济损失数额累计在五十万元以上的；

（二）虚增或者虚减资产达到当期披露的资产总额百分之三十以上的；

（三）虚增或者虚减利润达到当期披露的利润总额百分之三十以上的；

（四）未按照规定披露的重大诉讼、仲裁、担保、关联交易或者其他重大事项所涉及的数额或者连续十二个月的累计数额占净资产百分之五十以上的；

（五）致使公司发行的股票、公司债券或者国务院依法认定的其他证券被终止上市交易或者多次被暂停上市交易的；

（六）致使不符合发行条件的公司、企业骗取发行核准并且上市交易的；

（七）在公司财务会计报告中将亏损披露为盈利，或者将盈利披露为亏损的；

（八）多次提供虚假的或者隐瞒重要事实的财务会计报告，或者多次对依法应当披露的其他重要信息不按照规定披露的；

（九）其他严重损害股东、债权人或者其他人利益，或者有其他严重情节的情形。

◎ 标准依据

《最高人民检察院、公安部关于公安机关管辖的刑事案件立案追诉标准的规定（二）》（2010年5月7日 公通字〔2010〕23号）

第六条（见附录）

四十三、妨害清算案（刑法第一百六十二条）

◎ 刑法规定

第一百六十二条 【妨害清算罪】公司、企业进行清算时，隐匿财产，对资产负债表或者财产清单作虚伪记载或者在未清偿债务前分配公司、企业财产，严重损害债权人或者其他人利益的，对其直接负责的主管人员和其他直接责任人员，处五年以下有期徒刑或者拘役，并处或者单处二万元以上二十万元以下罚金。

◎ 立案追诉标准

公司、企业进行清算时，隐匿财产，对资产负债表或者财产清单作虚伪记载或者在未清偿债务前分配公司、企业财产，涉嫌下列情形之一的，应予立案追诉：

（一）隐匿财产价值在五十万元以上的；

（二）对资产负债表或者财产清单作虚伪记载涉及金额在五十万元以上的；

（三）在未清偿债务前分配公司、企业财产价值在五十万元以上的；

（四）造成债权人或者其他人直接经济损失数额累计在十万元以上的；

（五）虽未达到上述数额标准，但应清偿的职工的工资、社会保险费用和法定补偿金得不到及时清偿，造成恶劣社会影响的；

（六）其他严重损害债权人或者其他人利益的情形。

本条中的“虽未达到上述数额标准”，是指接近上述数额标准且已达到该数额的百分之八十以上的①。

◎ 标准依据

《最高人民检察院、公安部关于公安机关管辖的刑事案件立案追诉标准的规

① 《最高人民检察院、公安部关于公安机关管辖的刑事案件立案追诉标准的规定（二）》第八十八条规定：“本规定中的‘虽未达到上述数额标准’，是指接近上述数额标准且已达到该数额的百分之八十以上的。”

定（二）》（2010年5月7日　公通字〔2010〕23号）

第七条（见附录）

四十四、隐匿、故意销毁会计凭证、会计账簿、财务会计报告案（刑法第一百六十二条之一）

◎ 刑法规定

第一百六十二条之一　【隐匿、故意销毁会计凭证、会计帐簿、财务会计报告罪】隐匿或者故意销毁依法应当保存的会计凭证、会计帐簿、财务会计报告，情节严重的，处五年以下有期徒刑或者拘役，并处或者单处二万元以上二十万元以下罚金。

单位犯前款罪的，对单位判处罚金，并对其直接负责的主管人员和其他直接责任人员，依照前款的规定处罚。

◎ 立案追诉标准

隐匿或者故意销毁依法应当保存的会计凭证、会计账簿、财务会计报告，涉嫌下列情形之一的，应予立案追诉：

（一）隐匿、故意销毁的会计凭证、会计账簿、财务会计报告涉及金额在五十万元以上的；

（二）依法应当向司法机关、行政机关、有关主管部门等提供而隐匿、故意销毁或者拒不交出会计凭证、会计账簿、财务会计报告的；

（三）其他情节严重的情形。

◎ 标准依据

《最高人民检察院、公安部关于公安机关管辖的刑事案件立案追诉标准的规定（二）》（2010年5月7日　公通字〔2010〕23号）

第八条（见附录）

四十五、虚假破产案（刑法第一百六十二条之二）

◎ 刑法规定

第一百六十二条之二　【虚假破产罪】公司、企业通过隐匿财产、承担虚构的债务或者以其他方法转移、处分财产，实施虚假破产，严重损害债权人或者其他人利益的，对其直接负责的主管人员和其他直接责任人员，处五年以下有期徒刑或者拘役，并处或者单处二万元以上二十万元以下罚金。

◎ 立案追诉标准

公司、企业通过隐匿财产、承担虚构的债务或者以其他方法转移、处分财产，实施虚假破产，涉嫌下列情形之一的，应予立案追诉：

（一）隐匿财产价值在五十万元以上的；

（二）承担虚构的债务涉及金额在五十万元以上的；

（三）以其他方法转移、处分财产价值在五十万元以上的；

（四）造成债权人或者其他人直接经济损失数额累计在十万元以上的；

（五）虽未达到上述数额标准，但应清偿的职工的工资、社会保险费用和法定补偿金得不到及时清偿，造成恶劣社会影响的；

（六）其他严重损害债权人或者其他人利益的情形。

本条中的“虽未达到上述数额标准”，是指接近上述数额标准且已达到该数额的百分之八十以上的。①

◎ 标准依据

《最高人民检察院、公安部关于公安机关管辖的刑事案件立案追诉标准的规定（二）》（2010年5月7日　公通字〔2010〕23号）

第九条（见附录）

四十六、非国家工作人员受贿案（刑法第一百六十三条第一款、第二款）

◎ 刑法规定

第一百六十三条第一款、第二款　【非国家工作人员受贿罪】公司、企业或者其他单位的工作人员，利用职务上的便利，索取他人财物或者非法收受他人财物，为他人谋取利益，数额较大的，处三年以下有期徒刑或者拘役，并处罚金；数额巨大或者有其他严重情节的，处三年以上十年以下有期徒刑，并处

---

① 《最高人民检察院、公安部关于公安机关管辖的刑事案件立案追诉标准的规定（二）》第八十八条规定：“本规定中的‘虽未达到上述数额标准’，是指接近上述数额标准且已达到该数额的百分之八十以上的。”

罚金；数额特别巨大或者有其他特别严重情节的，处十年以上有期徒刑或者无期徒刑，并处罚金。

公司、企业或者其他单位的工作人员在经济往来中，利用职务上的便利，违反国家规定，收受各种名义的回扣、手续费，归个人所有的，依照前款的规定处罚。

◎ 立案追诉标准

公司、企业或者其他单位的工作人员利用职务上的便利，索取他人财物或者非法收受他人财物，为他人谋取利益，或者在经济往来中，利用职务上的便利，违反国家规定，收受各种名义的回扣、手续费，归个人所有，数额在六万元以上的，应予立案追诉。

◎ 标准依据

《最高人民检察院、公安部关于公安机关管辖的刑事案件立案追诉标准的规定（二）》（2010年5月7日　公通字〔2010〕23号）

*第十条　**【非国家工作人员受贿案（刑法第一百六十三条）】**公司、企业或者其他单位的工作人员利用职务上的便利，索取他人财物或者非法收受他人财物，为他人谋取利益，或者在经济往来中，利用职务上的便利，违反国家规定，收受各种名义的回扣、手续费，归个人所有，数额在五千元以上的，应予立案追诉。*

《最高人民法院、最高人民检察院关于办理贪污贿赂刑事案件适用法律若干问题的解释》（2016年4月18日　法释〔2016〕9号）

第一条第一款　贪污或者受贿数额在三万元以上不满二十万元的，应当认定为刑法第三百八十三条第一款规定的“数额较大”，依法判处三年以下有期徒刑或者拘役，并处罚金。

第十一条第一款　刑法第一百六十三条规定的非国家工作人员受贿罪、第二百七十一条规定的职务侵占罪中的“数额较大”“数额巨大”的数额起点，按照本解释关于受贿罪、贪污罪相对应的数额标准规定的二倍、五倍执行。

◎ 特别说明

《最高人民检察院、公安部关于公安机关管辖的刑事案件立案追诉标准的规定（二）》发布之后，《最高人民法院、最高人民检察院关于办理贪污贿赂刑事案件适用法律若干问题的解释》规定了不同的受贿数额，应采用《最高人民法院、最高人民检察院关于办理贪污贿赂刑事案件适用法律若干问题的解释》的规定。

［相关规范］《最高人民法院、最高人民检察院关于办理贪污贿赂刑事案件适用法律若干问题的解释》（2016 年 4 月 18 日　法释〔2016〕9 号）

第十二条　贿赂犯罪中的“财物”，包括货币、物品和财产性利益。财产性利益包括可以折算为货币的物质利益如房屋装修、债务免除等，以及需要支付货币的其他利益如会员服务、旅游等。后者的犯罪数额，以实际支付或者应当支付的数额计算。

第十三条　具有下列情形之一的，应当认定为“为他人谋取利益”，构成犯罪的，应当依照刑法关于受贿犯罪的规定定罪处罚：

（一）实际或者承诺为他人谋取利益的；

（二）明知他人有具体请托事项的；

（三）履职时未被请托，但事后基于该履职事由收受他人财物的。

……

四十七、对非国家工作人员行贿案（刑法第一百六十四条第一款）

◎ 刑法规定

第一百六十四条　【对非国家工作人员行贿罪】为谋取不正当利益，给予公司、企业或者其他单位的工作人员以财物，数额较大的，处三年以下有期徒刑或者拘役，并处罚金；数额巨大的，处三年以上十年以下有期徒刑，并处罚金。

【对外国公职人员、国际公共组织官员行贿罪】为谋取不正当商业利益，给予外国公职人员或者国际公共组织官员以财物的，依照前款的规定处罚。

单位犯前两款罪的，对单位判处罚金，并对其直接负责的主管人员和其他直接责任人员，依照第一款的规定处罚。

行贿人在被追诉前主动交待行贿行为的，可以减轻处罚或者免除处罚。

◎ 立案追诉标准

为谋取不正当利益，给予公司、企业或者其他单位的工作人员以财物，个人行贿数额在六万元以上的，单位行贿数额在二十万元以上的，应予立案追诉。

◎ 标准依据

《最高人民检察院、公安部关于公安机关管辖的刑事案件立案追诉标准的规定（二）》（2010年5月7日　公通字〔2010〕23号）

第十一条　【对非国家工作人员行贿案（刑法第一百六十四条）】为谋取不正当利益，给予公司、企业或者其他单位的工作人员以财物，个人行贿数额在一万元以上的，单位行贿数额在二十万元以上的，应予立案追诉。

《最高人民法院、最高人民检察院关于办理贪污贿赂刑事案件适用法律若干问题的解释》（2016年4月18日　法释〔2016〕9号）

第七条第一款　为谋取不正当利益，向国家工作人员行贿，数额在三万元以上的，应当依照刑法第三百九十条的规定以行贿罪追究刑事责任。

第十一条第三款　刑法第一百六十四条第一款规定的对非国家工作人员行贿罪中的“数额较大”“数额巨大”的数额起点，按照本解释第七条、第八条第一款关于行贿罪的数额标准规定的二倍执行。

◎ 特别说明

《最高人民检察院、公安部关于公安机关管辖的刑事案件立案追诉标准的规定（二）》发布之后，《最高人民法院、最高人民检察院关于办理贪污贿赂刑事案件适用法律若干问题的解释》对个人行贿数额作了新规定，应以《最高人民法院、最高人民检察院关于办理贪污贿赂刑事案件适用法律若干问题的解释》为准。单位行贿数额继续沿用《最高人民检察院、公安部关于公安机关管辖的刑事案件立案追诉标准的规定（二）》的规定。

四十八、对外国公职人员、国际公共组织官员行贿案（刑法第一百六十四条第二款）

◎ 刑法规定

（参见本书“四十七、对非国家工作人员行贿案”）

◎ 立案追诉标准

为谋取不正当商业利益，给予外国公职人员或者国际公共组织官员以财物，个人行贿数额在一万元以上①的，单位行贿数额在二十万元以上的，应予立案追诉。

◎ **标准依据**

《最高人民检察院、公安部关于公安机关管辖的刑事案件立案追诉标准的规定（二）的补充规定》（2011年11月14日　公通字〔2011〕47号）

一、（见附录）

四十九、背信损害上市公司利益案（刑法第一百六十九条之一）

◎ **刑法规定**

第一百六十九条之一　【背信损害上市公司利益罪】上市公司的董事、监事、高级管理人员违背对公司的忠实义务，利用职务便利，操纵上市公司从事下列行为之一，致使上市公司利益遭受重大损失的，处三年以下有期徒刑或者拘役，并处或者单处罚金；致使上市公司利益遭受特别重大损失的，处三年以上七年以下有期徒刑，并处罚金：

（一）无偿向其他单位或者个人提供资金、商品、服务或者其他资产的；

（二）以明显不公平的条件，提供或者接受资金、商品、服务或者其他资产的；

（三）向明显不具有清偿能力的单位或者个人提供资金、商品、服务或者其他资产的；

（四）为明显不具有清偿能力的单位或者个人提供担保，或者无正当理由为其他单位或者个人提供担保的；

---

① 对外国公职人员、国际公共组织官员行贿罪的“个人行贿数额”有两种不同的观点，一种观点认为个人行贿数额在一万元以上，应当认定为“数额较大”。理由是《最高人民法院、最高人民检察院关于办理贪污贿赂刑事案件适用法律若干问题的解释》第十一条第三款只规定了“刑法第一百六十四条第一款规定的对非国家工作人员行贿罪中的‘数额较大’‘数额巨大’的数额起点，按照本解释第七条、第八条第一款关于行贿罪的数额标准规定的二倍执行”（也就是“数额较大”的起点是六万元），并没有对外国公职人员、国际公共组织官员行贿罪的“个人行贿数额”作出调整。因此本罪的立案追诉标准仍应按原来的数额执行。

另一种观点认为，对外国公职人员、国际公共组织官员行贿罪的“个人行贿数额”是六万元。依据刑法第一百六十四条第二款“为谋取不正当商业利益，给予外国公职人员或者国际公共组织官员以财物的，依照前款的规定处罚”，对非国家工作人员行贿罪的“数额较大”是六万元，对外国公职人员、国际公共组织官员行贿罪的“个人行贿数额”理所当然是六万元。《最高人民法院、最高人民检察院关于办理贪污贿赂刑事案件适用法律若干问题的解释》无需专门作出规定。

司法实践中请慎重把握。

（五）无正当理由放弃债权、承担债务的；

（六）采用其他方式损害上市公司利益的。

上市公司的控股股东或者实际控制人，指使上市公司董事、监事、高级管理人员实施前款行为的，依照前款的规定处罚。

犯前款罪的上市公司的控股股东或者实际控制人是单位的，对单位判处罚金，并对其直接负责的主管人员和其他直接责任人员，依照第一款的规定处罚。

◎ 立案追诉标准

上市公司的董事、监事、高级管理人员违背对公司的忠实义务，利用职务便利，操纵上市公司从事损害上市公司利益的行为，以及上市公司的控股股东或者实际控制人，指使上市公司董事、监事、高级管理人员实施损害上市公司利益的行为，涉嫌下列情形之一的，应予立案追诉：

（一）无偿向其他单位或者个人提供资金、商品、服务或者其他资产，致使上市公司直接经济损失数额在一百五十万元以上的；

（二）以明显不公平的条件，提供或者接受资金、商品、服务或者其他资产，致使上市公司直接经济损失数额在一百五十万元以上的；

（三）向明显不具有清偿能力的单位或者个人提供资金、商品、服务或者其他资产，致使上市公司直接经济损失数额在一百五十万元以上的；

（四）为明显不具有清偿能力的单位或者个人提供担保，或者无正当理由为其他单位或者个人提供担保，致使上市公司直接经济损失数额在一百五十万元以上的；

（五）无正当理由放弃债权、承担债务，致使上市公司直接经济损失数额在一百五十万元以上的；

（六）致使公司发行的股票、公司债券或者国务院依法认定的其他证券被终止上市交易或者多次被暂停上市交易的；

（七）其他致使上市公司利益遭受重大损失的情形。

◎ 标准依据

《最高人民检察院、公安部关于公安机关管辖的刑事案件立案追诉标准的规定（二）》（2010 年 5 月 7 日　公通字〔2010〕23 号）

第十八条（见附录）

五十、伪造货币案（刑法第一百七十条）

◎ 刑法规定

第一百七十条　【伪造货币罪】伪造货币的，处三年以上十年以下有期徒刑，并处罚金；有下列情形之一的，处十年以上有期徒刑或者无期徒刑，并处罚金或者没收财产：

（一）伪造货币集团的首要分子；

（二）伪造货币数额特别巨大的；

（三）有其他特别严重情节的。

◎ 立案追诉标准

伪造货币涉嫌下列情形之一的，应予立案追诉：

（一）伪造货币，总面额在二千元以上或者币量在二百张（枚）以上的；

（二）制作货币版样或者为他人伪造货币提供版样的；

（三）其他伪造货币应予追究刑事责任的情形。

本规定中的“货币”，是指流通的以下货币：

（一）人民币（含普通纪念币、贵金属纪念币）、港元、澳门元、新台币；

（二）其他国家及地区的法定货币。

贵金属纪念币的面额以中国人民银行授权中国金币总公司的初始发售价格为准。

◎ 标准依据

《最高人民检察院、公安部关于公安机关管辖的刑事案件立案追诉标准的规定（二）》（2010年5月7日　公通字〔2010〕23号）

第十九条（见附录）

五十一、出售、购买、运输假币案（刑法第一百七十一条第一款）

◎ 刑法规定

第一百七十一条第一款　【出售、购买、运输假币罪】出售、购买伪造的货币或者明知是伪造的货币而运输，数额较大的，处三年以下有期徒刑或者拘役，并处二万元以上二十万元以下罚金；数额巨大的，处三年以上十年以下有期徒刑，并处五万元以上五十万元以下罚金；数额特别巨大的，处十年以上有期徒刑或者无期徒刑，并处五万元以上五十万元以下罚金或者没收财产。

◎ 立案追诉标准

出售、购买伪造的货币或者明知是伪造的货币而运输，总面额在四千元以上或者币量在四百张（枚）以上的，应予立案追诉：

在出售假币时被抓获的，除现场查获的假币应认定为出售假币的数额外，现场之外在行为人住所或者其他藏匿地查获的假币，也应认定为出售假币的数额。

◎ 标准依据

《最高人民检察院、公安部关于公安机关管辖的刑事案件立案追诉标准的规定（二）》（2010年5月7日　公通字〔2010〕23号）

第二十条（见附录）

五十二、金融工作人员购买假币、以假币换取货币案（刑法第一百七十一条第二款）

◎ 刑法规定

第一百七十一条第二款　【金融工作人员购买假币、以假币换取货币罪】 银行或者其他金融机构的工作人员购买伪造的货币或者利用职务上的便利，以伪造的货币换取货币的，处三年以上十年以下有期徒刑，并处二万元以上二十万元以下罚金；数额巨大或者有其他严重情节的，处十年以上有期徒刑或者无期徒刑，并处二万元以上二十万元以下罚金或者没收财产；情节较轻的，处三年以下有期徒刑或者拘役，并处或者单处一万元以上十万元以下罚金。

◎ 立案追诉标准

银行或者其他金融机构的工作人员购买伪造的货币或者利用职务上的便利，以伪造的货币换取货币，总面额在二千元以上或者币量在二百张（枚）以上的，应予立案追诉。

◎ 标准依据

《最高人民检察院、公安部关于公安机关管辖的刑事案件立案追诉标准的规定（二）》（2010年5月7日 公通字〔2010〕23号）

第二十一条（见附录）

五十三、持有、使用假币案（刑法第一百七十二条）

◎ 刑法规定

第一百七十二条 【持有、使用假币罪】明知是伪造的货币而持有、使用，数额较大的，处三年以下有期徒刑或者拘役，并处或者单处一万元以上十万元以下罚金；数额巨大的，处三年以上十年以下有期徒刑，并处二万元以上二十万元以下罚金；数额特别巨大的，处十年以上有期徒刑，并处五万元以上五十万元以下罚金或者没收财产。

◎ 立案追诉标准

明知是伪造的货币而持有、使用，总面额在四千元以上或者币量在四百张（枚）以上的，应予立案追诉。

◎ 标准依据

《最高人民检察院、公安部关于公安机关管辖的刑事案件立案追诉标准的规定（二）》（2010年5月7日 公通字〔2010〕23号）

第二十二条（见附录）

五十四、变造货币案（刑法第一百七十三条）

◎ 刑法规定

第一百七十三条 【变造货币罪】变造货币，数额较大的，处三年以下有期徒刑或者拘役，并处或者单处一万元以上十万元以下罚金；数额巨大的，处三年以上十年以下有期徒刑，并处二万元以上二十万元以下罚金。

◎ 立案追诉标准

变造货币，总面额在二千元以上或者币量在二百张（枚）以上的，应予立案追诉。

◎ **标准依据**

《最高人民检察院、公安部关于公安机关管辖的刑事案件立案追诉标准的规定（二）》（2010年5月7日　公通字〔2010〕23号）

第二十三条（见附录）

五十五、擅自设立金融机构案（刑法第一百七十四条第一款）

◎ **刑法规定**

第一百七十四条　**【擅自设立金融机构罪】**未经国家有关主管部门批准，擅自设立商业银行、证券交易所、期货交易所、证券公司、期货经纪公司、保险公司或者其他金融机构的，处三年以下有期徒刑或者拘役，并处或者单处二万元以上二十万元以下罚金；情节严重的，处三年以上十年以下有期徒刑，并处五万元以上五十万元以下罚金。

【伪造、变造、转让金融机构经营许可证、批准文件罪】伪造、变造、转让商业银行、证券交易所、期货交易所、证券公司、期货经纪公司、保险公司或者其他金融机构的经营许可证或者批准文件的，依照前款的规定处罚。

单位犯前两款罪的，对单位判处罚金，并对其直接负责的主管人员和其他直接责任人员，依照第一款的规定处罚。

◎ **立案追诉标准**

未经国家有关主管部门批准，擅自设立金融机构，涉嫌下列情形之一的，应予立案追诉：

（一）擅自设立商业银行、证券交易所、期货交易所、证券公司、期货公司、保险公司或者其他金融机构的；

（二）擅自设立商业银行、证券交易所、期货交易所、证券公司、期货公司、保险公司或者其他金融机构筹备组织的。

◎ **标准依据**

《最高人民检察院、公安部关于公安机关管辖的刑事案件立案追诉标准的规定（二）》（2010年5月7日　公通字〔2010〕23号）

第二十四条（见附录）

五十六、伪造、变造、转让金融机构经营许可证、批准文件案（刑法第一百七十四条第二款）

◎ 刑法规定

（参见本书“五十五、擅自设立金融机构案”）

◎ 立案追诉标准

伪造、变造、转让商业银行、证券交易所、期货交易所、证券公司、期货公司、保险公司或者其他金融机构的经营许可证或者批准文件的，应予立案追诉。

◎ 标准依据

《最高人民检察院、公安部关于公安机关管辖的刑事案件立案追诉标准的规定（二）》（2010年5月7日　公通字〔2010〕23号）

第二十五条（见附录）

五十七、高利转贷案（刑法第一百七十五条）

◎ 刑法规定

第一百七十五条　【高利转贷罪】以转贷牟利为目的，套取金融机构信贷资金高利转贷他人，违法所得数额较大的，处三年以下有期徒刑或者拘役，并处违法所得一倍以上五倍以下罚金；数额巨大的，处三年以上七年以下有期徒刑，并处违法所得一倍以上五倍以下罚金。

单位犯前款罪的，对单位判处罚金，并对其直接负责的主管人员和其他直接责任人员，处三年以下有期徒刑或者拘役。

◎ 立案追诉标准

以转贷牟利为目的，套取金融机构信贷资金高利转贷他人，涉嫌下列情形之一的，应予立案追诉：

（一）高利转贷，违法所得数额在十万元以上的。

（二）虽未达到上述数额标准，但两年内因高利转贷受过行政处罚二次以上，又高利转贷的。

本条中的“虽未达到上述数额标准”，是指接近上述数额标准且已达到该数额的百分之八十以上的①。

◎ 标准依据

《最高人民检察院、公安部关于公安机关管辖的刑事案件立案追诉标准的规定（二）》（2010 年 5 月 7 日　公通字〔2010〕23 号）

第二十六条（见附录）

五十八、骗取贷款、票据承兑、金融凭证案（刑法第一百七十五条之一）

◎ 刑法规定

第一百七十五条之一　【骗取贷款、票据承兑、金融票证罪】以欺骗手段取得银行或者其他金融机构贷款、票据承兑、信用证、保函等，给银行或者其他金融机构造成重大损失的，处三年以下有期徒刑或者拘役，并处或者单处罚金；给银行或者其他金融机构造成特别重大损失或者有其他特别严重情节的，处三年以上七年以下有期徒刑，并处罚金。

单位犯前款罪的，对单位判处罚金，并对其直接负责的主管人员和其他直接责任人员，依照前款的规定处罚。

◎ 立案追诉标准

以欺骗手段取得银行或者其他金融机构贷款、票据承兑、信用证、保函等，涉嫌下列情形之一的，应予立案追诉：②

（一）以欺骗手段取得贷款、票据承兑、信用证、保函等，数额在一百万元以上的；

（二）以欺骗手段取得贷款、票据承兑、信用证、保函等，给银行或者其他金融机构造成直接经济损失数额在二十万元以上的；

（三）虽未达到上述数额标准，但多次以欺骗手段取得贷款、票据承兑、

---

① 《最高人民检察院、公安部关于公安机关管辖的刑事案件立案追诉标准的规定（二）》第八十八条规定："本规定中的'虽未达到上述数额标准'，是指接近上述数额标准且已达到该数额的百分之八十以上的。"

② 原刑法第一百七十五条之一第一款规定："以欺骗手段取得银行或者其他金融机构贷款、票据承兑、信用证、保函等，给银行或者其他金融机构造成重大损失或者有其他严重情节的，处三年以下有期徒刑或者拘役，并处或者单处罚金；给银行或者其他金融机构造成特别重大损失或者有其他特别严重情节的，处三年以上七年以下有期徒刑，并处罚金"。《中华人民共和国刑法修正案（十一）》删除了原条文中的"有其他严重情节"，只规定了造成重大损失的构罪要件，立案追诉标准应当按修订后的刑法规定执行。

信用证、保函等的；

（四）其他给银行或者其他金融机构造成重大损失或者有其他严重情节的情形。

◎ **标准依据**

《最高人民检察院、公安部关于公安机关管辖的刑事案件立案追诉标准的规定（二）》（2010年5月7日　公通字〔2010〕23号）

第二十七条（见附录）

五十九、非法吸收公众存款案（刑法第一百七十六条）

◎ **刑法规定**

第一百七十六条　【非法吸收公众存款罪】非法吸收公众存款或者变相吸收公众存款，扰乱金融秩序的，处三年以下有期徒刑或者拘役，并处或者单处罚金；数额巨大或者有其他严重情节的，处三年以上十年以下有期徒刑，并处罚金；数额特别巨大或者有其他特别严重情节的，处十年以上有期徒刑，并处罚金。

单位犯前款罪的，对单位判处罚金，并对其直接负责的主管人员和其他直接责任人员，依照前款的规定处罚。

有前两款行为，在提起公诉前积极退赃退赔，减少损害结果发生的，可以从轻或者减轻处罚。

◎ **立案追诉标准**

非法吸收公众存款或者变相吸收公众存款，扰乱金融秩序，涉嫌下列情形之一的，应予立案追诉：

（一）个人非法吸收或者变相吸收公众存款数额在20万元以上的，单位非法吸收或者变相吸收公众存款数额在100万元以上的。

（二）个人非法吸收或者变相吸收公众存款30人以上的，单位非法吸收或者变相吸收公众存款150人以上的。

（三）个人非法吸收或者变相吸收公众存款，给存款人造成直接经济损失数额在10万元以上的，单位非法吸收或者变相吸收公众存款，给存款人造成直接经济损失数额在50万元以上的。

（四）造成恶劣社会影响或者其他严重后果的。

◎ **标准依据**

《最高人民检察院、公安部关于公安机关管辖的刑事案件立案追诉标准的规定（二）》（2010年5月7日　公通字〔2010〕23号）

第二十八条　【非法吸收公众存款案（刑法第一百七十六条）】 *非法吸收公众存款或者变相吸收公众存款，扰乱金融秩序，涉嫌下列情形之一的，应予立案追诉：*

（一）个人非法吸收或者变相吸收公众存款数额在二十万元以上的，单位非法吸收或者变相吸收公众存款数额在一百万元以上的；

（二）个人非法吸收或者变相吸收公众存款三十户以上的，单位非法吸收或者变相吸收公众存款一百五十户以上的；

（三）个人非法吸收或者变相吸收公众存款给存款人造成直接经济损失数额在十万元以上的，单位非法吸收或者变相吸收公众存款给存款人造成直接经济损失数额在五十万元以上的；

（四）造成恶劣社会影响的；

（五）其他扰乱金融秩序情节严重的情形。

《最高人民法院关于审理非法集资刑事案件具体应用法律若干问题的解释》（2010年12月13日　法释〔2010〕18号）

第三条　非法吸收或者变相吸收公众存款，具有下列情形之一的，应当依法追究刑事责任：

（一）个人非法吸收或者变相吸收公众存款，数额在20万元以上的，单位非法吸收或者变相吸收公众存款，数额在100万元以上的；

（二）个人非法吸收或者变相吸收公众存款对象30人以上的，单位非法吸收或者变相吸收公众存款对象150人以上的；

（三）个人非法吸收或者变相吸收公众存款，给存款人造成直接经济损失数额在10万元以上的，单位非法吸收或者变相吸收公众存款，给存款人造成直接经济损失数额在50万元以上的；

（四）造成恶劣社会影响或者其他严重后果的。

……

◎ **特别说明**

《最高人民检察院、公安部关于公安机关管辖的刑事案件立案追诉标准的规定（二）》第二十八条第二项规定，“个人非法吸收或者变相吸收公众存款三十户以上的，单位非法吸收或者变相吸收公众存款一百五十户以上的”，《最高人民法院关于审理非法集资刑事案件具体应用法律若干问题的解释》第三条第二项规定“个人非法吸收或者变相吸收公众存款30人以上的，单位非法吸收或者变相吸收公众存款150人以上的”，应采用《最高人民法院关于审理非法集资刑事案件具体应用法律若干问题的解释》的规定。

[相关规范1]《最高人民法院关于审理非法集资刑事案件具体应用法律若干问题的解释》（2010年12月13日 法释〔2010〕18号）

第一条 违反国家金融管理法律规定，向社会公众（包括单位和个人）吸收资金的行为，同时具备下列四个条件的，除刑法另有规定的以外，应当认定为刑法第一百七十六条规定的“非法吸收公众存款或者变相吸收公众存款”：

（一）未经有关部门依法批准或者借用合法经营的形式吸收资金；

（二）通过媒体、推介会、传单、手机短信等途径向社会公开宣传；

（三）承诺在一定期限内以货币、实物、股权等方式还本付息或者给付回报；

（四）向社会公众即社会不特定对象吸收资金。

未向社会公开宣传，在亲友或者单位内部针对特定对象吸收资金的，不属于非法吸收或者变相吸收公众存款。

[相关规范2]《最高人民法院、最高人民检察院、公安部关于办理非法集资刑事案件适用法律若干问题的意见》（2014年3月25日 公通字〔2014〕16号）

二、关于“向社会公开宣传”的认定问题

《最高人民法院关于审理非法集资刑事案件具体应用法律若干问题的解释》第一条第一款第二项中的“向社会公开宣传”，包括以各种途径向社会公众传播吸收资金的信息，以及明知吸收资金的信息向社会公众扩散而予以放任等情形。

三、关于“社会公众”的认定问题

下列情形不属于《最高人民法院关于审理非法集资刑事案件具体应用法律若干问题的解释》第一条第二款规定的“针对特定对象吸收资金”的行为，应当认定为向社会公众吸收资金：

（一）在向亲友或者单位内部人员吸收资金的过程中，明知亲友或者单位内部人员向不特定对象吸收资金而予以放任的；

（二）以吸收资金为目的，将社会人员吸收为单位内部人员，并向其吸收资金的。

四、关于共同犯罪的处理问题

为他人向社会公众非法吸收资金提供帮助，从中收取代理费、好处费、返点费、佣金、提成等费用，构成非法集资共同犯罪的，应当依法追究刑事责任。能够及时退缴上述费用的，可依法从轻处罚；其中情节轻微的，可以免除处罚；情节显著轻微、危害不大的，不作为犯罪处理。

[相关规范3]《最高人民法院、最高人民检察院、公安部关于办理非法集资若干问题的意见》（2019年1月30日　高检会〔2019〕2号）

一、关于非法集资的“非法性”认定依据问题

人民法院、人民检察院、公安机关认定非法集资的“非法性”，应当以国家金融管理法律法规作为依据。对于国家金融管理法律法规仅作原则性规定的，可以根据法律规定的精神并参考中国人民银行、中国银行保险监督管理委员会、中国证券监督管理委员会等行政主管部门依照国家金融管理法律法规制定的部门规章或者国家有关金融管理的规定、办法、实施细则等规范性文件的规定予以认定。

二、关于单位犯罪的认定问题

单位实施非法集资犯罪活动，全部或者大部分违法所得归单位所有的，应当认定为单位犯罪。

个人为进行非法集资犯罪活动而设立的单位实施犯罪的，或者单位设立后，以实施非法集资犯罪活动为主要活动的，不以单位犯罪论处，对单位中组织、策划、实施非法集资犯罪活动的人员应当以自然人犯罪依法追究刑事责任。

判断单位是否以实施非法集资犯罪活动为主要活动，应当根据单位实施非法集资的次数、频度、持续时间、资金规模、资金流向、投入人力物力情况、单位进行正当经营的状况以及犯罪活动的影响、后果等因素综合考虑认定。

三、关于涉案下属单位的处理问题

办理非法集资刑事案件中，人民法院、人民检察院、公安机关应当全面查清涉案单位，包括上级单位（总公司、母公司）和下属单位（分公司、子公司）的主体资格、层级、关系、地位、作用、资金流向等，区分情况依法作出处理。

上级单位已被认定为单位犯罪，下属单位实施非法集资犯罪活动，且全部或者大部分违法所得归下属单位所有的，对该下属单位也应当认定为单位犯罪。上级单位和下属单位构成共同犯罪的，应当根据犯罪单位的地位、作用，确定

犯罪单位的刑事责任。

上级单位已被认定为单位犯罪，下属单位实施非法集资犯罪活动，但全部或者大部分违法所得归上级单位所有的，对下属单位不单独认定为单位犯罪。下属单位中涉嫌犯罪的人员，可以作为上级单位的其他直接责任人员依法追究刑事责任。

上级单位未被认定为单位犯罪，下属单位被认定为单位犯罪的，对上级单位中组织、策划、实施非法集资犯罪的人员，一般可以与下属单位按照自然人与单位共同犯罪处理。

上级单位与下属单位均未被认定为单位犯罪的，一般以上级单位与下属单位中承担组织、领导、管理、协调职责的主管人员和发挥主要作用的人员作为主犯，以其他积极参加非法集资犯罪的人员作为从犯，按照自然人共同犯罪处理。

四、关于主观故意的认定问题

认定犯罪嫌疑人、被告人是否具有非法吸收公众存款的犯罪故意，应当依据犯罪嫌疑人、被告人的任职情况、职业经历、专业背景、培训经历、本人因同类行为受到行政处罚或者刑事追究情况以及吸收资金方式、宣传推广、合同资料、业务流程等证据，结合其供述，进行综合分析判断。

犯罪嫌疑人、被告人使用诈骗方法非法集资，符合《最高人民法院关于审理非法集资刑事案件具体应用法律若干问题的解释》第四条规定的，可以认定为集资诈骗罪中“以非法占有为目的”。

办案机关在办理非法集资刑事案件中，应当根据案件具体情况注意收集运用涉及犯罪嫌疑人、被告人的以下证据：是否使用虚假身份信息对外开展业务；是否虚假订立合同、协议；是否虚假宣传，明显超出经营范围或者夸大经营、投资、服务项目及盈利能力；是否吸收资金后隐匿、销毁合同、协议、账目；是否传授或者接受规避法律、逃避监管的方法，等等。

五、关于犯罪数额的认定问题

非法吸收或者变相吸收公众存款构成犯罪，具有下列情形之一的，向亲友或者单位内部人员吸收的资金应当与向不特定对象吸收的资金一并计入犯罪数额：

（一）在向亲友或者单位内部人员吸收资金的过程中，明知亲友或者单位内部人员向不特定对象吸收资金而予以放任的；

（二）以吸收资金为目的，将社会人员吸收为单位内部人员，并向其吸收资金的；

（三）向社会公开宣传，同时向不特定对象、亲友或者单位内部人员吸收资金的。

非法吸收或者变相吸收公众存款的数额，以行为人所吸收的资金全额计算。集资参与人收回本金或者获得回报后又重复投资的数额不予扣除，但可以作为量刑情节酌情考虑。

六十、伪造、变造金融票证案（刑法第一百七十七条）

◎ 刑法规定

第一百七十七条　【伪造、变造金融票证罪】有下列情形之一，伪造、变造金融票证的，处五年以下有期徒刑或者拘役，并处或者单处二万元以上二十万元以下罚金；情节严重的，处五年以上十年以下有期徒刑，并处五万元以上五十万元以下罚金；情节特别严重的，处十年以上有期徒刑或者无期徒刑，并处五万元以上五十万元以下罚金或者没收财产：

（一）伪造、变造汇票、本票、支票的；

（二）伪造、变造委托收款凭证、汇款凭证、银行存单等其他银行结算凭证的；

（三）伪造、变造信用证或者附随的单据、文件的；

（四）伪造信用卡的。

单位犯前款罪的，对单位判处罚金，并对其直接负责的主管人员和其他直接责任人员，依照前款的规定处罚。

◎ 立案追诉标准

伪造、变造金融票证，涉嫌下列情形之一的，应予立案追诉：

（一）伪造、变造汇票、本票、支票，或者伪造、变造委托收款凭证、汇款凭证、银行存单等其他银行结算凭证，或者伪造、变造信用证或者附随的单据、文件，总面额在一万元以上或者数量在十张以上的；

（二）伪造信用卡一张以上，或者伪造空白信用卡十张以上的。

◎ 标准依据

《最高人民检察院、公安部关于公安机关管辖的刑事案件立案追诉标准的规定（二）》（2010 年 5 月 7 日　公通字〔2010〕23 号）

第二十九条（见附录）

六十一、妨害信用卡管理案（刑法第一百七十七条之一第一款）

◎ 刑法规定

第一百七十七条之一　【妨害信用卡管理罪】有下列情形之一，妨害信用卡管理的，处三年以下有期徒刑或者拘役，并处或者单处一万元以上十万元以下罚金；数量巨大或者有其他严重情节的，处三年以上十年以下有期徒刑，并处二万元以上二十万元以下罚金：

（一）明知是伪造的信用卡而持有、运输的，或者明知是伪造的空白信用卡而持有、运输，数量较大的；

（二）非法持有他人信用卡，数量较大的；

（三）使用虚假的身份证明骗领信用卡的；

（四）出售、购买、为他人提供伪造的信用卡或者以虚假的身份证明骗领的信用卡的。

【窃取、收买、非法提供信用卡信息罪】窃取、收买或者非法提供他人信用卡信息资料的，依照前款规定处罚。

银行或者其他金融机构的工作人员利用职务上的便利，犯第二款罪的，从重处罚。

◎ 立案追诉标准

妨害信用卡管理，涉嫌下列情形之一的，应予立案追诉：

（一）明知是伪造的信用卡而持有、运输的；

（二）明知是伪造的空白信用卡而持有、运输，数量累计在十张以上的；

（三）非法持有他人信用卡，数量累计在五张以上的；

（四）使用虚假的身份证明骗领信用卡的；

（五）出售、购买、为他人提供伪造的信用卡或者以虚假的身份证明骗领的信用卡的。

违背他人意愿，使用其居民身份证、军官证、士兵证、港澳居民往来内地通行证、台湾居民来往大陆通行证、护照等身份证明申领信用卡的，或者使用伪造、变造的身份证明申领信用卡的，应当认定为“使用虚假的身份证明骗领信用卡”。

◎ **标准依据**

《最高人民检察院、公安部关于公安机关管辖的刑事案件立案追诉标准的规定（二）》（2010年5月7日　公通字〔2010〕23号）

第三十条（见附录）

［**相关规范1**］**《全国人民代表大会常务委员会关于〈中华人民共和国刑法〉有关信用卡规定的解释》**（2004年12月29日第十届全国人民代表大会常务委员会第十三次会议通过）

全国人民代表大会常务委员会根据司法实践中遇到的情况，讨论了刑法规定的“信用卡”的含义问题，解释如下：

刑法规定的“信用卡”，是指由商业银行或者其他金融机构发行的具有消费支付、信用贷款、转账结算、存取现金等全部功能或者部分功能的电子支付卡。

［**相关规范2**］**《最高人民法院、最高人民检察院、公安部关于办理电信网络诈骗等刑事案件适用法律若干问题的意见》**（2016年12月19日　法发〔2016〕32号）

三、全面惩处关联犯罪

……

（四）非法持有他人信用卡，没有证据证明从事电信网络诈骗犯罪活动，符合刑法第一百七十七条之一第一款第（二）项规定的，以妨害信用卡管理罪追究刑事责任。

……

六十二、窃取、收买、非法提供信用卡信息案（刑法第一百七十七条之一第二款）

◎ **刑法规定**

（参见本书“六十一、妨害信用卡管理案”）

◎ **立案追诉标准**

窃取、收买或者非法提供他人信用卡信息资料，足以伪造可进行交易的信用卡，或者足以使他人以信用卡持卡人名义进行交易，涉及信用卡一张以上的，应予立案追诉。

◎ **标准依据**

《最高人民检察院、公安部关于公安机关管辖的刑事案件立案追诉标准的规定（二）》（2010年5月7日　公通字〔2010〕23号）

第三十一条（见附录）

六十三、伪造、变造国家有价证券案（刑法第一百七十八条第一款）

◎ **刑法规定**

第一百七十八条第一款　【伪造、变造国家有价证券罪】伪造、变造国库券或者国家发行的其他有价证券，数额较大的，处三年以下有期徒刑或者拘役，并处或者单处二万元以上二十万元以下罚金；数额巨大的，处三年以上十年以下有期徒刑，并处五万元以上五十万元以下罚金；数额特别巨大的，处十年以上有期徒刑或者无期徒刑，并处五万元以上五十万元以下罚金或者没收财产。

◎ **立案追诉标准**

伪造、变造国库券或者国家发行的其他有价证券，总面额在二千元以上的，应予立案追诉。

◎ **标准依据**

《最高人民检察院、公安部关于公安机关管辖的刑事案件立案追诉标准的规定（二）》（2010年5月7日　公通字〔2010〕23号）

第三十二条（见附录）

六十四、伪造、变造股票、公司、企业债券案（刑法第一百七十八条第二款）

◎ **刑法规定**

第一百七十八条第二款　【伪造、变造股票、公司、企业债券罪】伪造、变造股票或者公司、企业债券，数额较大的，处三年以下有期徒刑或者拘役，并处或者单处一万元以上十万元以下罚金；数额巨大的，处三年以上十年以下有期徒刑，并处二万元以上二十万元以下罚金。

◎ **立案追诉标准**

伪造、变造股票或者公司、企业债券，总面额在五千元以上的，应予立案追诉。

◎ **标准依据**

《最高人民检察院、公安部关于公安机关管辖的刑事案件立案追诉标准的规定（二）》（2010年5月7日 公通字〔2010〕23号）

第三十三条（见附录）

六十五、擅自发行股票、公司、企业债券案（刑法第一百七十九条）

◎ **刑法规定**

第一百七十九条 【擅自发行股票、公司、企业债券罪】未经国家有关主管部门批准，擅自发行股票或者公司、企业债券，数额巨大、后果严重或者有其他严重情节的，处五年以下有期徒刑或者拘役，并处或者单处非法募集资金金额百分之一以上百分之五以下罚金。

单位犯前款罪的，对单位判处罚金，并对其直接负责的主管人员和其他直接责任人员，处五年以下有期徒刑或者拘役。

◎ **立案追诉标准**

未经国家有关主管部门批准，擅自发行股票或者公司、企业债券，涉嫌下列情形之一的，应予立案追诉：

（一）发行数额在五十万元以上的；

（二）虽未达到上述数额标准，但擅自发行致使三十人以上的投资者购买了股票或者公司、企业债券的；

（三）不能及时清偿或者清退的；

（四）其他后果严重或者有其他严重情节的情形。

本条中的“虽未达到上述数额标准”，是指接近上述数额标准且已达到该数额的百分之八十以上的①。

---

① 《最高人民检察院、公安部关于公安机关管辖的刑事案件立案追诉标准的规定（二）》第八十八条规定：“本规定中的‘虽未达到上述数额标准’，是指接近上述数额标准且已达到该数额的百分之八十以上的。”

◎ **标准依据**

《最高人民检察院、公安部关于公安机关管辖的刑事案件立案追诉标准的规定（二）》（2010年5月7日 公通字〔2010〕23号）

第三十四条（见附录）

［**相关规范**］**《最高人民法院关于审理非法集资刑事案件具体应用法律若干问题的解释》**（2010年12月13日 法释〔2010〕18号）

第六条 未经国家有关主管部门批准，向社会不特定对象发行、以转让股权等方式变相发行股票或者公司、企业债券，或者向特定对象发行、变相发行股票或者公司、企业债券累计超过200人的，应当认定为刑法第一百七十九条规定的“擅自发行股票、公司、企业债券”。构成犯罪的，以擅自发行股票、公司、企业债券罪定罪处罚。

六十六、内幕交易、泄露内幕信息案（刑法第一百八十条第一款）

◎ **刑法规定**

第一百八十条 **【内幕交易、泄露内幕信息罪】**证券、期货交易内幕信息的知情人员或者非法获取证券、期货交易内幕信息的人员，在涉及证券的发行，证券、期货交易或者其他对证券、期货交易价格有重大影响的信息尚未公开前，买入或者卖出该证券，或者从事与该内幕信息有关的期货交易，或者泄露该信息，或者明示、暗示他人从事上述交易活动，情节严重的，处五年以下有期徒刑或者拘役，并处或者单处违法所得一倍以上五倍以下罚金；情节特别严重的，处五年以上十年以下有期徒刑，并处违法所得一倍以上五倍以下罚金。

单位犯前款罪的，对单位判处罚金，并对其直接负责的主管人员和其他直接责任人员，处五年以下有期徒刑或者拘役。

内幕信息、知情人员的范围，依照法律、行政法规的规定确定。

【利用未公开信息交易罪】证券交易所、期货交易所、证券公司、期货经纪公司、基金管理公司、商业银行、保险公司等金融机构的从业人员以及有关监管部门或者行业协会的工作人员，利用因职务便利获取的内幕信息以外的其他未公开的信息，违反规定，从事与该信息相关的证券、期货交易活动，或者明示、暗示他人从事相关交易活动，情节严重的，依照第一款的规定处罚。

◎ 立案追诉标准

在内幕信息敏感期内从事或者明示、暗示他人从事或者泄露内幕信息导致他人从事与该内幕信息有关的证券、期货交易，涉嫌下列情形之一的，应予立案追诉。

（一）证券交易成交额在五十万元以上的；

（二）期货交易占用保证金数额在三十万元以上的；

（三）获利或者避免损失数额在十五万元以上的；

（四）三次以上的；

（五）具有其他严重情节的

二次以上实施内幕交易或者泄露内幕信息行为，未经行政处理或者刑事处理的，应当对相关交易额依法累计计算。

◎ 标准依据

《最高人民检察院、公安部关于公安机关管辖的刑事案件立案追诉标准的规定（二）》（2010 年 5 月 7 日　公通字〔2010〕23 号）

第三十五条　【内幕交易、泄露内幕信息案（刑法第一百八十条第一款）】 *证券、期货交易内幕信息的知情人员、单位或者非法获取证券、期货交易内幕信息的人员、单位，在涉及证券的发行，证券、期货交易或者其他对证券、期货交易价格有重大影响的信息尚未公开前，买入或者卖出该证券，或者从事与该内幕信息有关的期货交易，或者泄露该信息，或者明示、暗示他人从事上述交易活动，涉嫌下列情形之一的，应予立案追诉：*

（一）证券交易成交额累计在五十万元以上的；

（二）期货交易占用保证金数额累计在三十万元以上的；

（三）获利或者避免损失数额累计在十五万元以上的；

（四）多次进行内幕交易、泄露内幕信息的；

（五）其他情节严重的情形。

《最高人民法院、最高人民检察院关于办理内幕交易、泄露内幕信息刑事案件具体应用法律若干问题的解释》（2012 年 3 月 29 日　法释〔2012〕6 号）

第六条　在内幕信息敏感期内从事或者明示、暗示他人从事或者泄露内幕信息导致他人从事与该内幕信息有关的证券、期货交易，具有下列情形之一的，应当认定为刑法第一百八十条第一款规定的“情节严重”：

（一）证券交易成交额在五十万元以上的；

（二）期货交易占用保证金数额在三十万元以上的；

（三）获利或者避免损失数额在十五万元以上的；

（四）三次以上的；

（五）具有其他严重情节的。

第八条 二次以上实施内幕交易或者泄露内幕信息行为，未经行政处理或者刑事处理的，应当对相关交易数额依法累计计算。

◎ 特别说明

《最高人民检察院、公安部关于公安机关管辖的刑事案件立案追诉标准的规定（二）》发布之后，《最高人民法院、最高人民检察院关于办理内幕交易、泄露内幕信息刑事案件具体应用法律若干问题的解释》作出了新规定，应以新规定为准。

六十七、利用未公开信息交易案（刑法第一百八十条第四款）

◎ 刑法规定

（参见本书“六十六、内幕交易、泄露内幕信息案”）

◎ 立案追诉标准

证券交易所、期货交易所、证券公司、期货经纪公司、基金管理公司、商业银行、保险公司等金融机构的从业人员以及有关监管部门或者行业协会的工作人员，利用因职务便利获取的内幕信息以外的其他未公开的信息，违反规定，从事与该信息相关的证券、期货交易活动，或者明示、暗示他人从事相关交易活动，情节严重的，应予立案追诉。

（一）利用未公开信息交易，具有下列情形之一的，应当认定为“情节严重”：

1. 违法所得数额在一百万元以上的；

2. 二年内三次以上利用未公开信息交易的；

3. 明示、暗示三人以上从事相关交易活动的。

（二）利用未公开信息交易，违法所得数额在五十万元以上，或者证券交易成交额在五百万元以上，或者期货交易占用保证金数额在一百万元以上，具有下列情形之一的，应当认定为“情节严重”：

1. 以出售或者变相出售未公开信息等方式，明示、暗示他人从事相关交易活动的；

2. 因证券、期货犯罪行为受过刑事追究的；

3. 二年内因证券、期货违法行为受过行政处罚的；

4. 造成恶劣社会影响或者其他严重后果的。

二次以上利用未公开信息交易，依法应予行政处理或者刑事处理而未经处理的，相关交易数额或者违法所得数额累计计算。

◎ 标准依据

《最高人民检察院、公安部关于公安机关管辖的刑事案件立案追诉标准的规定（二）》（2010年5月7日　公通字〔2010〕23号）

第三十六条　【利用未公开信息交易案（刑法第一百八十条第四款）】证券交易所、期货交易所、证券公司、期货公司、基金管理公司、商业银行、保险公司等金融机构的从业人员以及有关监管部门或者行业协会的工作人员，利用因职务便利获取的内幕信息以外的其他未公开的信息，违反规定，从事与该信息相关的证券、期货交易活动，或者明示、暗示他人从事相关交易活动，涉嫌下列情形之一的，应予立案追诉：

（一）证券交易成交额累计在五十万元以上的；

（二）期货交易占用保证金数额累计在三十万元以上的；

（三）获利或者避免损失数额累计在十五万元以上的；

（四）多次利用内幕信息以外的其他未公开信息进行交易活动的；

（五）其他情节严重的情形。

《最高人民法院、最高人民检察院关于办理利用未公开信息交易刑事案件适用法律若干问题的解释》（2019年6月27日　法释〔2019〕10号）

第五条　利用未公开信息交易，具有下列情形之一的，应当认定为刑法第一百八十条第四款规定的“情节严重”：

（一）违法所得数额在一百万元以上的；

（二）二年内三次以上利用未公开信息交易的；

（三）明示、暗示三人以上从事相关交易活动的。

第六条　利用未公开信息交易，违法所得数额在五十万元以上，或者证券交易成交额在五百万元以上，或者期货交易占用保证金数额在一百万元以上，具有下列情形之一的，应当认定为刑法第一百八十条第四款规定的“情节严重”：

（一）以出售或者变相出售未公开信息等方式，明示、暗示他人从事相关交易活动的；

（二）因证券、期货犯罪行为受过刑事追究的；

（三）二年内因证券、期货违法行为受过行政处罚的；

（四）造成恶劣社会影响或者其他严重后果的。

第八条 二次以上利用未公开信息交易，依法应予行政处理或者刑事处理而未经处理的，相关交易数额或者违法所得数额累计计算。

◎ 特别说明

《最高人民检察院、公安部关于公安机关管辖的刑事案件立案追诉标准的规定（二）》发布之后，《最高人民法院、最高人民检察院关于办理利用未公开信息交易刑事案件适用法律若干问题的解释》作出了新规定，应以新规定为准。

六十八、编造并传播证券、期货交易虚假信息案（刑法第一百八十一条第一款）

◎ 刑法规定

第一百八十一条第一款 【编造并传播证券、期货交易虚假信息罪】编造并且传播影响证券、期货交易的虚假信息，扰乱证券、期货交易市场，造成严重后果的，处五年以下有期徒刑或者拘役，并处或者单处一万元以上十万元以下罚金。

◎ 立案追诉标准

编造并且传播影响证券、期货交易的虚假信息，扰乱证券、期货交易市场，涉嫌下列情形之一的，应予立案追诉：

（一）获利或者避免损失数额累计在五万元以上的；

（二）造成投资者直接经济损失数额在五万元以上的；

（三）致使交易价格和交易量异常波动的；

（四）虽未达到上述数额标准，但多次编造并且传播影响证券、期货交易的虚假信息的；

（五）其他造成严重后果的情形。

本条中的“虽未达到上述数额标准”，是指接近上述数额标准且已达到该数额的百分之八十以上的①。

---

① 《最高人民检察院、公安部关于公安机关管辖的刑事案件立案追诉标准的规定（二）》第八十八条规定：“本规定中的‘虽未达到上述数额标准’，是指接近上述数额标准且已达到该数额的百分之八十以上的。”

◎ **标准依据**

《最高人民检察院、公安部关于公安机关管辖的刑事案件立案追诉标准的规定（二）》（2010年5月7日　公通字〔2010〕23号）

第三十七条（见附录）

六十九、诱骗投资者买卖证券、期货合约案（刑法第一百八十一条第二款）

◎ **刑法规定**

第一百八十一条第二款　【诱骗投资者买卖证券、期货合约罪】证券交易所、期货交易所、证券公司、期货经纪公司的从业人员，证券业协会、期货业协会或者证券期货监督管理部门的工作人员，故意提供虚假信息或者伪造、变造、销毁交易记录，诱骗投资者买卖证券、期货合约，造成严重后果的，处五年以下有期徒刑或者拘役，并处或者单处一万元以上十万元以下罚金；情节特别恶劣的，处五年以上十年以下有期徒刑，并处二万元以上二十万元以下罚金。

◎ **立案追诉标准**

证券交易所、期货交易所、证券公司、期货公司的从业人员，证券业协会、期货业协会或者证券期货监督管理部门的工作人员，故意提供虚假信息或者伪造、变造、销毁交易记录，诱骗投资者买卖证券、期货合约，涉嫌下列情形之一的，应予立案追诉：

（一）获利或者避免损失数额累计在五万元以上的；

（二）造成投资者直接经济损失数额在五万元以上的；

（三）致使交易价格和交易量异常波动的；

（四）其他造成严重后果的情形。

◎ **标准依据**

《最高人民检察院、公安部关于公安机关管辖的刑事案件立案追诉标准的规定（二）》（2010年5月7日　公通字〔2010〕23号）

第三十八条（见附录）

七十、操纵证券、期货市场案（刑法第一百八十二条）

◎ 刑法规定

第一百八十二条　【操纵证券、期货市场罪】有下列情形之一，操纵证券、期货市场，影响证券、期货交易价格或者证券、期货交易量，情节严重的，处五年以下有期徒刑或者拘役，并处或者单处罚金；情节特别严重的，处五年以上十年以下有期徒刑，并处罚金：

（一）单独或者合谋，集中资金优势、持股或者持仓优势或者利用信息优势联合或者连续买卖的；

（二）与他人串通，以事先约定的时间、价格和方式相互进行证券、期货交易的；

（三）在自己实际控制的帐户之间进行证券交易，或者以自己为交易对象，自买自卖期货合约的；

（四）不以成交为目的，频繁或者大量申报买入、卖出证券、期货合约并撤销申报的；

（五）利用虚假或者不确定的重大信息，诱导投资者进行证券、期货交易的；

（六）对证券、证券发行人、期货交易标的公开作出评价、预测或者投资建议，同时进行反向证券交易或者相关期货交易的；

（七）以其他方法操纵证券、期货市场的。

单位犯前款罪的，对单位判处罚金，并对其直接负责的主管人员和其他直接责任人员，依照前款的规定处罚。

◎ 立案追诉标准

操纵证券、期货市场，情节严重的，应予立案追诉。

（一）操纵证券、期货市场，具有下列情形之一的，应当认定为“情节严重”：

1. 持有或者实际控制证券的流通股份数量达到该证券的实际流通股份总量百分之十以上，实施刑法第一百八十二条第一款第一项操纵证券市场行为，连续十个交易日的累计成交量达到同期该证券总成交量百分之二十以上的；

2. 实施刑法第一百八十二条第一款第二项、第三项操纵证券市场行为，连续十个交易日的累计成交量达到同期该证券总成交量百分之二十以上的；

3. 实施本解释第一条第一项至第四项操纵证券市场行为，证券交易成交额在一千万元以上的；

4. 实施刑法第一百八十二条第一款第一项及本解释第一条第六项操纵期货市场行为，实际控制的账户合并持仓连续十个交易日的最高值超过期货交易所限仓标准的二倍，累计成交量达到同期该期货合约总成交量百分之二十以上，且期货交易占用保证金数额在五百万元以上的；

5. 实施刑法第一百八十二条第一款第二项、第三项及本解释第一条第一项、第二项操纵期货市场行为，实际控制的账户连续十个交易日的累计成交量达到同期该期货合约总成交量百分之二十以上，且期货交易占用保证金数额在五百万元以上的；

6. 实施本解释第一条第五项操纵证券、期货市场行为，当日累计撤回申报量达到同期该证券、期货合约总申报量百分之五十以上，且证券撤回申报额在一千万元以上、撤回申报的期货合约占用保证金数额在五百万元以上的；

7. 实施操纵证券、期货市场行为，违法所得数额在一百万元以上的。

（二）操纵证券、期货市场，违法所得数额在五十万元以上，具有下列情形之一的，应当认定为“情节严重”：

1. 发行人、上市公司及其董事、监事、高级管理人员、控股股东或者实际控制人实施操纵证券、期货市场行为的；

2. 收购人、重大资产重组的交易对方及其董事、监事、高级管理人员、控股股东或者实际控制人实施操纵证券、期货市场行为的；

3. 行为人明知操纵证券、期货市场行为被有关部门调查，仍继续实施的；

4. 因操纵证券、期货市场行为受过刑事追究的；

5. 二年内因操纵证券、期货市场行为受过行政处罚的；

6. 在市场出现重大异常波动等特定时段操纵证券、期货市场的；

7. 造成恶劣社会影响或者其他严重后果的。

二次以上实施操纵证券、期货市场行为，依法应予行政处理或者刑事处理而未经处理的，相关交易数额或者违法所得数额累计计算。

◎ 标准依据

《最高人民检察院、公安部关于公安机关管辖的刑事案件立案追诉标准的规定（二）》（2010 年 5 月 7 日　公通字〔2010〕23 号）

第三十九条　【操纵证券、期货市场案（刑法第一百八十二条）】操纵证券、期货市场，涉嫌下列情形之一的，应予立案追诉：

（一）单独或者合谋，持有或者实际控制证券的流通股份数达到该证券的实际流通股份总量百分之三十以上，且在该证券连续二十个交易日内联合或者

连续买卖股份数累计达到该证券同期总成交量百分之三十以上的；

（二）单独或者合谋，持有或者实际控制期货合约的数量超过期货交易所业务规则限定的持仓量百分之五十以上，且在该期货合约连续二十个交易日内联合或者连续买卖期货合约数累计达到该期货合约同期总成交量百分之三十以上的；

（三）与他人串通，以事先约定的时间、价格和方式相互进行证券或者期货合约交易，且在该证券或者期货合约连续二十个交易日内成交量累计达到该证券或者期货合约同期总成交量百分之二十以上的；

（四）在自己实际控制的账户之间进行证券交易，或者以自己为交易对象，自买自卖期货合约，且在该证券或者期货合约连续二十个交易日内成交量累计达到该证券或者期货合约同期总成交量百分之二十以上的；

（五）单独或者合谋，当日连续申报买入或者卖出同一证券、期货合约并在成交前撤回申报，撤回申报量占当日该种证券总申报量或者该种期货合约总申报量百分之五十以上的；

（六）上市公司及其董事、监事、高级管理人员、实际控制人、控股股东或者其他关联人单独或者合谋，利用信息优势，操纵该公司证券交易价格或者证券交易量的；

（七）证券公司、证券投资咨询机构、专业中介机构或者从业人员，违背有关从业禁止的规定，买卖或者持有相关证券，通过对证券或者其发行人、上市公司公开作出评价、预测或者投资建议，在该证券的交易中谋取利益，情节严重的；

（八）其他情节严重的情形。

《最高人民法院、最高人民检察院关于办理操纵证券、期货市场刑事案件适用法律若干问题的解释》（2019年6月27日　法释〔2019〕9号）

第二条　操纵证券、期货市场，具有下列情形之一的，应当认定为刑法第一百八十二条第一款规定的“情节严重”：

（一）持有或者实际控制证券的流通股份数量达到该证券的实际流通股份总量百分之十以上，实施刑法第一百八十二条第一款第一项操纵证券市场行为，连续十个交易日的累计成交量达到同期该证券总成交量百分之二十以上的；

（二）实施刑法第一百八十二条第一款第二项、第三项操纵证券市场行为，连续十个交易日的累计成交量达到同期该证券总成交量百分之二十以上的；

（三）实施本解释第一条第一项至第四项操纵证券市场行为，证券交易成交额在一千万元以上的；

（四）实施刑法第一百八十二条第一款第一项及本解释第一条第六项操纵期货市场行为，实际控制的账户合并持仓连续十个交易日的最高值超过期货交易所限仓标准的二倍，累计成交量达到同期该期货合约总成交量百分之二十以上，且期货交易占用保证金数额在五百万元以上的；

（五）实施刑法第一百八十二条第一款第二项、第三项及本解释第一条第一项、第二项操纵期货市场行为，实际控制的账户连续十个交易日的累计成交量达到同期该期货合约总成交量百分之二十以上，且期货交易占用保证金数额在五百万元以上的；

（六）实施本解释第一条第五项操纵证券、期货市场行为，当日累计撤回申报量达到同期该证券、期货合约总申报量百分之五十以上，且证券撤回申报额在一千万元以上、撤回申报的期货合约占用保证金数额在五百万元以上的；

（七）实施操纵证券、期货市场行为，违法所得数额在一百万元以上的。

第三条 操纵证券、期货市场，违法所得数额在五十万元以上，具有下列情形之一的，应当认定为刑法第一百八十二条第一款规定的“情节严重”：

（一）发行人、上市公司及其董事、监事、高级管理人员、控股股东或者实际控制人实施操纵证券、期货市场行为的；

（二）收购人、重大资产重组的交易对方及其董事、监事、高级管理人员、控股股东或者实际控制人实施操纵证券、期货市场行为的；

（三）行为人明知操纵证券、期货市场行为被有关部门调查，仍继续实施的；

（四）因操纵证券、期货市场行为受过刑事追究的；

（五）二年内因操纵证券、期货市场行为受过行政处罚的；

（六）在市场出现重大异常波动等特定时段操纵证券、期货市场的；

（七）造成恶劣社会影响或者其他严重后果的。

第六条 二次以上实施操纵证券、期货市场行为，依法应予行政处理或者刑事处理而未经处理的，相关交易数额或者违法所得数额累计计算。

◎ 特别说明

《最高人民检察院、公安部关于公安机关管辖的刑事案件立案追诉标准的规定（二）》发布之后，《最高人民法院、最高人民检察院关于办理操纵证券、期货市场刑事案件适用法律若干问题的解释》作出了新规定，应以新规定为准。

七十一、背信运用受托财产案（刑法第一百八十五条之一第一款）

◎ 刑法规定

第一百八十五条之一　【背信运用受托财产罪】商业银行、证券交易所、期货交易所、证券公司、期货经纪公司、保险公司或者其他金融机构，违背受托义务，擅自运用客户资金或者其他委托、信托的财产，情节严重的，对单位判处罚金，并对其直接负责的主管人员和其他直接责任人员，处三年以下有期徒刑或者拘役，并处三万元以上三十万元以下罚金；情节特别严重的，处三年以上十年以下有期徒刑，并处五万元以上五十万元以下罚金。

【违法运用资金罪】社会保障基金管理机构、住房公积金管理机构等公众资金管理机构，以及保险公司、保险资产管理公司、证券投资基金管理公司，违反国家规定运用资金的，对其直接负责的主管人员和其他直接责任人员，依照前款的规定处罚。

◎ 立案追诉标准

商业银行、证券交易所、期货交易所、证券公司、期货公司、保险公司或者其他金融机构，违背受托义务，擅自运用客户资金或者其他委托、信托的财产，涉嫌下列情形之一的，应予立案追诉：

（一）擅自运用客户资金或者其他委托、信托的财产数额在三十万元以上的；

（二）虽未达到上述数额标准，但多次擅自运用客户资金或者其他委托、信托的财产，或者擅自运用多个客户资金或者其他委托、信托的财产的；

（三）其他情节严重的情形。

本条中的“虽未达到上述数额标准”，是指接近上述数额标准且已达到该数额的百分之八十以上的[①]。

◎ 标准依据

《最高人民检察院、公安部关于公安机关管辖的刑事案件立案追诉标准的规定（二）》（2010年5月7日　公通字〔2010〕23号）

第四十条（见附录）

---

① 《最高人民检察院、公安部关于公安机关管辖的刑事案件立案追诉标准的规定（二）》第八十八条规定：“本规定中的‘虽未达到上述数额标准’，是指接近上述数额标准且已达到该数额的百分之八十以上的。”

七十二、违法运用资金案（刑法第一百八十五条之一第二款）

◎ 刑法规定

（参见本书“七十一、背信运用受托财产案”）

◎ 立案追诉标准

社会保障基金管理机构、住房公积金管理机构等公众资金管理机构，以及保险公司、保险资产管理公司、证券投资基金管理公司，违反国家规定运用资金，涉嫌下列情形之一的，应予立案追诉：

（一）违反国家规定运用资金数额在三十万元以上的；

（二）虽未达到上述数额标准，但多次违反国家规定运用资金的；

（三）其他情节严重的情形。

本规定中的“虽未达到上述数额标准”，是指接近上述数额标准且已达到该数额的百分之八十以上的[①]。

◎ 标准依据

《最高人民检察院、公安部关于公安机关管辖的刑事案件立案追诉标准的规定（二）》（2010 年 5 月 7 日　公通字〔2010〕23 号）

第四十一条（见附录）

七十三、违法发放贷款案（刑法第一百八十六条）

◎ 刑法规定

第一百八十六条　【违法发放贷款罪】银行或者其他金融机构的工作人员违反国家规定发放贷款，数额巨大或者造成重大损失的，处五年以下有期徒刑或者拘役，并处一万元以上十万元以下罚金；数额特别巨大或者造成特别重大损失的，处五年以上有期徒刑，并处二万元以上二十万元以下罚金。

银行或者其他金融机构的工作人员违反国家规定，向关系人发放贷款的，依照前款的规定从重处罚。

---

① 《最高人民检察院、公安部关于公安机关管辖的刑事案件立案追诉标准的规定（二）》第八十八条规定：“本规定中的‘虽未达到上述数额标准’，是指接近上述数额标准且已达到该数额的百分之八十以上的。”

单位犯前两款罪的，对单位判处罚金，并对其直接负责的主管人员和其他直接责任人员，依照前两款的规定处罚。

关系人的范围，依照《中华人民共和国商业银行法》和有关金融法规确定。

◎ 立案追诉标准

银行或者其他金融机构及其工作人员违反国家规定发放贷款，涉嫌下列情形之一的，应予立案追诉：

（一）违法发放贷款，数额在一百万元以上的；

（二）违法发放贷款，造成直接经济损失数额在二十万元以上的。

◎ 标准依据

《最高人民检察院、公安部关于公安机关管辖的刑事案件立案追诉标准的规定（二）》（2010 年 5 月 7 日　公通字〔2010〕23 号）

第四十二条（见附录）

七十四、吸收客户资金不入账案（刑法第一百八十七条）

◎ 刑法规定

第一百八十七条　【吸收客户资金不入帐罪】银行或者其他金融机构的工作人员吸收客户资金不入帐，数额巨大或者造成重大损失的，处五年以下有期徒刑或者拘役，并处二万元以上二十万元以下罚金；数额特别巨大或者造成特别重大损失的，处五年以上有期徒刑，并处五万元以上五十万元以下罚金。

单位犯前款罪的，对单位判处罚金，并对其直接负责的主管人员和其他直接责任人员，依照前款的规定处罚。

◎ 立案追诉标准

银行或者其他金融机构及其工作人员吸收客户资金不入账，涉嫌下列情形之一的，应予立案追诉：

（一）吸收客户资金不入账，数额在一百万元以上的；

（二）吸收客户资金不入账，造成直接经济损失数额在二十万元以上的。

◎ 标准依据

《最高人民检察院、公安部关于公安机关管辖的刑事案件立案追诉标准的规

定（二）》（2010年5月7日　公通字〔2010〕23号）

第四十三条（见附录）

七十五、违规出具金融票证案（刑法第一百八十八条）

◎ 刑法规定

第一百八十八条　【违规出具金融票证罪】银行或者其他金融机构的工作人员违反规定，为他人出具信用证或者其他保函、票据、存单、资信证明，情节严重的，处五年以下有期徒刑或者拘役；情节特别严重的，处五年以上有期徒刑。

单位犯前款罪的，对单位判处罚金，并对其直接负责的主管人员和其他直接责任人员，依照前款的规定处罚。

◎ 立案追诉标准

银行或者其他金融机构及其工作人员违反规定，为他人出具信用证或者其他保函、票据、存单、资信证明，涉嫌下列情形之一的，应予立案追诉：

（一）违反规定为他人出具信用证或者其他保函、票据、存单、资信证明，数额在一百万元以上的；

（二）违反规定为他人出具信用证或者其他保函、票据、存单、资信证明，造成直接经济损失数额在二十万元以上的；

（三）多次违规出具信用证或者其他保函、票据、存单、资信证明的；

（四）接受贿赂违规出具信用证或者其他保函、票据、存单、资信证明的；

（五）其他情节严重的情形。

◎ 标准依据

《最高人民检察院、公安部关于公安机关管辖的刑事案件立案追诉标准的规定（二）》（2010年5月7日　公通字〔2010〕23号）

第四十四条（见附录）

七十六、对违法票据承兑、付款、保证案（刑法第一百八十九条）

◎ 刑法规定

第一百八十九条　【对违法票据承兑、付款、保证罪】银行或者其他金融机构的工作人员在票据业务中，对违反票据法规定的票据予以承兑、付款或者保证，造成重大损失的，处五年以下有期徒刑或者拘役；造成特别重大损失的，处五年以上有期徒刑。

单位犯前款罪的，对单位判处罚金，并对其直接负责的主管人员和其他直接责任人员，依照前款的规定处罚。

◎ **立案追诉标准**

银行或者其他金融机构及其工作人员在票据业务中，对违反票据法规定的票据予以承兑、付款或者保证，造成直接经济损失数额在二十万元以上的，应予立案追诉。

◎ **标准依据**

《最高人民检察院、公安部关于公安机关管辖的刑事案件立案追诉标准的规定（二）》（2010 年 5 月 7 日　公通字〔2010〕23 号）

第四十五条（见附录）

七十七、逃汇案（刑法第一百九十条）

◎ **刑法规定**

第一百九十条　【逃汇罪】公司、企业或者其他单位，违反国家规定，擅自将外汇存放境外，或者将境内的外汇非法转移到境外，数额较大的，对单位判处逃汇数额百分之五以上百分之三十以下罚金，并对其直接负责的主管人员和其他直接责任人员处五年以下有期徒刑或者拘役；数额巨大或者有其他严重情节的，对单位判处逃汇数额百分之五以上百分之三十以下罚金，并对其直接负责的主管人员和其他直接责任人员处五年以上有期徒刑。

◎ **立案追诉标准**

公司、企业或者其他单位，违反国家规定，擅自将外汇存放境外，或者将境内的外汇非法转移到境外，单笔在二百万美元以上或者累计数额在五百万美元以上的，应予立案追诉。

◎ **标准依据**

《最高人民检察院、公安部关于公安机关管辖的刑事案件立案追诉标准的规

定（二）》（2010年5月7日　公通字〔2010〕23号）

第四十六条（见附录）

七十八、骗购外汇案（《关于惩治骗购外汇、逃汇和非法买卖外汇犯罪的决定》）

◎ 法律规定

《全国人民代表大会常务委员会关于惩治骗购外汇、逃汇和非法买卖外汇犯罪的决定》

为了惩治骗购外汇、逃汇和非法买卖外汇的犯罪行为，维护国家外汇管理秩序，对刑法作如下补充修改：

一、有下列情形之一，骗购外汇，数额较大的，处五年以下有期徒刑或者拘役，并处骗购外汇数额百分之五以上百分之三十以下罚金；数额巨大或者有其他严重情节的，处五年以上十年以下有期徒刑，并处骗购外汇数额百分之五以上百分之三十以下罚金；数额特别巨大或者有其他特别严重情节的，处十年以上有期徒刑或者无期徒刑，并处骗购外汇数额百分之五以上百分之三十以下罚金或者没收财产：

（一）使用伪造、变造的海关签发的报关单、进口证明、外汇管理部门核准件等凭证和单据的；

（二）重复使用海关签发的报关单、进口证明、外汇管理部门核准件等凭证和单据的；

（三）以其他方式骗购外汇的。

伪造、变造海关签发的报关单、进口证明、外汇管理部门核准件等凭证和单据，并用于骗购外汇的，依照前款的规定从重处罚。

明知用于骗购外汇而提供人民币资金的，以共犯论处。

单位犯前三款罪的，对单位依照第一款的规定判处罚金，并对其直接负责的主管人员和其他直接责任人员，处五年以下有期徒刑或者拘役；数额巨大或者有其他严重情节的，处五年以上十年以下有期徒刑；数额特别巨大或者有其他特别严重情节的，处十年以上有期徒刑或者无期徒刑。

◎ 立案追诉标准

骗购外汇，数额在五十万美元以上的，应予立案追诉。

◎ **标准依据**

《最高人民检察院、公安部关于公安机关管辖的刑事案件立案追诉标准的规定（二）》（2010 年 5 月 7 日　公通字〔2010〕23 号）

第四十七条（见附录）

七十九、洗钱案（刑法第一百九十一条）

◎ **刑法规定**

第一百九十一条　**【洗钱罪】**为掩饰、隐瞒毒品犯罪、黑社会性质的组织犯罪、恐怖活动犯罪、走私犯罪、贪污贿赂犯罪、破坏金融管理秩序犯罪、金融诈骗犯罪的所得及其产生的收益的来源和性质，有下列行为之一的，没收实施以上犯罪的所得及其产生的收益，处五年以下有期徒刑或者拘役，并处或者单处罚金；情节严重的，处五年以上十年以下有期徒刑，并处罚金：

（一）提供资金帐户的；

（二）将财产转换为现金、金融票据、有价证券的；

（三）通过转帐或者其他支付结算方式转移资金的；

（四）跨境转移资产的；

（五）以其他方法掩饰、隐瞒犯罪所得及其收益的来源和性质的。

单位犯前款罪的，对单位判处罚金，并对其直接负责的主管人员和其他直接责任人员，依照前款的规定处罚。

◎ **立案追诉标准**

明知是毒品犯罪、黑社会性质的组织犯罪、恐怖活动犯罪、走私犯罪、贪污贿赂犯罪、破坏金融管理秩序犯罪、金融诈骗犯罪的所得及其产生的收益，为掩饰、隐瞒其来源和性质，涉嫌下列情形之一的，应予立案追诉：①

---

①　原刑法第一百九十一条规定："明知是毒品犯罪、黑社会性质的组织犯罪、恐怖活动犯罪、走私犯罪、贪污贿赂犯罪、破坏金融管理秩序犯罪、金融诈骗犯罪的所得及其产生的收益，为掩饰、隐瞒其来源和性质，有下列行为之一的，没收实施以上犯罪的所得及其产生的收益，处五年以下有期徒刑或者拘役，并处或者单处洗钱数额百分之五以上百分之二十以下罚金；情节严重的，处五年以上十年以下有期徒刑，并处洗钱数额百分之五以上百分之二十以下罚金：（一）提供资金帐户的；（二）协助将财产转换为现金、金融票据、有价证券的；（三）通过转帐或者其他结算方式协助资金转移的；（四）协助将资金汇往境外的；（五）以其他方法掩饰、隐瞒犯罪所得及其收益的来源和性质的。单位犯前款罪的，对单位判处罚金，并对其直接负责的主管人员和其他直接责任人员，处五年以下有期徒刑或者拘役；情节严重的，处五年以上十年以下有期徒刑。"《中华人民共和国刑法修正案（十一）》对原条文进行了两处主要修改，一是删除了"协助"一词，二是删除了"明知"一词。笔者认为，删除"协助"一词，意味着七类法定犯罪实施过程中，"自洗钱"可以单独定罪处罚。删除了"明知"的表述，意味着对"自洗钱"而言不需要考虑明知的问题，但对于帮助他人洗钱，仍要以明知为要件。立案追诉标准应按新的刑法规定执行。

（一）提供资金账户的；

（二）协助将财产转换为现金、金融票据、有价证券的；

（三）通过转账或者其他结算方式协助资金转移的；

（四）协助将资金汇往境外的；

（五）以其他方法掩饰、隐瞒犯罪所得及其收益的来源和性质的。

◎ 标准依据

《最高人民检察院、公安部关于公安机关管辖的刑事案件立案追诉标准的规定（二）》（2010年5月7日　公通字〔2010〕23号）

第四十八条（见附录）

［相关规范］《最高人民法院关于审理洗钱等刑事案件具体应用法律若干问题的解释》（2009年11月4日　法释〔2009〕15号）

第一条　刑法第一百九十一条、第三百一十二条规定的“明知”，应当结合被告人的认知能力，接触他人犯罪所得及其收益的情况，犯罪所得及其收益的种类、数额，犯罪所得及其收益的转换、转移方式以及被告人的供述等主、客观因素进行认定。

具有下列情形之一的，可以认定被告人明知系犯罪所得及其收益，但有证据证明确实不知道的除外：

（一）知道他人从事犯罪活动，协助转换或者转移财物的；

（二）没有正当理由，通过非法途径协助转换或者转移财物的；

（三）没有正当理由，以明显低于市场的价格收购财物的；

（四）没有正当理由，协助转换或者转移财物，收取明显高于市场的“手续费”的；

（五）没有正当理由，协助他人将巨额现金散存于多个银行账户或者在不同银行账户之间频繁划转的；

（六）协助近亲属或者其他关系密切的人转换或者转移与其职业或者财产状况明显不符的财物的；

（七）其他可以认定行为人明知的情形。

被告人将刑法第一百九十一条规定的某一上游犯罪的犯罪所得及其收益误认为刑法第一百九十一条规定的上游犯罪范围内的其他犯罪所得及其收益的，不影响刑法第一百九十一条规定的“明知”的认定。

第二条　具有下列情形之一的，可以认定为刑法第一百九十一条第一款第（五）项规定的“以其他方法掩饰、隐瞒犯罪所得及其收益的来源和性质”：

（一）通过典当、租赁、买卖、投资等方式，协助转移、转换犯罪所得及其收益的；

（二）通过与商场、饭店、娱乐场所等现金密集型场所的经营收入相混合的方式，协助转移、转换犯罪所得及其收益的；

（三）通过虚构交易、虚设债权债务、虚假担保、虚报收入等方式，协助将犯罪所得及其收益转换为“合法”财物的；

（四）通过买卖彩票、奖券等方式，协助转换犯罪所得及其收益的；

（五）通过赌博方式，协助将犯罪所得及其收益转换为赌博收益的；

（六）协助将犯罪所得及其收益携带、运输或者邮寄出入境的；

（七）通过前述规定以外的方式协助转移、转换犯罪所得及其收益的。

八十、集资诈骗案（刑法第一百九十二条）

◎ 刑法规定

第一百九十二条　【集资诈骗罪】以非法占有为目的，使用诈骗方法非法集资，数额较大的，处三年以上七年以下有期徒刑，并处罚金；数额巨大或者有其他严重情节的，处七年以上有期徒刑或者无期徒刑，并处罚金或者没收财产。

单位犯前款罪的，对单位判处罚金，并对其直接负责的主管人员和其他直接责任人员，依照前款的规定处罚。

◎ 立案追诉标准

以非法占有为目的，使用诈骗方法非法集资，涉嫌下列情形之一的，应予立案追诉：

（一）个人集资诈骗，数额在十万元以上的。

（二）单位集资诈骗，数额在五十万元以上的。

◎ 标准依据

《最高人民检察院、公安部关于公安机关管辖的刑事案件立案追诉标准的规定（二）》（2010年5月7日　公通字〔2010〕23号）

第四十九条（见附录）

［相关规范］《最高人民法院关于审理非法集资刑事案件具体应用法律若干问题的解释》（2010年12月13日　法释〔2010〕18号）

第四条 ……

使用诈骗方法非法集资，具有下列情形之一的，可以认定为“以非法占有为目的”：

（一）集资后不用于生产经营活动或者用于生产经营活动与筹集资金规模明显不成比例，致使集资款不能返还的；

（二）肆意挥霍集资款，致使集资款不能返还的；

（三）携带集资款逃匿的；

（四）将集资款用于违法犯罪活动的；

（五）抽逃、转移资金、隐匿财产，逃避返还资金的；

（六）隐匿、销毁账目，或者搞假破产、假倒闭，逃避返还资金的；

（七）拒不交代资金去向，逃避返还资金的；

（八）其他可以认定非法占有目的的情形。

集资诈骗罪中的非法占有目的，应当区分情形进行具体认定。行为人部分非法集资行为具有非法占有目的的，对该部分非法集资行为所涉集资款以集资诈骗罪定罪处罚；非法集资共同犯罪中部分行为人具有非法占有目的，其他行为人没有非法占有集资款的共同故意和行为的，对具有非法占有目的的行为人以集资诈骗罪定罪处罚。

八十一、贷款诈骗案（刑法第一百九十三条）

◎ 刑法规定

第一百九十三条 **【贷款诈骗罪】**有下列情形之一，以非法占有为目的，诈骗银行或者其他金融机构的贷款，数额较大的，处五年以下有期徒刑或者拘役，并处二万元以上二十万元以下罚金；数额巨大或者有其他严重情节的，处五年以上十年以下有期徒刑，并处五万元以上五十万元以下罚金；数额特别巨大或者有其他特别严重情节的，处十年以上有期徒刑或者无期徒刑，并处五万元以上五十万元以下罚金或者没收财产：

（一）编造引进资金、项目等虚假理由的；

（二）使用虚假的经济合同的；

（三）使用虚假的证明文件的；

（四）使用虚假的产权证明作担保或者超出抵押物价值重复担保的；

（五）以其他方法诈骗贷款的。

◎ **立案追诉标准**

以非法占有为目的，诈骗银行或者其他金融机构的贷款，数额在二万元以上的，应予立案追诉。

◎ **标准依据**

《最高人民检察院、公安部关于公安机关管辖的刑事案件立案追诉标准的规定（二）》（2010年5月7日　公通字〔2010〕23号）

第五十条（见附录）

八十二、票据诈骗案（刑法第一百九十四条第一款）

◎ **刑法规定**

第一百九十四条　【票据诈骗罪】有下列情形之一，进行金融票据诈骗活动，数额较大的，处五年以下有期徒刑或者拘役，并处二万元以上二十万元以下罚金；数额巨大或者有其他严重情节的，处五年以上十年以下有期徒刑，并处五万元以上五十万元以下罚金；数额特别巨大或者有其他特别严重情节的，处十年以上有期徒刑或者无期徒刑，并处五万元以上五十万元以下罚金或者没收财产：

（一）明知是伪造、变造的汇票、本票、支票而使用的；

（二）明知是作废的汇票、本票、支票而使用的；

（三）冒用他人的汇票、本票、支票的；

（四）签发空头支票或者与其预留印鉴不符的支票，骗取财物的；

（五）汇票、本票的出票人签发无资金保证的汇票、本票或者在出票时作虚假记载，骗取财物的。

【金融凭证诈骗罪】使用伪造、变造的委托收款凭证、汇款凭证、银行存单等其他银行结算凭证的，依照前款的规定处罚。

◎ **立案追诉标准**

进行金融票据诈骗活动，涉嫌下列情形之一的，应予立案追诉：

（一）个人进行金融票据诈骗，数额在一万元以上的；

（二）单位进行金融票据诈骗，数额在十万元以上的。

◎ 标准依据

《最高人民检察院、公安部关于公安机关管辖的刑事案件立案追诉标准的规定（二）》（2010年5月7日　公通字〔2010〕23号）

第五十一条（见附录）

八十三、金融凭证诈骗案（刑法第一百九十四条第二款）

◎ 刑法规定

（参见本书“八十二、票据诈骗案”）

◎ 立案追诉标准

使用伪造、变造的委托收款凭证、汇款凭证、银行存单等其他银行结算凭证进行诈骗活动，涉嫌下列情形之一的，应予立案追诉：

（一）个人进行金融凭证诈骗，数额在一万元以上的；

（二）单位进行金融凭证诈骗，数额在十万元以上的。

◎ 标准依据

《最高人民检察院、公安部关于公安机关管辖的刑事案件立案追诉标准的规定（二）》（2010年5月7日　公通字〔2010〕23号）

第五十二条（见附录）

八十四、信用证诈骗案（刑法第一百九十五条）

◎ 刑法规定

第一百九十五条　【信用证诈骗罪】有下列情形之一，进行信用证诈骗活动的，处五年以下有期徒刑或者拘役，并处二万元以上二十万元以下罚金；数额巨大或者有其他严重情节的，处五年以上十年以下有期徒刑，并处五万元以上五十万元以下罚金；数额特别巨大或者有其他特别严重情节的，处十年以上有期徒刑或者无期徒刑，并处五万元以上五十万元以下罚金或者没收财产：

（一）使用伪造、变造的信用证或者附随的单据、文件的；

（二）使用作废的信用证的；

（三）骗取信用证的；

（四）以其他方法进行信用证诈骗活动的。

◎ **立案追诉标准**

进行信用证诈骗活动，涉嫌下列情形之一的，应予立案追诉：

（一）使用伪造、变造的信用证或者附随的单据、文件的；

（二）使用作废的信用证的；

（三）骗取信用证的；

（四）以其他方法进行信用证诈骗活动的。

◎ **标准依据**

《最高人民检察院、公安部关于公安机关管辖的刑事案件立案追诉标准的规定（二）》（2010 年 5 月 7 日　公通字〔2010〕23 号）

第五十三条（见附录）

八十五、信用卡诈骗案（刑法第一百九十六条）

◎ **刑法规定**

第一百九十六条　【信用卡诈骗罪】有下列情形之一，进行信用卡诈骗活动，数额较大的，处五年以下有期徒刑或者拘役，并处二万元以上二十万元以下罚金；数额巨大或者有其他严重情节的，处五年以上十年以下有期徒刑，并处五万元以上五十万元以下罚金；数额特别巨大或者有其他特别严重情节的，处十年以上有期徒刑或者无期徒刑，并处五万元以上五十万元以下罚金或者没收财产：

（一）使用伪造的信用卡，或者使用以虚假的身份证明骗领的信用卡的；

（二）使用作废的信用卡的；

（三）冒用他人信用卡的；

（四）恶意透支的。

前款所称恶意透支，是指持卡人以非法占有为目的，超过规定限额或者规定期限透支，并且经发卡银行催收后仍不归还的行为。

盗窃信用卡并使用的，依照本法第二百六十四条的规定定罪处罚。

◎ **立案追诉标准**

进行信用卡诈骗活动，涉嫌下列情形之一的，应予立案追诉：

（一）使用伪造的信用卡，使用以虚假的身份证明骗领的信用卡，使用作废的信用卡或者冒用他人信用卡，进行诈骗活动，数额在五千元以上的；

（二）恶意透支，数额在五万元以上的。

持卡人以非法占有为目的，超过规定限额或者规定期限透支，经发卡银行两次有效催收后超过三个月仍不归还的，应当认定为刑法第一百九十六条规定的“恶意透支”。

恶意透支的数额，是指公安机关刑事立案时尚未归还的实际透支的本金数额，不包括利息、复利、滞纳金、手续费等发卡银行收取的费用。归还或者支付的数额，应当认定为归还实际透支的本金。

◎ 标准依据

《最高人民检察院、公安部关于公安机关管辖的刑事案件立案追诉标准的规定（二）》（2010年5月7日　公通字〔2010〕23号）

第五十四条　【信用卡诈骗案（刑法第一百九十六条）】进行信用卡诈骗活动，涉嫌下列情形之一的，应予立案追诉：*

（一）使用伪造的信用卡，或者使用以虚假的身份证明骗领的信用卡，或者使用作废的信用卡，或者冒用他人信用卡，进行诈骗活动，数额在五千元以上的；

（二）恶意透支，数额在一万元以上的。

本条规定的“恶意透支”，是指持卡人以非法占有为目的，超过规定限额或者规定期限透支，并且经发卡银行两次催收后超过三个月仍不归还的。

恶意透支，数额在一万元以上不满十万元的，在公安机关立案前已偿还全部透支款息，情节显著轻微的，可以依法不追究刑事责任。

《最高人民法院、最高人民检察院关于办理妨害信用卡管理刑事案件具体应用法律若干问题的解释》（2018年11月28日　法释〔2018〕19号）

第五条　使用伪造的信用卡、以虚假的身份证明骗领的信用卡、作废的信用卡或者冒用他人信用卡，进行信用卡诈骗活动，数额在五千元以上不满五万元的，应当认定为刑法第一百九十六条规定的“数额较大”；数额在五万元以上不满五十万元的，应当认定为刑法第一百九十六条规定的“数额巨大”；数额在五十万元以上的，应当认定为刑法第一百九十六条规定的“数额特别巨大”。

刑法第一百九十六条第一款第三项所称“冒用他人信用卡”，包括以下情形：

（一）拾得他人信用卡并使用的；

（二）骗取他人信用卡并使用的；

（三）窃取、收买、骗取或者以其他非法方式获取他人信用卡信息资料，并通过互联网、通讯终端等使用的；

（四）其他冒用他人信用卡的情形。

第六条 持卡人以非法占有为目的，超过规定限额或者规定期限透支，经发卡银行两次有效催收后超过三个月仍不归还的，应当认定为刑法第一百九十六条规定的“恶意透支”。

对于是否以非法占有为目的，应当综合持卡人信用记录、还款能力和意愿、申领和透支信用卡的状况、透支资金的用途、透支后的表现、未按规定还款的原因等情节作出判断。不得单纯依据持卡人未按规定还款的事实认定非法占有目的。

具有以下情形之一的，应当认定为刑法第一百九十六条第二款规定的“以非法占有为目的”，但有证据证明持卡人确实不具有非法占有目的的除外：

（一）明知没有还款能力而大量透支，无法归还的；

（二）使用虚假资信证明申领信用卡后透支，无法归还的；

（三）透支后通过逃匿、改变联系方式等手段，逃避银行催收的；

（四）抽逃、转移资金，隐匿财产，逃避还款的；

（五）使用透支的资金进行犯罪活动的；

（六）其他非法占有资金，拒不归还的情形。

第七条 催收同时符合下列条件的，应当认定为本解释第六条规定的“有效催收”：

（一）在透支超过规定限额或者规定期限后进行；

（二）催收应当采用能够确认持卡人收悉的方式，但持卡人故意逃避催收的除外；

（三）两次催收至少间隔三十日；

（四）符合催收的有关规定或者约定。

对于是否属于有效催收，应当根据发卡银行提供的电话录音、信息送达记录、信函送达回执、电子邮件送达记录、持卡人或者其家属签字以及其他催收原始证据材料作出判断。

发卡银行提供的相关证据材料，应当有银行工作人员签名和银行公章。

第八条 恶意透支，数额在五万元以上不满五十万元的，应当认定为刑法第一百九十六条规定的“数额较大”；数额在五十万元以上不满五百万元的，应当认定为刑法第一百九十六条规定的“数额巨大”；数额在五百万元以上的，应当认定为刑法第一百九十六条规定的“数额特别巨大”。

第九条 恶意透支的数额，是指公安机关刑事立案时尚未归还的实际透支的本金数额，不包括利息、复利、滞纳金、手续费等发卡银行收取的费用。归还或者支付的数额，应当认定为归还实际透支的本金。

检察机关在审查起诉、提起公诉时，应当根据发卡银行提供的交易明细、分类账单（透支账单、还款账单）等证据材料，结合犯罪嫌疑人、被告人及其辩护人所提辩解、辩护意见及相关证据材料，审查认定恶意透支的数额；恶意透支的数额难以确定的，应当依据司法会计、审计报告，结合其他证据材料审查认定。人民法院在审判过程中，应当在对上述证据材料查证属实的基础上，对恶意透支的数额作出认定。

发卡银行提供的相关证据材料，应当有银行工作人员签名和银行公章。

第十条 恶意透支数额较大，在提起公诉前全部归还或者具有其他情节轻微情形的，可以不起诉；在一审判决前全部归还或者具有其他情节轻微情形的，可以免予刑事处罚。但是，曾因信用卡诈骗受过两次以上处罚的除外。

◎ 特别说明

《最高人民检察院、公安部关于公安机关管辖的刑事案件立案追诉标准的规定（二）》发布之后，《最高人民法院、最高人民检察院关于办理妨害信用卡管理刑事案件具体应用法律若干问题的解释》对于恶意透支的数额、恶意透支的认定作出了新规定，应以新规定为准。

八十六、有价证券诈骗案（刑法第一百九十七条）

◎ 刑法规定

第一百九十七条 【有价证券诈骗罪】使用伪造、变造的国库券或者国家发行的其他有价证券，进行诈骗活动，数额较大的，处五年以下有期徒刑或者拘役，并处二万元以上二十万元以下罚金；数额巨大或者有其他严重情节的，处五年以上十年以下有期徒刑，并处五万元以上五十万元以下罚金；数额特别巨大或者有其他特别严重情节的，处十年以上有期徒刑或者无期徒刑，并处五万元以上五十万元以下罚金或者没收财产。

◎ 立案追诉标准

使用伪造、变造的国库券或者国家发行的其他有价证券进行诈骗活动，数额在一万元以上的，应予立案追诉。

◎ **标准依据**

《最高人民检察院、公安部关于公安机关管辖的刑事案件立案追诉标准的规定（二）》（2010年5月7日　公通字〔2010〕23号）

第五十五条　【有价证券诈骗案（刑法第一百九十七条）】使用伪造、变造的国库券或者国家发行的其他有价证券进行诈骗活动，数额在一万元以上的，应予立案追诉。

八十七、保险诈骗案（刑法第一百九十八条）

◎ **刑法规定**

第一百九十八条　【保险诈骗罪】有下列情形之一，进行保险诈骗活动，数额较大的，处五年以下有期徒刑或者拘役，并处一万元以上十万元以下罚金；数额巨大或者有其他严重情节的，处五年以上十年以下有期徒刑，并处二万元以上二十万元以下罚金；数额特别巨大或者有其他特别严重情节的，处十年以上有期徒刑，并处二万元以上二十万元以下罚金或者没收财产：

（一）投保人故意虚构保险标的，骗取保险金的；

（二）投保人、被保险人或者受益人对发生的保险事故编造虚假的原因或者夸大损失的程度，骗取保险金的；

（三）投保人、被保险人或者受益人编造未曾发生的保险事故，骗取保险金的；

（四）投保人、被保险人故意造成财产损失的保险事故，骗取保险金的；

（五）投保人、受益人故意造成被保险人死亡、伤残或者疾病，骗取保险金的。

有前款第四项、第五项所列行为，同时构成其他犯罪的，依照数罪并罚的规定处罚。

单位犯第一款罪的，对单位判处罚金，并对其直接负责的主管人员和其他直接责任人员，处五年以下有期徒刑或者拘役；数额巨大或者有其他严重情节的，处五年以上十年以下有期徒刑；数额特别巨大或者有其他特别严重情节的，处十年以上有期徒刑。

保险事故的鉴定人、证明人、财产评估人故意提供虚假的证明文件，为他人诈骗提供条件的，以保险诈骗的共犯论处。

◎ **立案追诉标准**

进行保险诈骗活动，涉嫌下列情形之一的，应予立案追诉：

（一）个人进行保险诈骗，数额在一万元以上的。

（二）单位进行保险诈骗，数额在五万元以上的。

◎ 标准依据

《最高人民检察院、公安部关于公安机关管辖的刑事案件立案追诉标准的规定（二）》（2010年5月7日 公通字〔2010〕23号）

第五十六条（见附录）

［相关规范］《最高人民法院、最高人民检察院、公安部关于依法办理“碰瓷”违法犯罪案件的指导意见》（2020年9月22日 公通字〔2020〕12号）

一、实施“碰瓷”，虚构事实、隐瞒真相，骗取赔偿，符合刑法第二百六十六条规定的，以诈骗罪定罪处罚；骗取保险金，符合刑法第一百九十八条规定的，以保险诈骗罪定罪处罚。

……

八十八、逃税案（刑法第二百零一条）

◎ 刑法规定

第二百零一条 【逃税罪】纳税人采取欺骗、隐瞒手段进行虚假纳税申报或者不申报，逃避缴纳税款数额较大并且占应纳税额百分之十以上的，处三年以下有期徒刑或者拘役，并处罚金；数额巨大并且占应纳税额百分之三十以上的，处三年以上七年以下有期徒刑，并处罚金。

扣缴义务人采取前款所列手段，不缴或者少缴已扣、已收税款，数额较大的，依照前款的规定处罚。

对多次实施前两款行为，未经处理的，按照累计数额计算。

有第一款行为，经税务机关依法下达追缴通知后，补缴应纳税款，缴纳滞纳金，已受行政处罚的，不予追究刑事责任；但是，五年内因逃避缴纳税款受过刑事处罚或者被税务机关给予二次以上行政处罚的除外。

◎ 立案追诉标准

逃避缴纳税款，涉嫌下列情形之一的，应予立案追诉：

（一）纳税人采取欺骗、隐瞒手段进行虚假纳税申报或者不申报，逃避缴纳税款，数额在五万元以上并且占各税种应纳税总额百分之十以上，经税务机关依法下达追缴通知后，不补缴应纳税款、不缴纳滞纳金或者不接受行政处罚的；

（二）纳税人五年内因逃避缴纳税款受过刑事处罚或者被税务机关给予二次以上行政处罚，又逃避缴纳税款，数额在五万元以上并且占各税种应纳税总额百分之十以上的；

（三）扣缴义务人采取欺骗、隐瞒手段，不缴或者少缴已扣、已收税款，数额在五万元以上的。

纳税人在公安机关立案后再补缴应纳税款、缴纳滞纳金或者接受行政处罚的，不影响刑事责任的追究。

◎ 标准依据

《最高人民检察院、公安部关于公安机关管辖的刑事案件立案追诉标准的规定（二）》（2010年5月7日　公通字〔2010〕23号）

第五十七条（见附录）

◎ 特别说明

根据2009年10月16日起施行的《最高人民法院、最高人民检察院关于执行〈中华人民共和国刑法〉确定罪名的补充规定（四）》，刑法第二百零一条对应的罪名为“逃税罪”，取消“偷税罪”罪名。

八十九、抗税案（刑法第二百零二条）

◎ 刑法规定

第二百零二条　【抗税罪】以暴力、威胁方法拒不缴纳税款的，处三年以下有期徒刑或者拘役，并处拒缴税款一倍以上五倍以下罚金；情节严重的，处三年以上七年以下有期徒刑，并处拒缴税款一倍以上五倍以下罚金。

◎ 立案追诉标准

以暴力、威胁方法拒不缴纳税款，涉嫌下列情形之一的，应予立案追诉：

（一）造成税务工作人员轻微伤以上的；

（二）以给税务工作人员及其亲友的生命、健康、财产等造成损害为威胁，抗拒缴纳税款的；

（三）聚众抗拒缴纳税款的；

（四）以其他暴力、威胁方法拒不缴纳税款的。

◎ **标准依据**

《最高人民检察院、公安部关于公安机关管辖的刑事案件立案追诉标准的规定（二）》（2010年5月7日　公通字〔2010〕23号）

第五十八条（见附录）

九十、逃避追缴欠税案（刑法第二百零三条）

◎ **刑法规定**

第二百零三条　【逃避追缴欠税罪】纳税人欠缴应纳税款，采取转移或者隐匿财产的手段，致使税务机关无法追缴欠缴的税款，数额在一万元以上不满十万元的，处三年以下有期徒刑或者拘役，并处或者单处欠缴税款一倍以上五倍以下罚金；数额在十万元以上的，处三年以上七年以下有期徒刑，并处欠缴税款一倍以上五倍以下罚金。

◎ **立案追诉标准**

纳税人欠缴应纳税款，采取转移或者隐匿财产的手段，致使税务机关无法追缴欠缴的税款，数额在一万元以上的，应予立案追诉。

◎ **标准依据**

《最高人民检察院、公安部关于公安机关管辖的刑事案件立案追诉标准的规定（二）》（2010年5月7日　公通字〔2010〕23号）

第五十九条（见附录）

九十一、骗取出口退税案（刑法第二百零四条第一款）

◎ **刑法规定**

第二百零四条第一款　【骗取出口退税罪】以假报出口或者其他欺骗手段，骗取国家出口退税款，数额较大的，处五年以下有期徒刑或者拘役，并处骗取税款一倍以上五倍以下罚金；数额巨大或者有其他严重情节的，处五年以上十年以下有期徒刑，并处骗取税款一倍以上五倍以下罚金；数额特别巨大或者有其他特别严重情节的，处十年以上有期徒刑或者无期徒刑，并处骗取税款一倍以上五倍以下罚金或者没收财产。

◎ 立案追诉标准

以假报出口或者其他欺骗手段，骗取国家出口退税款，数额在五万元以上的，应予立案追诉。

◎ 标准依据

《最高人民检察院、公安部关于公安机关管辖的刑事案件立案追诉标准的规定（二）》（2010年5月7日　公通字〔2010〕23号）

第六十条（见附录）

九十二、虚开增值税专用发票、虚开用于骗取出口退税、抵扣税款发票案（刑法第二百零五条）

◎ 刑法规定

第二百零五条　【虚开增值税专用发票、用于骗取出口退税、抵扣税款发票罪】虚开增值税专用发票或者虚开用于骗取出口退税、抵扣税款的其他发票的，处三年以下有期徒刑或者拘役，并处二万元以上二十万元以下罚金；虚开的税款数额较大或者有其他严重情节的，处三年以上十年以下有期徒刑，并处五万元以上五十万元以下罚金；虚开的税款数额巨大或者有其他特别严重情节的，处十年以上有期徒刑或者无期徒刑，并处五万元以上五十万元以下罚金或者没收财产。

单位犯本条规定之罪的，对单位判处罚金，并对其直接负责的主管人员和其他直接责任人员，处三年以下有期徒刑或者拘役；虚开的税款数额较大或者有其他严重情节的，处三年以上十年以下有期徒刑；虚开的税款数额巨大或者有其他特别严重情节的，处十年以上有期徒刑或者无期徒刑。

虚开增值税专用发票或者虚开用于骗取出口退税、抵扣税款的其他发票，是指有为他人虚开、为自己虚开、让他人为自己虚开、介绍他人虚开行为之一的。

◎ 立案追诉标准

（一）虚开增值税专用发票，虚开的税款数额在五万元以上的，应予立案追诉。

（二）虚开用于骗取出口退税、抵扣税款的其他发票，虚开的税款数额在一万元以上或者致使国家税款被骗数额在五千元以上的，应予立案追诉。

◎ 标准依据

《最高人民检察院、公安部关于公安机关管辖的刑事案件立案追诉标准的规

定（二）》（2010年5月7日　公通字〔2010〕23号）

第六十一条　【虚开增值税专用发票、用于骗取出口退税、抵扣税款发票案（刑法第二百零五条）】*虚开增值税专用发票或者虚开用于骗取出口退税、抵扣税款的其他发票，虚开的税款数额在一万元以上或者致使国家税款被骗数额在五千元以上的，应予立案追诉。*

《最高人民法院关于虚开增值税专用发票定罪量刑标准有关问题的通知》（2018年8月22日　法〔2018〕226号）

二、在新的司法解释颁行前，对虚开增值税专用发票刑事案件定罪量刑的数额标准，可以参照《最高人民法院关于审理骗取出口退税刑事案件具体应用法律若干问题的解释》（法释〔2002〕30号）第三条的规定执行，即虚开的税款数额在五万元以上的，以虚开增值税专用发票罪处三年以下有期徒刑或者拘役，并处二万元以上二十万元以下罚金；虚开的税款数额在五十万元以上的，认定为刑法第二百零五条规定的“数额较大”；虚开的税款数额在二百五十万元以上的，认定为刑法第二百零五条规定的“数额巨大”。

◎ 特别说明

《最高人民检察院、公安部关于公安机关管辖的刑事案件立案追诉标准的规定（二）》发布之后，《最高人民法院关于虚开增值税专用发票定罪量刑标准有关问题的通知》又对虚开增值税专用发票数额作了特别规定，虚开增值税专用发票案应以《最高人民法院关于虚开增值税专用发票定罪量刑标准有关问题的通知》为准。虚开用于骗取出口退税、抵扣税款的其他发票，继续沿用《最高人民检察院、公安部关于公安机关管辖的刑事案件立案追诉标准的规定（二）》的规定。

[相关规范1]《最高人民法院研究室〈关于如何认定以“挂靠”有关公司名义实施经营活动并让有关公司为自己虚开增值税专用发票行为的性质〉征求意见的复函》（2015年6月11日　法研〔2015〕58号）

行为人利用他人的名义从事经营活动，并以他人名义开具增值税专用发票的，即便行为人与该他人之间不存在挂靠关系，但如行为人进行了实际的经营活动，主观上并无骗取抵扣税款的故意，客观上也未造成国家增值税款损失的，不宜认定为刑法第二百零五条规定的“虚开增值税专用发票”；符合逃税罪等其他犯罪构成条件的，可以其他犯罪论处。①

[相关规范2]《最高人民检察院关于充分发挥检察职能服务保障“六稳”“六保”的意见》（2020年7月22日）

---

① 耿磊：《〈关于虚开增值税专用发票定罪量刑标准有关问题的通知〉的理解与适用》，载《人民司法（应用）》2018年第34期。

6. 依法维护有利于对外开放的法治化营商环境。……三是依法慎重处理企业涉税案件。注意把握一般涉税违法行为与以骗取国家税款为目的的涉税犯罪的界限，对于有实际生产经营活动的企业为虚增业绩、融资、贷款等非骗税目的且没有造成税款损失的虚开增值税专用发票行为，不以虚开增值税专用发票罪定性处理，依法作出不起诉决定的，移送税务机关给予行政处罚。

[相关规范 3]《全国人民代表大会常务委员会关于〈中华人民共和国刑法〉有关出口退税、抵扣税款的其他发票规定的解释》（2005 年 12 月 29 日第十届全国人民代表大会常务委员会第十九次会议通过）：

全国人民代表大会常务委员会根据司法实践中遇到的情况，讨论了刑法规定的“出口退税、抵扣税款的其他发票”的含义问题，解释如下：

刑法规定的“出口退税、抵扣税款的其他发票”，是指除增值税专用发票以外的，具有出口退税、抵扣税款功能的收付款凭证或者完税凭证。

九十三、虚开发票案（刑法第二百零五条之一）

◎ 刑法规定

第二百零五条之一　【虚开发票罪】虚开本法第二百零五条规定以外的其他发票，情节严重的，处二年以下有期徒刑、拘役或者管制，并处罚金；情节特别严重的，处二年以上七年以下有期徒刑，并处罚金。

单位犯前款罪的，对单位判处罚金，并对其直接负责的主管人员和其他直接责任人员，依照前款的规定处罚。

◎ 立案追诉标准

虚开刑法第二百零五条规定以外的其他发票，涉嫌下列情形之一的，应予立案追诉：

（一）虚开发票一百份以上或者虚开金额累计在四十万元以上的；

（二）虽未达到上述数额标准，但五年内因虚开发票行为受过行政处罚二次以上，又虚开发票的；

（三）其他情节严重的情形。

本规定中的“虽未达到上述数额标准”，是指接近上述数额标准且已达到该数额的百分之八十以上的①。

---

①《最高人民检察院、公安部关于公安机关管辖的刑事案件立案追诉标准的规定（二）》第八十八条规定：“本规定中的‘虽未达到上述数额标准’，是指接近上述数额标准且已达到该数额的百分之八十以上的。”

◎ 标准依据

《最高人民检察院、公安部关于公安机关管辖的刑事案件立案追诉标准的规定（二）的补充规定》（2011 年 11 月 14 日　公通字〔2011〕47 号）

二、（见附录）

九十四、伪造、出售伪造的增值税专用发票案（刑法第二百零六条）

◎ 刑法规定

第二百零六条　【伪造、出售伪造的增值税专用发票罪】伪造或者出售伪造的增值税专用发票的，处三年以下有期徒刑、拘役或者管制，并处二万元以上二十万元以下罚金；数量较大或者有其他严重情节的，处三年以上十年以下有期徒刑，并处五万元以上五十万元以下罚金；数量巨大或者有其他特别严重情节的，处十年以上有期徒刑或者无期徒刑，并处五万元以上五十万元以下罚金或者没收财产。

单位犯本条规定之罪的，对单位判处罚金，并对其直接负责的主管人员和其他直接责任人员，处三年以下有期徒刑、拘役或者管制；数量较大或者有其他严重情节的，处三年以上十年以下有期徒刑；数量巨大或者有其他特别严重情节的，处十年以上有期徒刑或者无期徒刑。

◎ 立案追诉标准

伪造或者出售伪造的增值税专用发票二十五份以上或者票面额累计在十万元以上的，应予立案追诉。

◎ 标准依据

《最高人民检察院、公安部关于公安机关管辖的刑事案件立案追诉标准的规定（二）》（2010 年 5 月 7 日　公通字〔2010〕23 号）

第六十二条（见附录）

九十五、非法出售增值税专用发票案（刑法第二百零七条）

◎ 刑法规定

第二百零七条　【非法出售增值税专用发票罪】非法出售增值税专用发票

的，处三年以下有期徒刑、拘役或者管制，并处二万元以上二十万元以下罚金；数量较大的，处三年以上十年以下有期徒刑，并处五万元以上五十万元以下罚金；数量巨大的，处十年以上有期徒刑或者无期徒刑，并处五万元以上五十万元以下罚金或者没收财产。

◎ **立案追诉标准**

非法出售增值税专用发票二十五份以上或者票面额累计在十万元以上的，应予立案追诉。

◎ **标准依据**

《最高人民检察院、公安部关于公安机关管辖的刑事案件立案追诉标准的规定（二）》（2010年5月7日　公通字〔2010〕23号）

第六十三条（见附录）

九十六、非法购买增值税专用发票、购买伪造的增值税专用发票案（刑法第二百零八条第一款）

◎ **刑法规定**

第二百零八条第一款　【非法购买增值税专用发票、购买伪造的增值税专用发票罪】非法购买增值税专用发票或者购买伪造的增值税专用发票的，处五年以下有期徒刑或者拘役，并处或者单处二万元以上二十万元以下罚金。

◎ **立案追诉标准**

非法购买增值税专用发票或者购买伪造的增值税专用发票二十五份以上或者票面额累计在十万元以上的，应予立案追诉。

◎ **标准依据**

《最高人民检察院、公安部关于公安机关管辖的刑事案件立案追诉标准的规定（二）》（2010年5月7日　公通字〔2010〕23号）

第六十四条（见附录）

九十七、非法制造、出售非法制造的用于骗取出口退税、抵扣税款发票案（刑法第二百零九条第一款）

◎ 刑法规定

第二百零九条　【非法制造、出售非法制造的用于骗取出口退税、抵扣税款发票罪】伪造、擅自制造或者出售伪造、擅自制造的可以用于骗取出口退税、抵扣税款的其他发票的，处三年以下有期徒刑、拘役或者管制，并处二万元以上二十万元以下罚金；数量巨大的，处三年以上七年以下有期徒刑，并处五万元以上五十万元以下罚金；数量特别巨大的，处七年以上有期徒刑，并处五万元以上五十万元以下罚金或者没收财产。

【非法制造、出售非法制造的发票罪】伪造、擅自制造或者出售伪造、擅自制造的前款规定以外的其他发票的，处二年以下有期徒刑、拘役或者管制，并处或者单处一万元以上五万元以下罚金；情节严重的，处二年以上七年以下有期徒刑，并处五万元以上五十万元以下罚金。

【非法出售用于骗取出口退税、抵扣税款发票罪】非法出售可以用于骗取出口退税、抵扣税款的其他发票的，依照第一款的规定处罚。

【非法出售发票罪】非法出售第三款规定以外的其他发票的，依照第二款的规定处罚。

◎ 立案追诉标准

伪造、擅自制造或者出售伪造、擅自制造的可以用于骗取出口退税、抵扣税款的非增值税专用发票五十份以上或者票面额累计在二十万元以上的，应予立案追诉。

◎ 标准依据

《最高人民检察院、公安部关于公安机关管辖的刑事案件立案追诉标准的规定（二）》（2010 年 5 月 7 日　公通字〔2010〕23 号）

第六十五条（见附录）

九十八、非法制造、出售非法制造的发票案（刑法第二百零九条第二款）

◎ 刑法规定

（参见本书“九十七、非法制造、出售非法制造的用于骗取出口退税、抵扣税款发票案”）

◎ 立案追诉标准

伪造、擅自制造或者出售伪造、擅自制造的不具有骗取出口退税、抵扣税款功能的普通发票一百份以上或者票面额累计在四十万元以上的，应予立案追诉。

◎ 标准依据

《最高人民检察院、公安部关于公安机关管辖的刑事案件立案追诉标准的规定（二）》（2010年5月7日　公通字〔2010〕23号）

第六十六条（见附录）

九十九、非法出售用于骗取出口退税、抵扣税款发票案（刑法第二百零九条第三款）

◎ 刑法规定

（参见本书“九十七、非法制造、出售非法制造的用于骗取出口退税、抵扣税款发票案”）

◎ 立案追诉标准

非法出售可以用于骗取出口退税、抵扣税款的非增值税专用发票五十份以上或者票面额累计在二十万元以上的，应予立案追诉。

◎ 标准依据

《最高人民检察院、公安部关于公安机关管辖的刑事案件立案追诉标准的规定（二）》（2010年5月7日　公通字〔2010〕23号）

第六十七条（见附录）

一百、非法出售发票案（刑法第二百零九条第四款）

◎ **刑法规定**

（参见本书“九十七、非法制造、出售非法制造的用于骗取出口退税、抵扣税款发票案”）

◎ **立案追诉标准**

非法出售普通发票一百份以上或者票面额累计在四十万元以上的，应予立案追诉。

◎ **标准依据**

《最高人民检察院、公安部关于公安机关管辖的刑事案件立案追诉标准的规定（二）》（2010 年 5 月 7 日　公通字〔2010〕23 号）

第六十八条（见附录）

一百零一、持有伪造的发票案（刑法第二百一十条之一）

◎ **刑法规定**

第二百一十条之一　【持有伪造的发票罪】明知是伪造的发票而持有，数量较大的，处二年以下有期徒刑、拘役或者管制，并处罚金；数量巨大的，处二年以上七年以下有期徒刑，并处罚金。

单位犯前款罪的，对单位判处罚金，并对其直接负责的主管人员和其他直接责任人员，依照前款的规定处罚。

◎ **立案追诉标准**

明知是伪造的发票而持有，具有下列情形之一的，应予立案追诉：

（一）持有伪造的增值税专用发票五十份以上或者票面额累计在二十万元以上的；

（二）持有伪造的可以用于骗取出口退税、抵扣税额的其他发票一百份以上或者票面额累计在四十万元以上的；

（三）持有伪造的第（一）项、第（二）项规定以外的其他发票二百份以上或者票面额累计在八十万元以上的。

◎ **标准依据**

《最高人民检察院、公安部关于公安机关管辖的刑事案件立案追诉标准的规定（二）的补充规定》（2011 年 11 月 14 日　公通字〔2011〕47 号）

三、（见附录）

一百零二、假冒注册商标案（刑法第二百一十三条）

◎ **刑法规定**

第二百一十三条　【假冒注册商标罪】未经注册商标所有人许可，在同一种商品、服务上使用与其注册商标相同的商标，情节严重的，处三年以下有期徒刑，并处或者单处罚金；情节特别严重的，处三年以上十年以下有期徒刑，并处罚金。

◎ **立案追诉标准**

未经注册商标所有人许可，在同一种商品上①使用与其注册商标相同的商标，涉嫌下列情形之一的，应予立案追诉：

（一）非法经营数额在五万元以上或者违法所得数额在三万元以上的；

（二）假冒两种以上注册商标，非法经营数额在三万元以上或者违法所得数额在二万元以上的；

（三）其他情节严重的情形。

◎ **标准依据**

《最高人民检察院、公安部关于公安机关管辖的刑事案件立案追诉标准的规定（二）》（2010 年 5 月 7 日　公通字〔2010〕23 号）

第六十九条（见附录）

［相关规范 1］最高人民法院、最高人民检察院、公安部《关于办理侵犯知识产权刑事案件适用法律若干问题的意见》（2011 年 1 月 10 日　法发〔2011〕3 号）

---

① 原刑法第二百一十三条规定："未经注册商标所有人许可，在同一种商品上使用与其注册商标相同的商标，情节严重的，处三年以下有期徒刑或者拘役，并处或者单处罚金；情节特别严重的，处三年以上七年以下有期徒刑，并处罚金。"《中华人民共和国刑法修正案（十一）》将原条文中的"同一种商品上"修改为"同一种商品、服务上"，立案追诉标准应按修正后的刑法规定执行。

五、关于刑法第二百一十三条规定的“同一种商品”的认定问题

名称相同的商品以及名称不同但指同一事物的商品，可以认定为“同一种商品”。“名称”是指国家工商行政管理总局商标局在商标注册工作中对商品使用的名称，通常即《商标注册用商品和服务国际分类》中规定的商品名称。“名称不同但指同一事物的商品”是指在功能、用途、主要原料、消费对象、销售渠道等方面相同或者基本相同，相关公众一般认为是同一种事物的商品。

认定“同一种商品”，应当在权利人注册商标核定使用的商品和行为人实际生产销售的商品之间进行比较。

六、关于刑法第二百一十三条规定的“与其注册商标相同的商标”的认定问题

具有下列情形之一，可以认定为“与其注册商标相同的商标”：

（一）改变注册商标的字体、字母大小写或者文字横竖排列，与注册商标之间仅有细微差别的；

（二）改变注册商标的文字、字母、数字等之间的间距，不影响体现注册商标显著特征的；

（三）改变注册商标颜色的；

（四）其他与注册商标在视觉上基本无差别、足以对公众产生误导的商标。

[相关规范 2]《最高人民法院、最高人民检察院关于办理侵犯知识产权刑事案件具体应用法律若干问题的解释（三）》（2020 年 9 月 12 日　法释〔2020〕10 号）

第一条　具有下列情形之一的，可以认定为刑法第二百一十三条规定的“与其注册商标相同的商标”：

（一）改变注册商标的字体、字母大小写或者文字横竖排列，与注册商标之间基本无差别的；

（二）改变注册商标的文字、字母、数字等之间的间距，与注册商标之间基本无差别的；

（三）改变注册商标颜色，不影响体现注册商标显著特征的；

（四）在注册商标上仅增加商品通用名称、型号等缺乏显著特征要素，不影响体现注册商标显著特征的；

（五）与立体注册商标的三维标志及平面要素基本无差别的；

（六）其他与注册商标基本无差别、足以对公众产生误导的商标。

一百零三、销售假冒注册商标的商品案（刑法第二百一十四条）

◎ 刑法规定

第二百一十四条　【销售假冒注册商标的商品罪】销售明知是假冒注册商标的商品，违法所得数额较大或者有其他严重情节的，处三年以下有期徒刑，并处或者单处罚金；违法所得数额巨大或者有其他特别严重情节的，处三年以上十年以下有期徒刑，并处罚金。

◎ 立案追诉标准

销售明知是假冒注册商标的商品，涉嫌下列情形之一的，应予立案追诉：①

（一）销售金额在五万元以上的；

（二）尚未销售，货值金额十五万元以上的；

（三）销售金额不满五万元，但已销售金额与尚未销售的货值金额合计十五万元以上的。

◎ 标准依据

《最高人民检察院、公安部关于公安机关管辖的刑事案件立案追诉标准的规定（二）》（2010年5月7日　公通字〔2010〕23号）

第七十条（见附录）

［相关规范1］《最高人民法院、最高人民检察院关于办理侵犯知识产权刑事案件具体应用法律若干问题的解释》（2004年12月8日　法释〔2004〕19号）

第九条　……

具有下列情形之一的，应当认定为属于刑法第二百一十四条规定的“明知”：

（一）知道自己销售的商品上的注册商标被涂改、调换或者覆盖的；

（二）因销售假冒注册商标的商品受到过行政处罚或者承担过民事责任、

---

① 原刑法第二百一十四条规定：“销售明知是假冒注册商标的商品，销售金额数额较大的，处三年以下有期徒刑或者拘役，并处或者单处罚金；销售金额数额巨大的，处三年以上七年以下有期徒刑，并处罚金。”《中华人民共和国刑法修正案（十一）》将“销售金额数额较大”修改为“违法所得数额较大或者有其他严重情节”，立案追诉标准应按修正后的刑法规定执行。

又销售同一种假冒注册商标的商品的；

（三）伪造、涂改商标注册人授权文件或者知道该文件被伪造、涂改的；

（四）其他知道或者应当知道是假冒注册商标的商品的情形。

［相关规范2］最高人民法院、最高人民检察院、公安部、国家烟草专卖局《关于办理假冒伪劣烟草制品等刑事案件适用法律问题座谈会纪要》（2003年12月23日　高检会〔2003〕4号）

二、关于销售明知是假冒烟用注册商标的烟草制品行为中的“明知”问题

……

“明知”，是指知道或应当知道。有下列情形之一的，可以认定为“明知”：

1. 以明显低于市场价格进货的；

2. 以明显低于市场价格销售的；

3. 销售假冒烟用注册商标的烟草制品被发现后转移、销毁物证或者提供虚假证明、虚假情况的；

4. 其他可以认定为明知的情形。

一百零四、非法制造、销售非法制造的注册商标标识案（刑法第二百一十五条）

◎ 刑法规定

第二百一十五条　【非法制造、销售非法制造的注册商标标识罪】 伪造、擅自制造他人注册商标标识或者销售伪造、擅自制造的注册商标标识，情节严重的，处三年以下有期徒刑，并处或者单处罚金；情节特别严重的，处三年以上十年以下有期徒刑，并处罚金。

◎ 立案追诉标准

（一）伪造、擅自制造他人注册商标标识或者销售伪造、擅自制造的注册商标标识，涉嫌下列情形之一的，应予立案追诉：

1. 伪造、擅自制造或者销售伪造、擅自制造的注册商标标识数量在二万件以上，或者非法经营数额在五万元以上，或者违法所得数额在三万元以上的；

2. 伪造、擅自制造或者销售伪造、擅自制造两种以上注册商标标识数量在一万件以上，或者非法经营数额在三万元以上，或者违法所得数额在二万元以上的；

3. 其他情节严重的情形。

（二）销售他人伪造、擅自制造的注册商标标识，涉嫌下列情形之一的，应予立案追诉：

1. 尚未销售他人伪造、擅自制造的注册商标标识数量在六万件以上的；

2. 尚未销售他人伪造、擅自制造的两种以上注册商标标识数量在三万件以上的；

3. 部分销售他人伪造、擅自制造的注册商标标识，已销售标识数量不满二万件，但与尚未销售标识数量合计在六万件以上的；

4. 部分销售他人伪造、擅自制造的两种以上注册商标标识，已销售标识数量不满一万件，但与尚未销售标识数量合计在三万件以上的。

◎ 标准依据

《最高人民检察院、公安部关于公安机关管辖的刑事案件立案追诉标准的规定（二）》（2010年5月7日 公通字〔2010〕23号）

第七十一条（见附录）

最高人民法院、最高人民检察院、公安部《关于办理侵犯知识产权刑事案件适用法律若干问题的意见》（2011年1月10日 法发〔2011〕3号）

九、关于销售他人非法制造的注册商标标识犯罪案件中尚未销售或者部分销售情形的定罪问题

销售他人伪造、擅自制造的注册商标标识，具有下列情形之一的，依照刑法第二百一十五条的规定，以销售非法制造的注册商标标识罪（未遂）定罪处罚：

（一）尚未销售他人伪造、擅自制造的注册商标标识数量在六万件以上的；

（二）尚未销售他人伪造、擅自制造的两种以上注册商标标识数量在三万件以上的；

（三）部分销售他人伪造、擅自制造的注册商标标识，已销售标识数量不满二万件，但与尚未销售标识数量合计在六万件以上的；

（四）部分销售他人伪造、擅自制造的两种以上注册商标标识，已销售标识数量不满一万件，但与尚未销售标识数量合计在三万件以上的。

一百零五、假冒专利案（刑法第二百一十六条）

◎ 刑法规定

第二百一十六条　【假冒专利罪】假冒他人专利，情节严重的，处三年以

下有期徒刑或者拘役，并处或者单处罚金。

◎ 立案追诉标准

假冒他人专利，涉嫌下列情形之一的，应予立案追诉：

（一）非法经营数额在二十万元以上或者违法所得数额在十万元以上的；

（二）给专利权人造成直接经济损失在五十万元以上的；

（三）假冒两项以上他人专利，非法经营数额在十万元以上或者违法所得数额在五万元以上的；

（四）其他情节严重的情形。

◎ 标准依据

《最高人民检察院、公安部关于公安机关管辖的刑事案件立案追诉标准的规定（二）》（2010 年 5 月 7 日　公通字〔2010〕23 号）

第七十二条（见附录）

一百零六、侵犯著作权案（刑法第二百一十七条）

◎ 刑法规定

第二百一十七条　【侵犯著作权罪】以营利为目的，有下列侵犯著作权或者与著作权有关的权利的情形之一，违法所得数额较大或者有其他严重情节的，处三年以下有期徒刑，并处或者单处罚金；违法所得数额巨大或者有其他特别严重情节的，处三年以上十年以下有期徒刑，并处罚金：

（一）未经著作权人许可，复制发行、通过信息网络向公众传播其文字作品、音乐、美术、视听作品、计算机软件及法律、行政法规规定的其他作品的；

（二）出版他人享有专有出版权的图书的；

（三）未经录音录像制作者许可，复制发行、通过信息网络向公众传播其制作的录音录像的；

（四）未经表演者许可，复制发行录有其表演的录音录像制品，或者通过信息网络向公众传播其表演的；

（五）制作、出售假冒他人署名的美术作品的；

（六）未经著作权人或者与著作权有关的权利人许可，故意避开或者破坏权利人为其作品、录音录像制品等采取的保护著作权或者与著作权有关的权利的技术措施的。

◎ 立案追诉标准

以营利为目的，未经著作权人许可，复制发行其文字作品、音乐、电影、电视、录像作品、计算机软件及其他作品，或者出版他人享有专有出版权的图书，或者未经录音录像制作者许可，复制发行其制作的录音录像，或者制作、出售假冒他人署名的美术作品，涉嫌下列情形之一的，应予立案追诉：

（一）违法所得数额三万元以上的；

（二）非法经营数额五万元以上的；

（三）未经著作权人许可，复制发行其文字作品、音乐、电影、电视、录像作品、计算机软件及其他作品，复制品数量合计五百张（份）以上的；

（四）未经录音录像制作者许可，复制发行其制作的录音录像制品，复制品数量合计五百张（份）以上的；

（五）其他情节严重的情形。

以刊登收费广告等方式直接或者间接收取费用的情形，属于本条规定的“以营利为目的”。

本条规定的“复制发行”，包括复制、发行或者既复制又发行的行为。

通过信息网络向公众传播他人文字作品、音乐、电影、电视、录像作品、计算机软件及其他作品，或者通过信息网络传播他人制作的录音录像制品的行为，应当视为本条规定的“复制发行”。

侵权产品的持有人通过广告、征订等方式推销侵权产品的，属于本条规定的“发行”。

本条规定的“非法经营数额”，是指行为人在实施侵犯知识产权行为过程中，制造、储存、运输、销售侵权产品的价值。已销售的侵权产品的价值，按照实际销售的价格计算。制造、储存、运输和未销售的侵权产品的价值，按照标价或者已经查清的侵权产品的实际销售平均价格计算。侵权产品没有标价或者无法查清其实际销售价格的，按照被侵权产品的市场中间价格计算。

◎ 标准依据

《最高人民检察院、公安部关于公安机关管辖的刑事案件立案追诉标准的规定（一）》（2008 年 6 月 25 日　公通字〔2008〕36 号）

第二十六条（见附录）

［相关规范］《最高人民法院、最高人民检察院关于办理侵犯知识产权刑事案件具体应用法律若干问题的解释（三）》（2020 年 9 月 12 日　法释〔2020〕10 号）

第二条 在刑法第二百一十七条规定的作品、录音制品上以通常方式署名的自然人、法人或者非法人组织，应当推定为著作权人或者录音制作者，且该作品、录音制品上存在着相应权利，但有相反证明的除外。

在涉案作品、录音制品种类众多且权利人分散的案件中，有证据证明涉案复制品系非法出版、复制发行，且出版者、复制发行者不能提供获得著作权人、录音制作者许可的相关证据材料的，可以认定为刑法第二百一十七条规定的“未经著作权人许可”“未经录音制作者许可”。但是，有证据证明权利人放弃权利、涉案作品的著作权或者录音制品的有关权利不受我国著作权法保护、权利保护期限已经届满的除外。

一百零七、销售侵权复制品案（刑法第二百一十八条）

◎ 刑法规定

第二百一十八条 【销售侵权复制品罪】以营利为目的，销售明知是本法第二百一十七条规定的侵权复制品，违法所得数额巨大或者有其他严重情节的，处五年以下有期徒刑，并处或者单处罚金。

◎ 立案追诉标准

以营利为目的，销售明知是刑法第二百一十七条规定的侵权复制品，涉嫌下列情形之一的，应予立案追诉：

（一）违法所得数额十万元以上的；

（二）违法所得数额虽未达到上述数额标准，但尚未销售的侵权复制品货值金额达到三十万元以上的。

◎ 标准依据

《最高人民检察院、公安部关于公安机关管辖的刑事案件立案追诉标准的规定（一）》（2008 年 6 月 25 日　公通字〔2008〕36 号）

第二十七条（见附录）

一百零八、侵犯商业秘密案（刑法第二百一十九条）

◎ 刑法规定

第二百一十九条 【侵犯商业秘密罪】有下列侵犯商业秘密行为之一，情节严重的，处三年以下有期徒刑，并处或者单处罚金；情节特别严重的，处三年以上十年以下有期徒刑，并处罚金：

（一）以盗窃、贿赂、欺诈、胁迫、电子侵入或者其他不正当手段获取权利人的商业秘密的；

（二）披露、使用或者允许他人使用以前项手段获取的权利人的商业秘密的；

（三）违反保密义务或者违反权利人有关保守商业秘密的要求，披露、使用或者允许他人使用其所掌握的商业秘密的。

明知前款所列行为，获取、披露、使用或者允许他人使用该商业秘密的，以侵犯商业秘密论。

本条所称权利人，是指商业秘密的所有人和经商业秘密所有人许可的商业秘密使用人。

◎ 立案追诉标准

侵犯商业秘密，涉嫌下列情形之一的，应予立案追诉：

（一）给商业秘密权利人造成损失数额在三十万元以上的；

（二）因侵犯商业秘密违法所得数额在三十万元以上的；

（三）直接导致商业秘密的权利人因重大经营困难而破产、倒闭的；

（四）其他给商业秘密权利人造成重大损失的情形。

前款规定的造成损失数额或者违法所得数额，可以按照下列方式认定：

（一）以不正当手段获取权利人的商业秘密，尚未披露、使用或者允许他人使用的，损失数额可以根据该项商业秘密的合理许可使用费确定；

（二）以不正当手段获取权利人的商业秘密后，披露、使用或者允许他人使用的，损失数额可以根据权利人因被侵权造成销售利润的损失确定，但该损失数额低于商业秘密合理许可使用费的，根据合理许可使用费确定；

（三）违反约定、权利人有关保守商业秘密的要求，披露、使用或者允许他人使用其所掌握的商业秘密的，损失数额可以根据权利人因被侵权造成销售利润的损失确定；

（四）明知商业秘密是不正当手段获取或者是违反约定、权利人有关保守商业秘密的要求披露、使用、允许使用，仍获取、使用或者披露的，损失数额可以根据权利人因被侵权造成销售利润的损失确定；

（五）因侵犯商业秘密行为导致商业秘密已为公众所知悉或者灭失的，损失数额可以根据该项商业秘密的商业价值确定。商业秘密的商业价值，可以根据该项商业秘密的研究开发成本、实施该项商业秘密的收益综合确定；

（六）因披露或者允许他人使用商业秘密而获得的财物或者其他财产性利益，应当认定为违法所得。

前款第二项、第三项、第四项规定的权利人因被侵权造成销售利润的损失，可以根据权利人因被侵权造成销售量减少的总数乘以权利人每件产品的合理利润确定；销售量减少的总数无法确定的，可以根据侵权产品销售量乘以权利人每件产品的合理利润确定；权利人因被侵权造成销售量减少的总数和每件产品的合理利润均无法确定的，可以根据侵权产品销售量乘以每件侵权产品的合理利润确定。商业秘密系用于服务等其他经营活动的，损失数额可以根据权利人因被侵权而减少的合理利润确定。

商业秘密的权利人为减轻对商业运营、商业计划的损失或者重新恢复计算机信息系统安全、其他系统安全而支出的补救费用，应当计入给商业秘密的权利人造成的损失。

◎ 标准依据

《最高人民检察院、公安部关于修改侵犯商业秘密刑事案件立案追诉标准的决定》（2020年9月17日）

为依法惩治侵犯商业秘密犯罪，加大对知识产权的刑事司法保护力度，维护社会主义市场经济秩序，将《最高人民检察院、公安部关于公安机关管辖的刑事案件立案追诉标准的规定（二）》第七十三条侵犯商业秘密刑事案件立案追诉标准修改为：【侵犯商业秘密案（刑法第二百一十九条）】侵犯商业秘密，涉嫌下列情形之一的，应予立案追诉：

（一）给商业秘密权利人造成损失数额在三十万元以上的；

（二）因侵犯商业秘密违法所得数额在三十万元以上的；

（三）直接导致商业秘密的权利人因重大经营困难而破产、倒闭的；

（四）其他给商业秘密权利人造成重大损失的情形。

前款规定的造成损失数额或者违法所得数额，可以按照下列方式认定：

（一）以不正当手段获取权利人的商业秘密，尚未披露、使用或者允许他人使用的，损失数额可以根据该项商业秘密的合理许可使用费确定；

（二）以不正当手段获取权利人的商业秘密后，披露、使用或者允许他人使用的，损失数额可以根据权利人因被侵权造成销售利润的损失确定，但该损失数额低于商业秘密合理许可使用费的，根据合理许可使用费确定；

（三）违反约定、权利人有关保守商业秘密的要求，披露、使用或者允许他人使用其所掌握的商业秘密的，损失数额可以根据权利人因被侵权造成销售利润的损失确定；

（四）明知商业秘密是不正当手段获取或者是违反约定、权利人有关保守商业秘密的要求披露、使用、允许使用，仍获取、使用或者披露的，损失数额可以根据权利人因被侵权造成销售利润的损失确定；

（五）因侵犯商业秘密行为导致商业秘密已为公众所知悉或者灭失的，损失数额可以根据该项商业秘密的商业价值确定。商业秘密的商业价值，可以根据该项商业秘密的研究开发成本、实施该项商业秘密的收益综合确定；

（六）因披露或者允许他人使用商业秘密而获得的财物或者其他财产性利益，应当认定为违法所得。

前款第二项、第三项、第四项规定的权利人因被侵权造成销售利润的损失，可以根据权利人因被侵权造成销售量减少的总数乘以权利人每件产品的合理利润确定；销售量减少的总数无法确定的，可以根据侵权产品销售量乘以权利人每件产品的合理利润确定；权利人因被侵权造成销售量减少的总数和每件产品的合理利润均无法确定的，可以根据侵权产品销售量乘以每件侵权产品的合理利润确定。商业秘密系用于服务等其他经营活动的，损失数额可以根据权利人因被侵权而减少的合理利润确定。

商业秘密的权利人为减轻对商业运营、商业计划的损失或者重新恢复计算机信息系统安全、其他系统安全而支出的补救费用，应当计入给商业秘密的权利人造成的损失。

一百零九、损害商业信誉、商品声誉案（刑法第二百二十一条）

◎ 刑法规定

第二百二十一条　【损害商业信誉、商品声誉罪】捏造并散布虚伪事实，损害他人的商业信誉、商品声誉，给他人造成重大损失或者有其他严重情节的，处二年以下有期徒刑或者拘役，并处或者单处罚金。

◎ 立案追诉标准

捏造并散布虚伪事实，损害他人的商业信誉、商品声誉，涉嫌下列情形之一的，应予立案追诉：

（一）给他人造成直接经济损失数额在五十万元以上的；

（二）虽未达到上述数额标准，但具有下列情形之一的：

1. 利用互联网或者其他媒体公开损害他人商业信誉、商品声誉的；

2. 造成公司、企业等单位停业、停产六个月以上，或者破产的。

（三）其他给他人造成重大损失或者有其他严重情节的情形。

本规定中的“虽未达到上述数额标准”，是指接近上述数额标准且已达到该数额的百分之八十以上的①。

◎ 标准依据

《最高人民检察院、公安部关于公安机关管辖的刑事案件立案追诉标准的规定（二）》（2010 年 5 月 7 日　公通字〔2010〕23 号）

第七十四条（见附录）

一百一十、虚假广告案（刑法第二百二十二条）

◎ 刑法规定

第二百二十二条　【虚假广告罪】广告主、广告经营者、广告发布者违反国家规定，利用广告对商品或者服务作虚假宣传，情节严重的，处二年以下有期徒刑或者拘役，并处或者单处罚金。

◎ 立案追诉标准

广告主、广告经营者、广告发布者违反国家规定，利用广告对商品或者服务作虚假宣传，涉嫌下列情形之一的，应予立案追诉：

（一）违法所得数额在十万元以上的；

（二）给单个消费者造成直接经济损失数额在五万元以上的，或者给多个消费者造成直接经济损失数额累计在二十万元以上的；

（三）假借预防、控制突发事件的名义，利用广告作虚假宣传，致使多人上当受骗，违法所得数额在三万元以上的；

（四）虽未达到上述数额标准，但两年内利用广告作虚假宣传，受过行政处罚二次以上，又利用广告作虚假宣传的；

（五）造成人身伤残的；

---

① 《最高人民检察院、公安部关于公安机关管辖的刑事案件立案追诉标准的规定（二）》第八十八条规定：“本规定中的‘虽未达到上述数额标准’，是指接近上述数额标准且已达到该数额的百分之八十以上的。”

（六）其他情节严重的情形。

“虽未达到上述数额标准”，是指接近上述数额标准且已达到该数额的百分之八十以上的①。

◎ 标准依据

《最高人民检察院、公安部关于公安机关管辖的刑事案件立案追诉标准的规定（二）》（2010 年 5 月 7 日　公通字〔2010〕23 号）

第七十五条（见附录）

［相关规范 1］《最高人民法院关于审理非法集资刑事案件具体应用法律若干问题的解释》（2010 年 12 月 13 日　法释〔2010〕18 号）

第八条　广告经营者、广告发布者违反国家规定，利用广告为非法集资活动相关的商品或者服务作虚假宣传，具有下列情形之一的，依照刑法第二百二十二条的规定，以虚假广告罪定罪处罚：

（一）违法所得数额在 10 万元以上的；

（二）造成严重危害后果或者恶劣社会影响的；

（三）二年内利用广告作虚假宣传，受过行政处罚二次以上的；

（四）其他情节严重的情形。

明知他人从事欺诈发行股票、债券，非法吸收公众存款，擅自发行股票、债券，集资诈骗或者组织、领导传销活动等集资犯罪活动，为其提供广告等宣传的，以相关犯罪的共犯论处。

［相关规范 2］《最高人民法院、最高人民检察院关于办理危害食品安全刑事案件适用法律若干问题的解释》（2013 年 5 月 2 日　法释〔2013〕12 号）

第十五条　广告主、广告经营者、广告发布者违反国家规定，利用广告对保健食品或者其他食品作虚假宣传，情节严重的，依照刑法第二百二十二条的规定以虚假广告罪定罪处罚。

［相关规范 3］《最高人民法院、最高人民检察院关于办理危害药品安全刑事案件适用法律若干问题的解释》（2014 年 11 月 3 日　法释〔2014〕14 号）

第九条　广告主、广告经营者、广告发布者违反国家规定，利用广告对药品作虚假宣传，情节严重的，依照刑法第二百二十二条的规定以虚假广告罪定罪处罚。

---

① 《最高人民检察院、公安部关于公安机关管辖的刑事案件立案追诉标准的规定（二）》第八十八条规定：“本规定中的‘虽未达到上述数额标准’，是指接近上述数额标准且已达到该数额的百分之八十以上的。”

[相关规范4]《最高人民法院、最高人民检察院关于办理妨害预防、控制突发传染病疫情等灾害的刑事案件具体应用法律若干问题的解释》（2003年5月14日　法释〔2003〕8号）

第五条　广告主、广告经营者、广告发布者违反国家规定，假借预防、控制突发传染病疫情等灾害的名义，利用广告对所推销的商品或者服务作虚假宣传，致使多人上当受骗，违法所得数额较大或者有其他严重情节的，依照刑法第二百二十二条的规定，以虚假广告罪定罪处罚。

[相关规范5] 最高人民法院、最高人民检察院、公安部、司法部《关于依法惩治妨害新型冠状病毒感染肺炎疫情防控违法犯罪的意见》（2020年2月6日　法发〔2020〕7号）

二、准确适用法律，依法严惩妨害疫情防控的各类违法犯罪

……

（五）依法严惩诈骗、聚众哄抢犯罪

……

在疫情防控期间，违反国家规定，假借疫情防控的名义，利用广告对所推销的商品或者服务作虚假宣传，致使多人上当受骗，违法所得数额较大或者有其他严重情节的，依照刑法第二百二十二条的规定，以虚假广告罪定罪处罚。

……

一百一十一、串通投标案（刑法第二百二十三条）

◎ 刑法规定

第二百二十三条　【串通投标罪】投标人相互串通投标报价，损害招标人或者其他投标人利益，情节严重的，处三年以下有期徒刑或者拘役，并处或者单处罚金。

投标人与招标人串通投标，损害国家、集体、公民的合法利益的，依照前款的规定处罚。

◎ 立案追诉标准

投标人相互串通投标报价，或者投标人与招标人串通投标，涉嫌下列情形之一的，应予立案追诉：

（一）损害招标人、投标人或者国家、集体、公民的合法利益，造成直接经

济损失数额在五十万元以上的；

（二）违法所得数额在十万元以上的；

（三）中标项目金额在二百万元以上的；

（四）采取威胁、欺骗或者贿赂等非法手段的；

（五）虽未达到上述数额标准，但两年内因串通投标，受过行政处罚二次以上，又串通投标的；

（六）其他情节严重的情形。

"虽未达到上述数额标准"，是指接近上述数额标准且已达到该数额的百分之八十以上的①。

◎ 标准依据

《最高人民检察院、公安部关于公安机关管辖的刑事案件立案追诉标准的规定（二）》（2010 年 5 月 7 日　公通字〔2010〕23 号）

第七十六条（见附录）

一百一十二、合同诈骗案（刑法第二百二十四条）

◎ 刑法规定

第二百二十四条　【合同诈骗罪】有下列情形之一，以非法占有为目的，在签订、履行合同过程中，骗取对方当事人财物，数额较大的，处三年以下有期徒刑或者拘役，并处或者单处罚金；数额巨大或者有其他严重情节的，处三年以上十年以下有期徒刑，并处罚金；数额特别巨大或者有其他特别严重情节的，处十年以上有期徒刑或者无期徒刑，并处罚金或者没收财产：

（一）以虚构的单位或者冒用他人名义签订合同的；

（二）以伪造、变造、作废的票据或者其他虚假的产权证明作担保的；

（三）没有实际履行能力，以先履行小额合同或者部分履行合同的方法，诱骗对方当事人继续签订和履行合同的；

（四）收受对方当事人给付的货物、货款、预付款或者担保财产后逃匿的；

（五）以其他方法骗取对方当事人财物的。

---

① 《最高人民检察院、公安部关于公安机关管辖的刑事案件立案追诉标准的规定（二）》第八十八条规定："本规定中的'虽未达到上述数额标准'，是指接近上述数额标准且已达到该数额的百分之八十以上的。"

◎ 立案追诉标准

以非法占有为目的，在签订、履行合同过程中，骗取对方当事人财物，数额在二万元以上的，应予立案追诉。

◎ 标准依据

《最高人民检察院、公安部关于公安机关管辖的刑事案件立案追诉标准的规定（二）》（2010年5月7日　公通字〔2010〕23号）

第七十七条（见附录）

一百一十三、组织、领导传销活动案（刑法第二百二十四条之一）

◎ 刑法规定

第二百二十四条之一　【组织、领导传销活动罪】组织、领导以推销商品、提供服务等经营活动为名，要求参加者以缴纳费用或者购买商品、服务等方式获得加入资格，并按照一定顺序组成层级，直接或者间接以发展人员的数量作为计酬或者返利依据，引诱、胁迫参加者继续发展他人参加，骗取财物，扰乱经济社会秩序的传销活动的，处五年以下有期徒刑或者拘役，并处罚金；情节严重的，处五年以上有期徒刑，并处罚金。

◎ 立案追诉标准

组织、领导以推销商品、提供服务等经营活动为名，要求参加者以缴纳费用或者购买商品、服务等方式获得加入资格，并按照一定顺序组成层级，直接或者间接以发展人员的数量作为计酬或者返利依据，引诱、胁迫参加者继续发展他人参加，骗取财物，扰乱经济社会秩序的传销活动，涉嫌组织、领导的传销活动人员在三十人以上且层级在三级以上的，对组织者、领导者，应予立案追诉。

本条所指的传销活动的组织者、领导者，是指在传销活动中起组织、领导作用的发起人、决策人、操纵人，以及在传销活动中担负策划、指挥、布置、协调等重要职责，或者在传销活动实施中起到关键作用的人员。

◎ 标准依据

《最高人民检察院、公安部关于公安机关管辖的刑事案件立案追诉标准的规

定（二）》（2010年5月7日　公通字〔2010〕23号）

第七十八条（见附录）

［相关规范］《最高人民法院、最高人民检察院、公安部关于办理组织领导传销活动刑事案件适用法律若干问题的意见》（2013年11月14日　公通字〔2013〕37号）

一、关于传销组织层级及人数的认定问题

……

组织、领导多个传销组织，单个或者多个组织中的层级已达三级以上的，可将在各个组织中发展的人数合并计算。

组织者、领导者形式上脱离原传销组织后，继续从原传销组织获取报酬或者返利的，原传销组织在其脱离后发展人员的层级数和人数，应当计算为其发展的层级数和人数。

办理组织、领导传销活动刑事案件中，确因客观条件的限制无法逐一收集参与传销活动人员的言词证据的，可以结合依法收集并查证属实的缴纳、支付费用及计酬、返利记录，视听资料，传销人员关系图，银行账户交易记录，互联网电子数据，鉴定意见等证据，综合认定参与传销的人数、层级数等犯罪事实。

二、关于传销活动有关人员的认定和处理问题

下列人员可以认定为传销活动的组织者、领导者：

（一）在传销活动中起发起、策划、操纵作用的人员；

（二）在传销活动中承担管理、协调等职责的人员；

（三）在传销活动中承担宣传、培训等职责的人员；

（四）曾因组织、领导传销活动受过刑事处罚，或者一年以内因组织、领导传销活动受过行政处罚，又直接或者间接发展参与传销活动人员在十五人以上且层级在三级以上的人员；

（五）其他对传销活动的实施、传销组织的建立、扩大等起关键作用的人员。

以单位名义实施组织、领导传销活动犯罪的，对于受单位指派，仅从事劳务性工作的人员，一般不予追究刑事责任。

三、关于“骗取财物”的认定问题

传销活动的组织者、领导者采取编造、歪曲国家政策，虚构、夸大经营、投资、服务项目及盈利前景，掩饰计酬、返利真实来源或者其他欺诈手段，实施刑法第二百二十四条之一规定的行为，从参与传销活动人员缴纳的费用或者

购买商品、服务的费用中非法获利的，应当认定为骗取财物。参与传销活动人员是否认为被骗，不影响骗取财物的认定。

……

五、关于“团队计酬”行为的处理问题

传销活动的组织者或者领导者通过发展人员，要求传销活动的被发展人员发展其他人员加入，形成上下线关系，并以下线的销售业绩为依据计算和给付上线报酬，牟取非法利益的，是“团队计酬”式传销活动。

以销售商品为目的、以销售业绩为计酬依据的单纯的“团队计酬”式传销活动，不作为犯罪处理。形式上采取“团队计酬”方式，但实质上属于“以发展人员的数量作为计酬或者返利依据”的传销活动，应当依照刑法第二百二十四条之一的规定，以组织、领导传销活动罪定罪处罚。

……

七、其他问题

本意见所称“以上”、“以内”，包括本数。

本意见所称“层级”和“级”，系指组织者、领导者与参与传销活动人员之间的上下线关系层次，而非组织者、领导者在传销组织中的身份等级。

对传销组织内部人数和层级数的计算，以及对组织者、领导者直接或者间接发展参与传销活动人员人数和层级数的计算，包括组织者、领导者本人及其本层级在内。

一百一十四、非法经营案（刑法第二百二十五条）

◎ 刑法规定

第二百二十五条　【非法经营罪】违反国家规定，有下列非法经营行为之一，扰乱市场秩序，情节严重的，处五年以下有期徒刑或者拘役，并处或者单处违法所得一倍以上五倍以下罚金；情节特别严重的，处五年以上有期徒刑，并处违法所得一倍以上五倍以下罚金或者没收财产：

（一）未经许可经营法律、行政法规规定的专营、专卖物品或者其他限制买卖的物品的；

（二）买卖进出口许可证、进出口原产地证明以及其他法律、行政法规规定的经营许可证或者批准文件的；

（三）未经国家有关主管部门批准非法经营证券、期货、保险业务的，或者非法从事资金支付结算业务的；

（四）其他严重扰乱市场秩序的非法经营行为。

◎ 立案追诉标准——非法经营烟草

违反国家烟草专卖管理法律法规，未经烟草专卖行政主管部门许可，无烟草专卖生产企业许可证、烟草专卖批发企业许可证、特种烟草专卖经营企业许可证、烟草专卖零售许可证等许可证明，非法经营烟草专卖品，具有下列情形之一的，应予立案追诉：

（1）非法经营数额在五万元以上的，或者违法所得数额在二万元以上的；

（2）非法经营卷烟二十万支以上的；

（3）曾因非法经营烟草专卖品三年内受过二次以上行政处罚，又非法经营烟草专卖品且数额在三万元以上的。

◎ 标准依据

《最高人民检察院、公安部关于公安机关管辖的刑事案件立案追诉标准的规定（二）》（2010 年 5 月 7 日　公通字〔2010〕23 号）

第七十九条（见附录）

◎ 立案追诉标准——非法经营证券、期货、保险业务

未经国家有关主管部门批准，非法经营证券、期货、保险业务，具有下列情形之一的：

1. 非法经营证券、期货、保险业务，数额在三十万元以上的；
2. 违法所得数额在五万元以上的。

◎ 标准依据

《最高人民检察院、公安部关于公安机关管辖的刑事案件立案追诉标准的规定（二）》（2010 年 5 月 7 日　公通字〔2010〕23 号）

第七十九条（见附录）

◎ 立案追诉标准——非法经营资金支付结算业务

非法从事资金支付结算业务，情节严重的，应予立案追诉：

1. 具有下列情形之一的，应当认定为非法经营行为“情节严重”：

（1）非法经营数额在五百万以上的；

（2）违法所得数额在十万元以上的。

2. 非法经营数额在二百五十万元以上，或者违法所得数额在五万元以上，且具有下列情形之一的，可以认定为非法经营行为“情节严重”：

（1）曾因非法从事资金支付结算业务犯罪行为受过刑事追究的；

（2）二年内因非法从事资金支付结算业务违法行为受过行政处罚的；

（3）拒不交代涉案资金去向或者拒不配合追缴工作，致使赃款无法追缴的；

（4）造成其他严重后果的。

二次以上非法从事资金支付结算业务，依法应予行政处理或者刑事处理而未经处理的，非法经营数额或者违法所得数额累计计算。

非法从事资金支付结算业务违法所得数额难以确定的，按非法经营数额的千分之一认定违法所得数额。

违反国家规定，具有下列情形之一的，属于“非法从事资金支付结算业务”：

1. 使用受理终端或者网络支付接口等方法，以虚构交易、虚开价格、交易退款等非法方式向指定付款方支付货币资金的；

2. 非法为他人提供单位银行结算账户套现或者单位银行结算账户转个人账户服务的；

3. 非法为他人提供支票套现服务的；

4. 其他非法从事资金支付结算业务的情形。

◎ 标准依据

《最高人民检察院、公安部关于公安机关管辖的刑事案件立案追诉标准的规定（二）》（2010年5月7日　公通字〔2010〕23号）

第七十九条　【非法经营案（刑法第二百二十五条）】违反国家规定，进行非法经营活动，扰乱市场秩序，涉嫌下列情形之一的，应予立案追诉：

……

（三）未经国家有关主管部门批准，非法经营证券、期货、保险业务，或者非法从事资金支付结算业务，具有下列情形之一的：

1. 非法经营证券、期货、保险业务，数额在三十万元以上的；

2. 非法从事资金支付结算业务，数额在二百万元以上的；

3. 违反国家规定，使用销售点终端机具（POS机）等方法，以虚构交易、虚开价格、现金退货等方式向信用卡持卡人直接支付现金，数额在一百万元以上的，或者造成金融机构资金二十万元以上逾期未还的，或者造成金融机构经济损失十万元以上的；

4. 违法所得数额在五万元以上的。

……

《最高人民法院、最高人民检察院关于办理非法从事资金支付结算业务、非法买卖外汇刑事案件适用法律若干问题的解释》（2019 年 1 月 31 日　法释〔2019〕1 号）

第一、三、六、七条（见附录）

◎ 特别说明

《最高人民检察院、公安部关于公安机关管辖的刑事案件立案追诉标准的规定（二）》发布之后，《最高人民法院、最高人民检察院关于办理非法从事资金支付结算业务、非法买卖外汇刑事案件适用法律若干问题的解释》又对非法从事资金支付结算业务作出了新规定，应以新规定为准。

◎ 立案追诉标准——非法经营 pos 机套现

违反国家规定，使用销售点终端机具（pos 机）等方法，以虚构交易、虚开价格、现金退货等方式向信用卡持卡人直接支付现金，具有下列情形之一的，应予立案追诉：

1. 数额在一百万元以上的，或者造成金融机构资金二十万元以上逾期未还的，或者造成金融机构经济损失十万元以上的。

2. 违法所得数额在五万元以上的。

◎ 标准依据

《最高人民检察院、公安部关于公安机关管辖的刑事案件立案追诉标准的规定（二）》（2010 年 5 月 7 日　公通字〔2010〕23 号）

第七十九条（见附录）

◎ 立案追诉标准——非法经营外汇

1. 非法买卖外汇。违反国家规定，实施倒买倒卖外汇或者变相买卖外汇等非法买卖外汇行为，扰乱金融市场秩序，情节严重的，应予立案追诉。

具有下列情形之一的，应当认定为非法经营行为“情节严重”：

（1）非法经营数额在五百万以上的；

（2）违法所得数额在十万元以上的。

非法经营数额在二百五十万元以上，或者违法所得数额在五万元以上，且具有下列情形之一的，可以认定为非法经营行为“情节严重”：

（1）曾因非法买卖外汇犯罪行为受过刑事追究的；

（2）二年内因非法买卖外汇违法行为受过行政处罚的；

（3）拒不交代涉案资金去向或者拒不配合追缴工作，致使赃款无法追缴的；

（4）造成其他严重后果的。

二次以上非法买卖外汇，依法应予行政处理或者刑事处理而未经处理的，非法经营数额或者违法所得数额累计计算。

非法买卖外汇违法所得数额难以确定的，按非法经营数额的千分之一认定违法所得数额。

2. 公司、企业或者其他单位违反有关外贸代理业务的规定，采用非法手段，或者明知是伪造、变造的凭证、商业单据，为他人向外汇指定银行骗购外汇，数额在五百万美元以上或者违法所得数额在五十万元以上的。

3. 居间介绍骗购外汇，数额在一百万美元以上或者违法所得数额在十万元以上的。

◎ 标准依据

《最高人民检察院、公安部关于公安机关管辖的刑事案件立案追诉标准的规定（二）》（2010年5月7日　公通字〔2010〕23号）

第七十九条　【非法经营案（刑法第二百二十五条）】 *违反国家规定，进行非法经营活动，扰乱市场秩序，涉嫌下列情形之一的，应予立案追诉：*

……

（四）非法经营外汇，具有下列情形之一的：

1. 在外汇指定银行和中国外汇交易中心及其分中心以外买卖外汇，数额在二十万美元以上的，或者违法所得数额在五万元以上的；

2. 公司、企业或者其他单位违反有关外贸代理业务的规定，采用非法手段，或者明知是伪造、变造的凭证、商业单据，为他人向外汇指定银行骗购外汇，数额在五百万美元以上或者违法所得数额在五十万元以上的；

3. 居间介绍骗购外汇，数额在一百万美元以上或者违法所得数额在十万元以上的。

……

《最高人民法院、最高人民检察院关于办理非法从事资金支付结算业务、非法买卖外汇刑事案件适用法律若干问题的解释》（2019年1月31日　法释〔2019〕1号）

第二、三、六、七条（见附录）

◎ 特别说明

《最高人民检察院、公安部关于公安机关管辖的刑事案件立案追诉标准的规定（二）》发布之后，《最高人民法院、最高人民检察院关于办理非法从事资金支付结算业务、非法买卖外汇刑事案件适用法律若干问题的解释》又对非法买卖外汇作出了明确规定，非法买卖外汇的立案追诉标准应以《最高人民法院、最高人民检察院关于办理非法从事资金支付结算业务、非法买卖外汇刑事案件适用法律若干问题的解释》为准。骗购外汇和居间介绍骗购外汇的立案追诉标准仍沿用《最高人民检察院、公安部关于公安机关管辖的刑事案件立案追诉标准的规定（二）》的规定。

◎ 立案追诉标准——非法放贷

违反国家规定，未经监管部门批准，或者超越经营范围，以营利为目的，经常性地向社会不特定对象发放贷款，扰乱金融市场秩序，情节严重的，应予立案追诉。

"经常性地向社会不特定对象发放贷款"，是指2年内向不特定多人（包括单位和个人）以借款或其他名义出借资金10次以上。

贷款到期后延长还款期限的，发放贷款次数按照1次计算。

1. 以超过36%的实际年利率实施非法放贷行为，具有下列情形之一的，属于"情节严重"，但单次非法放贷行为实际年利率未超过36%的，定罪量刑时不得计入：

（1）个人非法放贷数额累计在200万元以上的，单位非法放贷数额累计在1000万元以上的；

（2）个人违法所得数额累计在80万元以上的，单位违法所得数额累计在400万元以上的；

（3）个人非法放贷对象累计在50人以上的，单位非法放贷对象累计在150人以上的；

（4）造成借款人或者其近亲属自杀、死亡或者精神失常等严重后果的。

2. 非法放贷数额、违法所得数额、非法放贷对象数量接近"情节严重"的数额、数量起点标准，并具有下列情形之一的，可以认定为"情节严重"：

（1）2年内因实施非法放贷行为受过行政处罚2次以上的；

（2）以超过72%的实际年利率实施非法放贷行为10次以上的。

"接近"，一般应当掌握在相应数额、数量标准的80%以上。

3. 黑恶势力非法放贷的，据以认定“情节严重”的非法放贷数额、违法所得数额、非法放贷对象数量起点标准，可以按照第 1 项规定中相应数额、数量标准的 50% 确定；同时具有第 2 项规定情形的，可以按照相应数额、数量标准的 40% 确定。

4. 仅向亲友、单位内部人员等特定对象出借资金，不得定罪处罚。但具有下列情形之一的，定罪量刑时应当与向不特定对象非法放贷的行为一并处理：

（1）通过亲友、单位内部人员等特定对象向不特定对象发放贷款的；

（2）以发放贷款为目的，将社会人员吸收为单位内部人员，并向其发放贷款的；

（3）向社会公开宣传，同时向不特定多人和亲友、单位内部人员等特定对象发放贷款的。

5. 非法放贷数额应当以实际出借给借款人的本金金额认定。非法放贷行为人以介绍费、咨询费、管理费、逾期利息、违约金等名义和以从本金中预先扣除等方式收取利息的，相关数额在计算实际年利率时均应计入。

非法放贷行为人实际收取的除本金之外的全部财物，均应计入违法所得。

非法放贷行为未经处理的，非法放贷次数和数额、违法所得数额、非法放贷对象数量等应当累计计算。

◎ 标准依据

《最高人民法院、最高人民检察院、公安部、司法部关于办理非法放贷刑事案件若干问题的意见》（2019 年 7 月 23 日　法发〔2019〕24 号）

第一、二、三、四、五、七条（见附录）

◎ 立案追诉标准——非法经营非法出版物

出版、印刷、复制、发行严重危害社会秩序和扰乱市场秩序的非法出版物，具有下列情形之一的，应予立案追诉：

1. 个人非法经营数额在五万元以上的，单位非法经营数额在十五万元以上的；

2. 个人违法所得数额在二万元以上的，单位违法所得数额在五万元以上的；

3. 个人非法经营报纸五千份或者期刊五千本或者图书二千册或者音像制品、电子出版物五百张（盒）以上的，单位非法经营报纸一万五千份或者期刊一万五千本或者图书五千册或者音像制品、电子出版物一千五百张（盒）以上的；

4. 虽未达到上述数额标准，但具有下列情形之一的：

（1）两年内因出版、印刷、复制、发行非法出版物受过行政处罚二次以上，又出版、印刷、复制、发行非法出版物的；

（2）因出版、印刷、复制、发行非法出版物造成恶劣社会影响或者其他严重后果的。

“虽未达到上述数额标准”，是指接近上述数额标准且已达到该数额的百分之八十以上的①。

◎ 标准依据

《最高人民检察院、公安部关于公安机关管辖的刑事案件立案追诉标准的规定（二）》（2010年5月7日　公通字〔2010〕23号）

第七十九条（见附录）

◎ 立案追诉标准——非法经营出版物

非法从事出版物的出版、印刷、复制、发行业务，严重扰乱市场秩序，具有下列情形之一的，应予立案追诉：

1. 个人非法经营数额在十五万元以上的，单位非法经营数额在五十万元以上的；

2. 个人违法所得数额在五万元以上的，单位违法所得数额在十五万元以上的；

3. 个人非法经营报纸一万五千份或者期刊一万五千本或者图书五千册或者音像制品、电子出版物一千五百张（盒）以上的，单位非法经营报纸五万份或者期刊五万本或者图书一万五千册或者音像制品、电子出版物五千张（盒）以上的；

4. 虽未达到上述数额标准，两年内因非法从事出版物的出版、印刷、复制、发行业务受过行政处罚二次以上的，又非法从事出版物的出版、印刷、复制、发行业务的。

“虽未达到上述数额标准”，是指接近上述数额标准且已达到该数额的百分之八十以上的②。

---

① 《最高人民检察院、公安部关于公安机关管辖的刑事案件立案追诉标准的规定（二）》第八十八条规定：“本规定中的‘虽未达到上述数额标准’，是指接近上述数额标准且已达到该数额的百分之八十以上的。”

② 《最高人民检察院、公安部关于公安机关管辖的刑事案件立案追诉标准的规定（二）》第八十八条规定：“本规定中的‘虽未达到上述数额标准’，是指接近上述数额标准且已达到该数额的百分之八十以上的。”

◎ 标准依据

《最高人民检察院、公安部关于公安机关管辖的刑事案件立案追诉标准的规定（二）》（2010年5月7日　公通字〔2010〕23号）

第七十九条（见附录）

◎ 立案追诉标准——非法经营国际电信业务或者涉港澳台电信业务

采取租用国际专线、私设转接设备或者其他方法，擅自经营国际电信业务或者涉港澳台电信业务进行营利活动，扰乱电信市场管理秩序，具有下列情形之一的，应予立案追诉：

1. 经营去话业务数额在一百万元以上的；

2. 经营来话业务造成电信资费损失数额在一百万元以上的；

3. 虽未达到上述数额标准，但具有下列情形之一的：

（1）两年内因非法经营国际电信业务或者涉港澳台电信业务行为受过行政处罚二次以上，又非法经营国际电信业务或者涉港澳台电信业务的；

（2）因非法经营国际电信业务或者涉港澳台电信业务行为造成其他严重后果的。

“虽未达到上述数额标准”，是指接近上述数额标准且已达到该数额的百分之八十以上的①。

◎ 标准依据

《最高人民检察院、公安部关于公安机关管辖的刑事案件立案追诉标准的规定（二）》（2010年5月7日　公通字〔2010〕23号）

第七十九条（见附录）

◎ 立案追诉标准——非法经营信息服务

违反国家规定，以营利为目的，通过信息网络有偿提供删除信息服务，或者明知是虚假信息，通过信息网络有偿提供发布信息等服务，扰乱市场秩序，具有下列情形之一的，应予立案追诉：

1. 个人非法经营数额在五万元以上，或者违法所得数额在二万元以上的；

2. 单位非法经营数额在十五万元以上，或者违法所得数额在五万元以上的。

---

① 《最高人民检察院、公安部关于公安机关管辖的刑事案件立案追诉标准的规定（二）》第八十八条规定：“本规定中的‘虽未达到上述数额标准’，是指接近上述数额标准且已达到该数额的百分之八十以上的。”

◎ 标准依据

《最高人民法院、最高人民检察院关于办理利用信息网络实施诽谤等刑事案件适用法律若干问题的解释》（2013年9月6日　法释〔2013〕21号）

第七条　违反国家规定，以营利为目的，通过信息网络有偿提供删除信息服务，或者明知是虚假信息，通过信息网络有偿提供发布信息等服务，扰乱市场秩序，具有下列情形之一的，属于非法经营行为"情节严重"，依照刑法第二百二十五条第（四）项的规定，以非法经营罪定罪处罚：

（一）个人非法经营数额在五万元以上，或者违法所得数额在二万元以上的；

（二）单位非法经营数额在十五万元以上，或者违法所得数额在五万元以上的。

实施前款规定的行为，数额达到前款规定的数额五倍以上的，应当认定为刑法第二百二十五条规定的"情节特别严重"。

◎ 立案追诉标准——非法经营伪基站

非法生产、销售"伪基站"设备，具有以下情形之一的，应予立案追诉：

1. 个人非法生产、销售"伪基站"设备三套以上，或者非法经营数额五万元以上，或者违法所得数额二万元以上的；

2. 单位非法生产、销售"伪基站"设备十套以上，或者非法经营数额十五万元以上，或者违法所得数额五万元以上的；

3. 虽未达到上述数额标准，但两年内曾因非法生产、销售"伪基站"设备受过两次以上行政处罚，又非法生产、销售"伪基站"设备的。

"虽未达到上述数额标准"，是指接近上述数额标准且已达到该数额的百分之八十以上的①。

◎ 标准依据

《最高人民法院、最高人民检察院、公安部、国家安全部关于依法办理非法生产销售使用"伪基站"设备案件的意见》（2014年3月14日　公通字〔2014〕13号）

一、准确认定行为性质

（一）非法生产、销售"伪基站"设备，具有以下情形之一的，依照《刑

① 《最高人民检察院、公安部关于公安机关管辖的刑事案件立案追诉标准的规定（二）》第八十八条规定："本规定中的'虽未达到上述数额标准'，是指接近上述数额标准且已达到该数额的百分之八十以上的。"

法》第二百二十五条的规定，以非法经营罪追究刑事责任：

1. 个人非法生产、销售“伪基站”设备三套以上，或者非法经营数额五万元以上，或者违法所得数额二万元以上的；

2. 单位非法生产、销售“伪基站”设备十套以上，或者非法经营数额十五万元以上，或者违法所得数额五万元以上的；

3. 虽未达到上述数额标准，但两年内曾因非法生产、销售“伪基站”设备受过两次以上行政处罚，又非法生产、销售“伪基站”设备的。

……

◎ 立案追诉标准——非法经营无线电设备

非法生产、销售“黑广播”、“伪基站”、无线电干扰器等无线电设备，具有下列情形之一的，应予立案追诉：

1. 非法生产、销售无线电设备三套以上的；

2. 非法经营数额五万元以上的；

3. 其他情节严重的情形。

在非法生产、销售无线电设备窝点查扣的零件，以组装完成的套数以及能够组装的套数认定；无法组装为成套设备的，每三套广播信号调制器（激励器）认定为一套“黑广播”设备，每三块主板认定为一套“伪基站”设备。

◎ 标准依据

《最高人民法院、最高人民检察院关于办理扰乱无线电通讯管理秩序等刑事案件适用法律若干问题的解释》（2017 年 6 月 27 日　法释〔2017〕11 号）

第四条　非法生产、销售“黑广播”“伪基站”、无线电干扰器等无线电设备，具有下列情形之一的，应当认定为刑法第二百二十五条规定的“情节严重”：

（一）非法生产、销售无线电设备三套以上的；

（二）非法经营数额五万元以上的；

（三）其他情节严重的情形。

……

在非法生产、销售无线电设备窝点查扣的零件，以组装完成的套数以及能够组装的套数认定；无法组装为成套设备的，每三套广播信号调制器（激励器）认定为一套“黑广播”设备，每三块主板认定为一套“伪基站”设备。

◎ 立案追诉标准——非法经营电视网路接收设备

违反国家规定，从事生产、销售非法电视网络接收设备（含软件），以及为非法广播电视接收软件提供下载服务、为非法广播电视节目频道接收提供链接服务等营利性活动，扰乱市场秩序，具有下列情形之一的，应予立案追诉：

1. 个人非法经营数额在5万元以上或违法所得数额在1万元以上；

2. 单位非法经营数额在50万元以上或违法所得数额在10万元以上。

非法电视网络接收设备主要包括三类："电视棒"等网络共享设备；非法互联网电视接收设备，包括但不限于内置含有非法电视、非法广播等非法内容的定向接收软件或硬件模块的机顶盒、电视机、投影仪、显示器；用于收看非法电视、收听非法广播的网络软件、移动互联网客户端软件和互联网电视客户端软件。

◎ 标准依据

《最高人民法院、最高人民检察院、公安部、国家新闻出版广电总局关于依法严厉打击非法电视网络接收设备违法犯罪活动的通知》（2015年9月18日 新广电发〔2015〕229号）

二、正确把握法律政策界限，依法严厉打击非法电视网络接收设备违法犯罪活动

……非法电视网络接收设备主要包括三类："电视棒"等网络共享设备；非法互联网电视接收设备，包括但不限于内置含有非法电视、非法广播等非法内容的定向接收软件或硬件模块的机顶盒、电视机、投影仪、显示器；用于收看非法电视、收听非法广播的网络软件、移动互联网客户端软件和互联网电视客户端软件。根据刑法和司法解释的规定，违反国家规定，从事生产、销售非法电视网络接收设备（含软件），以及为非法广播电视接收软件提供下载服务、为非法广播电视节目频道接收提供链接服务等营利性活动，扰乱市场秩序，个人非法经营数额在五万元以上或违法所得数额在一万元以上，单位非法经营数额在五十万元以上或违法所得数额在十万元以上，按照非法经营罪追究刑事责任。

◎ 立案追诉标准——非法经营赌博机

以提供给他人开设赌场为目的，违反国家规定，非法生产、销售具有退币、退分、退钢珠等赌博功能的电子游戏设施设备或者其专用软件，有下列情形之一的，应予立案追诉：

1. 个人非法经营数额在五万元以上，或者违法所得数额在一万元以上；

2. 单位非法经营数额在五十万元以上，或者违法所得数额在十万元以上；

3. 虽未达到上述数额标准，但两年内因非法生产、销售赌博机行为受过二

次以上行政处罚，又进行同种非法经营行为的；

4. 其他情节严重的情形。

“虽未达到上述数额标准”，是指接近上述数额标准且已达到该数额的百分之八十以上的①。

◎ 标准依据

《最高人民法院、最高人民检察院、公安部关于办理利用赌博机开设赌场案件适用法律若干问题的意见》（2014 年 3 月 26 日　公通字〔2014〕17 号）

四、关于生产、销售赌博机的定罪量刑标准

以提供给他人开设赌场为目的，违反国家规定，非法生产、销售具有退币、退分、退钢珠等赌博功能的电子游戏设施设备或者其专用软件，情节严重的，依照刑法第二百二十五条的规定，以非法经营罪定罪处罚。

实施前款规定的行为，具有下列情形之一的，属于非法经营行为“情节严重”：

（一）个人非法经营数额在五万元以上，或者违法所得数额在一万元以上的；

（二）单位非法经营数额在五十万元以上，或者违法所得数额在十万元以上的；

（三）虽未达到上述数额标准，但两年内因非法生产、销售赌博机行为受过二次以上行政处罚，又进行同种非法经营行为的；

（四）其他情节严重的情形。

……

◎ 立案追诉标准——非法经营药品及原料②

违反国家药品管理法律法规，未取得或者使用伪造、变造的药品经营许可证，非法经营药品，情节严重的，应予立案追诉。

---

① 《最高人民检察院、公安部关于公安机关管辖的刑事案件立案追诉标准的规定（二）》第八十八条规定：“本规定中的‘虽未达到上述数额标准’，是指接近上述数额标准且已达到该数额的百分之八十以上的。”

② 根据《中华人民共和国刑法修正案（十一）》，《中华人民共和国刑法》第一百四十二条之一规定：“违反药品管理法规，有下列情形之一，足以严重危害人体健康的，处三年以下有期徒刑或者拘役，并处或者单处罚金；对人体健康造成严重危害或者有其他严重情节的，处三年以上七年以下有期徒刑，并处罚金：（一）生产、销售国务院药品监督管理部门禁止使用的药品的；（二）未取得药品相关批准证明文件生产、进口药品或者明知是上述药品而销售的；（三）药品申请注册中提供虚假的证明、数据、资料、样品或者采取其他欺骗手段的；（四）编造生产、检验记录的。有前款行为，同时又构成本法第一百四十一条、第一百四十二条规定之罪或者其他犯罪的，依照处罚较重的规定定罪处罚。”笔者认为《中华人民共和国刑法》第一百四十二条之一虽然将“未取得药品相关批准证明文件生产、进口药品或者明知是上述药品而销售的”规定为妨害药品管理罪，但和非法经营罪并不是简单的对立关系，而是竞合关系，应择一重罪处罚。具体实践中，应当依照以后出台的司法解释和相关法理慎重把握。

以提供给他人生产、销售药品为目的，违反国家规定，生产、销售不符合药用要求的非药品原料、辅料，情节严重的，应予立案追诉。

具有下列情形之一的，应当认定为“情节严重”：

1. 非法经营数额在十万元以上的；

2. 违法所得数额在五万元以上的。

◎ 标准依据

《最高人民法院、最高人民检察院关于办理危害药品安全刑事案件适用法律若干问题的解释》（2014 年 11 月 3 日　法释〔2014〕14 号）

第七条　违反国家药品管理法律法规，未取得或者使用伪造、变造的药品经营许可证，非法经营药品，情节严重的，依照刑法第二百二十五条的规定以非法经营罪定罪处罚。

以提供给他人生产、销售药品为目的，违反国家规定，生产、销售不符合药用要求的非药品原料、辅料，情节严重的，依照刑法第二百二十五条的规定以非法经营罪定罪处罚。

实施前两款行为，非法经营数额在十万元以上，或者违法所得数额在五万元以上的，应当认定为刑法第二百二十五条规定的“情节严重”；非法经营数额在五十万元以上，或者违法所得数额在二十五万元以上的，应当认定为刑法第二百二十五条规定的“情节特别严重”。

实施本条第二款行为，同时又构成生产、销售伪劣产品罪、以危险方法危害公共安全罪等犯罪的，依照处罚较重的规定定罪处罚。

◎ 立案追诉标准——其他非法经营活动①

从事其他非法经营活动，涉嫌下列情形之一的，应予立案追诉：

1. 个人非法经营数额在五万元以上，或者违法所得数额在一万元以上的；

2. 单位非法经营数额在五十万元以上，或者违法所得数额在十万元以上的；

3. 虽未达到上述数额标准，但两年内因同种非法经营行为受过二次以上行政处罚，又进行同种非法经营行为的；

4. 其他情节严重的情形

---

① 《最高人民检察院关于废止〈最高人民检察院关于办理非法经营食盐刑事案件具体应用法律若干问题的解释〉的决定》生效后，无证经营食盐的行为一般不宜认定为非法经营罪。

“虽未达到上述数额标准”，是指接近上述数额标准且已达到该数额的百分之八十以上的①。

◎ **标准依据**

《最高人民检察院、公安部关于公安机关管辖的刑事案件立案追诉标准的规定（二）》（2010年5月7日　公通字〔2010〕23号）

第七十九条（见附录）

[相关规范1] 最高人民法院、最高人民检察院、公安部、司法部《关于依法惩治妨害新型冠状病毒感染肺炎疫情防控违法犯罪的意见》（2020年2月6日　法发〔2020〕7号）

二、准确适用法律，依法严惩妨害疫情防控的各类违法犯罪

……

（四）依法严惩哄抬物价犯罪。在疫情防控期间，违反国家有关市场经营、价格管理等规定，囤积居奇，哄抬疫情防控急需的口罩、护目镜、防护服、消毒液等防护用品、药品或者其他涉及民生的物品价格，牟取暴利，违法所得数额较大或者有其他严重情节，严重扰乱市场秩序的，依照刑法第二百二十五条第四项的规定，以非法经营罪定罪处罚。

……

（九）依法严惩破坏野生动物资源犯罪……违反国家规定，非法经营非国家重点保护野生动物及其制品（包括开办交易场所、进行网络销售、加工食品出售等），扰乱市场秩序，情节严重的，依照刑法第二百二十五条第四项的规定，以非法经营罪定罪处罚。

……

[相关规范2]《最高人民法院、最高人民检察院关于办理危害食品安全刑事案件适用法律若干问题的解释》（2013年5月2日　法释〔2013〕12号）

第十一条　以提供给他人生产、销售食品为目的，违反国家规定，生产、销售国家禁止用于食品生产、销售的非食品原料，情节严重的，依照刑法第二百二十五条的规定以非法经营罪定罪处罚。

违反国家规定，生产、销售国家禁止生产、销售、使用的农药、兽药，饲料、饲料添加剂，或者饲料原料、饲料添加剂原料，情节严重的，依照前款的

---

① 《最高人民检察院、公安部关于公安机关管辖的刑事案件立案追诉标准的规定（二）》第八十八条规定：“本规定中的‘虽未达到上述数额标准’，是指接近上述数额标准且已达到该数额的百分之八十以上的。”

规定定罪处罚。

实施前两款行为，同时又构成生产、销售伪劣产品罪，生产、销售伪劣农药、兽药罪等其他犯罪的，依照处罚较重的规定定罪处罚。

第十二条 违反国家规定，私设生猪屠宰厂（场），从事生猪屠宰、销售等经营活动，情节严重的，依照刑法第二百二十五条的规定以非法经营罪定罪处罚。

实施前款行为，同时又构成生产、销售不符合安全标准的食品罪，生产、销售有毒、有害食品罪等其他犯罪的，依照处罚较重的规定定罪处罚。

［相关规范3］《最高人民法院、最高人民检察院关于办理环境污染刑事案件适用法律若干问题的解释》（2016年12月23日 法释〔2016〕29号）

第六条 无危险废物经营许可证从事收集、贮存、利用、处置危险废物经营活动，严重污染环境的，按照污染环境罪定罪处罚；同时构成非法经营罪的，依照处罚较重的规定定罪处罚。

实施前款规定的行为，不具有超标排放污染物、非法倾倒污染物或者其他违法造成环境污染的情形的，可以认定为非法经营情节显著轻微危害不大，不认为是犯罪；构成生产、销售伪劣产品等其他犯罪的，以其他犯罪论处。

第十七条 ……

本解释所称"无危险废物经营许可证"，是指未取得危险废物经营许可证，或者超出危险废物经营许可证的经营范围。

［相关规范4］《最高人民法院关于审理走私、非法经营、非法使用兴奋剂刑事案件适用法律若干问题的解释》（2019年11月18日 法释〔2019〕16号）

第二条 违反国家规定，未经许可经营兴奋剂目录所列物质，涉案物质属于法律、行政法规规定的限制买卖的物品，扰乱市场秩序，情节严重的，应当依照刑法第二百二十五条的规定，以非法经营罪定罪处罚。

［相关规范5］《最高人民法院关于审理非法集资刑事案件具体应用法律若干问题的解释》（2010年12月13日 法释〔2010〕18号）

第七条 违反国家规定，未经依法核准擅自发行基金份额募集基金，情节严重的，依照刑法第二百二十五条的规定，以非法经营罪定罪处罚。

［相关规范6］《最高人民法院关于审理破坏森林资源刑事案件具体应用法律若干问题的解释》（2000年11月22日 法释〔2000〕36号）

第十三条 对于伪造、变造、买卖林木采伐许可证、木材运输证件，森林、林木、林地权属证书，占用或者征用林地审核同意书、育林基金等缴费收据以及其他国家机关批准的林业证件构成犯罪的，依照刑法第二百八十条第一款的规定，以伪造、变造、买卖国家机关公文、证件罪定罪处罚。

对于买卖允许进出口证明书等经营许可证明，同时触犯刑法第二百二十五条、第二百八十条规定之罪的，依照处罚较重的规定定罪处罚。

[相关规范7]《最高人民法院关于审理破坏野生动物资源刑事案件具体应用法律若干问题的解释》（2000年11月27日　法释〔2000〕37号）

第九条　伪造、变造、买卖国家机关颁发的野生动物允许进出口证明书、特许猎捕证、狩猎证、驯养繁殖许可证等公文、证件构成犯罪的，依照刑法第二百八十条第一款的规定以伪造、变造、买卖国家机关公文、证件罪定罪处罚。

实施上述行为构成犯罪，同时构成刑法第二百二十五条第二项规定的非法经营罪的，依照处罚较重的规定定罪处罚。

[相关规范8]《最高人民法院、最高人民检察院关于办理妨害预防、控制突发传染病疫情等灾害的刑事案件具体应用法律若干问题的解释》（2003年5月14日　法释〔2003〕8号）

第六条　违反国家在预防、控制突发传染病疫情等灾害期间有关市场经营、价格管理等规定，哄抬物价、牟取暴利，严重扰乱市场秩序，违法所得数额较大或者有其他严重情节的，依照刑法第二百二十五条第（四）项的规定，以非法经营罪定罪，依法从重处罚。

[相关规范9]《最高人民法院、最高人民检察院、公安部、农业部、食品药品监督管理总局关于进一步加强麻黄草管理严厉打击非法买卖麻黄草等违法犯罪活动的通知》（2013年5月21日　公通字〔2013〕16号）

三、依法查处非法采挖、买卖麻黄草等犯罪行为

……

（四）违反国家规定采挖、销售、收购麻黄草，没有证据证明以制造毒品或者走私、非法买卖制毒物品为目的，依照刑法第二百二十五条的规定构成犯罪的，以非法经营罪定罪处罚。

[相关规范10]《最高人民法院、最高人民检察院、公安部关于依法开展打击淫秽色情网站专项行动有关工作的通知》（2004年7月16日　公通字〔2004〕53号）

……对于违反国家规定，擅自设立互联网上网服务营业场所，或者擅自从事互联网上网服务经营活动，情节严重，构成犯罪的，以非法经营罪追究刑事责任。对于建立淫秽网站、网页，提供涉及未成年人淫秽信息、利用青少年教育网络从事淫秽色情活动以及顶风作案、罪行严重的犯罪分子，要坚决依法从重打击，严禁以罚代刑。要充分运用没收犯罪工具、追缴违法所得等措施，以

及没收财产、罚金等财产刑，加大对犯罪分子的经济制裁力度，坚决铲除淫秽色情网站的生存基础，彻底剥夺犯罪分子非法获利和再次犯罪的资本。

[相关规范 11]《最高人民法院、最高人民检察院、公安部、国家安全监管总局关于依法加强对涉嫌犯罪的非法生产经营烟花爆竹行为刑事责任追究的通知》（2012 年 9 月 6 日　安监总管三〔2012〕116 号）

一、非法生产、经营烟花爆竹及相关行为涉及非法制造、买卖、运输、邮寄、储存黑火药、烟火药，构成非法制造、买卖、运输、邮寄、储存爆炸物罪的，应当依照刑法第一百二十五条的规定定罪处罚；非法生产、经营烟花爆竹及相关行为涉及生产、销售伪劣产品或不符合安全标准产品，构成生产、销售伪劣产品罪或生产、销售不符合安全标准产品罪的，应当依照刑法第一百四十条、第一百四十六条的规定定罪处罚；非法生产、经营烟花爆竹及相关行为构成非法经营罪的，应当依照刑法第二百二十五条的规定定罪处罚。上述非法生产经营烟花爆竹行为的定罪量刑和立案追诉标准，分别按照《最高人民法院关于审理非法制造、买卖、运输枪支、弹药、爆炸物等刑事案件具体应用法律若干问题的解释》（法释〔2009〕18 号）、《最高人民法院最高人民检察院关于办理生产、销售伪劣商品刑事案件具体应用法律若干问题的解释》（法释〔2001〕10 号）、《最高人民检察院、公安部关于公安机关管辖的刑事案件立案追诉标准的规定（一）》（公通字〔2008〕36 号）、《最高人民检察院、公安部关于公安机关管辖的刑事案件立案追诉标准的规定（二）》（公通字〔2010〕23 号）等有关规定执行。

[相关规范 12]《最高人民法院、最高人民检察院、公安部关于办理走私、非法买卖麻黄碱类复方制剂等刑事案件适用法律若干问题的意见》（2012 年 6 月 18 日　法发〔2012〕12 号）

一、关于走私、非法买卖麻黄碱类复方制剂等行为的定性

……

非法买卖麻黄碱类复方制剂或者运输、携带、寄递麻黄碱类复方制剂进出境，没有证据证明系用于制造毒品或者走私、非法买卖制毒物品，或者未达到走私制毒物品罪、非法买卖制毒物品罪的定罪数量标准，构成非法经营罪、走私普通货物、物品罪等其他犯罪的，依法定罪处罚。

……

[相关规范 13]《互联网上网服务营业场所管理条例》（2019 年 3 月 24 日）

第二十七条　违反本条例的规定，擅自从事互联网上网服务经营活动的，由文化行政部门或者由文化行政部门会同公安机关依法予以取缔，查封其从事

违法经营活动的场所，扣押从事违法经营活动的专用工具、设备；触犯刑律的，依照刑法关于非法经营罪的规定，依法追究刑事责任；尚不够刑事处罚的，由文化行政部门没收违法所得及其从事违法经营活动的专用工具、设备；违法经营额1万元以上的，并处违法经营额5倍以上10倍以下的罚款；违法经营额不足1万元的，并处1万元以上5万元以下的罚款。

一百一十五、强迫交易案（刑法第二百二十六条）

◎ 刑法规定

第二百二十六条　【强迫交易罪】以暴力、威胁手段，实施下列行为之一，情节严重的，处三年以下有期徒刑或者拘役，并处或者单处罚金；情节特别严重的，处三年以上七年以下有期徒刑，并处罚金：

（一）强买强卖商品的；

（二）强迫他人提供或者接受服务的；

（三）强迫他人参与或者退出投标、拍卖的；

（四）强迫他人转让或者收购公司、企业的股份、债券或者其他资产的；

（五）强迫他人参与或者退出特定的经营活动的。

◎ 立案追诉标准

以暴力、威胁手段强买强卖商品，强迫他人提供服务或者接受服务，涉嫌下列情形之一的，应予立案追诉：

（一）造成被害人轻微伤的；

（二）造成直接经济损失二千元以上的；

（三）强迫交易三次以上或者强迫三人以上交易的；

（四）强迫交易数额一万元以上，或者违法所得数额二千元以上的；

（五）强迫他人购买伪劣商品数额五千元以上，或者违法所得数额一千元以上的；

（六）其他情节严重的情形。

以暴力、威胁手段强迫他人参与或者退出投标、拍卖，强迫他人转让或者收购公司、企业的股份、债券或者其他资产，强迫他人参与或者退出特定的经营活动，具有多次实施、手段恶劣、造成严重后果或者恶劣社会影响等情形之一的，应予立案追诉。

◎ **标准依据**

《最高人民检察院、公安部关于公安机关管辖的刑事案件立案追诉标准的规定（一）的补充规定》（2017年4月27日　公通字〔2017〕12号）

五、（见附录）

［相关规范1］《最高人民检察院关于强迫借贷行为适用法律问题的批复》（2014年4月17日　高检发释字〔2014〕1号）

以暴力、胁迫手段强迫他人借贷，属于刑法第二百二十六条第二项规定的“强迫他人提供或者接受服务”，情节严重的，以强迫交易罪追究刑事责任；同时构成故意伤害罪等其他犯罪的，依照处罚较重的规定定罪处罚。以非法占有为目的，以借贷为名采用暴力、胁迫手段获取他人财物，符合刑法第二百六十三条或者第二百七十四条规定的，以抢劫罪或者敲诈勒索罪追究刑事责任。

［相关规范2］《最高人民法院、最高人民检察院、公安部、司法部关于办理利用信息网络实施黑恶势力犯罪刑事案件若干问题的意见》（2019年7月23日　公通字〔2019〕28号）

二、依法严惩利用信息网络实施的黑恶势力犯罪

……

5. 利用信息网络威胁他人，强迫交易，情节严重的，依照刑法第二百二十六条的规定，以强迫交易罪定罪处罚。

……

8. 侦办利用信息网络实施的强迫交易、敲诈勒索等非法敛财类案件，确因被害人人数众多等客观条件的限制，无法逐一收集被害人陈述的，可以结合已收集的被害人陈述，以及经查证属实的银行账户交易记录、第三方支付结算账户交易记录、通话记录、电子数据等证据，综合认定被害人人数以及涉案资金数额等。

一百一十六、伪造、倒卖伪造的有价票证案（刑法第二百二十七条第一款）

◎ **刑法规定**

第二百二十七条第一款　【伪造、倒卖伪造的有价票证罪】伪造或者倒卖伪造的车票、船票、邮票或者其他有价票证，数额较大的，处二年以下有期徒刑、拘役或者管制，并处或者单处票证价额一倍以上五倍以下罚金；数额巨大的，处二年以上七年以下有期徒刑，并处票证价额一倍以上五倍以下罚金。

◎ 立案追诉标准

伪造或者倒卖伪造的车票、船票、邮票或者其他有价票证，涉嫌下列情形之一的，应予立案追诉：

（一）车票、船票票面数额累计二千元以上，或者数量累计五十张以上的；

（二）邮票票面数额累计五千元以上，或者数量累计一千枚以上的；

（三）其他有价票证价额累计五千元以上，或者数量累计一百张以上的；

（四）非法获利累计一千元以上的；

（五）其他数额较大的情形。

◎ 标准依据

《最高人民检察院、公安部关于公安机关管辖的刑事案件立案追诉标准的规定（一）》（2008年6月25日　公通字〔2008〕36号）

第二十九条（见附录）

一百一十七、倒卖车票、船票案（刑法第二百二十七条第二款）

◎ 刑法规定

第二百二十七条第二款　【倒卖车票、船票罪】倒卖车票、船票，情节严重的，处三年以下有期徒刑、拘役或者管制，并处或者单处票证价额一倍以上五倍以下罚金。

◎ 立案追诉标准

倒卖车票、船票或者倒卖车票坐席、卧铺签字号以及订购车票、船票凭证，涉嫌下列情形之一的，应予立案追诉：

（一）票面数额累计五千元以上的；

（二）非法获利累计二千元以上的；

（三）其他情节严重的情形。

◎ 标准依据

《最高人民检察院、公安部关于公安机关管辖的刑事案件立案追诉标准的规定（一）》（2008年6月25日　公通字〔2008〕36号）

第三十条（见附录）

一百一十八、非法转让、倒卖土地使用权案（刑法第二百二十八条）

◎ 刑法规定

第二百二十八条　【非法转让、倒卖土地使用权罪】以牟利为目的，违反土地管理法规，非法转让、倒卖土地使用权，情节严重的，处三年以下有期徒刑或者拘役，并处或者单处非法转让、倒卖土地使用权价额百分之五以上百分之二十以下罚金；情节特别严重的，处三年以上七年以下有期徒刑，并处非法转让、倒卖土地使用权价额百分之五以上百分之二十以下罚金。

◎ 立案追诉标准

以牟利为目的，违反土地管理法规，非法转让、倒卖土地使用权，涉嫌下列情形之一的，应予立案追诉：

（一）非法转让、倒卖基本农田五亩以上的；

（二）非法转让、倒卖基本农田以外的耕地十亩以上的；

（三）非法转让、倒卖其他土地二十亩以上的；

（四）违法所得数额在五十万元以上的；

（五）虽未达到上述数额标准，但因非法转让、倒卖土地使用权受过行政处罚，又非法转让、倒卖土地的；

（六）其他情节严重的情形。

"虽未达到上述数额标准"，是指接近上述数额标准且已达到该数额的百分之八十以上的①。

◎ 标准依据

《最高人民检察院、公安部关于公安机关管辖的刑事案件立案追诉标准的规定（二）》（2010年5月7日　公通字〔2010〕23号）

第八十条（见附录）

［相关规范］《全国人民代表大会常务委员会关于〈中华人民共和国刑法〉第二百二十八条、第三百四十二条、第四百一十条的解释》（2001年8月31日发布，2009年8月27日修正）

---

① 《最高人民检察院、公安部关于公安机关管辖的刑事案件立案追诉标准的规定（二）》第八十八条规定："本规定中的'虽未达到上述数额标准'，是指接近上述数额标准且已达到该数额的百分之八十以上的。"

刑法第二百二十八条、第三百四十二条、第四百一十条规定的“违反土地管理法规”，是指违反土地管理法、森林法、草原法等法律以及有关行政法规中关于土地管理的规定。

一百一十九、提供虚假证明文件案（刑法第二百二十九条第一款、第二款）

◎ 刑法规定

第二百二十九条　【提供虚假证明文件罪】承担资产评估、验资、验证、会计、审计、法律服务、保荐、安全评价、环境影响评价、环境监测等职责的中介组织的人员故意提供虚假证明文件，情节严重的，处五年以下有期徒刑或者拘役，并处罚金；有下列情形之一的，处五年以上十年以下有期徒刑，并处罚金：

（一）提供与证券发行相关的虚假的资产评估、会计、审计、法律服务、保荐等证明文件，情节特别严重的；

（二）提供与重大资产交易相关的虚假的资产评估、会计、审计等证明文件，情节特别严重的；

（三）在涉及公共安全的重大工程、项目中提供虚假的安全评价、环境影响评价等证明文件，致使公共财产、国家和人民利益遭受特别重大损失的。

有前款行为，同时索取他人财物或者非法收受他人财物构成犯罪的，依照处罚较重的规定定罪处罚。

【出具证明文件重大失实罪】第一款规定的人员，严重不负责任，出具的证明文件有重大失实，造成严重后果的，处三年以下有期徒刑或者拘役，并处或者单处罚金。

◎ 立案追诉标准

（一）承担资产评估、验资、验证、会计、审计、法律服务等职责的中介组织的人员①故意提供虚假证明文件，涉嫌下列情形之一的，应予立案追诉：

---

① 原刑法第二百二十九条规定：“承担资产评估、验资、验证、会计、审计、法律服务等职责的中介组织的人员故意提供虚假证明文件，情节严重的，处五年以下有期徒刑或者拘役，并处罚金。前款规定的人员，索取他人财物或者非法收受他人财物，犯前款罪的，处五年以上十年以下有期徒刑，并处罚金……”《中华人民共和国刑法修正案（十一）》将原条文中的“承担资产评估、验资、验证、会计、审计、法律服务等职责的中介组织的人员”修改为“承担资产评估、验资、验证、会计、审计、法律服务、保荐、安全评价、环境影响评价、环境监测等职责的中介组织的人员”，立案追诉标准应按修正后的刑法规定执行。

1. 给国家、公众或者其他投资者造成直接经济损失数额在五十万元以上的；

2. 违法所得数额在十万元以上的；

3. 虚假证明文件虚构数额在一百万元以上且占实际数额百分之三十以上的；

4. 虽未达到上述数额标准，但具有下列情形之一的：

（1）在提供虚假证明文件过程中索取或者非法接受他人财物的；

（2）两年内因提供虚假证明文件，受过行政处罚二次以上，又提供虚假证明文件的。

5. 其他情节严重的情形。

“虽未达到上述数额标准”，是指接近上述数额标准且已达到该数额的百分之八十以上的①。

（二）药物非临床研究机构、药物临床试验机构、合同研究组织的工作人员，故意提供虚假的药物非临床研究报告、药物临床试验报告及相关材料，涉嫌下列情形之一的，应予立案追诉：

1. 在药物非临床研究或者药物临床试验过程中故意使用虚假试验用药品的；

2. 瞒报与药物临床试验用药品相关的严重不良事件的；

3. 故意损毁原始药物非临床研究数据或者药物临床试验数据的；

4. 编造受试动物信息、受试者信息、主要试验过程记录、研究数据、检测数据等药物非临床研究数据或者药物临床试验数据，影响药品安全性、有效性评价结果的；

5. 曾因在申请药品、医疗器械注册过程中提供虚假证明材料受过刑事处罚或者二年内受过行政处罚，又提供虚假证明材料的；

6. 其他情节严重的情形。

药品注册申请单位的工作人员指使药物非临床研究机构、药物临床试验机构、合同研究组织的工作人员提供虚假药物非临床研究报告、药物临床试验报告及相关材料的，以提供虚假证明文件罪的共同犯罪论处。

---

① 《最高人民检察院、公安部关于公安机关管辖的刑事案件立案追诉标准的规定（二）》第八十八条规定：“本规定中的‘虽未达到上述数额标准’，是指接近上述数额标准且已达到该数额的百分之八十以上的。”

◎ 标准依据

《最高人民检察院、公安部关于公安机关管辖的刑事案件立案追诉标准的规定（二）》（2010年5月7日　公通字〔2010〕23号）

第八十一条（见附录）

《最高人民法院、最高人民检察院关于办理药品、医疗器械注册申请材料造假刑事案件适用法律若干问题的解释》（2017年8月14日　法释〔2017〕15号）

第一条　药物非临床研究机构、药物临床试验机构、合同研究组织的工作人员，故意提供虚假的药物非临床研究报告、药物临床试验报告及相关材料的，应当认定为刑法第二百二十九条规定的“故意提供虚假证明文件”。

实施前款规定的行为，具有下列情形之一的，应当认定为刑法第二百二十九条规定的“情节严重”，以提供虚假证明文件罪处五年以下有期徒刑或者拘役，并处罚金：

（一）在药物非临床研究或者药物临床试验过程中故意使用虚假试验用药品的；

（二）瞒报与药物临床试验用药品相关的严重不良事件的；

（三）故意损毁原始药物非临床研究数据或者药物临床试验数据的；

（四）编造受试动物信息、受试者信息、主要试验过程记录、研究数据、检测数据等药物非临床研究数据或者药物临床试验数据，影响药品安全性、有效性评价结果的；

（五）曾因在申请药品、医疗器械注册过程中提供虚假证明材料受过刑事处罚或者二年内受过行政处罚，又提供虚假证明材料的；

（六）其他情节严重的情形。

第四条　药品注册申请单位的工作人员指使药物非临床研究机构、药物临床试验机构、合同研究组织的工作人员提供本解释第一条第二款规定的虚假药物非临床研究报告、药物临床试验报告及相关材料的，以提供虚假证明文件罪的共同犯罪论处。

具有下列情形之一的，可以认定为前款规定的“指使”，但有相反证据的除外：

（一）明知有关机构、组织不具备相应条件或者能力，仍委托其进行药物非临床研究、药物临床试验的；

（二）支付的价款明显异于正常费用的。

药品注册申请单位的工作人员和药物非临床研究机构、药物临床试验机构、合同研究组织的工作人员共同实施第一款规定的行为，骗取药品批准证明文件生产、销售药品，同时构成提供虚假证明文件罪和生产、销售假药罪的，依照处罚较重的规定定罪处罚。

[相关规范1]《最高人民法院、最高人民检察院关于办理妨害信用卡管理刑事案件具体应用法律若干问题的解释》（2018年11月28日　法释〔2018〕19号）

第四条第二款　承担资产评估、验资、验证、会计、审计、法律服务等职责的中介组织或其人员，为信用卡申请人提供虚假的财产状况、收入、职务等资信证明材料，应当追究刑事责任的，依照刑法第二百二十九条的规定，分别以提供虚假证明文件罪和出具证明文件重大失实罪定罪处罚。

[相关规范2]《最高人民法院、最高人民检察院关于办理环境污染刑事案件适用法律若干问题的解释》（2016年12月23日　法释〔2016〕29号）

第九条　环境影响评价机构或其人员，故意提供虚假环境影响评价文件，情节严重的，或者严重不负责任，出具的环境影响评价文件存在重大失实，造成严重后果的，应当依照刑法第二百二十九条、第二百三十一条的规定，以提供虚假证明文件罪或者出具证明文件重大失实罪定罪处罚。

一百二十、出具证明文件重大失实案（刑法第二百二十九条第三款）

◎ 刑法规定

（参见本书“一百一十九、提供虚假证明文件案”）

◎ 立案追诉标准

承担资产评估、验资、验证、会计、审计、法律服务等职责的中介组织的人员严重不负责任，出具的证明文件有重大失实，涉嫌下列情形之一的，应予立案追诉：

（一）给国家、公众或者其他投资者造成直接经济损失数额在一百万元以上的；

（二）其他造成严重后果的情形。

◎ 标准依据

《最高人民检察院、公安部关于公安机关管辖的刑事案件立案追诉标准的规定（二）》（2010年5月7日　公通字〔2010〕23号）

第八十二条（见附录）

[相关规范1]《最高人民检察院关于公证员出具公证书有重大失实行为如何适用法律问题的批复》（2009年1月7日　高检发释字〔2009〕1号）

《中华人民共和国公证法》施行以后，公证员在履行公证职责过程中，严重不负责任，出具的公证书有重大失实，造成严重后果的，依照刑法第二百二十九条第三款的规定，以出具证明文件重大失实罪追究刑事责任。

[相关规范2]《最高人民法院、最高人民检察院关于办理妨害信用卡管理刑事案件具体应用法律若干问题的解释》（2018年11月28日　法释〔2018〕19号）

（参见本书“一百一十九、提供虚假证明文件案”）

[相关规范3]《最高人民法院、最高人民检察院关于办理环境污染刑事案件适用法律若干问题的解释》（2016年12月23日　法释〔2016〕29号）

（参见本书“一百一十九、提供虚假证明文件案”）

一百二十一、逃避商检案（刑法第二百三十条）

◎ 刑法规定

第二百三十条　【逃避商检罪】违反进出口商品检验法的规定，逃避商品检验，将必须经商检机构检验的进口商品未报经检验而擅自销售、使用，或者将必须经商检机构检验的出口商品未报经检验合格而擅自出口，情节严重的，处三年以下有期徒刑或者拘役，并处或者单处罚金。

◎ 立案追诉标准

违反进出口商品检验法的规定，逃避商品检验，将必须经商检机构检验的进口商品未报经检验而擅自销售、使用，或者将必须经商检机构检验的出口商品未报经检验合格而擅自出口，涉嫌下列情形之一的，应予立案追诉：

（一）给国家、单位或者个人造成直接经济损失数额在五十万元以上的；

（二）逃避商检的进出口货物货值金额在三百万元以上的；

（三）导致病疫流行、灾害事故的；

（四）多次逃避商检的；

（五）引起国际经济贸易纠纷，严重影响国家对外贸易关系，或者严重损害国家声誉的；

（六）其他情节严重的情形。

◎ 标准依据

《最高人民检察院、公安部关于公安机关管辖的刑事案件立案追诉标准的规定（二）》（2010 年 5 月 7 日　公通字〔2010〕23 号）

第八十三条（见附录）

第三章　侵犯公民人身权利、民主权利案

一百二十二、非法拘禁案（刑法第二百三十八条）

◎ 刑法规定

第二百三十八条　【非法拘禁罪】非法拘禁他人或者以其他方法非法剥夺他人人身自由的，处三年以下有期徒刑、拘役、管制或者剥夺政治权利。具有殴打、侮辱情节的，从重处罚。

犯前款罪，致人重伤的，处三年以上十年以下有期徒刑；致人死亡的，处十年以上有期徒刑。使用暴力致人伤残、死亡的，依照本法第二百三十四条、第二百三十二条的规定定罪处罚。

为索取债务非法扣押、拘禁他人的，依照前两款的规定处罚。

国家机关工作人员利用职权犯前三款罪的，依照前三款的规定从重处罚。

◎ 立案追诉标准①

以拘禁或者其他方法非法剥夺他人人身自由，涉嫌下列情形之一的，应予立案追诉：

（一）非法剥夺他人人身自由24小时以上的；

（二）非法剥夺他人人身自由，并使用械具或者捆绑等恶劣手段，或者实施殴打、侮辱、虐待行为的；

（三）非法拘禁，造成被拘禁人轻伤、重伤、死亡的；

（四）非法拘禁，情节严重，导致被拘禁人自杀、自残造成重伤、死亡，或者精神失常的；

（五）非法拘禁3人次以上；

---

① 对于非法拘禁案，目前尚未有全面具体的立案追诉标准，实践中一般参照《最高人民检察院关于渎职侵权犯罪案件立案标准的规定》适用。

（六）司法工作人员对明知是没有违法犯罪事实的人而非法拘禁的①；

（七）其他非法拘禁应予追究刑事责任的情形

◎ 标准依据

《最高人民检察院关于渎职侵权犯罪案件立案标准的规定》（2006年7月26日 高检发释字〔2006〕2号）

二、国家机关工作人员利用职权实施的侵犯公民人身权利、民主权利犯罪案件

（一）国家机关工作人员利用职权实施的非法拘禁案（第二百三十八条）

非法拘禁罪是指以拘禁或者其他方法非法剥夺他人人身自由的行为。

国家机关工作人员利用职权非法拘禁，涉嫌下列情形之一的，应予立案：

1. 非法剥夺他人人身自由24小时以上的；

2. 非法剥夺他人人身自由，并使用械具或者捆绑等恶劣手段，或者实施殴打、侮辱、虐待行为的；

3. 非法拘禁，造成被拘禁人轻伤、重伤、死亡的；

4. 非法拘禁，情节严重，导致被拘禁人自杀、自残造成重伤、死亡，或者精神失常的；

5. 非法拘禁3人次以上的；

6. 司法工作人员对明知是没有违法犯罪事实的人而非法拘禁的；

7. 其他非法拘禁应予追究刑事责任的情形。

[相关规范1]《最高人民法院关于对为索取法律不予保护的债务非法拘禁他人行为如何定罪问题的解释》（2000年7月13日 法释〔2000〕19号）

行为人为索取高利贷、赌债等法律不予保护的债务，非法扣押、拘禁他人的，依照刑法第二百三十八条的规定定罪处罚。

[相关规范2] 最高人民法院、最高人民检察院、公安部、司法部、国家卫生和计划生育委员会《关于依法惩处涉医违法犯罪维护正常医疗秩序的意见》（2014年4月22日 法发〔2014〕5号）

二、严格依法惩处涉医违法犯罪

……

① 最高人民检察院《关于人民检察院立案侦查司法工作人员相关职务犯罪案件若干问题的规定》规定，人民检察院在对诉讼活动实行法律监督中，发现司法工作人员涉嫌利用职权实施的下列侵犯公民权利、损害司法公正的犯罪案件，可以立案侦查：1. 非法拘禁案（刑法第二百三十八条）（非司法工作人员除外）……

（三）以不准离开工作场所等方式非法限制医务人员人身自由的，依照治安管理处罚法第四十条的规定处罚；构成非法拘禁罪的，依照刑法的有关规定定罪处罚。

……

［相关规范3］最高人民法院、最高人民检察院、公安部、司法部《关于依法惩治妨害新型冠状病毒感染肺炎疫情防控违法犯罪的意见》（2020年2月6日 法发〔2020〕7号）

二、准确适用法律，依法严惩妨害疫情防控的各类违法犯罪

……

（二）依法严惩暴力伤医犯罪。

……

以不准离开工作场所等方式非法限制医务人员人身自由，符合刑法第二百三十八条规定的，以非法拘禁罪定罪处罚。

……

一百二十三、强迫劳动案（刑法第二百四十四条）

◎ 刑法规定

第二百四十四条　【强迫劳动罪】以暴力、威胁或者限制人身自由的方法强迫他人劳动的，处三年以下有期徒刑或者拘役，并处罚金；情节严重的，处三年以上十年以下有期徒刑，并处罚金。

明知他人实施前款行为，为其招募、运送人员或者有其他协助强迫他人劳动行为的，依照前款的规定处罚。

单位犯前两款罪的，对单位判处罚金，并对其直接负责的主管人员和其他直接责任人员，依照第一款的规定处罚。

◎ 立案追诉标准

以暴力、威胁或者限制人身自由的方法强迫他人劳动的，应予立案追诉。

明知他人以暴力、威胁或者限制人身自由的方法强迫他人劳动，为其招募、运送人员或者有其他协助强迫他人劳动行为的，应予立案追诉。

◎ 标准依据

《最高人民检察院、公安部关于公安机关管辖的刑事案件立案追诉标准的规

定（一）的补充规定》（2017年4月27日　公通字〔2017〕12号）

六、（见附录）

一百二十四、雇用童工从事危重劳动案（刑法第二百四十四条之一）

◎ 刑法规定

第二百四十四条之一　【雇用童工从事危重劳动罪】违反劳动管理法规，雇用未满十六周岁的未成年人从事超强度体力劳动的，或者从事高空、井下作业的，或者在爆炸性、易燃性、放射性、毒害性等危险环境下从事劳动，情节严重的，对直接责任人员，处三年以下有期徒刑或者拘役，并处罚金；情节特别严重的，处三年以上七年以下有期徒刑，并处罚金。

有前款行为，造成事故，又构成其他犯罪的，依照数罪并罚的规定处罚。

◎ 立案追诉标准

违反劳动管理法规，雇用未满十六周岁的未成年人从事国家规定的第四级体力劳动强度的劳动，或者从事高空、井下作业，或者在爆炸性、易燃性、放射性、毒害性等危险环境下从事劳动，涉嫌下列情形之一的，应予立案追诉：

（一）造成未满十六周岁的未成年人伤亡或者对其身体健康造成严重危害的；

（二）雇用未满十六周岁的未成年人三人以上的；

（三）以强迫、欺骗等手段雇用未满十六周岁的未成年人从事危重劳动的；

（四）其他情节严重的情形。

◎ 标准依据

《最高人民检察院、公安部关于公安机关管辖的刑事案件立案追诉标准的规定（一）》（2008年6月25日　公通字〔2008〕36号）

第三十二条（见附录）

一百二十五、非法搜查案（刑法第二百四十五条）

◎ 刑法规定

第二百四十五条　【非法搜查罪】【非法侵入住宅罪】非法搜查他人身体、住宅，或者非法侵入他人住宅的，处三年以下有期徒刑或者拘役。

司法工作人员滥用职权，犯前款罪的，从重处罚。

◎ 立案追诉标准[①]

非法搜查他人身体、住宅，涉嫌下列情形之一的，应予立案追诉：

（一）非法搜查他人身体、住宅，并实施殴打、侮辱等行为的；

（二）非法搜查，情节严重，导致被搜查人或者其近亲属自杀、自残造成重伤、死亡或者精神失常的；

（三）非法搜查，造成财物严重损坏的；

（四）非法搜查3人（户）次以上的；

（五）司法工作人员对明知是与涉嫌犯罪无关的人身、住宅非法搜查的；[②]

（六）其他非法搜查应予追究刑事责任的情形。

◎ 标准依据

《最高人民检察院关于渎职侵权犯罪案件立案标准的规定》（2006年7月26日 高检发释字〔2006〕2号）

二、国家机关工作人员利用职权实施的侵犯公民人身权利、民主权利犯罪案件

……

（二）国家机关工作人员利用职权实施的非法搜查案（第二百四十五条）

非法搜查罪是指非法搜查他人身体、住宅的行为。

国家机关工作人员利用职权非法搜查，涉嫌下列情形之一的，应予立案：

1. 非法搜查他人身体、住宅，并实施殴打、侮辱等行为的；

2. 非法搜查，情节严重，导致被搜查人或者其近亲属自杀、自残造成重伤、死亡，或者精神失常的；

3. 非法搜查，造成财物严重损坏的；

4. 非法搜查3人（户）次以上的；

5. 司法工作人员对明知是与涉嫌犯罪无关的人身、住宅非法搜查的；

6. 其他非法搜查应予追究刑事责任的情形。

……

---

① 对于非法搜查案，目前尚未有全面具体的立案追诉标准，实践一般参照《最高人民检察院关于渎职侵权犯罪案件立案标准的规定》适用。

② 最高人民检察院《关于人民检察院立案侦查司法工作人员相关职务犯罪案件若干问题的规定》中规定，人民检察院在对诉讼活动实行法律监督中，发现司法工作人员涉嫌利用职权实施的下列侵犯公民权利、损害司法公正的犯罪案件，可以立案侦查：1. 非法拘禁罪（刑法第二百三十八条）（非司法工作人员除外）2. 非法搜查罪（刑法第二百四十五条）（非司法工作人员除外）……

一百二十六、诽谤案（刑法第二百四十六条）

◎ 刑法规定

第二百四十六条　【侮辱罪】【诽谤罪】以暴力或者其他方法公然侮辱他人或者捏造事实诽谤他人，情节严重的，处三年以下有期徒刑、拘役、管制或者剥夺政治权利。

前款罪，告诉的才处理，但是严重危害社会秩序和国家利益的除外。

通过信息网络实施第一款规定的行为，被害人向人民法院告诉，但提供证据确有困难的，人民法院可以要求公安机关提供协助。

◎ 立案追诉标准

（一）捏造事实诽谤他人，情节严重的，应予立案。

诽谤罪，告诉的才处理，但是严重危害社会秩序和国家利益的除外。

（二）利用信息网络诽谤他人，涉嫌下列情形之一的，应予立案：

1. 同一诽谤信息实际被点击、浏览次数达到五千次以上，或者被转发次数达到五百次以上的；

2. 造成被害人或者其近亲属精神失常、自残、自杀等严重后果的；

3. 二年内曾因诽谤受过行政处罚，又诽谤他人的；

4. 其他情节严重的情形。

一年内多次实施利用信息网络诽谤他人行为未经处理，诽谤信息实际被点击、浏览、转发次数累计计算构成犯罪的，应当依法定罪处罚。

具有下列情形之一的，应当认定为“捏造事实诽谤他人”：

1. 捏造损害他人名誉的事实，在信息网络上散布，或者组织、指使人员在信息网络上散布的；

2. 将信息网络上涉及他人的原始信息内容篡改为损害他人名誉的事实，在信息网络上散布，或者组织、指使人员在信息网络上散布的。

明知是捏造的损害他人名誉的事实，在信息网络上散布，情节恶劣的，以“捏造事实诽谤他人”论。

利用信息网络诽谤他人，具有下列情形之一的，应当认定为“严重危害社会秩序和国家利益”：

1. 引发群体性事件的；

2. 引发公共秩序混乱的；

3. 引发民族、宗教冲突的；

4. 诽谤多人，造成恶劣社会影响的；

5. 损害国家形象，严重危害国家利益的；

6. 造成恶劣国际影响的；

7. 其他严重危害社会秩序和国家利益的情形。

明知他人利用信息网络实施诽谤，为其提供资金、场所、技术支持等帮助的，以共同犯罪论处。

◎ 标准依据

《最高人民法院、最高人民检察院关于办理利用信息网络实施诽谤等刑事案件适用法律若干问题的解释》（2013 年 9 月 6 日　法释〔2013〕21 号）

第一条、第二条、第三条、第四条、第八条（见附录）

［相关规范 1］《最高人民法院关于审理非法出版物刑事案件具体应用法律若干问题的解释》（1998 年 12 月 17 日　法释〔1998〕30 号）

第六条　在出版物中公然侮辱他人或者捏造事实诽谤他人，情节严重的，依照刑法第二百四十六条的规定，分别以侮辱罪或者诽谤罪定罪处罚。

［相关规范 2］《最高人民法院、最高人民检察院关于办理组织、利用邪教组织破坏法律实施等刑事案件适用法律若干问题的解释》（2017 年 1 月 25 日　法释〔2017〕3 号）

第十条　组织、利用邪教组织破坏国家法律、行政法规实施过程中，又有煽动分裂国家、煽动颠覆国家政权或者侮辱、诽谤他人等犯罪行为的，依照数罪并罚的规定定罪处罚。

一百二十七、侵犯公民个人信息案（刑法第二百五十三条之一）

◎ 刑法规定

第二百五十三条之一　**【侵犯公民个人信息罪】**违反国家有关规定，向他人出售或者提供公民个人信息，情节严重的，处三年以下有期徒刑或者拘役，并处或者单处罚金；情节特别严重的，处三年以上七年以下有期徒刑，并处罚金。

违反国家有关规定，将在履行职责或者提供服务过程中获得的公民个人信息，出售或者提供给他人的，依照前款的规定从重处罚。

窃取或者以其他方法非法获取公民个人信息的，依照第一款的规定处罚。

单位犯前三款罪的，对单位判处罚金，并对其直接负责的主管人员和其他直接责任人员，依照各该款的规定处罚。

◎ 立案追诉标准

违反国家有关规定，非法获取、出售或者提供公民个人信息，情节严重的，应予立案追诉。

（一）非法获取、出售或者提供公民个人信息，具有下列情形之一的，应当认定为“情节严重”：

1. 出售或者提供行踪轨迹信息，被他人用于犯罪的；

2. 知道或者应当知道他人利用公民个人信息实施犯罪，向其出售或者提供的；

3. 非法获取、出售或者提供行踪轨迹信息、通信内容、征信信息、财产信息五十条以上的；

4. 非法获取、出售或者提供住宿信息、通信记录、健康生理信息、交易信息等其他可能影响人身、财产安全的公民个人信息五百条以上的；

5. 非法获取、出售或者提供第 3 项、第 4 项规定以外的公民个人信息五千条以上的；

6. 数量未达到第 3 项至第 5 项规定标准，但是按相应比例合计达到有关数量标准的；

7. 违法所得五千元以上的；

8. 将在履行职责或者提供服务过程中获得的公民个人信息出售或者提供给他人，数量或者数额达到第 3 项至第 7 项规定标准一半以上的；

9. 曾因侵犯公民个人信息受过刑事处罚或者二年内受过行政处罚，又非法获取、出售或者提供公民个人信息的；

10. 其他情节严重的情形。

（二）为合法经营活动而非法购买、收受上述情形第 3 项、第 4 项以外的公民个人信息，具有下列情形之一的，应当认定为“情节严重”：

1. 利用非法购买、收受的公民个人信息获利五万元以上的；

2. 曾因侵犯公民个人信息受过刑事处罚或者二年内受过行政处罚，又非法购买、收受公民个人信息的；

3. 其他情节严重的情形。

非法获取公民个人信息后又出售或者提供的，公民个人信息的条数不重复计算。

向不同单位或者个人分别出售、提供同一公民个人信息的，公民个人信息的条数累计计算。

对批量公民个人信息的条数，根据查获的数量直接认定，但是有证据证明信息不真实或者重复的除外。

“违反国家有关规定”，是指违反法律、行政法规、部门规章有关公民个人信息保护的规定

“公民个人信息”，是指以电子或者其他方式记录的能够单独或者与其他信息结合识别特定自然人身份或者反映特定自然人活动情况的各种信息，包括姓名、身份证件号码、通信通讯联系方式、住址、账号密码、财产状况、行踪轨迹等。

“提供公民个人信息”，是指向特定人提供公民个人信息，以及通过信息网络或者其他途径发布公民个人信息。未经被收集者同意，将合法收集的公民个人信息向他人提供的，属于刑法第二百五十三条之一规定的“提供公民个人信息”，但是经过处理无法识别特定个人且不能复原的除外。

◎ 标准依据

《最高人民法院、最高人民检察院关于办理侵犯公民个人信息刑事案件适用法律若干问题的解释》（2017 年 5 月 8 日　法释〔2017〕10 号）

第一条、第二条、第三条、第五条、第六条、第十一条（见附录）

一百二十八、破坏选举案（刑法第二百五十六条）

◎ 刑法规定

第二百五十六条　【破坏选举罪】在选举各级人民代表大会代表和国家机关领导人员时，以暴力、威胁、欺骗、贿赂、伪造选举文件、虚报选举票数等手段破坏选举或者妨害选民和代表自由行使选举权和被选举权，情节严重的，处三年以下有期徒刑、拘役或者剥夺政治权利。

◎ 立案追诉标准[①]

涉嫌下列情形之一的，应予立案追诉：

---

① 对于破坏选举案，目前尚未有全面具体的立案追诉标准，实践一般参照《最高人民检察院关于渎职侵权犯罪案件立案标准的规定》适用。

（一）以暴力、威胁、欺骗、贿赂等手段，妨害选民、各级人民代表大会代表自由行使选举权和被选举权，致使选举无法正常进行，或者选举无效，或者选举结果不真实的；

（二）以暴力破坏选举场所或者选举设备，致使选举无法正常进行的；

（三）伪造选民证、选票等选举文件，虚报选举票数，产生不真实的选举结果或者强行宣布合法选举无效、非法选举有效的；

（四）聚众冲击选举场所或者故意扰乱选举场所秩序，使选举工作无法进行的；

（五）其他情节严重的情形。

◎ 标准依据

《最高人民检察院关于渎职侵权犯罪案件立案标准的规定》（2006年7月26日　高检发释字〔2006〕2号）

二、国家机关工作人员利用职权实施的侵犯公民人身权利、民主权利犯罪案件

……

（七）国家机关工作人员利用职权实施的破坏选举案（第二百五十六条）

破坏选举罪是指在选举各级人民代表大会代表和国家机关领导人员时，以暴力、威胁、欺骗、贿赂、伪造选举文件、虚报选举票数或者编造选举结果等手段破坏选举或者妨害选民和代表自由行使选举权和被选举权，情节严重的行为。

国家机关工作人员利用职权破坏选举，涉嫌下列情形之一的，应予立案：

1. 以暴力、威胁、欺骗、贿赂等手段，妨害选民、各级人民代表大会代表自由行使选举权和被选举权，致使选举无法正常进行，或者选举无效，或者选举结果不真实的；

2. 以暴力破坏选举场所或者选举设备，致使选举无法正常进行的；

3. 伪造选民证、选票等选举文件，虚报选举票数，产生不真实的选举结果或者强行宣布合法选举无效、非法选举有效的；

4. 聚众冲击选举场所或者故意扰乱选举场所秩序，使选举工作无法进行的；

5. 其他情节严重的情形。

◎ 特别说明

《中华人民共和国监察法》实施后，公职人员在行使公权力过程发生的破

坏选举案件，一般认为应由监察委员会管辖。

一百二十九、虐待被监护、看护人案（刑法第二百六十条之一）

◎ 刑法规定

第二百六十条之一　【虐待被监护、看护人罪】对未成年人、老年人、患病的人、残疾人等负有监护、看护职责的人虐待被监护、看护的人，情节恶劣的，处三年以下有期徒刑或者拘役。

单位犯前款罪的，对单位判处罚金，并对其直接负责的主管人员和其他直接责任人员，依照前款的规定处罚。

有第一款行为，同时构成其他犯罪的，依照处罚较重的规定定罪处罚。

◎ 立案追诉标准

（一）对未成年人、老年人、患病的人、残疾人等负有监护、看护职责的人虐待被监护、看护的人，情节恶劣的，应予立案追诉。

（二）对未成年人、残疾人负有监护、看护职责的人组织未成年人、残疾人在体育运动中非法使用兴奋剂，涉嫌下列情形之一的，应予立案追诉：

1. 强迫未成年人、残疾人使用的；
2. 引诱、欺骗未成年人、残疾人长期使用的；
3. 其他严重损害未成年人、残疾人身心健康的情形。

◎ 标准依据

《最高人民法院关于审理走私、非法经营、非法使用兴奋剂刑事案件适用法律若干问题的解释》（2019年11月18日　法释〔2019〕16号）

第三条　对未成年人、残疾人负有监护、看护职责的人组织未成年人、残疾人在体育运动中非法使用兴奋剂，具有下列情形之一的，应当认定为刑法第二百六十条之一规定的“情节恶劣”，以虐待被监护、看护人罪定罪处罚：

（一）强迫未成年人、残疾人使用的；

（二）引诱、欺骗未成年人、残疾人长期使用的；

（三）其他严重损害未成年人、残疾人身心健康的情形。

第四章　侵犯财产案

一百三十、抢劫案（刑法第二百六十三条）

◎ 刑法规定

第二百六十三条　【抢劫罪】以暴力、胁迫或者其他方法抢劫公私财物的，处三年以上十年以下有期徒刑，并处罚金；有下列情形之一的，处十年以上有期徒刑、无期徒刑或者死刑，并处罚金或者没收财产：

（一）入户抢劫的；

（二）在公共交通工具上抢劫的；

（三）抢劫银行或者其他金融机构的；

（四）多次抢劫或者抢劫数额巨大的；

（五）抢劫致人重伤、死亡的；

（六）冒充军警人员抢劫的；

（七）持枪抢劫的；

（八）抢劫军用物资或者抢险、救灾、救济物资的。

◎ 立案追诉标准

以非法占有为目的，当场实施暴力、威胁或其他方法劫取他人财物的，应当追究刑事责任。

◎ 常见形态之一

驾驶机动车、非机动车夺取他人财物，具有下列情形之一的，应当以抢劫罪定罪处罚：

1. 夺取他人财物时因被害人不放手而强行夺取的；
2. 驾驶车辆逼挤、撞击或者强行逼倒他人夺取财物的；
3. 明知会致人伤亡仍然强行夺取并放任造成财物持有人轻伤以上后果的。

◎ 形态依据

《最高人民法院、最高人民检察院关于办理抢夺刑事案件适用法律若干问题的解释》（2013 年 11 月 11 日　法释〔2013〕25 号）

第六条（见附录）

◎ 常见形态之二

（一）携带凶器抢夺的，依照抢劫罪的规定定罪处罚。

“携带凶器抢夺”，是指行为人随身携带枪支、爆炸物、管制刀具等国家禁止个人携带的器械进行抢夺或者为了实施犯罪而携带其他器械进行抢夺的行为。行为人随身携带国家禁止个人携带的器械以外的其他器械抢夺，但有证据证明该器械确实不是为了实施犯罪准备的，不以抢劫罪定罪；行为人将随身携带凶器有意加以显示、能为被害人察觉到的，直接适用刑法第二百六十三条的规定定罪处罚；行为人携带凶器抢夺后，在逃跑过程中为窝藏赃物、抗拒抓捕或者毁灭罪证而当场使用暴力或者以使用暴力相威胁的，适用刑法第二百六十七条第二款的规定定罪处罚。

（二）行为人实施盗窃、诈骗、抢夺行为，未达到“数额较大”，为窝藏赃物、抗拒抓捕或者毁灭罪证当场使用暴力或者以暴力相威胁，情节较轻、危害不大的，一般不以犯罪论处；但具有下列情节之一的，可依照刑法第二百六十九条的规定，以抢劫罪定罪处罚：

1. 盗窃、诈骗、抢夺接近“数额较大”标准的；

2. 入户或在公共交通工具上盗窃、诈骗、抢夺后在户外或交通工具外实施上述行为的；

3. 使用暴力致人轻微伤以上后果的；

4. 使用凶器或以凶器相威胁的；

5. 具有其他严重情节的。

（三）以毒品、假币、淫秽物品等违禁品为对象，实施抢劫的，以抢劫罪定罪处罚；抢劫的违禁品数量作为量刑情节予以考虑。

（四）抢劫赌资、犯罪所得的赃款赃物的，以抢劫罪定罪，但行为人仅以其所输赌资或所赢赌债为抢劫对象，一般不以抢劫罪定罪处罚。

（五）为个人使用，以暴力、胁迫等手段取得家庭成员或近亲属财产的，一般不以抢劫罪定罪处罚，构成其他犯罪的，依照刑法的相关规定处理。教唆或者伙同他人采取暴力、胁迫等手段劫取家庭成员或近亲属财产的，可以抢劫罪定罪处罚。

（六）冒充正在执行公务的人民警察、治安联防队员“抓赌”“抓嫖”，没收赌资或者罚款的过程中，使用暴力或者暴力威胁的，以抢劫罪定罪处罚。

（七）以非法占有为目的，以买卖、交易、服务为幌子采用暴力、胁迫手段迫使他人交出与合理价钱、费用相差悬殊的钱物的，以抢劫罪定罪处刑。

◎ **形态依据**

《最高人民法院关于审理抢劫、抢夺刑事案件适用法律若干问题的意见》（2005 年 6 月 8 日　法发〔2005〕8 号）

第四条、第五条、第七条、第九条（见附录）

◎ **常见形态之三**

以非法占有为目的，以借贷为名采用暴力、胁迫手段获取他人财物，符合刑法第二百六十三条规定的，以抢劫罪追究刑事责任。

◎ **形态依据**

《最高人民检察院关于强迫借贷行为适用法律问题的批复》（2014 年 4 月 17 日　高检发释字〔2014〕1 号）

（参见本书“一百一十五、强迫交易案”）

◎ **常见形态之四**

对犯罪所得及其产生的收益实施抢劫行为，以抢劫罪定罪处罚。

◎ **形态依据**

《最高人民法院关于审理掩饰、隐瞒犯罪所得、犯罪所得收益刑事案件适用法律若干问题的解释》（2015 年 5 月 29 日　法释〔2015〕11 号）

第六条（见附录）

◎ **常见形态之五**

在预防、控制突发传染病疫情等灾害期间，聚众“打砸抢”，对毁坏或者抢走公私财物的首要分子，以抢劫罪定罪，依法从重处罚。

◎ 形态依据

《最高人民法院、最高人民检察院关于办理妨害预防、控制突发传染病疫情等灾害的刑事案件具体应用法律若干问题的解释》（2003 年 5 月 14 日　法释〔2003〕8 号）

第九条　在预防、控制突发传染病疫情等灾害期间，聚众“打砸抢”，致人伤残、死亡的，依照刑法第二百八十九条、第二百三十四条、第二百三十二条的规定，以故意伤害罪或者故意杀人罪定罪，依法从重处罚。对毁坏或者抢走公私财物的首要分子，依照刑法第二百八十九条、第二百六十三条的规定，以抢劫罪定罪，依法从重处罚。

[相关规范 1]《最高人民法院关于审理未成年人刑事案件具体应用法律若干问题的解释》（2006 年 1 月 11 日　法释〔2006〕1 号）

第七条　已满十四周岁不满十六周岁的人使用轻微暴力或者威胁，强行索要其他未成年人随身携带的生活、学习用品或者钱财数量不大，且未造成被害人轻微伤以上或者不敢正常到校学习、生活等危害后果的，不认为是犯罪。

已满十六周岁不满十八周岁的人具有前款规定情形的，一般也不认为是犯罪。

第十条　已满十四周岁不满十六周岁的人盗窃、诈骗、抢夺他人财物，为窝藏赃物、抗拒抓捕或者毁灭罪证，当场使用暴力，故意伤害致人重伤或者死亡，或者故意杀人的，应当分别以故意伤害罪或者故意杀人罪定罪处罚。

已满十六周岁不满十八周岁的人犯盗窃、诈骗、抢夺罪，为窝藏赃物、抗拒抓捕或者毁灭罪证而当场使用暴力或者以暴力相威胁的，应当依照刑法第二百六十九条的规定定罪处罚；情节轻微的，可不以抢劫罪定罪处罚。

[相关规范 2]《最高人民法院关于审理抢劫刑事案件适用法律若干问题的指导意见》（2016 年 1 月 6 日　法发〔2016〕2 号）

三、关于转化型抢劫犯罪的认定

根据刑法第二百六十九条的规定，“犯盗窃、诈骗、抢夺罪，为窝藏赃物、抗拒抓捕或者毁灭罪证而当场使用暴力或者以暴力相威胁的”，依照抢劫罪定罪处罚。“犯盗窃、诈骗、抢夺罪”，主要是指行为人已经着手实施盗窃、诈骗、抢夺行为，一般不考察盗窃、诈骗、抢夺行为是否既遂。但是所涉财物数额明显低于“数额较大”的标准，又不具有《两抢意见》第五条所列五种情节之一的，不构成抢劫罪。“当场”是指在盗窃、诈骗、抢夺的现场以及行为人刚离开现场即被他人发现并抓捕的情形。

对于以摆脱的方式逃脱抓捕，暴力强度较小，未造成轻伤以上后果的，可不认定为“使用暴力”，不以抢劫罪论处。

入户或者在公共交通工具上盗窃、诈骗、抢夺后，为了窝藏赃物、抗拒抓捕或者毁灭罪证，在户内或者公共交通工具上当场使用暴力或者以暴力相威胁的，构成“入户抢劫”或者“在公共交通工具上抢劫”。

两人以上共同实施盗窃、诈骗、抢夺犯罪，其中部分行为人为窝藏赃物、抗拒抓捕或者毁灭罪证而当场使用暴力或者以暴力相威胁的，对于其余行为人是否以抢劫罪共犯论处，主要看其对实施暴力或者以暴力相威胁的行为人是否形成共同犯意、提供帮助。基于一定意思联络，对实施暴力或者以暴力相威胁的行为人提供帮助或实际成为帮凶的，可以抢劫共犯论处。

[相关规范3]《最高人民法院关于审理抢劫、抢夺刑事案件适用法律若干问题的意见》（2005年6月8日　法发〔2005〕8号）

九、关于抢劫罪与相似犯罪的界限

……

3. 抢劫罪与绑架罪的界限

……

绑架过程中又当场劫取被害人随身携带财物的，同时触犯绑架罪和抢劫罪两罪名，应择一重罪定罪处罚。

……

一百三十一、盗窃案（刑法第二百六十四条）

◎ 刑法规定

第二百六十四条　【盗窃罪】盗窃公私财物，数额较大的，或者多次盗窃、入户盗窃、携带凶器盗窃、扒窃的，处三年以下有期徒刑、拘役或者管制，并处或者单处罚金；数额巨大或者有其他严重情节的，处三年以上十年以下有期徒刑，并处罚金；数额特别巨大或者有其他特别严重情节的，处十年以上有期徒刑或者无期徒刑，并处罚金或者没收财产。

◎ 立案追诉标准

涉嫌下列情形之一的，应予立案追诉：

（一）盗窃公私财物价值一千元至三千元以上、三万元至十万元以上，应当分别认定为刑法第二百六十四条规定的“数额较大”“数额巨大”。①

（二）盗窃公私财物，具有下列情形之一的，“数额较大”的标准按照百分之五十确定：

1. 曾因盗窃受过刑事处罚的；

2. 一年内曾因盗窃受过行政处罚的；

3. 组织、控制未成年人盗窃的；

4. 自然灾害、事故灾害、社会安全事件等突发事件期间，在事件发生地盗窃的；

5. 盗窃残疾人、孤寡老人、丧失劳动能力人的财物的；

6. 在医院盗窃病人或者其亲友财物的；

7. 盗窃救灾、抢险、防汛、优抚、扶贫、移民、救济款物的；

8. 因盗窃造成严重后果的。

（三）多次盗窃、入户盗窃、携带凶器盗窃、扒窃：

1. 二年内盗窃三次以上的，应当认定为“多次盗窃”。

2. 非法进入供他人家庭生活，与外界相对隔离的住所盗窃的，应当认定为“入户盗窃”。

3. 携带枪支、爆炸物、管制刀具等国家禁止个人携带的器械盗窃，或者为了实施违法犯罪携带其他足以危害他人人身安全的器械盗窃的，应当认定为“携带凶器盗窃”。

4. 在公共场所或者公共交通工具上盗窃他人随身携带的财物的，应当认定为“扒窃”。

（四）盗窃未遂，具有下列情形之一的：

1. 以数额巨大的财物为盗窃目标的；

2. 以珍贵文物为盗窃目标的；

3. 其他情节严重的情形。

（五）盗窃油气未遂

着手实施盗窃油气行为，由于意志以外的原因未得逞，具有下列情形之一的：

1. 以数额巨大的油气为盗窃目标的；

2. 已将油气装入包装物或者运输工具，达到“数额较大”标准三倍以上的；

---

① 具体数额标准各地可能存在差异。

3. 携带盗油卡子、手摇钻、电钻、电焊枪等切割、打孔、撬砸、拆卸工具的；

4. 其他情节严重的情形。

（六）盗窃一般文物、三级文物、二级以上文物的，应当分别认定为刑法第二百六十四条规定的“数额较大”“数额巨大”“数额特别巨大”。

盗窃文物，无法确定文物等级，或者按照文物等级定罪量刑明显过轻或者过重的，按照盗窃的文物价值定罪量刑。

◎ **标准依据**

《最高人民法院、最高人民检察院关于办理盗窃刑事案件适用法律若干问题的解释》（2013 年 4 月 2 日　法释〔2013〕8 号）

第一、二、三、十二条（见附录）

《最高人民法院、最高人民检察院、公安部关于办理盗窃油气、破坏油气设备等刑事案件适用法律若干问题的意见》（2018 年 9 月 28 日　法发〔2018〕18 号）

二、关于盗窃油气未遂的刑事责任

着手实施盗窃油气行为，由于意志以外的原因未得逞，具有下列情形之一的，以盗窃罪（未遂）追究刑事责任：

（一）以数额巨大的油气为盗窃目标的；

（二）已将油气装入包装物或者运输工具，达到“数额较大”标准三倍以上的；

（三）携带盗油卡子、手摇钻、电钻、电焊枪等切割、打孔、撬砸、拆卸工具的；

（四）其他情节严重的情形。

《最高人民法院、最高人民检察院关于办理盗窃刑事案件适用法律若干问题的解释》（2013 年 4 月 2 日　法释〔2013〕8 号）

第九条　*盗窃国有馆藏一般文物、三级文物、二级以上文物的，应当分别认定为刑法第二百六十四条规定的“数额较大”、“数额巨大”、“数额特别巨大”。*

盗窃多件不同等级国有馆藏文物的，三件同级文物可以视为一件高一级文物。

盗窃民间收藏的文物的，根据本解释第四条第一款第一项的规定认定盗窃数额。

《最高人民法院、最高人民检察院关于办理妨害文物管理刑事案件适用法律若干问题的解释》（2015 年 12 月 30 日　法释〔2015〕23 号）

第二条　盗窃一般文物、三级文物、二级以上文物的，应当分别认定为刑法第二百六十四条规定的“数额较大”“数额巨大”“数额特别巨大”。

盗窃文物，无法确定文物等级，或者按照文物等级定罪量刑明显过轻或者过重的，按照盗窃的文物价值定罪量刑。

◎ 特别说明

《最高人民法院、最高人民检察院关于办理盗窃刑事案件适用法律若干问题的解释》发布之后，《最高人民法院、最高人民检察院关于办理妨害文物管理刑事案件适用法律若干问题的解释》对盗窃文物的构罪标准作出了新规定，应以新规定为准。

[相关规范 1]《中华人民共和国刑法》

第二百六十五条　以牟利为目的，盗接他人通信线路、复制他人电信码号或者明知是盗接、复制的电信设备、设施而使用的，依照本法第二百六十四条的规定定罪处罚。

[相关规范 2]《中华人民共和国刑法》

第一百九十六条第三款　盗窃信用卡并使用的，依照本法第二百六十四条的规定定罪处罚。

[相关规范 3]《最高人民法院关于审理破坏森林资源刑事案件具体应用法律若干问题的解释》（2000 年 11 月 22 日　法释〔2000〕36 号）

第九条　将国家、集体、他人所有并已经伐倒的树木窃为己有，以及偷砍他人房前屋后、自留地种植的零星树木，数额较大的，依照刑法第二百六十四条的规定，以盗窃罪定罪处罚。

第十五条　非法实施采种、采脂、挖笋、掘根、剥树皮等行为，牟取经济利益数额较大的，依照刑法第二百六十四条的规定，以盗窃罪定罪处罚。同时构成其他犯罪的，依照处罚较重的规定定罪处罚。

[相关规范 4]《最高人民法院、最高人民检察院关于盗窃油气、破坏油气设备等刑事案件具体应用法律若干问题的解释》（2007 年 1 月 15 日　法释〔2007〕3 号）

第三条　盗窃油气或者正在使用的油气设备，构成犯罪，但未危害公共安全的，依照刑法第二百六十四条的规定，以盗窃罪定罪处罚。

……

[相关规范5]《最高人民法院、最高人民检察院关于办理妨害文物管理刑事案件适用法律若干问题的解释》（2015年12月30日　法释〔2015〕23号）

第八条第三款　采用破坏性手段盗窃古文化遗址、古墓葬以外的古建筑、石窟寺、石刻、壁画、近代现代重要史迹和代表性建筑等其他不可移动文物的，依照刑法第二百六十四条的规定，以盗窃罪追究刑事责任。

[相关规范6]《最高人民法院关于审理掩饰、隐瞒犯罪所得、犯罪所得收益刑事案件适用法律若干问题的解释》（2015年5月29日　法释〔2015〕11号）

第六条　对犯罪所得及其产生的收益实施盗窃、抢劫、诈骗、抢夺等行为，构成犯罪的，分别以盗窃罪、抢劫罪、诈骗罪、抢夺罪等定罪处罚。

一百三十二、诈骗案（刑法第二百六十六条）

◎ 刑法规定

第二百六十六条　【诈骗罪】诈骗公私财物，数额较大的，处三年以下有期徒刑、拘役或者管制，并处或者单处罚金；数额巨大或者有其他严重情节的，处三年以上十年以下有期徒刑，并处罚金；数额特别巨大或者有其他特别严重情节的，处十年以上有期徒刑或者无期徒刑，并处罚金或者没收财产。本法另有规定的，依照规定。

◎ 立案追诉标准

涉嫌下列情形之一的，应予立案追诉：

（一）诈骗

诈骗公私财物价值三千元至一万元以上、三万元至十万元以上的，应当分别认定为“数额较大”、“数额巨大”①。

诈骗未遂，以数额巨大的财物为诈骗目标的，或者具有其他严重情节的，应当定罪处罚。

明知他人实施诈骗犯罪，为其提供信用卡、手机卡、通讯工具、通讯传输通道、网络技术支持、费用结算等帮助的，以共同犯罪论处。

（二）电信网络诈骗

利用电信网络技术手段实施诈骗，诈骗公私财物价值三千元以上，三万元以上，应当分别认定为“数额较大”“数额巨大”。

---

① 具体数额标准各地可能存在差异。

二年内多次实施电信网络诈骗未经处理，诈骗数额累计计算构成犯罪的，应当依法定罪处罚。

实施电信网络诈骗犯罪，诈骗数额难以查证，但具有下列情形之一的，以诈骗罪（未遂）定罪处罚：

1. 发送诈骗信息五千条以上的，或者拨打诈骗电话五百人次以上的；

2. 在互联网上发布诈骗信息，页面浏览量累计五千次以上的。

上述“拨打诈骗电话”，包括拨出诈骗电话和接听被害人回拨电话。反复拨打、接听同一电话号码，以及反复向同一被害人发送诈骗信息的，拨打、接听电话次数、发送信息条数累计计算。

因犯罪嫌疑人、被告人故意隐匿、毁灭证据等原因，致拨打电话次数、发送信息条数的证据难以收集的，可以根据经查证属实的日拨打人次数、日发送信息条数，结合犯罪嫌疑人、被告人实施犯罪的时间、犯罪嫌疑人、被告人的供述等相关证据，综合予以认定。

明知他人实施电信网络诈骗犯罪，具有下列情形之一的，以共同犯罪论处，但法律和司法解释另有规定的除外：

1. 提供信用卡、资金支付结算账户、手机卡、通讯工具的；

2. 非法获取、出售、提供公民个人信息的；

3. 制作、销售、提供“木马”程序和“钓鱼软件”等恶意程序的；

4. 提供“伪基站”设备或相关服务的；

5. 提供互联网接入、服务器托管、网络存储、通讯传输等技术支持，或者提供支付结算等帮助的；

6. 在提供改号软件、通话线路等技术服务时，发现主叫号码被修改为国内党政机关、司法机关、公共服务部门号码，或者境外用户改为境内号码，仍提供服务的；

7. 提供资金、场所、交通、生活保障等帮助的；

8. 帮助转移诈骗犯罪所得及其产生的收益，套现、取现的。

上述规定的“明知他人实施电信网络诈骗犯罪”，应当结合被告人的认知能力，既往经历，行为次数和手段，与他人关系，获利情况，是否曾因电信网络诈骗受过处罚，是否故意规避调查等主客观因素进行综合分析认定。

负责招募他人实施电信网络诈骗犯罪活动，或者制作、提供诈骗方案、术语清单、语音包、信息等的，以诈骗共同犯罪论处。

◎ 标准依据

《最高人民法院、最高人民检察院关于办理诈骗刑事案件具体应用法律若干

问题的解释》（2011 年 3 月 1 日　法释〔2011〕7 号）

第一、五、七条（见附录）

《最高人民法院、最高人民检察院、公安部关于办理电信网络诈骗等刑事案件适用法律若干问题的意见》（2016 年 12 月 19 日　法发〔2016〕32 号）

第二、四条（见附录）

[相关规范 1]《全国人民代表大会常务委员会关于〈中华人民共和国刑法〉第二百六十六条的解释》（2014 年 4 月 24 日第十二届全国人民代表大会常务委员会第八次会议通过）

以欺诈、伪造证明材料或者其他手段骗取养老、医疗、工伤、失业、生育等社会保险金或者其他社会保障待遇的，属于刑法第二百六十六条规定的诈骗公私财物的行为。

[相关规范 2]《最高人民法院关于审理伪造货币等案件具体应用法律若干问题的解释（二）》（2010 年 10 月 20 日　法释〔2010〕14 号）

第五条　以使用为目的，伪造停止流通的货币，或者使用伪造的停止流通的货币的，依照刑法第二百六十六条的规定，以诈骗罪定罪处罚。

[相关规范 3]《最高人民法院关于审理扰乱电信市场管理秩序案件具体应用法律若干问题的解释》（2000 年 5 月 12 日　法释〔2000〕12 号）

第九条　以虚假、冒用的身份证件办理入网手续并使用移动电话，造成电信资费损失数额较大的，依照刑法第二百六十六条的规定，以诈骗罪定罪处罚。

[相关规范 4]《最高人民法院关于审理拐卖妇女儿童犯罪案件具体应用法律若干问题的解释》（2016 年 12 月 21 日　法释〔2016〕28 号）

第三条第二款　以介绍婚姻为名，与被介绍妇女串通骗取他人钱财，数额较大的，应当以诈骗罪追究刑事责任。

[相关规范 5]《最高人民法院关于审理掩饰、隐瞒犯罪所得、犯罪所得收益刑事案件适用法律若干问题的解释》（2015 年 5 月 29 日　法释〔2015〕11 号）

第六条　对犯罪所得及其产生的收益实施盗窃、抢劫、诈骗、抢夺等行为，构成犯罪的，分别以盗窃罪、抢劫罪、诈骗罪、抢夺罪等定罪处罚。

[相关规范 6]《最高人民法院、最高人民检察院关于办理妨害预防、控制突发传染病疫情等灾害的刑事案件具体应用法律若干问题的解释》（2003 年 5 月 14 日　法释〔2003〕8 号）

第七条　在预防、控制突发传染病疫情等灾害期间，假借研制、生产或者销售用于预防、控制突发传染病疫情等灾害用品的名义，诈骗公私财物数额较大的，依照刑法有关诈骗罪的规定定罪，依法从重处罚。

［相关规范7］最高人民法院、最高人民检察院、公安部、司法部《关于依法惩治妨害新型冠状病毒感染肺炎疫情防控违法犯罪的意见》（2020年2月6日 法发〔2020〕7号）

二、准确适用法律，依法严惩妨害疫情防控的各类违法犯罪

……

（五）依法严惩诈骗、聚众哄抢犯罪。在疫情防控期间，假借研制、生产或者销售用于疫情防控的物品的名义骗取公私财物，或者捏造事实骗取公众捐赠款物，数额较大的，依照刑法第二百六十六条的规定，以诈骗罪定罪处罚。

……

一百三十三、抢夺案（刑法第二百六十七条第一款）

◎ 刑法规定

第二百六十七条第一款　【抢夺罪】抢夺公私财物，数额较大的，或者多次抢夺的，处三年以下有期徒刑、拘役或者管制，并处或者单处罚金；数额巨大或者有其他严重情节的，处三年以上十年以下有期徒刑，并处罚金；数额特别巨大或者有其他特别严重情节的，处十年以上有期徒刑或者无期徒刑，并处罚金或者没收财产。

◎ 立案追诉标准

涉嫌下列情形之一的，应予立案追诉：

（一）抢夺公私财物价值一千元至三千元以上的，应当认定为“数额较大”①。

（二）抢夺公私财物，具有下列情形之一的，“数额较大”的标准按照百分之五十确定：

1. 曾因抢劫、抢夺或者聚众哄抢受过刑事处罚的；
2. 一年内曾因抢夺或者哄抢受过行政处罚的；
3. 一年内抢夺三次以上的；
4. 驾驶机动车、非机动车抢夺的；
5. 组织、控制未成年人抢夺的；

---

① 具体数额标准各地可能存在差异。

6. 抢夺老年人、未成年人、孕妇、携带婴幼儿的人、残疾人、丧失劳动能力人的财物的；

7. 在医院抢夺病人或者其亲友财物的；

8. 抢夺救灾、抢险、防汛、优抚、扶贫、移民、救济款物的；

9. 自然灾害、事故灾害、社会安全事件等突发事件期间，在事件发生地抢夺的；

10. 导致他人轻伤或者精神失常等严重后果的。

◎ 标准依据

《最高人民法院、最高人民检察院关于办理抢夺刑事案件适用法律若干问题的解释》（2013 年 11 月 11 日　法释〔2013〕25 号）

第一、二条（见附录）

［相关规范 1］《全国部分法院审理毒品犯罪案件工作座谈会纪要》（2008 年 12 月 1 日　法〔2008〕324 号）

一、……

盗窃、抢夺、抢劫毒品的，应当分别以盗窃罪、抢夺罪或者抢劫罪定罪，但不计犯罪数额，根据情节轻重予以定罪量刑。盗窃、抢夺、抢劫毒品后又实施其他毒品犯罪的，对盗窃罪、抢夺罪、抢劫罪和所犯的具体毒品犯罪分别定罪，依法数罪并罚。走私毒品，又走私其他物品构成犯罪的，以走私毒品罪和其所犯的其他走私罪分别定罪，依法数罪并罚。

［相关规范 2］《最高人民法院关于审理掩饰、隐瞒犯罪所得、犯罪所得收益刑事案件适用法律若干问题的解释》（2015 年 5 月 29 日　法释〔2015〕11 号）

第六条　对犯罪所得及其产生的收益实施盗窃、抢劫、诈骗、抢夺等行为，构成犯罪的，分别以盗窃罪、抢劫罪、诈骗罪、抢夺罪等定罪处罚。

一百三十四、职务侵占案（刑法第二百七十一条第一款）

◎ 刑法规定

第二百七十一条第一款　【职务侵占罪】公司、企业或者其他单位的工作人员，利用职务上的便利，将本单位财物非法占为已有，数额较大的，处三年以下有期徒刑或者拘役，并处罚金；数额巨大的，处三年以上十年以下有期徒刑，并处罚金；数额特别巨大的，处十年以上有期徒刑或者无期徒刑，并处罚金。

◎ **立案追诉标准**

公司、企业或者其他单位的人员，利用职务上的便利，将本单位财物非法占为己有，数额在6万元以上的，应予立案追诉。

◎ **标准依据**

《最高人民检察院、公安部关于公安机关管辖的刑事案件立案追诉标准的规定（二）》（2010年5月7日　公通字〔2010〕23号）

第八十四条　【职务侵占案（刑法第二百七十一条第一款）】公司、企业或者其他单位的人员，利用职务上的便利，将本单位财物非法占为己有，数额在五千元至一万元以上的，应予立案追诉。

《最高人民法院、最高人民检察院关于办理贪污贿赂刑事案件适用法律若干问题的解释》（2016年4月18日　法释〔2016〕9号）

第一条第一款　贪污或者受贿数额在三万元以上不满二十万元的，应当认定为刑法第三百八十三条第一款规定的“数额较大”，依法判处三年以下有期徒刑或者拘役，并处罚金。

第十一条第一款　刑法第一百六十三条规定的非国家工作人员受贿罪、第二百七十一条规定的职务侵占罪中的“数额较大”“数额巨大”的数额起点，按照本解释关于受贿罪、贪污罪相对应的数额标准规定的二倍、五倍执行。

◎ **特别说明**

《最高人民检察院、公安部关于公安机关管辖的刑事案件立案追诉标准的规定（二）》发布之后，《最高人民法院、最高人民检察院关于办理贪污贿赂刑事案件适用法律若干问题的解释》对职务侵占罪中“数额较大”的标准作出了新规定，应以新规定为准。

[相关规范1]《最高人民法院关于村民小组组长利用职务便利非法占有公共财物行为如何定性问题的批复》（1999年6月25日　法释〔1999〕12号）

对村民小组组长利用职务上的便利，将村民小组集体财产非法占为己有，数额较大的行为，应当依照刑法第二百七十一条第一款的规定，以职务侵占罪定罪处罚。

[相关规范2]《最高人民法院关于在国有资本控股、参股的股份有限公司中从事管理工作的人员利用职务便利非法占有本公司财物如何定罪问题的批复》（2001年5月23日　法释〔2001〕17号）

在国有资本控股、参股的股份有限公司中从事管理工作的人员，除受国家机关、国有公司、企业、事业单位委派从事公务的以外，不属于国家工作人员。对其利用职务上的便利，将本单位财物非法占为已有，数额较大的，应当依照刑法第二百七十一条第一款的规定，以职务侵占罪定罪处罚。

一百三十五、挪用资金案（刑法第二百七十二条第一款）

◎ 刑法规定

第二百七十二条第一款　【挪用资金罪】公司、企业或者其他单位的工作人员，利用职务上的便利，挪用本单位资金归个人使用或者借贷给他人，数额较大、超过三个月未还的，或者虽未超过三个月，但数额较大、进行营利活动的，或者进行非法活动的，处三年以下有期徒刑或者拘役；挪用本单位资金数额巨大的，处三年以上七年以下有期徒刑；数额特别巨大的，处七年以上有期徒刑。

◎ 立案追诉标准

公司、企业或者其他单位的工作人员，利用职务上的便利，挪用本单位资金归个人使用或者借贷给他人，涉嫌下列情形之一的，应予立案追诉：

1. 挪用本单位资金数额在十万元以上，超过三个月未还的；
2. 挪用本单位资金数额在十万元以上，进行营利活动的；
3. 挪用本单位资金数额在六万元以上，进行非法活动的。

具有下列情形之一的，属于本条规定的“归个人使用”：

1. 将本单位资金供本人、亲友或者其他自然人使用的；
2. 以个人名义将本单位资金供其他单位使用的；
3. 个人决定以单位名义将本单位资金供其他单位使用，谋取个人利益的。

◎ 标准依据

《最高人民检察院、公安部关于公安机关管辖的刑事案件立案追诉标准的规定（二）》（2010年5月7日　公通字〔2010〕23号）

第八十五条　【挪用资金案（刑法第二百七十二条第一款）】公司、企业或者其他单位的工作人员，利用职务上的便利，挪用本单位资金归个人使用或者借贷给他人，涉嫌下列情形之一的，应予立案追诉：

（一）挪用本单位资金数额在一万元至三万元以上，超过三个月未还的；

（二）挪用本单位资金数额在一万元至三万元以上，进行营利活动的；

（三）挪用本单位资金数额在五千元至二万元以上，进行非法活动的。

具有下列情形之一的，属于本条规定的“归个人使用”：

（一）将本单位资金供本人、亲友或者其他自然人使用的；

（二）以个人名义将本单位资金供其他单位使用的；

（三）个人决定以单位名义将本单位资金供其他单位使用，谋取个人利益的。

《最高人民法院、最高人民检察院关于办理贪污贿赂刑事案件适用法律若干问题的解释》（2016年4月18日　法释〔2016〕9号）

第五条　挪用公款归个人使用，进行非法活动，数额在三万元以上的，应当依照刑法第三百八十四条的规定以挪用公款罪追究刑事责任……

第六条　挪用公款归个人使用，进行营利活动或者超过三个月未还，数额在五万元以上的，应当认定为刑法第三百八十四条第一款规定的“数额较大”……

第十一条第二款　刑法第二百七十二条规定的挪用资金罪中的“数额较大”“数额巨大”以及“进行非法活动”情形的数额起点，按照本解释关于挪用公款罪“数额较大”“情节严重”以及“进行非法活动”的数额标准规定的二倍执行。

◎ 特别说明

《最高人民检察院、公安部关于公安机关管辖的刑事案件立案追诉标准的规定（二）》发布之后，《最高人民法院、最高人民检察院关于办理贪污贿赂刑事案件适用法律若干问题的解释》对挪用资金罪中的“数额较大”和“进行非法活动”的标准作出了新规定，应以新规定为准。

［相关规范1］《最高人民检察院关于挪用尚未注册成立公司资金的行为适用法律问题的批复》（2000年10月9日　高检发研字〔2000〕19号）

筹建公司的工作人员在公司登记注册前，利用职务上的便利，挪用准备设立的公司在银行开设的临时账户上的资金，归个人使用或者借贷给他人，数额较大、超过3个月未还的，或者虽未超过3个月，但数额较大、进行营利活动的，或者进行非法活动的，应当根据刑法第二百七十二条的规定，追究刑事责任。

［相关规范2］《最高人民法院研究室关于挪用退休职工社会养老金行为如何适用法律问题的复函》（2004年7月9日　法研〔2004〕102号）

……退休职工养老保险金不属于我国刑法中的救灾、抢险、防汛、优抚、扶贫、移民、救济等特定款物的任何一种。因此，对于挪用退休职工养老保险金的行为，构成犯罪时，不能以挪用特定款物罪追究刑事责任，而应当按照行为人身份的不同，分别以挪用资金罪或者挪用公款罪追究刑事责任。

一百三十六、敲诈勒索案（刑法第二百七十四条）

◎ 刑法规定

第二百七十四条　【敲诈勒索罪】敲诈勒索公私财物，数额较大或者多次敲诈勒索的，处三年以下有期徒刑、拘役或者管制，并处或者单处罚金；数额巨大或者有其他严重情节的，处三年以上十年以下有期徒刑，并处罚金；数额特别巨大或者有其他特别严重情节的，处十年以上有期徒刑，并处罚金。

◎ 立案追诉标准

敲诈勒索公私财物，数额较大或者多次敲诈勒索的，应予立案追诉：

（一）敲诈勒索公私财物价值二千元至五千元以上的，应当认定为“数额较大”①。

（二）敲诈勒索公私财物，具有下列情形之一的，“数额较大”的标准按照百分之五十确定：

1. 曾因敲诈勒索受过刑事处罚的；

2. 一年内曾因敲诈勒索受过行政处罚的；

3. 对未成年人、残疾人、老年人或者丧失劳动能力人敲诈勒索的；

4. 以将要实施放火、爆炸等危害公共安全犯罪或者故意杀人、绑架等严重侵犯公民人身权利犯罪相威胁敲诈勒索的；

5. 以黑恶势力名义敲诈勒索的；

6. 利用或者冒充国家机关工作人员、军人、新闻工作者等特殊身份敲诈勒索的；

7. 造成其他严重后果的。

（三）“多次敲诈勒索”，是指两年内敲诈勒索三次以上。

明知他人实施敲诈勒索犯罪，为其提供信用卡、手机卡、通讯工具、通讯传输通道、网络技术支持等帮助的，以共同犯罪论处。

---

① 具体数额标准各地可能存在差异。

◎ **标准依据**

《最高人民法院、最高人民检察院关于办理敲诈勒索刑事案件适用法律若干问题的解释》（2013年4月23日　法释〔2013〕10号）

第一条　敲诈勒索公私财物价值二千元至五千元以上、三万元至十万元以上、三十万元至五十万元以上的，应当分别认定为刑法第二百七十四条规定的“数额较大”、“数额巨大”、“数额特别巨大”。

各省、自治区、直辖市高级人民法院、人民检察院可以根据本地区经济发展状况和社会治安状况，在前款规定的数额幅度内，共同研究确定本地区执行的具体数额标准，报最高人民法院、最高人民检察院批准。

第二条　敲诈勒索公私财物，具有下列情形之一的，“数额较大”的标准可以按照本解释第一条规定标准的百分之五十确定：

（一）曾因敲诈勒索受过刑事处罚的；

（二）一年内曾因敲诈勒索受过行政处罚的；

（三）对未成年人、残疾人、老年人或者丧失劳动能力人敲诈勒索的；

（四）以将要实施放火、爆炸等危害公共安全犯罪或者故意杀人、绑架等严重侵犯公民人身权利犯罪相威胁敲诈勒索的；

（五）以黑恶势力名义敲诈勒索的；

（六）利用或者冒充国家机关工作人员、军人、新闻工作者等特殊身份敲诈勒索的；

（七）造成其他严重后果的。

第三条　二年内敲诈勒索三次以上的，应当认定为刑法第二百七十四条规定的“多次敲诈勒索”。

第七条　明知他人实施敲诈勒索犯罪，为其提供信用卡、手机卡、通讯工具、通讯传输通道、网络技术支持等帮助的，以共同犯罪论处。

[相关规范1]《最高人民法院、最高人民检察院关于办理利用信息网络实施诽谤等刑事案件适用法律若干问题的解释》（2013年9月6日　法释〔2013〕21号）

第六条　以在信息网络上发布、删除等方式处理网络信息为由，威胁、要挟他人，索取公私财物，数额较大，或者多次实施上述行为的，依照刑法第二百七十四条的规定，以敲诈勒索罪定罪处罚。

［相关规范2］**《最高人民检察院关于强迫借贷行为适用法律问题的批复》**（2014年4月17日　高检发释字〔2014〕1号）

（参见本书“一百一十五、强迫交易案”）

［相关规范3］**《最高人民法院、最高人民检察院、公安部关于依法办理“碰瓷”违法犯罪案件的指导意见》**（2020年9月22日　公通字〔2020〕12号）

二、实施“碰瓷”，具有下列行为之一，敲诈勒索他人财物，符合刑法第二百七十四条规定的，以敲诈勒索罪定罪处罚：

1. 实施撕扯、推搡等轻微暴力或者围困、阻拦、跟踪、贴靠、滋扰、纠缠、哄闹、聚众造势、扣留财物等软暴力行为的；

2. 故意制造交通事故，进而利用被害人违反道路通行规定或者其他违法违规行为相要挟的；

3. 以揭露现场掌握的当事人隐私相要挟的；

4. 扬言对被害人及其近亲属人身、财产实施侵害的。

一百三十七、故意毁坏财物案（刑法第二百七十五条）

◎ 刑法规定

第二百七十五条　【故意毁坏财物罪】故意毁坏公私财物，数额较大或者有其他严重情节的，处三年以下有期徒刑、拘役或者罚金；数额巨大或者有其他特别严重情节的，处三年以上七年以下有期徒刑。

◎ 立案追诉标准

故意毁坏公私财物，涉嫌下列情形之一的，应予立案追诉：

（一）造成公私财物损失五千元以上的；

（二）毁坏公私财物三次以上的；

（三）纠集三人以上公然毁坏公私财物的；

（四）其他情节严重的情形。

◎ 标准依据

《最高人民检察院、公安部关于公安机关管辖的刑事案件立案追诉标准的规定（一）》（2008年6月25日　公通字〔2008〕36号）

第三十三条（见附录）

[相关规范 1]《最高人民法院关于审理破坏广播电视设施等刑事案件具体应用法律若干问题的解释》(2011 年 6 月 7 日　法释〔2011〕13 号)

第六条　破坏正在使用的广播电视设施未危及公共安全，或者故意毁坏尚未投入使用的广播电视设施，造成财物损失数额较大或者有其他严重情节的，以故意毁坏财物罪定罪处罚。

[相关规范 2]《最高人民法院关于审理破坏公用电信设施刑事案件具体应用法律若干问题的解释》(2004 年 12 月 30 日　法释〔2004〕21 号)

第三条第一款　故意破坏正在使用的公用电信设施尚未危害公共安全，或者故意毁坏尚未投入使用的公用电信设施，造成财物损失，构成犯罪的，依照刑法第二百七十五条规定，以故意毁坏财物罪定罪处罚。

一百三十八、破坏生产经营案（刑法第二百七十六条）

◎ 刑法规定

第二百七十六条　【破坏生产经营罪】由于泄愤报复或者其他个人目的，毁坏机器设备、残害耕畜或者以其他方法破坏生产经营的，处三年以下有期徒刑、拘役或者管制；情节严重的，处三年以上七年以下有期徒刑。

◎ 立案追诉标准

由于泄愤报复或者其他个人目的，毁坏机器设备、残害耕畜或者以其他方法破坏生产经营，涉嫌下列情形之一的，应予立案追诉：

（一）造成公私财物损失五千元以上的；

（二）破坏生产经营三次以上的；

（三）纠集三人以上公然破坏生产经营的；

（四）其他破坏生产经营应予追究刑事责任的情形。

◎ 标准依据

《最高人民检察院、公安部关于公安机关管辖的刑事案件立案追诉标准的规定（一）》(2008 年 6 月 25 日　公通字〔2008〕36 号)

第三十四条（见附录）

一百三十九、拒不支付劳动报酬案（刑法第二百七十六条之一）

◎ 刑法规定

第二百七十六条之一　【拒不支付劳动报酬罪】以转移财产、逃匿等方法逃避支付劳动者的劳动报酬或者有能力支付而不支付劳动者的劳动报酬，数额较大，经政府有关部门责令支付仍不支付的，处三年以下有期徒刑或者拘役，并处或者单处罚金；造成严重后果的，处三年以上七年以下有期徒刑，并处罚金。

单位犯前款罪的，对单位判处罚金，并对其直接负责的主管人员和其他直接责任人员，依照前款的规定处罚。

有前两款行为，尚未造成严重后果，在提起公诉前支付劳动者的劳动报酬，并依法承担相应赔偿责任的，可以减轻或者免除处罚。

◎ 立案追诉标准

以转移财产、逃匿等方法逃避支付劳动者的劳动报酬或者有能力支付而不支付劳动者的劳动报酬，经政府有关部门责令支付仍不支付，涉嫌下列情形之一的，应予立案追诉：

（一）拒不支付一名劳动者三个月以上的劳动报酬且数额在五千元至二万元以上的；[①]

（二）拒不支付十名以上劳动者的劳动报酬且数额累计在三万元至十万元以上的。

不支付劳动者的劳动报酬，尚未造成严重后果，在刑事立案前支付劳动者的劳动报酬，并依法承担相应赔偿责任的，可以不予立案追诉。

◎ 标准依据

《最高人民检察院、公安部关于公安机关管辖的刑事案件立案追诉标准的规定（一）的补充规定》（2017年4月27日　公通字〔2017〕12号）

七、（见附录）

---

① 具体数额标准各地可能存在差异。

［相关规范］《最高人民法院关于审理拒不支付劳动报酬刑事案件适用法律若干问题的解释》（2013年1月16日　法释〔2013〕3号）

第二条　以逃避支付劳动者的劳动报酬为目的，具有下列情形之一的，应当认定为刑法第二百七十六条之一第一款规定的“以转移财产、逃匿等方法逃避支付劳动者的劳动报酬”：

（一）隐匿财产、恶意清偿、虚构债务、虚假破产、虚假倒闭或者以其他方法转移、处分财产的；

（二）逃跑、藏匿的；

（三）隐匿、销毁或者篡改账目、职工名册、工资支付记录、考勤记录等与劳动报酬相关的材料的；

（四）以其他方法逃避支付劳动报酬的。

第四条　经人力资源社会保障部门或者政府其他有关部门依法以限期整改指令书、行政处理决定书等文书责令支付劳动者的劳动报酬后，在指定的期限内仍不支付的，应当认定为刑法第二百七十六条之一第一款规定的“经政府有关部门责令支付仍不支付”，但有证据证明行为人有正当理由未知悉责令支付或者未及时支付劳动报酬的除外。

行为人逃匿，无法将责令支付文书送交其本人、同住成年家属或者所在单位负责收件的人的，如果有关部门已通过在行为人的住所地、生产经营场所等地张贴责令支付文书等方式责令支付，并采用拍照、录像等方式记录的，应当视为“经政府有关部门责令支付”。

第五章　妨害社会管理秩序案

一百四十、非法生产、买卖警用装备案（刑法第二百八十一条）

◎ 刑法规定

第二百八十一条　【非法生产、买卖警用装备罪】非法生产、买卖人民警察制式服装、车辆号牌等专用标志、警械，情节严重的，处三年以下有期徒刑、拘役或者管制，并处或者单处罚金。

单位犯前款罪的，对单位判处罚金，并对其直接负责的主管人员和其他直接责任人员，依照前款的规定处罚。

◎ 立案追诉标准

非法生产、买卖人民警察制式服装、车辆号牌等专用标志、警械，涉嫌下列情形之一的，应予立案追诉：

（一）成套制式服装三十套以上，或者非成套制式服装一百件以上的；

（二）手铐、脚镣、警用抓捕网、警用催泪喷射器、警灯、警报器单种或者合计十件以上的；

（三）警棍五十根以上的；

（四）警衔、警号、胸章、臂章、帽徽等警用标志单种或者合计一百件以上的；

（五）警车号牌、省级以上公安机关专段民用车辆号牌一副以上，或者其他公安机关专段民用车辆号牌三副以上的；

（六）非法经营数额五千元以上，或者非法获利一千元以上的；

（七）被他人利用进行违法犯罪活动的；

（八）其他情节严重的情形。

◎ **标准依据**

《最高人民检察院、公安部关于公安机关管辖的刑事案件立案追诉标准的规定（一）》（2008 年 6 月 25 日　公通字〔2008〕36 号）

第三十五条（见附录）

一百四十一、组织考试作弊案（刑法第二百八十四条之一第一款、第二款）

◎ **刑法规定**

第二百八十四条之一第一款、第二款　【组织考试作弊罪】在法律规定的国家考试中，组织作弊的，处三年以下有期徒刑或者拘役，并处或者单处罚金；情节严重的，处三年以上七年以下有期徒刑，并处罚金。

为他人实施前款犯罪提供作弊器材或者其他帮助的，依照前款的规定处罚。

◎ **立案追诉标准**

（一）在法律规定的国家考试中，实施组织考试作弊行为或为他人实施作弊犯罪提供作弊器材或者其他帮助的行为，应予立案追诉。

（二）在普通高等学校招生、公务员录用等法律规定的国家考试涉及的体育、体能测试等体育运动中，组织考生非法使用兴奋剂的，应予立案追诉。

◎ **标准依据**

《最高人民法院关于审理走私、非法经营、非法使用兴奋剂刑事案件适用法律若干问题的解释》（2019 年 11 月 18 日　法释〔2019〕16 号）

第四条　在普通高等学校招生、公务员录用等法律规定的国家考试涉及的体育、体能测试等体育运动中，组织考生非法使用兴奋剂的，应当依照刑法第二百八十四条之一的规定，以组织考试作弊罪定罪处罚。

明知他人实施前款犯罪而为其提供兴奋剂的，依照前款的规定定罪处罚。

[相关规范]《最高人民法院、最高人民检察院关于办理组织考试作弊等刑事案件适用法律若干问题的解释》（2019 年 9 月 2 日　法释〔2019〕13 号）

第一条　刑法第二百八十四条之一规定的“法律规定的国家考试”，仅限于全国人民代表大会及其常务委员会制定的法律所规定的考试。

根据有关法律规定，下列考试属于“法律规定的国家考试”：

（一）普通高等学校招生考试、研究生招生考试、高等教育自学考试、成人高等学校招生考试等国家教育考试；

（二）中央和地方公务员录用考试；

（三）国家统一法律职业资格考试、国家教师资格考试、注册会计师全国统一考试、会计专业技术资格考试、资产评估师资格考试、医师资格考试、执业药师职业资格考试、注册建筑师考试、建造师执业资格考试等专业技术资格考试；

（四）其他依照法律由中央或者地方主管部门以及行业组织的国家考试。

前款规定的考试涉及的特殊类型招生、特殊技能测试、面试等考试，属于“法律规定的国家考试”。

第三条 具有避开或者突破考场防范作弊的安全管理措施，获取、记录、传递、接收、存储考试试题、答案等功能的程序、工具，以及专门设计用于作弊的程序、工具，应当认定为刑法第二百八十四条之一第二款规定的“作弊器材”。

对于是否属于刑法第二百八十四条之一第二款规定的“作弊器材”难以确定的，依据省级以上公安机关或者考试主管部门出具的报告，结合其他证据作出认定；涉及专用间谍器材、窃听、窃照专用器材、“伪基站”等器材的，依照相关规定作出认定。

一百四十二、非法获取计算机信息系统数据、非法控制计算机信息系统案（刑法第二百八十五条第二款）

◎ 刑法规定

第二百八十五条 【非法侵入计算机信息系统罪】违反国家规定，侵入国家事务、国防建设、尖端科学技术领域的计算机信息系统的，处三年以下有期徒刑或者拘役。

【非法获取计算机信息系统数据、非法控制计算机信息系统罪】违反国家规定，侵入前款规定以外的计算机信息系统或者采用其他技术手段，获取该计算机信息系统中存储、处理或者传输的数据，或者对该计算机信息系统实施非法控制，情节严重的，处三年以下有期徒刑或者拘役，并处或者单处罚金；情节特别严重的，处三年以上七年以下有期徒刑，并处罚金。

【提供侵入、非法控制计算机信息系统程序、工具罪】提供专门用于侵入、非法控制计算机信息系统的程序、工具，或者明知他人实施侵入、非法控制计算机信息系统的违法犯罪行为而为其提供程序、工具，情节严重的，依照前款的规定处罚。

单位犯前三款罪的，对单位判处罚金，并对其直接负责的主管人员和其他直接责任人员，依照各该款的规定处罚。

◎ 立案追诉标准

非法获取计算机信息系统数据或者非法控制计算机信息系统，涉嫌下列情形之一的，应予立案追诉：

（一）获取支付结算、证券交易、期货交易等网络金融服务的身份认证信息十组以上的；

（二）获取第（一）项以外的身份认证信息五百组以上的；

（三）非法控制计算机信息系统二十台以上的；

（四）违法所得五千元以上或者造成经济损失一万元以上的；

（五）其他情节严重的情形。

明知是他人非法控制的计算机信息系统，而对该计算机信息系统的控制权加以利用的，依照前款的规定定罪处罚。

明知他人实施刑法第二百八十五条、第二百八十六条规定的行为，具有下列情形之一的，应当认定为共同犯罪，依照刑法第二百八十五条、第二百八十六条的规定处罚：

（一）为其提供用于破坏计算机信息系统功能、数据或者应用程序的程序、工具，违法所得五千元以上或者提供十人次以上的；

（二）为其提供互联网接入、服务器托管、网络存储空间、通讯传输通道、费用结算、交易服务、广告服务、技术培训、技术支持等帮助，违法所得五千元以上的；

（三）通过委托推广软件、投放广告等方式向其提供资金五千元以上的。

◎ 标准依据

《最高人民法院、最高人民检察院关于办理危害计算机信息系统安全刑事案件应用法律若干问题的解释》（2011 年 8 月 1 日　法释〔2011〕19 号）

第一、九条（见附录）

一百四十三、提供侵入、非法控制计算机信息系统程序、工具案（刑法第二百八十五条第三款）

◎ 刑法规定

（参见本书“一百四十二、非法获取计算机信息系统数据、非法控制计算机信息系统案”）

◎ 立案追诉标准

（一）提供侵入、非法控制计算机信息系统的程序、工具，涉嫌下列情形之一的，应予立案追诉：

1. 提供能够用于非法获取支付结算、证券交易、期货交易等网络金融服务身份认证信息的专门性程序、工具五人次以上的；

2. 提供第1项以外的专门用于侵入、非法控制计算机信息系统的程序、工具二十人次以上的；

3. 明知他人实施非法获取支付结算、证券交易、期货交易等网络金融服务身份认证信息的违法犯罪行为而为其提供程序、工具五人次以上的；

4. 明知他人实施第3项以外的侵入、非法控制计算机信息系统的违法犯罪行为而为其提供程序、工具二十人次以上的；

5. 违法所得五千元以上或者造成经济损失一万元以上的；

6. 其他情节严重的情形。

（二）具有下列情形之一的程序、工具，应当认定为“专门用于侵入、非法控制计算机信息系统的程序、工具”：

1. 具有避开或者突破计算机信息系统安全保护措施，未经授权或者超越授权获取计算机信息系统数据的功能的；

2. 具有避开或者突破计算机信息系统安全保护措施，未经授权或者超越授权对计算机信息系统实施控制的功能的；

3. 其他专门设计用于侵入、非法控制计算机信息系统、非法获取计算机信息系统数据的程序、工具。

（三）明知他人实施刑法第二百八十五条、第二百八十六条规定的行为，具有下列情形之一的，应当认定为共同犯罪，依照刑法第二百八十五条、第二百八十六条规定处罚：

1. 为其提供用于破坏计算机信息系统功能、数据或者应用程序的程序、工具，违法所得五千元以上或者提供十人次以上的；

2. 为其提供互联网接入、服务器托管、网络存储空间、通讯传输通道、费用结算、交易服务、广告服务、技术培训、技术支持等帮助，违法所得五千元以上的；

3. 通过委托推广软件、投放广告等方式向其提供资金五千元以上的。

◎ 标准依据

《最高人民法院、最高人民检察院关于办理危害计算机信息系统安全刑事案件应用法律若干问题的解释》（2011 年 8 月 1 日　法释〔2011〕19 号）

第二、三、九条（见附录）

一百四十四、破坏计算机信息系统案（刑法第二百八十六条）

◎ 刑法规定

第二百八十六条　【破坏计算机信息系统罪】 违反国家规定，对计算机信息系统功能进行删除、修改、增加、干扰，造成计算机信息系统不能正常运行，后果严重的，处五年以下有期徒刑或者拘役；后果特别严重的，处五年以上有期徒刑。

违反国家规定，对计算机信息系统中存储、处理或者传输的数据和应用程序进行删除、修改、增加的操作，后果严重的，依照前款的规定处罚。

故意制作、传播计算机病毒等破坏性程序，影响计算机系统正常运行，后果严重的，依照第一款的规定处罚。

单位犯前三款罪的，对单位判处罚金，并对其直接负责的主管人员和其他直接责任人员，依照第一款的规定处罚。

◎ 立案追诉标准

违反国家规定，破坏计算机信息系统功能、数据或者应用程序，故意制作、传播计算机病毒等破坏性程序，影响计算机系统正常运行，后果严重的，应予立案追诉。

（一）破坏计算机信息系统功能、数据或者应用程序，具有下列情形之一的，应当认定为“后果严重”：

1. 造成十台以上计算机信息系统的主要软件或者硬件不能正常运行的；

2. 对二十台以上计算机信息系统中存储、处理或者传输的数据进行删除、修改、增加操作的；

3. 违法所得五千元以上或者造成经济损失一万元以上的；

4. 造成为一百台以上计算机信息系统提供域名解析、身份认证、计费等基础服务或者为一万以上用户提供服务的计算机信息系统不能正常运行累计一小时以上的；

5. 造成其他严重后果的。

（二）故意制作、传播计算机病毒等破坏性程序，影响计算机系统正常运行，具有下列情形之一的，应当认定为“后果严重”：

1. 制作、提供、传输《最高人民法院、最高人民检察院关于办理危害计算机信息系统安全刑事案件应用法律若干问题的解释》第五条①第（一）项规定的程序，导致该程序通过网络、存储介质、文件等媒介传播的；

2. 造成二十台以上计算机系统被植入《最高人民法院、最高人民检察院关于办理危害计算机信息系统安全刑事案件应用法律若干问题的解释》第五条（二）、（三）项规定的程序的；

3. 提供计算机病毒等破坏性程序十人次以上的；

4. 违法所得五千元以上或者造成经济损失一万元以上的；

5. 造成其他严重后果的。

（三）明知他人实施刑法第二百八十五条、第二百八十六条规定的行为，具有下列情形之一的，应当认定为共同犯罪，依照刑法第二百八十五条、第二百八十六条规定处罚：

1. 为其提供用于破坏计算机信息系统功能、数据或者应用程序的程序、工具，违法所得五千元以上或者提供十人次以上的；

2. 为其提供互联网接入、服务器托管、网络存储空间、通讯传输通道、费用结算、交易服务、广告服务、技术培训、技术支持等帮助，违法所得五千元以上的；

3. 通过委托推广软件、投放广告等方式向其提供资金五千元以上的。

---

①《最高人民法院、最高人民检察院关于办理危害计算机信息系统安全刑事案件应用法律若干问题的解释》（2011年8月1日　法释〔2011〕19号）

第五条　具有下列情形之一的程序，应当认定为刑法第二百八十六条第三款规定的“计算机病毒等破坏性程序”：

（一）能够通过网络、存储介质、文件等媒介，将自身的部分、全部或者变种进行复制、传播，并破坏计算机系统功能、数据或者应用程序的；

（二）能够在预先设定条件下自动触发，并破坏计算机系统功能、数据或者应用程序的；

（三）其他专门设计用于破坏计算机系统功能、数据或者应用程序的程序。

（四）违反国家规定，针对环境质量监测系统实施下列行为，或者强令、指使、授意他人实施下列行为的，应予立案追诉：

1. 修改参数或者监测数据的；

2. 干扰采样，致使监测数据严重失真的；

3. 其他破坏环境质量监测系统的行为。

重点排污单位篡改、伪造自动监测数据或者干扰自动监测设施，排放化学需氧量、氨氮、二氧化硫、氮氧化物等污染物，同时构成污染环境罪和破坏计算机信息系统罪的，依照处罚较重的规定定罪处罚。

◎ 标准依据

《最高人民法院、最高人民检察院关于办理危害计算机信息系统安全刑事案件应用法律若干问题的解释》（2011年8月1日　法释〔2011〕19号）

第四、六、九条（见附录）

《最高人民法院、最高人民检察院关于办理环境污染刑事案件适用法律若干问题的解释》（2016年12月23日　法释〔2016〕29号）

第十条　违反国家规定，针对环境质量监测系统实施下列行为，或者强令、指使、授意他人实施下列行为的，应当依照刑法第二百八十六条的规定，以破坏计算机信息系统罪论处：

（一）修改参数或者监测数据的；

（二）干扰采样，致使监测数据严重失真的；

（三）其他破坏环境质量监测系统的行为。

重点排污单位篡改、伪造自动监测数据或者干扰自动监测设施，排放化学需氧量、氨氮、二氧化硫、氮氧化物等污染物，同时构成污染环境罪和破坏计算机信息系统罪的，依照处罚较重的规定定罪处罚。

……

一百四十五、拒不履行信息网络安全管理义务案（刑法第二百八十六条之一）

◎ 刑法规定

第二百八十六条之一　【拒不履行信息网络安全管理义务罪】网络服务提供者不履行法律、行政法规规定的信息网络安全管理义务，经监管部门责令采取改正措施而拒不改正，有下列情形之一的，处三年以下有期徒刑、拘役或者管制，并处或者单处罚金：

（一）致使违法信息大量传播的；

（二）致使用户信息泄露，造成严重后果的；

（三）致使刑事案件证据灭失，情节严重的；

（四）有其他严重情节的。

单位犯前款罪的，对单位判处罚金，并对其直接负责的主管人员和其他直接责任人员，依照前款的规定处罚。

有前两款行为，同时构成其他犯罪的，依照处罚较重的规定定罪处罚。

◎ 立案追诉标准

网络服务提供者不履行法律、行政法规规定的信息网络安全管理义务，经监管部门责令采取改正措施而拒不改正，涉嫌下列情形之一的，应予立案追诉。

（一）拒不履行信息网络安全管理义务，具有下列情形之一的，应当认定为“致使违法信息大量传播”：

1. 致使传播违法视频文件二百个以上的；

2. 致使传播违法视频文件以外的其他违法信息二千个以上的；

3. 致使传播违法信息，数量虽未达到第 1 项、第 2 项规定标准，但是按相应比例折算合计达到有关数量标准的；

4. 致使向二千个以上用户账号传播违法信息的；

5. 致使利用群组成员账号数累计三千以上的通讯群组或者关注人员账号数累计三万以上的社交网络传播违法信息的；

6. 致使违法信息实际被点击数达到五万以上的；

7. 其他致使违法信息大量传播的情形。

（二）拒不履行信息网络安全管理义务，致使用户信息泄露，具有下列情形之一的，应当认定为“造成严重后果”：

1. 致使泄露行踪轨迹信息、通信内容、征信信息、财产信息五百条以上的；

2. 致使泄露住宿信息、通信记录、健康生理信息、交易信息等其他可能影响人身、财产安全的用户信息五千条以上的；

3. 致使泄露第 1 项、第 2 项规定以外的用户信息五万条以上的；

4. 数量虽未达到第 1 项至第 3 项规定标准，但是按相应比例折算合计达到有关数量标准的；

5. 造成他人死亡、重伤、精神失常或者被绑架等严重后果的；

6. 造成重大经济损失的；

7. 严重扰乱社会秩序的；

8. 造成其他严重后果的。

（三）拒不履行信息网络安全管理义务，致使影响定罪量刑的刑事案件证据灭失，具有下列情形之一的，应当认定为“情节严重”：

1. 造成危害国家安全犯罪、恐怖活动犯罪、黑社会性质组织犯罪、贪污贿赂犯罪案件的证据灭失的；

2. 造成可能判处五年有期徒刑以上刑罚犯罪案件的证据灭失的；

3. 多次造成刑事案件证据灭失的；

4. 致使刑事诉讼程序受到严重影响的；

5. 其他情节严重的情形。

（四）拒不履行信息网络安全管理义务，具有下列情形之一的，应当认定为“有其他严重情节”：

1. 对绝大多数用户日志未留存或者未落实真实身份信息认证义务的；

2. 二年内经多次责令改正拒不改正的；

3. 致使信息网络服务被主要用于违法犯罪的；

4. 致使信息网络服务、网络设施被用于实施网络攻击，严重影响生产、生活的；

5. 致使信息网络服务被用于实施危害国家安全犯罪、恐怖活动犯罪、黑社会性质组织犯罪、贪污贿赂犯罪或者其他重大犯罪的；

6. 致使国家机关或者通信、能源、交通、水利、金融、教育、医疗等领域提供公共服务的信息网络受到破坏，严重影响生产、生活的；

7. 其他严重违反信息网络安全管理义务的情形。

提供下列服务的单位和个人，应当认定为“网络服务提供者”：

（一）网络接入、域名注册解析等信息网络接入、计算、存储、传输服务；

（二）信息发布、搜索引擎、即时通讯、网络支付、网络预约、网络购物、网络游戏、网络直播、网站建设、安全防护、广告推广、应用商店等信息网络应用服务；

（三）利用信息网络提供的电子政务、通信、能源、交通、水利、金融、教育、医疗等公共服务。

“监管部门责令采取改正措施”，是指网信、电信、公安等依照法律、行政法规的规定承担信息网络安全监管职责的部门，以责令整改通知书或者其他文书形式，责令网络服务提供者采取改正措施。

多次拒不履行信息网络安全管理义务构成犯罪，依法应当追诉的，或者二年内多次实施拒不履行信息网络安全管理义务行为未经处理的，数量或者数额累计计算。

◎ 标准依据

《最高人民法院、最高人民检察院关于办理非法利用信息网络、帮助信息网络犯罪活动等刑事案件适用法律若干问题的解释》（2019 年 10 月 21 日　法释〔2019〕15 号）

第一、二、三、四、五、六、十六条（见附录）

[相关规范 1]《最高人民法院、最高人民检察院关于办理侵犯公民个人信息刑事案件适用法律若干问题的解释》（2017 年 5 月 8 日　法释〔2017〕10 号）

第九条　网络服务提供者拒不履行法律、行政法规规定的信息网络安全管理义务，经监管部门责令采取改正措施而拒不改正，致使用户的公民个人信息泄露，造成严重后果的，应当依照刑法第二百八十六条之一的规定，以拒不履行信息网络安全管理义务罪定罪处罚。

[相关规范 2]《最高人民法院、最高人民检察院、公安部关于办理电信网络诈骗等刑事案件适用法律若干问题的意见》（2016 年 12 月 19 日　法发〔2016〕32 号）

三、全面惩处关联犯罪

……

（六）网络服务提供者不履行法律、行政法规规定的信息网络安全管理义务，经监管部门责令采取改正措施而拒不改正，致使诈骗信息大量传播，或者用户信息泄露造成严重后果的，依照刑法第二百八十六条之一的规定，以拒不履行信息网络安全管理义务罪追究刑事责任。同时构成诈骗罪的，依照处罚较重的规定定罪处罚。

……

[相关规范 3] 最高人民法院、最高人民检察院、公安部、司法部《关于依法惩治妨害新型冠状病毒感染肺炎疫情防控违法犯罪的意见》（2020 年 2 月 6 日　法发〔2020〕7 号）

二、准确适用法律，依法严惩妨害疫情防控的各类违法犯罪

……

（六）依法严惩造谣传谣犯罪。

……

网络服务提供者不履行法律、行政法规规定的信息网络安全管理义务，经

监管部门责令采取改正措施而拒不改正，致使虚假疫情信息或者其他违法信息大量传播的，依照刑法第二百八十六条之一的规定，以拒不履行信息网络安全管理义务罪定罪处罚。

……

一百四十六、非法利用信息网络案（刑法第二百八十七条之一第一款、第二款）

◎ 刑法规定

第二百八十七条之一第一款、第二款　【非法利用信息网络罪】利用信息网络实施下列行为之一，情节严重的，处三年以下有期徒刑或者拘役，并处或者单处罚金：

（一）设立用于实施诈骗、传授犯罪方法、制作或者销售违禁物品、管制物品等违法犯罪活动的网站、通讯群组的；

（二）发布有关制作或者销售毒品、枪支、淫秽物品等违禁物品、管制物品或者其他违法犯罪信息的；

（三）为实施诈骗等违法犯罪活动发布信息的。

单位犯前款罪的，对单位判处罚金，并对其直接负责的主管人员和其他直接责任人员，依照第一款的规定处罚。

◎ 立案追诉标准

非法利用信息网络，涉嫌下列情形之一的，应予立案追诉：

（一）假冒国家机关、金融机构名义，设立用于实施违法犯罪活动的网站的。

（二）设立用于实施违法犯罪活动的网站，数量达到三个以上或者注册账号数累计达到二千以上的。

（三）设立用于实施违法犯罪活动的通讯群组，数量达到五个以上或者群组成员账号数累计达到一千以上的。

（四）发布有关违法犯罪的信息或者为实施违法犯罪活动发布信息，具有下列情形之一的：

1. 在网站上发布有关信息一百条以上的；

2. 向二千个以上用户账号发送有关信息的；

3. 向群组成员数累计达到三千以上的通讯群组发送有关信息的；

4. 利用关注人员账号数累计达到三万以上的社交网络传播有关信息的。

（五）违法所得一万元以上的。

（六）二年内曾因非法利用信息网络、帮助信息网络犯罪活动、危害计算机信息系统安全受过行政处罚，又非法利用信息网络的。

（七）其他情节严重的情形。

“违法犯罪”，包括犯罪行为和属于刑法分则规定的行为类型但尚未构成犯罪的违法行为。

以实施违法犯罪活动为目的而设立或者设立后主要用于实施违法犯罪活动的网站、通讯群组，应当认定为“用于实施诈骗、传授犯罪方法、制作或者销售违禁物品、管制物品等违法犯罪活动的网站、通讯群组”。

利用信息网络提供信息的链接、截屏、二维码、访问账号密码及其他指引访问服务的，应当认定为“发布信息”。

多次非法利用信息网络构成犯罪，依法应当追诉的，或者二年内多次实施非法利用信息网络行为未经处理的，数量或者数额累计计算。

◎ 标准依据

《最高人民法院、最高人民检察院关于办理非法利用信息网络、帮助信息网络犯罪活动等刑事案件适用法律若干问题的解释》（2019 年 10 月 21 日　法释〔2019〕15 号）

第七、八、九、十、十六条（见附录）

［相关规范 1］《最高人民法院关于审理毒品犯罪案件适用法律若干问题的解释》（2016 年 4 月 6 日　法释〔2016〕8 号）

第十四条　利用信息网络，设立用于实施传授制造毒品、非法生产制毒物品的方法，贩卖毒品，非法买卖制毒物品或者组织他人吸食、注射毒品等违法犯罪活动的网站、通讯群组，或者发布实施前述违法犯罪活动的信息，情节严重的，应当依照刑法第二百八十七条之一的规定，以非法利用信息网络罪定罪处罚。

实施刑法第二百八十七条之一、第二百八十七条之二规定的行为，同时构成贩卖毒品罪、非法买卖制毒物品罪、传授犯罪方法罪等犯罪的，依照处罚较重的规定定罪处罚。

［相关规范 2］《最高人民法院、最高人民检察院关于办理侵犯公民个人信息刑事案件适用法律若干问题的解释》（2017 年 5 月 8 日　法释〔2017〕10 号）

第八条　设立用于实施非法获取、出售或者提供公民个人信息违法犯罪活动的网站、通讯群组，情节严重的，应当依照刑法第二百八十七条之一的规定，以非法利用信息网络罪定罪处罚；同时构成侵犯公民个人信息罪的，依照侵犯公民个人信息罪定罪处罚。

［相关规范3］**《最高人民法院、最高人民检察院关于办理组织、强迫、引诱、容留、介绍卖淫刑事案件适用法律若干问题的解释》**（2017年7月21日 法释〔2017〕13号）

第八条第二款 利用信息网络发布招嫖违法信息，情节严重的，依照刑法第二百八十七条之一的规定，以非法利用信息网络罪定罪处罚。同时构成介绍卖淫罪的，依照处罚较重的规定定罪处罚。

［相关规范4］**《最高人民法院、最高人民检察院、公安部关于办理电信网络诈骗等刑事案件适用法律若干问题的意见》**（2016年12月19日 法发〔2016〕32号）

三、全面惩处关联犯罪

……

（七）实施刑法第二百八十七条之一、第二百八十七条之二规定之行为，构成非法利用信息网络罪、帮助信息网络犯罪活动罪，同时构成诈骗罪的，依照处罚较重的规定定罪处罚。

……

一百四十七、帮助信息网络犯罪活动案（刑法第二百八十七条之二第一款、第二款）

◎ 刑法规定

第二百八十七条之二第一款、第二款 【帮助信息网络犯罪活动罪】明知他人利用信息网络实施犯罪，为其犯罪提供互联网接入、服务器托管、网络存储、通讯传输等技术支持，或者提供广告推广、支付结算等帮助，情节严重的，处三年以下有期徒刑或者拘役，并处或者单处罚金。

单位犯前款罪的，对单位判处罚金，并对其直接负责的主管人员和其他直接责任人员，依照第一款的规定处罚。

◎ 立案追诉标准

明知他人利用信息网络实施犯罪，为其犯罪提供帮助，涉嫌下列情形之一的，应予立案追诉：

（一）为三个以上对象提供帮助的；

（二）支付结算金额二十万元以上的；

（三）以投放广告等方式提供资金五万元以上的；

（四）违法所得一万元以上的；

（五）二年内曾因非法利用信息网络、帮助信息网络犯罪活动、危害计算机信息系统安全受过行政处罚，又帮助信息网络犯罪活动的；

（六）被帮助对象实施的犯罪造成严重后果的；

（七）其他情节严重的情形。

实施上述行为，确因客观条件限制无法查证被帮助对象是否达到犯罪的程度，但相关数额总计达到前款第（二）项至第（四）项规定标准五倍以上，或者造成特别严重后果的，应当以帮助信息网络犯罪活动罪追究行为人的刑事责任。

多次帮助信息网络犯罪活动构成犯罪，依法应当追诉的，或者二年内多次实施帮助信息网络犯罪行为未经处理的，数量或者数额累计计算。

为他人实施犯罪提供技术支持或者帮助，具有下列情形之一的，可以认定行为人明知他人利用信息网络实施犯罪，但是有相反证据的除外：

（一）经监管部门告知后仍然实施有关行为的；

（二）接到举报后不履行法定管理职责的；

（三）交易价格或者方式明显异常的；

（四）提供专门用于违法犯罪的程序、工具或者其他技术支持、帮助的；

（五）频繁采用隐蔽上网、加密通信、销毁数据等措施或者使用虚假身份，逃避监管或者规避调查的；

（六）为他人逃避监管或者规避调查提供技术支持、帮助的；

（七）其他足以认定行为人明知的情形。

◎ 标准依据

《最高人民法院、最高人民检察院关于办理非法利用信息网络、帮助信息网络犯罪活动等刑事案件适用法律若干问题的解释》（2019年10月21日　法释〔2019〕15号）（见附录）第十一条、第十二条、第十六条

一百四十八、扰乱无线电通讯管理秩序案（刑法第二百八十八条）

◎ 刑法规定

第二百八十八条　【扰乱无线电通讯管理秩序罪】违反国家规定，擅自设

置、使用无线电台（站），或者擅自使用无线电频率，干扰无线电通讯秩序，情节严重的，处三年以下有期徒刑、拘役或者管制，并处或者单处罚金；情节特别严重的，处三年以上七年以下有期徒刑，并处罚金。

单位犯前款罪的，对单位判处罚金，并对其直接负责的主管人员和其他直接责任人员，依照前款的规定处罚。

◎ 立案追诉标准

违反国家规定，擅自设置、使用无线电台（站），或者擅自使用无线电频率，干扰无线电通讯秩序，涉嫌下列情形之一的，应予立案追诉：

（一）影响航天器、航空器、铁路机车、船舶专用无线电导航、遇险救助和安全通信等涉及公共安全的无线电频率正常使用的；

（二）自然灾害、事故灾难、公共卫生事件、社会安全事件等突发事件期间，在事件发生地使用“黑广播”“伪基站”的；

（三）举办国家或者省级重大活动期间，在活动场所及周边使用“黑广播”“伪基站”的；

（四）同时使用三个以上“黑广播”“伪基站”的；

（五）“黑广播”的实测发射功率五百瓦以上，或者覆盖范围十公里以上的；

（六）使用“伪基站”发送诈骗、赌博、招嫖、木马病毒、钓鱼网站链接等违法犯罪信息，数量在五千条以上，或者销毁发送数量等记录的；

（七）雇佣、指使未成年人、残疾人等特定人员使用“伪基站”的；

（八）违法所得三万元以上的；

（九）曾因扰乱无线电通讯管理秩序受过刑事处罚，或者二年内曾因扰乱无线电通讯管理秩序受过行政处罚，又实施刑法第二百八十八条规定的行为的；

（十）其他情节严重的情形。

具有下列情形之一的，应当认定为“擅自设置、使用无线电台（站），或者擅自使用无线电频率，干扰无线电通讯秩序，”：

（一）未经批准设置无线电广播电台（以下简称“黑广播”），非法使用广播电视专用频段的频率的；

（二）未经批准设置通信基站（以下简称“伪基站”），强行向不特定用户发送信息，非法使用公众移动通信频率的；

（三）未经批准使用卫星无线电频率的；

（四）非法设置、使用无线电干扰器的；

（五）其他擅自设置、使用无线电台（站），或者擅自使用无线电频率，干扰无线电通讯秩序的情形。

◎ 标准依据

《最高人民法院、最高人民检察院关于办理扰乱无线电通讯管理秩序等刑事案件适用法律若干问题的解释》（2017年6月27日　法释〔2017〕11号）

第一条　具有下列情形之一的，应当认定为刑法第二百八十八条第一款规定的“擅自设置、使用无线电台（站），或者擅自使用无线电频率，干扰无线电通讯秩序”：

（一）未经批准设置无线电广播电台（以下简称“黑广播”），非法使用广播电视专用频段的频率的；

（二）未经批准设置通信基站（以下简称“伪基站”），强行向不特定用户发送信息，非法使用公众移动通信频率的；

（三）未经批准使用卫星无线电频率的；

（四）非法设置、使用无线电干扰器的；

（五）其他擅自设置、使用无线电台（站），或者擅自使用无线电频率，干扰无线电通讯秩序的情形。

第二条　违反国家规定，擅自设置、使用无线电台（站），或者擅自使用无线电频率，干扰无线电通讯秩序，具有下列情形之一的，应当认定为刑法第二百八十八条第一款规定的“情节严重”：

（一）影响航天器、航空器、铁路机车、船舶专用无线电导航、遇险救助和安全通信等涉及公共安全的无线电频率正常使用的；

（二）自然灾害、事故灾难、公共卫生事件、社会安全事件等突发事件期间，在事件发生地使用“黑广播”“伪基站”的；

（三）举办国家或者省级重大活动期间，在活动场所及周边使用“黑广播”“伪基站”的；

（四）同时使用三个以上“黑广播”“伪基站”的；

（五）“黑广播”的实测发射功率五百瓦以上，或者覆盖范围十公里以上的；

（六）使用“伪基站”发送诈骗、赌博、招嫖、木马病毒、钓鱼网站链接等违法犯罪信息，数量在五千条以上，或者销毁发送数量等记录的；

（七）雇佣、指使未成年人、残疾人等特定人员使用“伪基站”的；

（八）违法所得三万元以上的；

（九）曾因扰乱无线电通讯管理秩序受过刑事处罚，或者二年内曾因扰乱无线电通讯管理秩序受过行政处罚，又实施刑法第二百八十八条规定的行为的；

（十）其他情节严重的情形。

一百四十九、编造、故意传播虚假恐怖信息案（刑法第二百九十一条之一第一款）

◎ 刑法规定

第二百九十一条之一第一款　【投放虚假危险物质罪】【编造、故意传播虚假恐怖信息罪】投放虚假的爆炸性、毒害性、放射性、传染病病原体等物质，或者编造爆炸威胁、生化威胁、放射威胁等恐怖信息，或者明知是编造的恐怖信息而故意传播，严重扰乱社会秩序的，处五年以下有期徒刑、拘役或者管制；造成严重后果的，处五年以上有期徒刑。

◎ 立案追诉标准

编造、故意传播虚假恐怖信息，涉嫌下列情形之一的，应予立案追诉：

（一）致使机场、车站、码头、商场、影剧院、运动场馆等人员密集场所秩序混乱，或者采取紧急疏散措施的；

（二）影响航空器、列车、船舶等大型客运交通工具正常运行的；

（三）致使国家机关、学校、医院、厂矿企业等单位的工作、生产、经营、教学、科研等活动中断的；

（四）造成行政村或者社区居民生活秩序严重混乱的；

（五）致使公安、武警、消防、卫生检疫等职能部门采取紧急应对措施的；

（六）其他严重扰乱社会秩序的。

“虚假恐怖信息”，是指以发生爆炸威胁、生化威胁、放射威胁、劫持航空器威胁、重大灾情、重大疫情等严重威胁公共安全的事件为内容，可能引起社会恐慌或者公共安全危机的不真实信息。

◎ 标准依据

《最高人民法院关于审理编造、故意传播虚假恐怖信息刑事案件适用法律若干问题的解释》（2013 年 9 月 18 日　法释〔2013〕24 号）

第二条　编造、故意传播虚假恐怖信息，具有下列情形之一的，应当认定为刑法第二百九十一条之一的“严重扰乱社会秩序”：

（一）致使机场、车站、码头、商场、影剧院、运动场馆等人员密集场所秩序混乱，或者采取紧急疏散措施的；

（二）影响航空器、列车、船舶等大型客运交通工具正常运行的；

（三）致使国家机关、学校、医院、厂矿企业等单位的工作、生产、经营、教学、科研等活动中断的；

（四）造成行政村或者社区居民生活秩序严重混乱的；

（五）致使公安、武警、消防、卫生检疫等职能部门采取紧急应对措施的；

（六）其他严重扰乱社会秩序的。

第六条 本解释所称的“虚假恐怖信息”，是指以发生爆炸威胁、生化威胁、放射威胁、劫持航空器威胁、重大灾情、重大疫情等严重威胁公共安全的事件为内容，可能引起社会恐慌或者公共安全危机的不真实信息。

一百五十、聚众斗殴案（刑法第二百九十二条第一款）

◎ 刑法规定

第二百九十二条第一款　【聚众斗殴罪】 聚众斗殴的，对首要分子和其他积极参加的，处三年以下有期徒刑、拘役或者管制；有下列情形之一的，对首要分子和其他积极参加的，处三年以上十年以下有期徒刑：

（一）多次聚众斗殴的；

（二）聚众斗殴人数多，规模大，社会影响恶劣的；

（三）在公共场所或者交通要道聚众斗殴，造成社会秩序严重混乱的；

（四）持械聚众斗殴的。

◎ 立案追诉标准

组织、策划、指挥或者积极参加聚众斗殴的，应予立案追诉。

◎ 标准依据

《最高人民检察院、公安部关于公安机关管辖的刑事案件立案追诉标准的规定（一）》（2008 年 6 月 25 日　公通字〔2008〕36 号）

第三十六条（见附录）

一百五十一、寻衅滋事案（刑法第二百九十三条）

◎ 刑法规定

第二百九十三条　【寻衅滋事罪】有下列寻衅滋事行为之一，破坏社会秩序的，处五年以下有期徒刑、拘役或者管制：

（一）随意殴打他人，情节恶劣的；

（二）追逐、拦截、辱骂、恐吓他人，情节恶劣的；

（三）强拿硬要或者任意损毁、占用公私财物，情节严重的；

（四）在公共场所起哄闹事，造成公共场所秩序严重混乱的。

纠集他人多次实施前款行为，严重破坏社会秩序的，处五年以上十年以下有期徒刑，可以并处罚金。

◎ 立案追诉标准

随意殴打他人，破坏社会秩序，涉嫌下列情形之一的，应予立案追诉：

（一）致一人以上轻伤或者二人以上轻微伤的；

（二）引起他人精神失常、自杀等严重后果的；

（三）多次随意殴打他人的；

（四）持凶器随意殴打他人的；

（五）随意殴打精神病人、残疾人、流浪乞讨人员、老年人、孕妇、未成年人，造成恶劣社会影响的；

（六）在公共场所随意殴打他人，造成公共场所秩序严重混乱的；

（七）其他情节恶劣的情形。

追逐、拦截、辱骂、恐吓他人，破坏社会秩序，涉嫌下列情形之一的，应予立案追诉：

（一）多次追逐、拦截、辱骂、恐吓他人，造成恶劣社会影响的；

（二）持凶器追逐、拦截、辱骂、恐吓他人的；

（三）追逐、拦截、辱骂、恐吓精神病人、残疾人、流浪乞讨人员、老年人、孕妇、未成年人，造成恶劣社会影响的；

（四）引起他人精神失常、自杀等严重后果的；

（五）严重影响他人的工作、生活、生产、经营的；

（六）其他情节恶劣的情形。

强拿硬要或者任意损毁、占用公私财物，破坏社会秩序，涉嫌下列情形之一的，应予立案追诉：

（一）强拿硬要公私财物价值一千元以上，或者任意损毁、占用公私财物价值二千元以上的；

（二）多次强拿硬要或者任意损毁、占用公私财物，造成恶劣社会影响的；

（三）强拿硬要或者任意损毁、占用精神病人、残疾人、流浪乞讨人员、老年人、孕妇、未成年人的财物，造成恶劣社会影响的；

（四）引起他人精神失常、自杀等严重后果的；

（五）严重影响他人的工作、生活、生产、经营的；

（六）其他情节严重的情形。

在车站、码头、机场、医院、商场、公园、影剧院、展览会、运动场或者其他公共场所起哄闹事，应当根据公共场所的性质、公共活动的重要程度、公共场所的人数、起哄闹事的时间、公共场所受影响的范围与程度等因素，综合判断是否造成公共场所秩序严重混乱。

◎ 标准依据

《最高人民检察院、公安部关于公安机关管辖的刑事案件立案追诉标准的规定（一）的补充规定》（2017年4月27日　公通字〔2017〕12号）

八、（见附录）

［相关规范1］《最高人民法院关于审理未成年人刑事案件具体应用法律若干问题的解释》（2006年1月11日　法释〔2006〕1号）

第八条　已满十六周岁不满十八周岁的人出于以大欺小、以强凌弱或者寻求精神刺激，随意殴打其他未成年人、多次对其他未成年人强拿硬要或者任意损毁公私财物，扰乱学校及其他公共场所秩序，情节严重的，以寻衅滋事罪定罪处罚。

［相关规范2］《最高人民法院、最高人民检察院关于办理利用信息网络实施诽谤等刑事案件适用法律若干问题的解释》（2013年9月6日　法释〔2013〕21号）

第五条　利用信息网络辱骂、恐吓他人，情节恶劣，破坏社会秩序的，依照刑法第二百九十三条第一款第（二）项的规定，以寻衅滋事罪定罪处罚。

编造虚假信息，或者明知是编造的虚假信息，在信息网络上散布，或者组织、指使人员在信息网络上散布，起哄闹事，造成公共秩序严重混乱的，依照刑法第二百九十三条第一款第（四）项的规定，以寻衅滋事罪定罪处罚。

［相关规范3］《最高人民法院、最高人民检察院、公安部关于依法惩治妨害公共交通工具安全驾驶违法犯罪行为的指导意见》（2019年1月8日　公通字〔2019〕1号）

一、准确认定行为性质，依法从严惩处妨害安全驾驶犯罪

……

（二）乘客在公共交通工具行驶过程中，随意殴打其他乘客，追逐、辱骂他人，或者起哄闹事，妨害公共交通工具运营秩序，符合刑法第二百九十三条规定的，以寻衅滋事罪定罪处罚；妨害公共交通工具安全行驶，危害公共安全的，依照刑法第一百一十四条、第一百一十五条第一款的规定，以以危险方法危害公共安全罪定罪处罚。

……

［相关规范4］《最高人民法院、最高人民检察院关于办理妨害预防、控制突发传染病疫情等灾害的刑事案件具体应用法律若干问题的解释》（2003年5月14日　法释〔2003〕8号）

第十一条　在预防、控制突发传染病疫情等灾害期间，强拿硬要或者任意损毁、占用公私财物情节严重，或者在公共场所起哄闹事，造成公共场所秩序严重混乱的，依照刑法第二百九十三条的规定，以寻衅滋事罪定罪，依法从重处罚。

［相关规范5］最高人民法院、最高人民检察院、公安部、司法部《关于依法惩治妨害新型冠状病毒感染肺炎疫情防控违法犯罪的意见》（2020年2月6日　法发〔2020〕7号）

二、准确适用法律，依法严惩妨害疫情防控的各类违法犯罪

……

（二）依法严惩暴力伤医犯罪。

……

随意殴打医务人员，情节恶劣的，依照刑法第二百九十三条的规定，以寻衅滋事罪定罪处罚。

采取暴力或者其他方法公然侮辱、恐吓医务人员，符合刑法第二百四十六条、第二百九十三条规定的，以侮辱罪或者寻衅滋事罪定罪处罚。

……

［相关规范6］《最高人民法院、最高人民检察院、公安部、司法部、国家卫生和计划生育委员会关于依法惩处涉医违法犯罪维护正常医疗秩序的意见》（2014年4月22日　法发〔2014〕5号）

二、严格依法惩处涉医违法犯罪

……

（四）公然侮辱、恐吓医务人员的，依照治安管理处罚法第四十二条的规定处罚；采取暴力或者其他方法公然侮辱、恐吓医务人员情节严重（恶劣），构成侮辱罪、寻衅滋事罪的，依照刑法的有关规定定罪处罚。

……

一百五十二、非法集会、游行、示威案（刑法第二百九十六条）

◎ 刑法规定

第二百九十六条 【非法集会、游行、示威罪】举行集会、游行、示威，未依照法律规定申请或者申请未获许可，或者未按照主管机关许可的起止时间、地点、路线进行，又拒不服从解散命令，严重破坏社会秩序的，对集会、游行、示威的负责人和直接责任人员，处五年以下有期徒刑、拘役、管制或者剥夺政治权利。

◎ 立案追诉标准

举行集会、游行、示威，未依照法律规定申请或者申请未获许可，或者未按照主管机关许可的起止时间、地点、路线进行，又拒不服从解散命令，严重破坏社会秩序的，应予立案追诉。

◎ 标准依据

《最高人民检察院、公安部关于公安机关管辖的刑事案件立案追诉标准的规定（一）》（2008年6月25日 公通字〔2008〕36号）

第三十八条（见附录）

一百五十三、非法携带武器、管制刀具、爆炸物参加集会、游行、示威案（刑法第二百九十七条）

◎ 刑法规定

第二百九十七条 【非法携带武器、管制刀具、爆炸物参加集会、游行、示威罪】违反法律规定，携带武器、管制刀具或者爆炸物参加集会、游行、示威的，处三年以下有期徒刑、拘役、管制或者剥夺政治权利。

◎ 立案追诉标准

违反法律规定，携带武器、管制刀具或者爆炸物参加集会、游行、示威的，应予立案追诉。

◎ 标准依据

《最高人民检察院、公安部关于公安机关管辖的刑事案件立案追诉标准的规定（一）》（2008年6月25日 公通字〔2008〕36号）

第三十九条（见附录）

一百五十四、破坏集会、游行、示威案（刑法第二百九十八条）

◎ 刑法规定

第二百九十八条 【破坏集会、游行、示威罪】 扰乱、冲击或者以其他方法破坏依法举行的集会、游行、示威，造成公共秩序混乱的，处五年以下有期徒刑、拘役、管制或者剥夺政治权利。

◎ 立案追诉标准

扰乱、冲击或者以其他方法破坏依法举行的集会、游行、示威，造成公共秩序混乱的，应予立案追诉。

◎ 标准依据

《最高人民检察院、公安部关于公安机关管辖的刑事案件立案追诉标准的规定（一）》（2008年6月25日 公通字〔2008〕36号）

第四十条（见附录）

一百五十五、组织、利用邪教组织破坏法律实施案（刑法第三百条第一款）

◎ 刑法规定

第三百条第一款 【组织、利用会道门、邪教组织、利用迷信破坏法律实施罪】 组织、利用会道门、邪教组织或者利用迷信破坏国家法律、行政法规实施的，处三年以上七年以下有期徒刑，并处罚金；情节特别严重的，处七年以上有期徒刑或者无期徒刑，并处罚金或者没收财产；情节较轻的，处三年以下有期徒刑、拘役、管制或者剥夺政治权利，并处或者单处罚金。

◎ 立案追诉标准

（一）组织、利用邪教组织，破坏国家法律、行政法规实施，具有下列情形之一，社会危害较轻的，应予立案追诉：

1. 建立邪教组织，或者邪教组织被取缔后又恢复、另行建立邪教组织的；

2. 聚众包围、冲击、强占、哄闹国家机关、企业事业单位或者公共场所、宗教活动场所，扰乱社会秩序的；

3. 非法举行集会、游行、示威，扰乱社会秩序的；

4. 使用暴力、胁迫或者以其他方法强迫他人加入或者阻止他人退出邪教组织的；

5. 组织、煽动、蒙骗成员或者他人不履行法定义务的；

6. 使用“伪基站”“黑广播”等无线电台（站）或者无线电频率宣扬邪教的；

7. 曾因从事邪教活动被追究刑事责任或者二年内受过行政处罚，又从事邪教活动的；

（二）组织、利用邪教组织，破坏国家法律、行政法规实施，具有下列情形之一的，应予立案追诉：

1. 发展邪教组织成员十人以上的；

2. 敛取钱财或者造成经济损失二十万元以上的；

3. 以货币为载体宣扬邪教，数量在一百张（枚）以上的；

4. 制作、传播邪教宣传品，达到下列数量标准之一的：

（1）传单、喷图、图片、标语、报纸二百份（张）以上的；

（2）书籍、刊物五十册以上的；

（3）录音带、录像带等音像制品五十盒（张）以上的；

（4）标识、标志物五十件以上的；

（5）光盘、U 盘、储存卡、移动硬盘等移动存储介质二十个以上的；

（6）横幅、条幅十条（个）以上的。

5. 利用通讯信息网络宣扬邪教，具有下列情形之一的：

（1）制作、传播宣扬邪教的电子图片、文章四十张（篇）以上，电子书籍、刊物、音视频十册（个）以上，或者电子文档一百万字符以上、电子音视频五十分钟以上的；

（2）编发信息、拨打电话二百条（次）以上的；

（3）利用在线人数累计达到二百以上的聊天室，或者利用群组成员、关注人员等账号数累计二百以上的通讯群组、微信、微博等社交网络宣扬邪教的；

（4）邪教信息实际被点击、浏览数达到一千次以上的。

（三）组织、利用邪教组织，破坏国家法律、行政法规实施，其他情节较轻的情形。

◎ 标准依据

《最高人民法院、最高人民检察院关于办理组织、利用邪教组织破坏法律实施等刑事案件适用法律若干问题的解释》（2017年1月25日　法释〔2017〕3号）

第二条　组织、利用邪教组织，破坏国家法律、行政法规实施，具有下列情形之一的，应当依照刑法第三百条第一款的规定，处三年以上七年以下有期徒刑，并处罚金：

（一）建立邪教组织，或者邪教组织被取缔后又恢复、另行建立邪教组织的；

（二）聚众包围、冲击、强占、哄闹国家机关、企业事业单位或者公共场所、宗教活动场所，扰乱社会秩序的；

（三）非法举行集会、游行、示威，扰乱社会秩序的；

（四）使用暴力、胁迫或者以其他方法强迫他人加入或者阻止他人退出邪教组织的；

（五）组织、煽动、蒙骗成员或者他人不履行法定义务的；

（六）使用“伪基站”“黑广播”等无线电台（站）或者无线电频率宣扬邪教的；

（七）曾因从事邪教活动被追究刑事责任或者二年内受过行政处罚，又从事邪教活动的；

（八）发展邪教组织成员五十人以上的；

（九）敛取钱财或者造成经济损失一百万元以上的；

（十）以货币为载体宣扬邪教，数量在五百张（枚）以上的；

（十一）制作、传播邪教宣传品，达到下列数量标准之一的：

1. 传单、喷图、图片、标语、报纸一千份（张）以上的；

2. 书籍、刊物二百五十册以上的；

3. 录音带、录像带等音像制品二百五十盒（张）以上的；

4. 标识、标志物二百五十件以上的；

5. 光盘、U盘、储存卡、移动硬盘等移动存储介质一百个以上的；

6. 横幅、条幅五十条（个）以上的。

（十二）利用通讯信息网络宣扬邪教，具有下列情形之一的：

1. 制作、传播宣扬邪教的电子图片、文章二百张（篇）以上，电子书籍、刊物、音视频五十册（个）以上，或者电子文档五百万字符以上、电子音视频二百五十分钟以上的；

2. 编发信息、拨打电话一千条（次）以上的；

3. 利用在线人数累计达到一千以上的聊天室，或者利用群组成员、关注人员等账号数累计一千以上的通讯群组、微信、微博等社交网络宣扬邪教的；

4. 邪教信息实际被点击、浏览数达到五千次以上的。

（十三）其他情节严重的情形。

第四条 组织、利用邪教组织，破坏国家法律、行政法规实施，具有下列情形之一的，应当认定为刑法第三百条第一款规定的“情节较轻”，处三年以下有期徒刑、拘役、管制或者剥夺政治权利，并处或者单处罚金：

（一）实施本解释第二条第一项至第七项规定的行为，社会危害较轻的；

（二）实施本解释第二条第八项至第十二项规定的行为，数量或者数额达到相应标准五分之一以上的；

（三）其他情节较轻的情形。

◎ 特别说明

本案的立案追诉标准是笔者依照《最高人民法院、最高人民检察院关于办理组织、利用邪教组织破坏法律实施等刑事案件适用法律若干问题的解释》第二条和第四条的规定归纳整理而成。

一百五十六、聚众淫乱案（刑法第三百零一条第一款）

◎ 刑法规定

第三百零一条 **【聚众淫乱罪】**聚众进行淫乱活动的，对首要分子或者多次参加的，处五年以下有期徒刑、拘役或者管制。

【引诱未成年人聚众淫乱罪】引诱未成年人参加聚众淫乱活动的，依照前款的规定从重处罚。

◎ 立案追诉标准

组织、策划、指挥三人以上进行淫乱活动或者参加聚众淫乱活动三次以上的，应予立案追诉。

◎ 标准依据

《最高人民检察院、公安部关于公安机关管辖的刑事案件立案追诉标准的规定（一）》（2008年6月25日　公通字〔2008〕36号）

第四十一条（见附录）

一百五十七、引诱未成年人聚众淫乱案（刑法第三百零一条第二款）

◎ 刑法规定

（参见本书“一百五十六、聚众淫乱案”）

◎ 立案追诉标准

引诱未成年人参加聚众淫乱活动的，应予立案追诉。

◎ 标准依据

《最高人民检察院、公安部关于公安机关管辖的刑事案件立案追诉标准的规定（一）》（2008年6月25日　公通字〔2008〕36号）

第四十二条（见附录）

一百五十八、赌博案（刑法第三百零三条第一款）

◎ 刑法规定

第三百零三条第一款　**【赌博罪】**以营利为目的，聚众赌博或者以赌博为业的，处三年以下有期徒刑、拘役或者管制，并处罚金。

◎ 立案追诉标准

以营利为目的，聚众赌博，涉嫌下列情形之一的，应予立案追诉：

（一）组织三人以上赌博，抽头渔利数额累计五千元以上的；

（二）组织三人以上赌博，赌资数额累计五万元以上；

（三）组织三人以上赌博，参赌人数累计二十人以上的；

（四）组织中华人民共和国公民十人以上赴境外赌博，从中收取回扣、介绍费的；

（五）其他聚众赌博应予追究刑事责任的情形。

以营利为目的，以赌博为业的，应予立案追诉。

赌博犯罪中用作赌注的款物、换取筹码的款物和通过赌博赢取的款物属于赌资。通过计算机网络实施赌博犯罪的，赌资数额可以按照在计算机网络上投注或者赢取的点数乘以每一点实际代表的金额认定。

◎ 标准依据

《最高人民检察院、公安部关于公安机关管辖的刑事案件立案追诉标准的规定（一）》（2008年6月25日　公通字〔2008〕36号）

第四十三条（见附录）

［**相关规范**］**《最高人民法院关于对设置圈套诱骗他人参赌又向索还钱财的受骗者施以暴力或暴力威胁的行为应如何定罪问题的批复》**（1995年11月6日　法复〔1995〕8号）

行为人设置圈套诱骗他人参赌获取钱财，属赌博行为，构成犯罪的，应当以赌博罪定罪处罚。参赌者识破骗局要求退还所输钱财，设赌者又使用暴力或者以暴力相威胁，拒绝退还的，应以赌博罪从重处罚；致参赌者伤害或者死亡的，应以赌博罪和故意伤害罪或者故意杀人罪，依法实行数罪并罚。

一百五十九、开设赌场案（刑法第三百零三条第二款）

◎ 刑法规定

第三百零三条第二款　【开设赌场罪】开设赌场的，处五年以下有期徒刑、拘役或者管制，并处罚金；情节严重的，处五年以上十年以下有期徒刑，并处罚金。

◎ 立案追诉标准

（一）开设赌场的，应予立案追诉。

在计算机网络上建立赌博网站，或者为赌博网站担任代理，接受投注的，属于本条规定的“开设赌场”。

（二）明知是赌博网站，而为其提供下列服务或者帮助的，应予立案追诉：

1. 为赌博网站提供互联网接入、服务器托管、网络存储空间、通讯传输通道、投放广告、发展会员、软件开发、技术支持等服务，收取服务费数额在2万元以上的；

2. 为赌博网站提供资金支付结算服务，收取服务费数额在1万元以上或者帮助收取赌资20万元以上的；

3. 为10个以上赌博网站投放与网址、赔率等信息有关的广告或者为赌博网站投放广告累计100条以上的。

（三）设置赌博机组织赌博活动，涉嫌下列情形之一的，应予立案追诉：

1. 设置赌博机10台以上的；

2. 设置赌博机2台以上，容留未成年人赌博的；

3. 在中小学校附近设置赌博机2台以上的；

4. 违法所得累计达到5000元以上的；

5. 赌资数额累计达到5万元以上的；

6. 参赌人数累计达到20人以上的；

7. 因设置赌博机被行政处罚后，两年内再设置赌博机5台以上的；

8. 因赌博、开设赌场犯罪被刑事处罚后，五年内再设置赌博机5台以上的；

9. 其他应当追究刑事责任的情形。

◎ 标准依据

《最高人民检察院、公安部关于公安机关管辖的刑事案件立案追诉标准的规定（一）》（2008年6月25日　公通字〔2008〕36号）

第四十四条（见附录）

《最高人民法院、最高人民检察院、公安部关于办理网络赌博犯罪案件适用法律若干问题的意见》（2010年8月31日　公通字〔2010〕40号）

一、关于网上开设赌场犯罪的定罪量刑标准

利用互联网、移动通讯终端等传输赌博视频、数据，组织赌博活动，具有下列情形之一的，属于刑法第三百零三条第二款规定的“开设赌场”行为：

（一）建立赌博网站并接受投注的；

（二）建立赌博网站并提供给他人组织赌博的；

（三）为赌博网站担任代理并接受投注的；

（四）参与赌博网站利润分成的。

……

二、关于网上开设赌场共同犯罪的认定和处罚

明知是赌博网站，而为其提供下列服务或者帮助的，属于开设赌场罪的共同犯罪，依照刑法第三百零三条第二款的规定处罚：

（一）为赌博网站提供互联网接入、服务器托管、网络存储空间、通讯传输通道、投放广告、发展会员、软件开发、技术支持等服务，收取服务费数额在2万元以上的；

（二）为赌博网站提供资金支付结算服务，收取服务费数额在1万元以上或者帮助收取赌资20万元以上的；

（三）为10个以上赌博网站投放与网址、赔率等信息有关的广告或者为赌博网站投放广告累计100条以上的。

……

实施本条第一款规定的行为，具有下列情形之一的，应当认定行为人“明知”，但是有证据证明确实不知道的除外：

（一）收到行政主管机关书面等方式的告知后，仍然实施上述行为的；

（二）为赌博网站提供互联网接入、服务器托管、网络存储空间、通讯传输通道、投放广告、软件开发、技术支持、资金支付结算等服务，收取服务费明显异常的；

（三）在执法人员调查时，通过销毁、修改数据、账本等方式故意规避调查或者向犯罪嫌疑人通风报信的；

（四）其他有证据证明行为人明知的。

……

《最高人民法院、最高人民检察院、公安部关于办理利用赌博机开设赌场案件适用法律若干问题的意见》（2014年3月26日　公通字〔2014〕17号）

二、关于利用赌博机开设赌场的定罪处罚标准

设置赌博机组织赌博活动，具有下列情形之一的，应当按照刑法第三百零三条第二款规定的开设赌场罪定罪处罚：

（一）设置赌博机10台以上的；

（二）设置赌博机2台以上，容留未成年人赌博的；

（三）在中小学校附近设置赌博机2台以上的；

（四）违法所得累计达到5000元以上的；

（五）赌资数额累计达到5万元以上的；

（六）参赌人数累计达到20人以上的；

（七）因设置赌博机被行政处罚后，两年内再设置赌博机5台以上的；

（八）因赌博、开设赌场犯罪被刑事处罚后，五年内再设置赌博机5台以上的；

（九）其他应当追究刑事责任的情形。

……

可同时供多人使用的赌博机，台数按照能够独立供一人进行赌博活动的操作基本单元的数量认定。

在两个以上地点设置赌博机，赌博机的数量、违法所得、赌资数额、参赌人数等均合并计算。

三、关于共犯的认定

明知他人利用赌博机开设赌场，具有下列情形之一的，以开设赌场罪的共犯论处：

（一）提供赌博机、资金、场地、技术支持、资金结算服务的；

（二）受雇参与赌场经营管理并分成的；

（三）为开设赌场者组织客源，收取回扣、手续费的；

（四）参与赌场管理并领取高额固定工资的；

（五）提供其他直接帮助的。

一百六十、故意延误投递邮件案（刑法第三百零四条）

◎ 刑法规定

第三百零四条　【故意延误投递邮件罪】邮政工作人员严重不负责任，故意延误投递邮件，致使公共财产、国家和人民利益遭受重大损失的，处二年以下有期徒刑或者拘役。

◎ 立案追诉标准

邮政工作人员严重不负责任，故意延误投递邮件，涉嫌下列情形之一的，应予立案追诉：

（一）造成直接经济损失二万元以上的；

（二）延误高校录取通知书或者其他重要邮件投递，致使他人失去高校录取资格或者造成其他无法挽回的重大损失的；

（三）严重损害国家声誉或者造成恶劣社会影响的；

（四）其他致使公共财产、国家和人民利益遭受重大损失的情形。

◎ 标准依据

《最高人民检察院、公安部关于公安机关管辖的刑事案件立案追诉标准的规定（一）》（2008 年 6 月 25 日 公通字〔2008〕36 号）

第四十五条（见附录）

一百六十一、虚假诉讼案（刑法第三百零七条之一）[①]

◎ 刑法规定

第三百零七条之一 【虚假诉讼罪】 以捏造的事实提起民事诉讼，妨害司法秩序或者严重侵害他人合法权益的，处三年以下有期徒刑、拘役或者管制，并处或者单处罚金；情节严重的，处三年以上七年以下有期徒刑，并处罚金。

单位犯前款罪的，对单位判处罚金，并对其直接负责的主管人员和其他直接责任人员，依照前款的规定处罚。

有第一款行为，非法占有他人财产或者逃避合法债务，又构成其他犯罪的，依照处罚较重的规定定罪从重处罚。

司法工作人员利用职权，与他人共同实施前三款行为的，从重处罚；同时构成其他犯罪的，依照处罚较重的规定定罪从重处罚。

◎ 立案追诉标准

以捏造的事实提起民事诉讼，妨害司法秩序或者严重侵害他人合法权益的，应予立案追诉。

实施下列行为之一的，应当认定为“以捏造的事实提起民事诉讼”：

（一）与夫妻一方恶意串通，捏造夫妻共同债务的；

（二）与他人恶意串通，捏造债权债务关系和以物抵债协议的；

---

① 一、“部分篡改型”行为不构成虚假诉讼罪。二、正确理解虚假诉讼罪中“无中生有”的内涵。第一，具体案件处理过程中，对于是否属于“无中生有”捏造民事法律关系，应当坚持实质性判断，不能进行形式化、机械化认定。根据《民事案件案由规定》的规定，当事人起诉的法律关系与实际诉争的法律关系不一致的，人民法院结案时应当根据法庭查明的当事人之间实际存在的法律关系的性质，相应变更案件的案由。因此，在双方存在 A 民事法律关系的情况下，一方行为人因对法律理解不当或者出于诉讼策略的考虑，以 B 民事法律关系为案由提起民事诉讼的应当适用《民事案件案由规定》的相关规定处理，一般不能以该行为人“无中生有”捏造 B 民事法律关系为由，认定其构成虚假诉讼罪。第二，将普通债权捏造为优先权的，可以认定为“无中生有”捏造民事法律关系。第三，捏造可分之诉中部分诉讼标的的，可以就该部分行为认定为“无中生有”捏造民事法律关系。参见周峰、李加玺：《虚假诉讼罪具体适用中的两个问题》，载《公检法办案指南》2019 年第 11 辑。

（三）与公司、企业的法定代表人、董事、监事、经理或者其他管理人员恶意串通，捏造公司、企业债务或者担保义务的；

（四）捏造知识产权侵权关系或者不正当竞争关系的；

（五）在破产案件审理过程中申报捏造的债权的；

（六）与被执行人恶意串通，捏造债权或者对查封、扣押、冻结财产的优先权、担保物权的；

（七）单方或者与他人恶意串通，捏造身份、合同、侵权、继承等民事法律关系的其他行为。

隐瞒债务已经全部清偿的事实，向人民法院提起民事诉讼，要求他人履行债务的，以"以捏造的事实提起民事诉讼"论。

向人民法院申请执行基于捏造的事实作出的仲裁裁决、公证债权文书，或者在民事执行过程中以捏造的事实对执行标的提出异议、申请参与执行财产分配的，属于刑法第三百零七条之一第一款规定的"以捏造的事实提起民事诉讼"。

有下列情形之一的，应当认定为"妨害司法秩序或者严重侵害他人合法权益"：

（一）致使人民法院基于捏造的事实采取财产保全或者行为保全措施的；

（二）致使人民法院开庭审理，干扰正常司法活动的；

（三）致使人民法院基于捏造的事实作出裁判文书、制作财产分配方案，或者立案执行基于捏造的事实作出的仲裁裁决、公证债权文书的；

（四）多次以捏造的事实提起民事诉讼的；

（五）曾因以捏造的事实提起民事诉讼被采取民事诉讼强制措施或者受过刑事追究的；

（六）其他妨害司法秩序或者严重侵害他人合法权益的情形。

◎ 标准依据

《最高人民法院、最高人民检察院关于办理虚假诉讼刑事案件适用法律若干问题的解释》（2018 年 9 月 26 日　法释〔2018〕17 号）

第一条　采取伪造证据、虚假陈述等手段，实施下列行为之一，捏造民事法律关系，虚构民事纠纷，向人民法院提起民事诉讼的，应当认定为刑法第三百零七条之一第一款规定的"以捏造的事实提起民事诉讼"：

（一）与夫妻一方恶意串通，捏造夫妻共同债务的；

（二）与他人恶意串通，捏造债权债务关系和以物抵债协议的；

（三）与公司、企业的法定代表人、董事、监事、经理或者其他管理人员恶意串通，捏造公司、企业债务或者担保义务的；

（四）捏造知识产权侵权关系或者不正当竞争关系的；

（五）在破产案件审理过程中申报捏造的债权的；

（六）与被执行人恶意串通，捏造债权或者对查封、扣押、冻结财产的优先权、担保物权的；

（七）单方或者与他人恶意串通，捏造身份、合同、侵权、继承等民事法律关系的其他行为。

隐瞒债务已经全部清偿的事实，向人民法院提起民事诉讼，要求他人履行债务的，以“以捏造的事实提起民事诉讼”论。

向人民法院申请执行基于捏造的事实作出的仲裁裁决、公证债权文书，或者在民事执行过程中以捏造的事实对执行标的提出异议、申请参与执行财产分配的，属于刑法第三百零七条之一第一款规定的“以捏造的事实提起民事诉讼”。

第二条 以捏造的事实提起民事诉讼，有下列情形之一的，应当认定为刑法第三百零七条之一第一款规定的“妨害司法秩序或者严重侵害他人合法权益”：

（一）致使人民法院基于捏造的事实采取财产保全或者行为保全措施的；

（二）致使人民法院开庭审理，干扰正常司法活动的；

（三）致使人民法院基于捏造的事实作出裁判文书、制作财产分配方案，或者立案执行基于捏造的事实作出的仲裁裁决、公证债权文书的；

（四）多次以捏造的事实提起民事诉讼的；

（五）曾因以捏造的事实提起民事诉讼被采取民事诉讼强制措施或者受过刑事追究的；

（六）其他妨害司法秩序或者严重侵害他人合法权益的情形。

[相关规范]《最高人民法院、最高人民检察院、公安部关于依法办理“碰瓷”违法犯罪案件的指导意见》（2020年9月22日　公通字〔2020〕12号）

一、……实施“碰瓷”，捏造人身、财产权益受到侵害的事实，虚构民事纠纷，提起民事诉讼，符合刑法第三百零七条之一规定的，以虚假诉讼罪定罪处罚；同时构成其他犯罪的，依照处罚较重的规定定罪从重处罚。

一百六十二、包庇案（刑法第三百一十条、第三百六十二条）

◎ 刑法规定

第三百一十条　【窝藏、包庇罪】明知是犯罪的人而为其提供隐藏处所、财物，帮助其逃匿或者作假证明包庇的，处三年以下有期徒刑、拘役或者管制；情节严重的，处三年以上十年以下有期徒刑。

犯前款罪，事前通谋的，以共同犯罪论处。

第三百六十二条　【为违法犯罪分子通风报信的定罪及处罚】旅馆业、饮食服务业、文化娱乐业、出租汽车业等单位的人员，在公安机关查处卖淫、嫖娼活动时，为违法犯罪分子通风报信，情节严重的，依照本法第三百一十条的规定定罪处罚。

◎ 立案追诉标准

（一）明知是犯罪的人而为其作假证明包庇的，应予立案追诉。

（二）旅馆业、饮食服务业、文化娱乐业、出租汽车业等单位的人员，在公安机关查处卖淫、嫖娼活动时，为违法犯罪分子通风报信，涉嫌下列情形之一的，应予立案追诉：

1. 向组织、强迫卖淫犯罪集团通风报信的；

2. 二年内通风报信三次以上的；

3. 一年内因通风报信被行政处罚，又实施通风报信行为的；

4. 致使犯罪集团的首要分子或者其他共同犯罪的主犯未能及时归案的；

5. 造成卖淫嫖娼人员逃跑，致使公安机关查处犯罪行为因取证困难而撤销刑事案件的；

6. 非法获利人民币一万元以上的；

7. 其他情节严重的情形。

◎ 标准依据

《最高人民法院、最高人民检察院关于办理组织、强迫、引诱、容留、介绍卖淫刑事案件适用法律若干问题的解释》（2017年7月21日　法释〔2017〕13号）

第十四条　根据刑法第三百六十二条、第三百一十条的规定，旅馆业、饮食服务业、文化娱乐业、出租汽车业等单位的人员，在公安机关查处卖淫、嫖娼活动时，为违法犯罪分子通风报信，情节严重的，以包庇罪定罪处罚。事前与犯罪分子通谋的，以共同犯罪论处。

具有下列情形之一的，应当认定为刑法第三百六十二条规定的“情节严重”：

（一）向组织、强迫卖淫犯罪集团通风报信的；

（二）二年内通风报信三次以上的；

（三）一年内因通风报信被行政处罚，又实施通风报信行为的；

（四）致使犯罪集团的首要分子或者其他共同犯罪的主犯未能及时归案的；

（五）造成卖淫嫖娼人员逃跑，致使公安机关查处犯罪行为因取证困难而撤销刑事案件的；

（六）非法获利人民币一万元以上的；

（七）其他情节严重的情形。

一百六十三、掩饰、隐瞒犯罪所得、犯罪所得收益案（刑法第三百一十二条）

◎ 刑法规定

第三百一十二条　【掩饰、隐瞒犯罪所得、犯罪所得收益罪】明知是犯罪所得及其产生的收益而予以窝藏、转移、收购、代为销售或者以其他方法掩饰、隐瞒的，处三年以下有期徒刑、拘役或者管制，并处或者单处罚金；情节严重的，处三年以上七年以下有期徒刑，并处罚金。

单位犯前款罪的，对单位判处罚金，并对其直接负责的主管人员和其他直接责任人员，依照前款的规定处罚。

◎ 立案追诉标准

明知是犯罪所得及其产生的收益而予以窝藏、转移、收购、代为销售或者以其他方法掩饰、隐瞒，涉嫌下列情形之一的，应予立案追诉；

（一）掩饰、隐瞒犯罪所得及其产生的收益价值三千元至一万元以上的；

（二）一年内曾因掩饰、隐瞒犯罪所得及其产生的收益行为受过行政处罚，又实施掩饰、隐瞒犯罪所得及其产生的收益行为的；

（三）掩饰、隐瞒的犯罪所得系电力设备、交通设施、广播电视设施、公用电信设施、军事设施或者救灾、抢险、防汛、优抚、扶贫、移民、救济款物的；

（四）掩饰、隐瞒行为致使上游犯罪无法及时查处，并造成公私财物损失无法挽回的；

（五）实施其他掩饰、隐瞒犯罪所得及其产生的收益行为，妨害司法机关对上游犯罪进行追究的；

（六）明知是非法狩猎的野生动物而收购，数量达到五十只以上的；

掩饰、隐瞒犯罪所得及其产生的收益的数额，应当以实施掩饰、隐瞒行为时为准。收购或者代为销售财物的价格高于其实际价值的，以收购或者代为销售的价格计算。

多次实施掩饰、隐瞒犯罪所得及其产生的收益行为，未经行政处罚，依法应当追诉的，犯罪所得、犯罪所得收益的数额应当累计计算。

事前与盗窃、抢劫、诈骗、抢夺等犯罪分子通谋，掩饰、隐瞒犯罪所得及其产生的收益的，以盗窃、抢劫、诈骗、抢夺等犯罪的共犯论处。

认定掩饰、隐瞒犯罪所得、犯罪所得收益罪，以上游犯罪事实成立为前提。上游犯罪尚未依法裁判，但查证属实的，不影响掩饰、隐瞒犯罪所得、犯罪所得收益罪的认定。

明知是犯罪所得及其产生的收益而采取窝藏、转移、收购、代为销售以外的方法，如居间介绍买卖，收受，持有，使用，加工，提供资金账户，协助将财物转换为现金、金融票据、有价证券，协助将资金转移、汇往境外等，应当认定为刑法第三百一十二条规定的“其他方法”。

（七）明知是非法获取计算机信息系统数据犯罪所获取的数据、非法控制计算机信息系统犯罪所获取的计算机信息系统控制权，而予以转移、收购、代为销售或者以其他方法掩饰、隐瞒，违法所得五千元以上的。

（八）明知是盗窃文物、盗掘古文化遗址、古墓葬等犯罪所获取的三级以上文物，而予以窝藏、转移、收购、加工、代为销售或者以其他方法掩饰、隐瞒的。

◎ 标准依据

《最高人民法院关于审理掩饰、隐瞒犯罪所得、犯罪所得收益刑事案件适用法律若干问题的解释》（2015年5月29日　法释〔2015〕11号）

第一、四、五、八、十条（见附录）

《最高人民法院、最高人民检察院关于办理危害计算机信息系统安全刑事案件应用法律若干问题的解释》（2011年8月1日　法释〔2011〕19号）

第七条（见附录）

《最高人民法院、最高人民检察院关于办理妨害文物管理等刑事案件适用法律若干问题的解释》（2015年12月30日　法释〔2015〕23号）

第九条 明知是盗窃文物、盗掘古文化遗址、古墓葬等犯罪所获取的三级以上文物，而予以窝藏、转移、收购、加工、代为销售或者以其他方法掩饰、隐瞒的，依照刑法第三百一十二条的规定，以掩饰、隐瞒犯罪所得罪追究刑事责任。

实施前款规定的行为，事先通谋的，以共同犯罪论处。

[相关规范1]《最高人民法院关于审理洗钱等刑事案件具体应用法律若干问题的解释》（2009年11月4日　法释〔2009〕15号）

（参见本书“七十九、洗钱案”中关于“明知”的内容）

[相关规范2]《最高人民法院、最高人民检察院关于办理与盗窃、抢劫、诈骗、抢夺机动车相关刑事案件具体应用法律若干问题的解释》（2007年5月9日　法释〔2007〕11号）

第一条 明知是盗窃、抢劫、诈骗、抢夺的机动车，实施下列行为之一的，依照刑法第三百一十二条的规定，以掩饰、隐瞒犯罪所得、犯罪所得收益罪定罪，处三年以下有期徒刑、拘役或者管制，并处或者单处罚金：

（一）买卖、介绍买卖、典当、拍卖、抵押或者用其抵债的；

（二）拆解、拼装或者组装的；

（三）修改发动机号、车辆识别代号的；

（四）更改车身颜色或者车辆外形的；

（五）提供或者出售机动车来历凭证、整车合格证、号牌以及有关机动车的其他证明和凭证的；

（六）提供或者出售伪造、变造的机动车来历凭证、整车合格证、号牌以及有关机动车的其他证明和凭证的。

实施第一款规定的行为涉及盗窃、抢劫、诈骗、抢夺的机动车五辆以上或者价值总额达到五十万元以上的，属于刑法第三百一十二条规定的“情节严重”，处三年以上七年以下有期徒刑，并处罚金。

第六条 行为人实施本解释第一条、第三条第三款规定的行为，涉及的机动车有下列情形之一的，应当认定行为人主观上属于上述条款所称“明知”：

（一）没有合法有效的来历凭证；

（二）发动机号、车辆识别代号有明显更改痕迹，没有合法证明的。

◎ 特别说明

《最高人民法院、最高人民检察院关于办理与盗窃、抢劫、诈骗、抢夺机动车相关刑事案件具体应用法律若干问题的解释》（法释〔2007〕11号）只适用于机动车。其中第一条第一款第一项至第六项的规定是对“以其他方法掩饰、隐瞒机动车”的界定。《最高人民法院关于审理掩饰、隐瞒犯罪所得、犯罪所得收益刑事案件适用法律若干问题的解释》(法释〔2015〕11号)第一条对构成犯罪的标准作了明确规定。结合《最高人民法院关于审理掩饰、隐瞒犯罪所得、犯罪所得收益刑事案件适用法律若干问题的解释》(法释〔2015〕11号)第一条第三款、第三条第二款的规定，掩饰、隐瞒机动车的构罪标准，应当依照《最高人民法院关于审理掩饰、隐瞒犯罪所得、犯罪所得收益刑事案件适用法律若干问题的解释》(法释〔2015〕11号)第一条第一款规定的标准办理。

[相关规范3]《最高人民法院、最高人民检察院、公安部关于办理电信网络诈骗等刑事案件适用法律若干问题的意见》(2016年12月19日　法发〔2016〕32号)

三、全面惩处关联犯罪

……

(五)明知是电信网络诈骗犯罪所得及其产生的收益，以下列方式之一予以转账、套现、取现的，依照刑法第三百一十二条第一款的规定，以掩饰、隐瞒犯罪所得、犯罪所得收益罪追究刑事责任。但有证据证明确实不知道的除外：

1. 通过使用销售点终端机具(POS机)刷卡套现等非法途径，协助转换或者转移财物的；

2. 帮助他人将巨额现金散存于多个银行账户，或在不同银行账户之间频繁划转的；

3. 多次使用或者使用多个非本人身份证明开设的信用卡、资金支付结算账户或者多次采用遮蔽摄像头、伪装等异常手段，帮助他人转账、套现、取现的；

4. 为他人提供非本人身份证明开设的信用卡、资金支付结算账户后，又帮助他人转账、套现、取现的；

5. 以明显异于市场的价格，通过手机充值、交易游戏点卡等方式套现的。

实施上述行为，事前通谋的，以共同犯罪论处。

实施上述行为，电信网络诈骗犯罪嫌疑人尚未到案或案件尚未依法裁判，但现有证据足以证明该犯罪行为确实存在的，不影响掩饰、隐瞒犯罪所得、犯罪所得收益罪的认定。

实施上述行为，同时构成其他犯罪的，依照处罚较重的规定定罪处罚。法律和司法解释另有规定的除外。

……

一百六十四、拒不执行判决、裁定案（刑法第三百一十三条）

◎ 刑法规定

第三百一十三条　【拒不执行判决、裁定罪】对人民法院的判决、裁定有能力执行而拒不执行，情节严重的，处三年以下有期徒刑、拘役或者罚金；情节特别严重的，处三年以上七年以下有期徒刑，并处罚金。

单位犯前款罪的，对单位判处罚金，并对其直接负责的主管人员和其他直接责任人员，依照前款的规定处罚。

◎ 立案追诉标准

有能力执行而拒不执行判决、裁定，涉嫌下列情形之一的，应予立案追诉：

（一）被执行人隐藏、转移、故意毁损财产或者无偿转让财产、以明显不合理的低价转让财产，致使判决、裁定无法执行的；

（二）担保人或者被执行人隐藏、转移、故意毁损或者转让已向人民法院提供担保的财产，致使判决、裁定无法执行的；

（三）协助执行义务人接到人民法院协助执行通知书后，拒不协助执行，致使判决、裁定无法执行的；

（四）被执行人、担保人、协助执行义务人与国家机关工作人员通谋，利用国家机关工作人员的职权妨害执行，致使判决、裁定无法执行的；

（五）具有拒绝报告或者虚假报告财产情况、违反人民法院限制高消费及有关消费令等拒不执行行为，经采取罚款或者拘留等强制措施后仍拒不执行的；

（六）伪造、毁灭有关被执行人履行能力的重要证据，以暴力、威胁、贿买方法阻止他人作证或者指使、贿买、胁迫他人作伪证，妨碍人民法院查明被执行人财产情况，致使判决、裁定无法执行的；

（七）拒不交付法律文书指定交付的财物、票证或者拒不迁出房屋、退出土地，致使判决、裁定无法执行的；

（八）与他人串通，通过虚假诉讼、虚假仲裁、虚假和解等方式妨害执行，致使判决、裁定无法执行的；

（九）以暴力、威胁方法阻碍执行人员进入执行现场或者聚众哄闹、冲击执行现场，致使执行工作无法进行的；

（十）对执行人员进行侮辱、围攻、扣押、殴打，致使执行工作无法进行的；

（十一）毁损、抢夺执行案件材料、执行公务车辆和其他执行器械、执行人员服装以及执行公务证件，致使执行工作无法进行的；

（十二）拒不执行法院判决、裁定，致使债权人遭受重大损失的。

国家机关工作人员有上述第四项行为的，以拒不执行判决、裁定罪的共犯追究刑事责任。国家机关工作人员收受贿赂或者滥用职权，有上述第四项行为的，同时又构成刑法第三百八十五条、第三百九十七条规定之罪的，依照处罚较重的规定定罪处罚。

人民法院的判决、裁定，是指人民法院依法作出的具有执行内容并已发生法律效力的判决、裁定。人民法院为依法执行支付令、生效的调解书、仲裁裁决、公证债权文书等所作的裁定属于该条规定的裁定。

◎ 标准依据

1. **《全国人民代表大会常务委员会关于〈中华人民共和国刑法〉第三百一十三条的解释》**（2002 年 8 月 29 日第九届全国人民代表大会常务委员会第二十九次会议通过）

全国人民代表大会常务委员会讨论了刑法第三百一十三条规定的“对人民法院的判决、裁定有能力执行而拒不执行，情节严重”的含义问题，解释如下：

刑法第三百一十三条规定的“人民法院的判决、裁定”，是指人民法院依法作出的具有执行内容并已发生法律效力的判决、裁定。人民法院为依法执行支付令、生效的调解书、仲裁裁决、公证债权文书等所作的裁定属于该条规定的裁定。

下列情形属于刑法第三百一十三条规定的“有能力执行而拒不执行，情节严重”的情形：

（一）被执行人隐藏、转移、故意毁损财产或者无偿转让财产、以明显不合理的低价转让财产，致使判决、裁定无法执行的；

（二）担保人或者被执行人隐藏、转移、故意毁损或者转让已向人民法院提供担保的财产，致使判决、裁定无法执行的；

（三）协助执行义务人接到人民法院协助执行通知书后，拒不协助执行，致使判决、裁定无法执行的；

（四）被执行人、担保人、协助执行义务人与国家机关工作人员通谋，利用国家机关工作人员的职权妨害执行，致使判决、裁定无法执行的；

（五）其他有能力执行而拒不执行，情节严重的情形。

国家机关工作人员有上述第四项行为的，以拒不执行判决、裁定罪的共犯追究刑事责任。国家机关工作人员收受贿赂或者滥用职权，有上述第四项行为的，同时又构成刑法第三百八十五条、第三百九十七条规定之罪的，依照处罚较重的规定定罪处罚。

2. **《最高人民法院关于审理拒不执行判决、裁定刑事案件适用法律若干问题的解释》**（2015 年 7 月 20 日　法释〔2015〕16 号）

第二条　负有执行义务的人有能力执行而实施下列行为之一的，应当认定为全国人民代表大会常务委员会关于刑法第三百一十三条的解释中规定的“其他有能力执行而拒不执行，情节严重的情形”：

（一）具有拒绝报告或者虚假报告财产情况、违反人民法院限制高消费及有关消费令等拒不执行行为，经采取罚款或者拘留等强制措施后仍拒不执行的；

（二）伪造、毁灭有关被执行人履行能力的重要证据，以暴力、威胁、贿买方法阻止他人作证或者指使、贿买、胁迫他人作伪证，妨碍人民法院查明被执行人财产情况，致使判决、裁定无法执行的；

（三）拒不交付法律文书指定交付的财物、票证或者拒不迁出房屋、退出土地，致使判决、裁定无法执行的；

（四）与他人串通，通过虚假诉讼、虚假仲裁、虚假和解等方式妨害执行，致使判决、裁定无法执行的；

（五）以暴力、威胁方法阻碍执行人员进入执行现场或者聚众哄闹、冲击执行现场，致使执行工作无法进行的；

（六）对执行人员进行侮辱、围攻、扣押、殴打，致使执行工作无法进行的；

（七）毁损、抢夺执行案件材料、执行公务车辆和其他执行器械、执行人员服装以及执行公务证件，致使执行工作无法进行的；

（八）拒不执行法院判决、裁定，致使债权人遭受重大损失的。

一百六十五、组织他人偷越国（边）境案（刑法第三百一十八条）

◎ 刑法规定

第三百一十八条　【组织他人偷越国（边）境罪】组织他人偷越国（边）境的，处二年以上七年以下有期徒刑，并处罚金；有下列情形之一的，处七年以上有期徒刑或者无期徒刑，并处罚金或者没收财产：

（一）组织他人偷越国（边）境集团的首要分子；

（二）多次组织他人偷越国（边）境或者组织他人偷越国（边）境人数众多的；

（三）造成被组织人重伤、死亡的；

（四）剥夺或者限制被组织人人身自由的；

（五）以暴力、威胁方法抗拒检查的；

（六）违法所得数额巨大的；

（七）有其他特别严重情节的。

犯前款罪，对被组织人有杀害、伤害、强奸、拐卖等犯罪行为，或者对检查人员有杀害、伤害等犯罪行为的，依照数罪并罚的规定处罚。

◎ 立案追诉标准

组织他人偷越国（边）境的，应当立案追诉。

组织他人偷越国（边）境，是指领导、策划、指挥他人偷越国（边）境或者在首要分子指挥下，实施拉拢、引诱、介绍他人偷越国（边）境等行为。

具有下列情形之一的，应当认定为“偷越国（边）境”行为：

（一）没有出入境证件出入国（边）境或者逃避接受边防检查的；

（二）使用伪造、变造、无效的出入境证件出入国（边）境的；

（三）使用他人出入境证件出入国（边）境的；

（四）使用以虚假的出入境事由、隐瞒真实身份、冒用他人身份证件等方式骗取的出入境证件出入国（边）境的；

（五）采用其他方式非法出入国（边）境的。

◎ 标准依据

《中华人民共和国刑法》第三百一十八条

《最高人民法院、最高人民检察院关于办理妨害国（边）境管理刑事案件应用法律若干问题的解释》（2012 年 12 月 20 日　法释〔2012〕17 号）

第一条（见附录）

一百六十六、骗取出境证件案（刑法第三百一十九条）

◎ 刑法规定

第三百一十九条　【骗取出境证件罪】以劳务输出、经贸往来或者其他名义，弄虚作假，骗取护照、签证等出境证件，为组织他人偷越国（边）境使用的，处三年以下有期徒刑，并处罚金；情节严重的，处三年以上十年以下有期徒刑，并处罚金。

单位犯前款罪的，对单位判处罚金，并对其直接负责的主管人员和其他直接责任人员，依照前款的规定处罚。

◎ 立案追诉标准

以劳务输出、经贸往来或者其他名义，弄虚作假，骗取护照、签证等出境证件，为他人偷越国（边）境使用的，应当立案追诉。

弄虚作假，是指为组织他人偷越国（边）境，编造出境事由、身份信息或者相关的境外关系证明。

出境证件，包括护照或者代替护照使用的国际旅行证件，中华人民共和国海员证，中华人民共和国出入境通行证，中华人民共和国旅行证，中国公民往来香港、澳门、台湾地区证件，边境地区出入境通行证，签证、签注，出国（境）证明、名单，以及其他出境时需要查验的资料。

◎ 标准依据

《中华人民共和国刑法》第三百一十九条

《最高人民法院、最高人民检察院关于办理妨害国（边）境管理刑事案件应用法律若干问题的解释》（2012年12月12日　法释〔2012〕17号）

第二条（见附录）

一百六十七、提供伪造、变造的出入境证件案（刑法第三百二十条）

◎ 刑法规定

第三百二十条　【提供伪造、变造的出入境证件罪】【出售出入境证件罪】为他人提供伪造、变造的护照、签证等出入境证件，或者出售护照、签证等出入境证件的，处五年以下有期徒刑，并处罚金；情节严重的，处五年以上有期徒刑，并处罚金。

◎ 立案追诉标准

为他人提供伪造、变造的护照、签证等出入境证件的，应当立案追诉。

◎ 标准依据

《中华人民共和国刑法》第三百二十条

一百六十八、出售出入境证件案（刑法第三百二十条）

◎ 刑法规定

（参见本书“一百六十七、提供伪造、变造的出入境证件案”）

◎ 立案追诉标准

出售护照、签证等出入境证件的，应当立案追诉。

◎ 标准依据

《中华人民共和国刑法》第三百二十条

一百六十九、运送他人偷越国（边）境案（刑法第三百二十一条）

◎ 刑法规定

第三百二十一条　【运送他人偷越国（边）境罪】运送他人偷越国（边）境的，处五年以下有期徒刑、拘役或者管制，并处罚金；有下列情形之一的，处五年以上十年以下有期徒刑，并处罚金：

（一）多次实施运送行为或者运送人数众多的；

（二）所使用的船只、车辆等交通工具不具备必要的安全条件，足以造成严重后果的；

（三）违法所得数额巨大的；

（四）有其他特别严重情节的。

在运送他人偷越国（边）境中造成被运送人重伤、死亡，或者以暴力、威胁方法抗拒检查的，处七年以上有期徒刑，并处罚金。

犯前两款罪，对被运送人有杀害、伤害、强奸、拐卖等犯罪行为，或者对检查人员有杀害、伤害等犯罪行为的，依照数罪并罚的规定处罚。

◎ 立案追诉标准

运送他人偷越国（边）境的，应当立案追诉。

具有下列情形之一的，应当认定为“偷越国（边）境”行为：

（一）没有出入境证件出入国（边）境或者逃避接受边防检查的；

（二）使用伪造、变造、无效的出入境证件出入国（边）境的；

（三）使用他人出入境证件出入国（边）境的；

（四）使用以虚假的出入境事由、隐瞒真实身份、冒用他人身份证件等方式骗取的出入境证件出入国（边）境的；

（五）采用其他方式非法出入国（边）境的。

◎ 标准依据

《中华人民共和国刑法》第三百二十一条

《最高人民法院、最高人民检察院关于办理妨害国（边）境管理刑事案件应用法律若干问题的解释》（2012年12月12日　法释〔2012〕17号）

第四条（见附录）

一百七十、偷越国（边）境案（刑法第三百二十二条）

◎ 刑法规定

第三百二十二条　【偷越国（边）境罪】违反国（边）境管理法规，偷越国（边）境，情节严重的，处一年以下有期徒刑、拘役或者管制，并处罚金；为参加恐怖活动组织、接受恐怖活动培训或者实施恐怖活动，偷越国（边）境的，处一年以上三年以下有期徒刑，并处罚金。

◎ 立案追诉标准

偷越国（边）境，具有下列情形之一的，应当立案追诉：

（一）在境外实施损害国家利益行为的；

（二）偷越国（边）境三次以上或者三人以上结伙偷越国（边）境的；

（三）拉拢、引诱他人一起偷越国（边）境的；

（四）勾结境外组织、人员偷越国（边）境；

（五）因偷越国（边）境被行政处罚后一年内又偷越国（边）境的；

（六）其他情节严重的情形。

◎ 标准依据

《最高人民法院、最高人民检察院关于办理妨害国（边）境管理刑事案件

应用法律若干问题的解释》（2012 年 12 月 12 日　法释〔2012〕17 号）

第五条（见附录）

一百七十一、破坏界碑、界桩案（刑法第三百二十三条）

◎ 刑法规定

第三百二十三条　【破坏界碑、界桩罪】【破坏永久性测量标志罪】故意破坏国家边境的界碑、界桩或者永久性测量标志的，处三年以下有期徒刑或者拘役。

◎ 立案追诉标准

故意破坏国家边境的界碑、界桩的，应当立案追诉。

◎ 标准依据

《中华人民共和国刑法》第三百二十三条

一百七十二、破坏永久性测量标志案（刑法第三百二十三条）

◎ 刑法规定

（参见本书“一百七十一、破坏界碑、界桩案”）

◎ 立案追诉标准

故意破坏国家边境的永久性测量标志的，应当立案追诉。

◎ 标准依据

《中华人民共和国刑法》第三百二十三条

一百七十三、故意损毁文物案（刑法第三百二十四条第一款）

◎ 刑法规定

第三百二十四条第一款　【故意损毁文物罪】故意损毁国家保护的珍贵文物或者被确定为全国重点文物保护单位、省级文物保护单位的文物的，处三年以下有期徒刑或者拘役，并处或者单处罚金；情节严重的，处三年以上十年以下有期徒刑，并处罚金。

◎ **立案追诉标准**

故意损毁国家保护的珍贵文物或者被确定为全国重点文物保护单位、省级文物保护单位的文物的，应予立案追诉。

◎ **标准依据**

《最高人民检察院、公安部关于公安机关管辖的刑事案件立案追诉标准的规定（一）》（2008 年 6 月 25 日　公通字〔2008〕36 号）

第四十六条（见附录）

［相关规范］**《最高人民法院、最高人民检察院关于办理妨害文物管理等刑事案件适用法律若干问题的解释》**（2015 年 12 月 30 日　法释〔2015〕23 号）

第三条第一款　全国重点文物保护单位、省级文物保护单位的本体，应当认定为刑法第三百二十四条第一款规定的“被确定为全国重点文物保护单位、省级文物保护单位的文物”。

一百七十四、故意损毁名胜古迹案（刑法第三百二十四条第二款）

◎ **刑法规定**

第三百二十四条第二款　**【故意损毁名胜古迹罪】**故意损毁国家保护的名胜古迹，情节严重的，处五年以下有期徒刑或者拘役，并处或者单处罚金。

◎ **立案追诉标准**

故意损毁国家保护的名胜古迹，涉嫌下列情形之一的，应予立案追诉：

（一）致使名胜古迹严重损毁或者灭失的；

（二）多次损毁或者损毁多处名胜古迹的；

（三）其他情节严重的情形。

◎ **标准依据**

《最高人民检察院、公安部关于公安机关管辖的刑事案件立案追诉标准的规定（一）》（2008 年 6 月 25 日　公通字〔2008〕36 号）

第四十七条　【故意损毁名胜古迹案（刑法第三百二十四条第二款）】故意损毁国家保护的名胜古迹，涉嫌下列情形之一的，应予立案追诉：

（一）造成国家保护的名胜古迹严重损毁的；

（二）损毁国家保护的名胜古迹三次以上或者三处以上，尚未造成严重毁损后果的；

（三）损毁手段特别恶劣的；

（四）其他情节严重的情形。

《最高人民法院、最高人民检察院关于办理妨害文物管理等刑事案件适用法律若干问题的解释》（2015 年 12 月 30 日　法释〔2015〕23 号）

第四条　……

故意损毁国家保护的名胜古迹，具有下列情形之一的，应当认定为刑法第三百二十四条第二款规定的“情节严重”：

（一）致使名胜古迹严重损毁或者灭失的；

（二）多次损毁或者损毁多处名胜古迹的；

（三）其他情节严重的情形。

……

◎ 特别说明

《最高人民检察院、公安部关于公安机关管辖的刑事案件立案追诉标准的规定（一）》发布之后，《最高人民法院、最高人民检察院关于办理妨害文物管理等刑事案件适用法律若干问题的解释》作出了新规定，应以新规定为准。

一百七十五、过失损毁文物案（刑法第三百二十四条第三款）

◎ 刑法规定

第三百二十四条第三款　【过失损毁文物罪】过失损毁国家保护的珍贵文物或者被确定为全国重点文物保护单位、省级文物保护单位的文物，造成严重后果的，处三年以下有期徒刑或者拘役。

◎ 立案追诉标准

过失损毁国家保护的珍贵文物或者被确定为全国重点文物保护单位、省级文物保护单位的文物，涉嫌下列情形之一的，应予立案追诉：

（一）造成五件以上三级文物损毁的；

（二）造成二级以上文物损毁的；

（三）致使全国重点文物保护单位、省级文物保护单位的本体严重损毁或者灭失的。

◎ 标准依据

《最高人民检察院、公安部关于公安机关管辖的刑事案件立案追诉标准的规定（一）》（2008年6月25日 公通字〔2008〕36号）

第四十八条 【过失损毁文物案（刑法第三百二十四条第三款）】 *过失损毁国家保护的珍贵文物或者被确定为全国重点文物保护单位、省级文物保护单位的文物，涉嫌下列情形之一的，应予立案追诉：*

（一）造成珍贵文物严重损毁的；

（二）造成被确定为全国重点文物保护单位、省级文物保护单位的文物严重损毁的；

（三）造成珍贵文物损毁三件以上的；

（四）其他造成严重后果的情形。

《最高人民法院、最高人民检察院关于办理妨害文物管理等刑事案件适用法律若干问题的解释》（2015年12月30日 法释〔2015〕23号）

第三条 全国重点文物保护单位、省级文物保护单位的本体，应当认定为刑法第三百二十四条第一款规定的“被确定为全国重点文物保护单位、省级文物保护单位的文物”。

故意损毁国家保护的珍贵文物或者被确定为全国重点文物保护单位、省级文物保护单位的文物，具有下列情形之一的，应当认定为刑法第三百二十四条第一款规定的“情节严重”：

（一）造成五件以上三级文物损毁的；

（二）造成二级以上文物损毁的；

（三）致使全国重点文物保护单位、省级文物保护单位的本体严重损毁或者灭失的；

（四）多次损毁或者损毁多处全国重点文物保护单位、省级文物保护单位的本体的；

（五）其他情节严重的情形。

实施前款规定的行为，拒不执行国家行政主管部门作出的停止侵害文物的行政决定或者命令的，酌情从重处罚。

第五条 过失损毁国家保护的珍贵文物或者被确定为全国重点文物保护单位、省级文物保护单位的文物，具有本解释第三条第二款第一项至第三项规定情形之一的，应当认定为刑法第三百二十四条第三款规定的“造成严重后果”。

◎ 特别说明

《最高人民检察院、公安部关于公安机关管辖的刑事案件立案追诉标准的规定（一）》发布之后，《最高人民法院、最高人民检察院关于办理妨害文物管理等刑事案件适用法律若干问题的解释》作出了新规定，应以新规定为准。

一百七十六、倒卖文物案（刑法第三百二十六条）

◎ 刑法规定

第三百二十六条 【**倒卖文物罪**】以牟利为目的，倒卖国家禁止经营的文物，情节严重的，处五年以下有期徒刑或者拘役，并处罚金；情节特别严重的，处五年以上十年以下有期徒刑，并处罚金。

单位犯前款罪的，对单位判处罚金，并对其直接负责的主管人员和其他直接责任人员，依照前款的规定处罚。

◎ 立案追诉标准

以牟利为目的，倒卖国家禁止经营的文物，涉嫌下列情形之一的，应予立案追诉：

（一）倒卖三级文物的；

（二）交易数额在五万元以上的；

（三）其他情节严重的情形。

出售或者为出售而收购、运输、储存《中华人民共和国文物保护法》规定的“国家禁止买卖的文物”的，应当认定为刑法第三百二十六条规定的“倒卖国家禁止经营的文物”。

◎ 标准依据

《最高人民法院、最高人民检察院关于办理妨害文物管理等刑事案件适用法律若干问题的解释》（2015 年 12 月 30 日　法释〔2015〕23 号）

第六条 出售或者为出售而收购、运输、储存《中华人民共和国文物保护法》规定的“国家禁止买卖的文物”的，应当认定为刑法第三百二十六条规定的“倒卖国家禁止经营的文物”。

倒卖国家禁止经营的文物，具有下列情形之一的，应当认定为刑法第三百二十六条规定的“情节严重”：

（一）倒卖三级文物的；

（二）交易数额在五万元以上的；

（三）其他情节严重的情形。

……

一百七十七、妨害传染病防治案（刑法第三百三十条）

◎ 刑法规定

第三百三十条　【妨害传染病防治罪】违反传染病防治法的规定，有下列情形之一，引起甲类传染病以及依法确定采取甲类传染病预防、控制措施的传染病传播或者有传播严重危险的，处三年以下有期徒刑或者拘役；后果特别严重的，处三年以上七年以下有期徒刑：

（一）供水单位供应的饮用水不符合国家规定的卫生标准的；

（二）拒绝按照疾病预防控制机构提出的卫生要求，对传染病病原体污染的污水、污物、场所和物品进行消毒处理的；

（三）准许或者纵容传染病病人、病原携带者和疑似传染病病人从事国务院卫生行政部门规定禁止从事的易使该传染病扩散的工作的；

（四）出售、运输疫区中被传染病病原体污染或者可能被传染病病原体污染的物品，未进行消毒处理的；

（五）拒绝执行县级以上人民政府、疾病预防控制机构依照传染病防治法提出的预防、控制措施的。

单位犯前款罪的，对单位判处罚金，并对其直接负责的主管人员和其他直接责任人员，依照前款的规定处罚。

甲类传染病的范围，依照《中华人民共和国传染病防治法》和国务院有关规定确定。

◎ 立案追诉标准

违反传染病防治法的规定，引起甲类或者按照甲类管理的传染病传播或者

有传播严重危险，涉嫌下列情形之一的，应予立案追诉：①

（一）供水单位供应的饮用水不符合国家规定的卫生标准的；

（二）拒绝按照疾病预防控制机构提出的卫生要求，对传染病病原体污染的污水、污物、粪便进行消毒处理的；

（三）准许或者纵容传染病病人、病原携带者和疑似传染病病人从事国务院卫生行政部门规定禁止从事的易使该传染病扩散的工作的；

（四）拒绝执行疾病预防控制机构依照传染病防治法提出的预防、控制措施的。

本条和本书第一百七十八条规定的"甲类传染病"，是指鼠疫、霍乱；"按甲类管理的传染病"，是指乙类传染病中传染性非典型肺炎、炭疽中的肺炭疽、人感染高致病性禽流感以及国务院卫生行政部门根据需要报经国务院批准公布实施的其他需要按甲类管理的乙类传染病和突发原因不明的传染病。

◎ 标准依据

《最高人民检察院、公安部关于公安机关管辖的刑事案件立案追诉标准的规定（一）》（2008 年 6 月 25 日　公通字〔2008〕36 号）

第四十九条（见附录）

［相关规范］最高人民法院、最高人民检察院、公安部、司法部《关于依法惩治妨害新型冠状病毒感染肺炎疫情防控违法犯罪的意见》（2020 年 2 月 6 日　法发〔2020〕7 号）

二、准确适用法律，依法严惩妨害疫情防控的各类违法犯罪

（一）依法严惩抗拒疫情防控措施犯罪。故意传播新型冠状病毒感染肺炎病原体，具有下列情形之一，危害公共安全的，依照刑法第一百一十四条、第一百一十五条第一款的规定，以以危险方法危害公共安全罪定罪处罚：

1. 已经确诊的新型冠状病毒感染肺炎病人、病原携带者，拒绝隔离治疗或者隔离期未满擅自脱离隔离治疗，并进入公共场所或者公共交通工具的；

---

① 原刑法第三百三十条第一款规定："违反传染病防治法的规定，有下列情形之一，引起甲类传染病传播或者有传播严重危险的，处三年以下有期徒刑或者拘役；后果特别严重的，处三年以上七年以下有期徒刑：（一）供水单位供应的饮用水不符合国家规定的卫生标准的；（二）拒绝按照卫生防疫机构提出的卫生要求，对传染病病原体污染的污水、污物、粪便进行消毒处理的；（三）准许或者纵容传染病病人、病原携带者和疑似传染病病人从事国务院卫生行政部门规定禁止从事的易使该传染病扩散的工作的；（四）拒绝执行卫生防疫机构依照传染病防治法提出的预防、控制措施的。单位犯前款罪的，对单位判处罚金，并对其直接负责的主管人员和其他直接责任人员，依照前款的规定处罚。甲类传染病的范围，依照《中华人民共和国传染病防治法》和国务院有关规定确定。"《中华人民共和国刑法修正案（十一）》对本条第一款进行了修正，立案追诉标准应按修正后的刑法规定执行。

2. 新型冠状病毒感染肺炎疑似病人拒绝隔离治疗或者隔离期未满擅自脱离隔离治疗，并进入公共场所或者公共交通工具，造成新型冠状病毒传播的。

其他拒绝执行卫生防疫机构依照传染病防治法提出的防控措施，引起新型冠状病毒传播或者有传播严重危险的，依照刑法第三百三十条的规定，以妨害传染病防治罪定罪处罚。

……

一百七十八、传染病菌种、毒种扩散案（刑法第三百三十一条）

◎ 刑法规定

第三百三十一条　【传染病菌种、毒种扩散罪】从事实验、保藏、携带、运输传染病菌种、毒种的人员，违反国务院卫生行政部门的有关规定，造成传染病菌种、毒种扩散，后果严重的，处三年以下有期徒刑或者拘役；后果特别严重的，处三年以上七年以下有期徒刑。

◎ 立案追诉标准

从事实验、保藏、携带、运输传染病菌种、毒种的人员，违反国务院卫生行政部门的有关规定，造成传染病菌种、毒种扩散，涉嫌下列情形之一的，应予立案追诉：

（一）导致甲类和按甲类管理的传染病传播的；

（二）导致乙类、丙类传染病流行、暴发的；

（三）造成人员重伤或者死亡的；

（四）严重影响正常的生产、生活秩序的；

（五）其他造成严重后果的情形。

◎ 标准依据

《最高人民检察院、公安部关于公安机关管辖的刑事案件立案追诉标准的规定（一）》（2008 年 6 月 25 日　公通字〔2008〕36 号）

第五十条（见附录）

［相关规范］最高人民法院、最高人民检察院、公安部、司法部《关于依法惩治妨害新型冠状病毒感染肺炎疫情防控违法犯罪的意见》（2020 年 2 月 6 日　法发〔2020〕7 号）

二、准确适用法律，依法严惩妨害疫情防控的各类违法犯罪

……

（七）依法严惩疫情防控失职渎职、贪污挪用犯罪。

……

从事实验、保藏、携带、运输传染病菌种、毒种的人员，违反国务院卫生行政部门的有关规定，造成新型冠状病毒毒种扩散，后果严重的，依照刑法第三百三十一条的规定，以传染病毒种扩散罪定罪处罚。

……

一百七十九、妨害国境卫生检疫案（刑法第三百三十二条）

◎ 刑法规定

第三百三十二条　【妨害国境卫生检疫罪】违反国境卫生检疫规定，引起检疫传染病传播或者有传播严重危险的，处三年以下有期徒刑或者拘役，并处或者单处罚金。

单位犯前款罪的，对单位判处罚金，并对其直接负责的主管人员和其他直接责任人员，依照前款的规定处罚。

◎ 立案追诉标准

违反国境卫生检疫规定，引起检疫传染病传播或者有传播严重危险的，应予立案追诉。

本条规定的“检疫传染病”，是指鼠疫、霍乱、黄热病以及国务院确定和公布的其他传染病。

◎ 标准依据

《最高人民检察院、公安部关于公安机关管辖的刑事案件立案追诉标准的规定（一）》（2008年6月25日　公通字〔2008〕36号）

第五十一条（见附录）

［相关规范］最高人民法院、最高人民检察院、公安部、司法部、海关总署《关于进一步加强国境卫生检疫工作　依法惩治妨害国境卫生检疫违法犯罪的意见》（2020年3月13日　署法发〔2020〕50号）

二、依法惩治妨害国境卫生检疫的违法犯罪行为

……

（二）依法惩治妨害国境卫生检疫犯罪。根据刑法第三百三十二条规定，违反国境卫生检疫规定，实施下列行为之一的，属于妨害国境卫生检疫行为：

1. 检疫传染病染疫人或者染疫嫌疑人拒绝执行海关依照国境卫生检疫法等法律法规提出的健康申报、体温监测、医学巡查、流行病学调查、医学排查、采样等卫生检疫措施，或者隔离、留验、就地诊验、转诊等卫生处理措施的；

2. 检疫传染病染疫人或者染疫嫌疑人采取不如实填报健康申明卡等方式隐瞒疫情，或者伪造、涂改检疫单、证等方式伪造情节的；

3. 知道或者应当知道实施审批管理的微生物、人体组织、生物制品、血液及其制品等特殊物品可能造成检疫传染病传播，未经审批仍逃避检疫，携运、寄递出入境的；

4. 出入境交通工具上发现有检疫传染病染疫人或者染疫嫌疑人，交通工具负责人拒绝接受卫生检疫或者拒不接受卫生处理的；

5. 来自检疫传染病流行国家、地区的出入境交通工具上出现非意外伤害死亡且死因不明的人员，交通工具负责人故意隐瞒情况的；

6. 其他拒绝执行海关依照国境卫生检疫法等法律法规提出的检疫措施的。

实施上述行为，引起鼠疫、霍乱、黄热病以及新冠肺炎等国务院确定和公布的其他检疫传染病传播或者有传播严重危险的，依照刑法第三百三十二条的规定，以妨害国境卫生检疫罪定罪处罚。

对于单位实施妨害国境卫生检疫行为，引起鼠疫、霍乱、黄热病以及新冠肺炎等国务院确定和公布的其他检疫传染病传播或者有传播严重危险的，应当对单位判处罚金，并对其直接负责的主管人员和其他直接责任人员定罪处罚。

一百八十、非法组织卖血案（刑法第三百三十三条第一款）

◎ 刑法规定

第三百三十三条第一款　【非法组织卖血罪】【强迫卖血罪】非法组织他人出卖血液的，处五年以下有期徒刑，并处罚金；以暴力、威胁方法强迫他人出卖血液的，处五年以上十年以下有期徒刑，并处罚金。

◎ 立案追诉标准

非法组织他人出卖血液，涉嫌下列情形之一的，应予立案追诉：

（一）组织卖血三人次以上的；

（二）组织卖血非法获利累计二千元以上的；

（三）组织未成年人卖血的；

（四）被组织卖血的人的血液含有艾滋病病毒、乙型肝炎病毒、丙型肝炎病毒、梅毒螺旋体等病原微生物的；

（五）其他非法组织卖血应予追究刑事责任的情形。

◎ **标准依据**

《最高人民检察院、公安部关于公安机关管辖的刑事案件立案追诉标准的规定（一）》（2008 年 6 月 25 日　公通字〔2008〕36 号）

第五十二条（见附录）

一百八十一、强迫卖血案（刑法第三百三十三条第一款）

◎ **刑法规定**

（参见本书“一百八十、非法组织卖血案”）

◎ **立案追诉标准**

以暴力、威胁方法强迫他人出卖血液的，应予立案追诉。

◎ **标准依据**

《最高人民检察院、公安部关于公安机关管辖的刑事案件立案追诉标准的规定（一）》（2008 年 6 月 25 日　公通字〔2008〕36 号）

第五十三条（见附录）

一百八十二、非法采集、供应血液、制作、供应血液制品案（刑法第三百三十四条第一款）

◎ **刑法规定**

第三百三十四条第一款　**【非法采集、供应血液、制作、供应血液制品罪】**非法采集、供应血液或者制作、供应血液制品，不符合国家规定的标准，足以危害人体健康的，处五年以下有期徒刑或者拘役，并处罚金；对人体健康造成严重危害的，处五年以上十年以下有期徒刑，并处罚金；造成特别严重后果的，处十年以上有期徒刑或者无期徒刑，并处罚金或者没收财产。

◎ 立案追诉标准

非法采集、供应血液或者制作、供应血液制品，涉嫌下列情形之一的，应予立案追诉：

（一）采集、供应的血液含有艾滋病病毒、乙型肝炎病毒、丙型肝炎病毒、梅毒螺旋体等病原微生物的；

（二）制作、供应的血液制品含有艾滋病病毒、乙型肝炎病毒、丙型肝炎病毒、梅毒螺旋体等病原微生物，或者将含有上述病原微生物的血液用于制作血液制品的；

（三）使用不符合国家规定的药品、诊断试剂、卫生器材，或者重复使用一次性采血器材采集血液，造成传染病传播危险的；

（四）违反规定对献血者、供血浆者超量、频繁采集血液、血浆，足以危害人体健康的；

（五）其他不符合国家有关采集、供应血液或者制作、供应血液制品的规定，足以危害人体健康或者对人体健康造成严重危害的情形。

未经国家主管部门批准或者超过批准的业务范围，采集、供应血液或者制作、供应血液制品的，属于本条规定的“非法采集、供应血液、制作、供应血液制品”。

本条和本书第一百八十条、第一百八十一条、第一百八十三条规定的“血液”，是指全血、成分血和特殊血液成分。

本条和本书第一百八十二条规定的“血液制品”，是指各种人血浆蛋白制品。

◎ 标准依据

《最高人民检察院、公安部关于公安机关管辖的刑事案件立案追诉标准的规定（一）》（2008 年 6 月 25 日　公通字〔2008〕36 号）

第五十四条（见附录）

一百八十三、采集、供应血液、制作、供应血液制品事故案（刑法第三百三十四条第二款）

◎ 刑法规定

第三百三十四条第二款　【采集、供应血液、制作、供应血液制品事故

罪】经国家主管部门批准采集、供应血液或者制作、供应血液制品的部门，不依照规定进行检测或者违背其他操作规定，造成危害他人身体健康后果的，对单位判处罚金，并对其直接负责的主管人员和其他直接责任人员，处五年以下有期徒刑或者拘役。

◎ 立案追诉标准

经国家主管部门批准采集、供应血液或者制作、供应血液制品的部门，不依照规定进行检测或者违背其他操作规定，涉嫌下列情形之一的，应予立案追诉：

（一）造成献血者、供血浆者、受血者感染艾滋病病毒、乙型肝炎病毒、丙型肝炎病毒、梅毒螺旋体或者其他经血液传播的病原微生物的；

（二）造成献血者、供血浆者、受血者重度贫血、造血功能障碍或者其他器官组织损伤导致功能障碍等身体严重危害的；

（三）其他造成危害他人身体健康后果的情形。

经国家主管部门批准的采供血机构和血液制品生产经营单位，属于本条规定的“经国家主管部门批准采集、供应血液或者制作、供应血液制品的部门”。采供血机构包括血液中心、中心血站、中心血库、脐带血造血干细胞库和国家卫生行政主管部门根据医学发展需要批准、设置的其他类型血库、单采血浆站。

具有下列情形之一的，属于本条规定的“不依照规定进行检测或者违背其他操作规定”：

（一）血站未用两个企业生产的试剂对艾滋病病毒抗体、乙型肝炎病毒表面抗原、丙型肝炎病毒抗体、梅毒抗体进行两次检测的；

（二）单采血浆站不依照规定对艾滋病病毒抗体、乙型肝炎病毒表面抗原、丙型肝炎病毒抗体、梅毒抗体进行检测的；

（三）血液制品生产企业在投料生产前未用主管部门批准和检定合格的试剂进行复检的；

（四）血站、单采血浆站和血液制品生产企业使用的诊断试剂没有生产单位名称、生产批准文号或者经检定不合格的；

（五）采供血机构在采集检验样本、采集血液和成分血分离时，使用没有生产单位名称、生产批准文号或者超过有效期的一次性注射器等采血器材的；

（六）不依照国家规定的标准和要求包装、储存、运输血液、原料血浆的；

（七）对国家规定检测项目结果呈阳性的血液未及时按照规定予以清除的；

（八）不具备相应资格的医务人员进行采血、检验操作的；

（九）对献血者、供血浆者超量、频繁采集血液、血浆的；

（十）采供血机构采集血液、血浆前，未对献血者或者供血浆者进行身份识别，采集冒名顶替者、健康检查不合格者血液、血浆的；

（十一）血站擅自采集原料血浆，单采血浆站擅自采集临床用血或者向医疗机构供应原料血浆的；

（十二）重复使用一次性采血器材的；

（十三）其他不依照规定进行检测或者违背操作规定的。

◎ 标准依据

《最高人民检察院、公安部关于公安机关管辖的刑事案件立案追诉标准的规定（一）》（2008年6月25日　公通字〔2008〕36号）

第五十五条（见附录）

一百八十四、医疗事故案（刑法第三百三十五条）

◎ 刑法规定

第三百三十五条　【医疗事故罪】医务人员由于严重不负责任，造成就诊人死亡或者严重损害就诊人身体健康的，处三年以下有期徒刑或者拘役。

◎ 立案追诉标准

医务人员由于严重不负责任，造成就诊人死亡或者严重损害就诊人身体健康的，应予立案追诉。

具有下列情形之一的，属于本条规定的“严重不负责任”：

（一）擅离职守的；

（二）无正当理由拒绝对危急就诊人实行必要的医疗救治的；

（三）未经批准擅自开展试验性医疗的；

（四）严重违反查对、复核制度的；

（五）使用未经批准使用的药品、消毒药剂、医疗器械的；

（六）严重违反国家法律法规及有明确规定的诊疗技术规范、常规的；

（七）其他严重不负责任的情形。

本条规定的“严重损害就诊人身体健康”，是指造成就诊人严重残疾、重伤、感染艾滋病、病毒性肝炎等难以治愈的疾病或者其他严重损害就诊人身体健康的后果。

◎ 标准依据

《最高人民检察院、公安部关于公安机关管辖的刑事案件立案追诉标准的规定（一）》（2008年6月25日　公通字〔2008〕36号）

第五十六条（见附录）

一百八十五、非法行医案（刑法第三百三十六条第一款）

◎ 刑法规定

第三百三十六条第一款　【非法行医罪】未取得医生执业资格的人非法行医，情节严重的，处三年以下有期徒刑、拘役或者管制，并处或者单处罚金；严重损害就诊人身体健康的，处三年以上十年以下有期徒刑，并处罚金；造成就诊人死亡的，处十年以上有期徒刑，并处罚金。

◎ 立案追诉标准

未取得医生执业资格的人非法行医，涉嫌下列情形之一的，应予立案追诉：

（一）造成就诊人轻度残疾、器官组织损伤导致一般功能障碍，或者中度以上残疾、器官组织损伤导致严重功能障碍，或者死亡的；

（二）造成甲类传染病传播、流行或者有传播、流行危险的；

（三）使用假药、劣药或不符合国家规定标准的卫生材料、医疗器械，足以严重危害人体健康的；

（四）非法行医被卫生行政部门行政处罚两次以后，再次非法行医的；

（五）其他情节严重的情形。

具有下列情形之一的，属于本条规定的“未取得医生执业资格的人非法行医”：

（一）未取得或者以非法手段取得医师资格从事医疗活动的；

（二）被依法吊销医师执业证书期间从事医疗活动的；

（三）未取得乡村医生执业证书，从事乡村医疗活动的；

（四）家庭接生员实施家庭接生以外的医疗行为的。

本条规定的“轻度残疾、器官组织损伤导致一般功能障碍”、“中度以上残疾、器官组织损伤导致严重功能障碍”，参照《医疗事故分级标准（试行）》认定。

◎ 标准依据

《最高人民检察院、公安部关于公安机关管辖的刑事案件立案追诉标准的规定（一）》（2008年6月25日　公通字〔2008〕36号）

第五十七条　【非法行医案（刑法第三百三十六条第一款）】未取得医生执业资格的人非法行医，涉嫌下列情形之一的，应予立案追诉：

（一）造成就诊人轻度残疾、器官组织损伤导致一般功能障碍，或者中度以上残疾、器官组织损伤导致严重功能障碍，或者死亡的；

（二）造成甲类传染病传播、流行或者有传播、流行危险的；

（三）使用假药、劣药或不符合国家规定标准的卫生材料、医疗器械，足以严重危害人体健康的；

（四）非法行医被卫生行政部门行政处罚两次以后，再次非法行医的；

（五）其他情节严重的情形。

具有下列情形之一的，属于本条规定的“未取得医生执业资格的人非法行医”：

（一）未取得或者以非法手段取得医师资格从事医疗活动的；

（二）个人未取得《医疗机构执业许可证》开办医疗机构的；

（三）被依法吊销医师执业证书期间从事医疗活动的；

（四）未取得乡村医生执业证书，从事乡村医疗活动的；

（五）家庭接生员实施家庭接生以外的医疗行为的。

本条规定的“轻度残疾、器官组织损伤导致一般功能障碍”、“中度以上残疾、器官组织损伤导致严重功能障碍”，参照卫生部《医疗事故分级标准（试行）》认定。

《最高人民法院关于审理非法行医刑事案件具体应用法律若干问题的解释》（2016年12月16日　法释〔2016〕27号）

第一条　具有下列情形之一的，应认定为刑法第三百三十六条第一款规定的“未取得医生执业资格的人非法行医”：

（一）未取得或者以非法手段取得医师资格从事医疗活动的；

（二）被依法吊销医师执业证书期间从事医疗活动的；

（三）未取得乡村医生执业证书，从事乡村医疗活动的；

（四）家庭接生员实施家庭接生以外的医疗行为的。

◎ 特别说明

《最高人民检察院、公安部关于公安机关管辖的刑事案件立案追诉标准的规定（一）》发布之后，《最高人民法院关于审理非法行医刑事案件具体应用法律若干问题的解释》对“未取得医生执业资格的人非法行医”作出了新规定，将“个人未取得《医疗机构执业许可证》开办医疗机构的”，不再作为犯罪处理。应以《最高人民法院关于审理非法行医刑事案件具体应用法律若干问题的解释》为准。

［相关规范］《最高人民法院、最高人民检察院关于办理妨害预防、控制突发传染病疫情等灾害的刑事案件具体应用法律若干问题的解释》（2003 年 5 月 14 日　法释〔2003〕8 号）

第十二条　未取得医师执业资格非法行医，具有造成突发传染病病人、病原携带者、疑似突发传染病病人贻误诊治或者造成交叉感染等严重情节的，依照刑法第三百三十六条第一款的规定，以非法行医罪定罪，依法从重处罚。

一百八十六、非法进行节育手术案（刑法第三百三十六条第二款）

◎ 刑法规定

第三百三十六条第二款　【非法进行节育手术罪】未取得医生执业资格的人擅自为他人进行节育复通手术、假节育手术、终止妊娠手术或者摘取宫内节育器，情节严重的，处三年以下有期徒刑、拘役或者管制，并处或者单处罚金；严重损害就诊人身体健康的，处三年以上十年以下有期徒刑，并处罚金；造成就诊人死亡的，处十年以上有期徒刑，并处罚金。

◎ 立案追诉标准

未取得医生执业资格的人擅自为他人进行节育复通手术、假节育手术、终止妊娠手术或者摘取宫内节育器，涉嫌下列情形之一的，应予立案追诉：

（一）造成就诊人轻伤、重伤、死亡或者感染艾滋病、病毒性肝炎等难以治愈的疾病的；

（二）非法进行节育复通手术、假节育手术、终止妊娠手术或者摘取宫内节育器五人次以上的；

（三）致使他人超计划生育的；

（四）非法进行选择性别的终止妊娠手术的；

（五）非法获利累计五千元以上的；

（六）其他情节严重的情形。

◎ 标准依据

《最高人民检察院、公安部关于公安机关管辖的刑事案件立案追诉标准的规定（一）》（2008年6月25日　公通字〔2008〕36号）

第五十八条（见附录）

一百八十七、妨害动植物防疫、检疫案（刑法第三百三十七条）

◎ 刑法规定

第三百三十七条　【妨害动植物防疫、检疫罪】 违反有关动植物防疫、检疫的国家规定，引起重大动植物疫情的，或者有引起重大动植物疫情危险，情节严重的，处三年以下有期徒刑或者拘役，并处或者单处罚金。

单位犯前款罪的，对单位判处罚金，并对其直接负责的主管人员和其他直接责任人员，依照前款的规定处罚。

◎ 立案追诉标准

违反有关动植物防疫、检疫的国家规定，引起重大动植物疫情的，应予立案追诉。

违反有关动植物防疫、检疫的国家规定，有引起重大动植物疫情危险，涉嫌下列情形之一的，应予立案追诉：

（一）非法处置疫区内易感动物或者其产品，货值金额五万元以上的；

（二）非法处置因动植物防疫、检疫需要被依法处理的动植物或者其产品，货值金额二万元以上的；

（三）非法调运、生产、经营感染重大植物检疫性有害生物的林木种子、苗木等繁殖材料或者森林植物产品的；

（四）输入《中华人民共和国进出境动植物检疫法》规定的禁止进境物逃避检疫，或者对特许进境的禁止进境物未有效控制与处置，导致其逃逸、扩散的；

（五）进境动植物及其产品检出有引起重大动植物疫情危险的动物疫病或者植物有害生物后，非法处置导致进境动植物及其产品流失的；

（六）一年内携带或者寄递《中华人民共和国禁止携带、邮寄进境的动植物及其产品名录》所列物品进境逃避检疫两次以上，或者窃取、抢夺、损毁、抛洒动植物检疫机关截留的《中华人民共和国禁止携带、邮寄进境的动植物及其产品名录》所列物品的；

（七）其他情节严重的情形。

本条规定的“重大动植物疫情”，按照国家行政主管部门的有关规定认定。

“逃避检疫”情形是指行为人知道或者应当知道携带、寄递的动植物及其产品属于《中华人民共和国禁止携带、邮寄进境的动植物及其产品名录》所列物品，仍然携带、寄递进境，且未向海关申报或者未如实向海关申报的行为。

“截留”是指海关对依法截留的携带物已出具截留凭证或者虽未出具截留凭证，但海关执法人员已经向行为人明确口头或者书面告知（通知）其携带或者寄递进境的物品属于《中华人民共和国禁止携带、邮寄进境的动植物及其产品名录》所列物品，须作截留处理的。

“其他情节严重的情形”包括以下情形

（一）在国家行政主管部门公告（通告）采取紧急预防措施期间，携带或寄递公告（通告）所列禁止进境的动植物及其产品进境，逃避检疫的。

（二）携带《中华人民共和国禁止携带、邮寄进境的动植物及其产品名录》所列物品进境，拒绝接受海关关员现场执法，且所携物品检出有引起重大动植物疫情危险的动物疫病或者植物有害生物的。

◎ 标准依据

《最高人民检察院、公安部关于公安机关管辖的刑事案件立案追诉标准的规定（一）的补充规定》（2017年4月27日　公通字〔2017〕12号）

九、将《立案追诉标准（一）》第五十九条修改为：［妨害动植物防疫、检疫案（刑法第三百三十七条）］违反有关动植物防疫、检疫的国家规定，引起重大动植物疫情的，应予立案追诉。

违反有关动植物防疫、检疫的国家规定，有引起重大动植物疫情危险，涉嫌下列情形之一的，应予立案追诉：

（一）非法处置疫区内易感动物或者其产品，货值金额五万元以上的；

（二）非法处置因动植物防疫、检疫需要被依法处理的动植物或者其产品，货值金额二万元以上的；

（三）非法调运、生产、经营感染重大植物检疫性有害生物的林木种子、苗木等繁殖材料或者森林植物产品的；

（四）输入《中华人民共和国进出境动植物检疫法》规定的禁止进境物逃

避检疫，或者对特许进境的禁止进境物未有效控制与处置，导致其逃逸、扩散的；

（五）进境动植物及其产品检出有引起重大动植物疫情危险的动物疫病或者植物有害生物后，非法处置导致进境动植物及其产品流失的；

（六）一年内携带或者寄递《中华人民共和国禁止携带、邮寄进境的动植物及其产品名录》所列物品进境逃避检疫两次以上，或者窃取、抢夺、损毁、抛洒动植物检疫机关截留的《中华人民共和国禁止携带、邮寄进境的动植物及其产品名录》所列物品的；

（七）其他情节严重的情形。

本条规定的"重大动植物疫情"，按照国家行政主管部门的有关规定认定。

《最高人民检察院、公安部、海关总署关于办理进境携带物和寄递物动植物检疫监管领域刑事案件适用立案追诉标准若干问题的通知》（2019年12月6日公食药〔2019〕510号）

……

一、《补充规定》第九条第二款第（六）项中的术语解释

（一）"逃避检疫"情形是指行为人知道或者应当知道携带、寄递的动植物及其产品属于《中华人民共和国禁止携带、邮寄进境的动植物及其产品名录》所列物品，仍然携带、寄递进境，且未向海关申报或者未如实向海关申报的行为。

（二）"截留"是指海关对依法截留的携带物已出具截留凭证或者虽未出具截留凭证，但海关执法人员已经向行为人明确口头或者书面告知（通知）其携带或者寄递进境的物品属于《中华人民共和国禁止携带、邮寄进境的动植物及其产品名录》所列物品，须作截留处理的。

二、《补充规定》第九条第二款第（七）项规定的"其他情节严重的情形"包括以下情形

（一）在国家行政主管部门公告（通告）采取紧急预防措施期间，携带或寄递公告（通告）所列禁止进境的动植物及其产品进境，逃避检疫的。

（二）携带《中华人民共和国禁止携带、邮寄进境的动植物及其产品名录》所列物品进境，拒绝接受海关关员现场执法，且所携物品检出有引起重大动植物疫情危险的动物疫病或者植物有害生物的。①

……

① 载北京市公安局网站，http：//gaj. beijing. gov. cn/wsgs/zcfg/202001/t20200103_ 1555840. html，最后访问时间：2021年2月2日。

一百八十八、污染环境案（刑法第三百三十八条）

◎ 刑法规定

第三百三十八条　【污染环境罪】违反国家规定，排放、倾倒或者处置有放射性的废物、含传染病病原体的废物、有毒物质或者其他有害物质，严重污染环境的，处三年以下有期徒刑或者拘役，并处或者单处罚金；情节严重的，处三年以上七年以下有期徒刑，并处罚金；有下列情形之一的，处七年以上有期徒刑，并处罚金：

（一）在饮用水水源保护区、自然保护地核心保护区等依法确定的重点保护区域排放、倾倒、处置有放射性的废物、含传染病病原体的废物、有毒物质，情节特别严重的；

（二）向国家确定的重要江河、湖泊水域排放、倾倒、处置有放射性的废物、含传染病病原体的废物、有毒物质，情节特别严重的；

（三）致使大量永久基本农田基本功能丧失或者遭受永久性破坏的；

（四）致使多人重伤、严重疾病，或者致人严重残疾、死亡的。

有前款行为，同时构成其他犯罪的，依照处罚较重的规定定罪处罚。

◎ 立案追诉标准

违反国家规定，排放、倾倒或者处置有放射性的废物、含传染病病原体的废物、有毒物质或者其他有害物质，涉嫌下列情形之一的，应予立案追诉：

（一）在饮用水水源一级保护区、自然保护区核心区排放、倾倒、处置有放射性的废物、含传染病病原体的废物、有毒物质的；

（二）非法排放、倾倒、处置危险废物三吨以上的；

（三）排放、倾倒、处置含铅、汞、镉、铬、砷、铊、锑的污染物，超过国家或者地方污染物排放标准三倍以上的；

（四）排放、倾倒、处置含镍、铜、锌、银、钒、锰、钴的污染物，超过国家或者地方污染物排放标准十倍以上的；

（五）通过暗管、渗井、渗坑、裂隙、溶洞、灌注等逃避监管的方式排放、倾倒、处置有放射性的废物、含传染病病原体的废物、有毒物质的；

（六）二年内曾因违反国家规定，排放、倾倒、处置有放射性的废物、含传染病病原体的废物、有毒物质受过两次以上行政处罚，又实施前列行为的；

（七）重点排污单位篡改、伪造自动监测数据或者干扰自动监测设施，排放化学需氧量、氨氮、二氧化硫、氮氧化物等污染物的；

（八）违法减少防治污染设施运行支出一百万元以上的；

（九）违法所得或者致使公私财产损失三十万元以上的；

（十）造成生态环境严重损害的；

（十一）致使乡镇以上集中式饮用水水源取水中断十二小时以上的；

（十二）致使基本农田、防护林地、特种用途林地五亩以上，其他农用地十亩以上，其他土地二十亩以上基本功能丧失或者遭受永久性破坏的；

（十三）致使森林或者其他林木死亡五十立方米以上，或者幼树死亡二千五百株以上的；

（十四）致使疏散、转移群众五千人以上的；

（十五）致使三十人以上中毒的；

（十六）致使三人以上轻伤、轻度残疾或者器官组织损伤导致一般功能障碍的；

（十七）致使一人以上重伤、中度残疾或者器官组织损伤导致严重功能障碍的；

（十八）其他严重污染环境的情形。

本条规定的“有毒物质”，包括列入国家危险废物名录或者根据国家规定的危险废物鉴别标准和鉴别方法认定的具有危险特性的废物，《关于持久性有机污染物的斯德哥尔摩公约》附件所列物质，含重金属的污染物，以及其他具有毒性可能污染环境的物质。

本条规定的“非法处置危险废物”，包括无危险废物经营许可证，以营利为目的，从危险废物中提取物质作为原材料或者燃料，并具有超标排放污染物、非法倾倒污染物或者其他违法造成环境污染情形的行为。

本条规定的“重点排污单位”，是指设区的市级以上人民政府环境保护主管部门依法确定的应当安装、使用污染物排放自动监测设备的重点监控企业及其他单位。

本条规定的“公私财产损失”，包括直接造成财产损毁、减少的实际价值，为防止污染扩大、消除污染而采取必要合理措施所产生的费用，以及处置突发环境事件的应急监测费用。

本条规定的“生态环境损害”，包括生态环境修复费用，生态环境修复期间服务功能的损失和生态环境功能永久性损害造成的损失，以及其他必要合理费用。

本条规定的“无危险废物经营许可证”，是指未取得危险废物经营许可证，或者超出危险废物经营许可证的经营范围。

◎ 标准依据

《最高人民检察院、公安部关于公安机关管辖的刑事案件立案追诉标准的规定（一）的补充规定》（2017 年 4 月 27 日　公通字〔2017〕12 号）

十、（见附录）

［相关规范］《最高人民法院、最高人民检察院、公安部、司法部、生态环境部关于办理环境污染刑事案件有关问题座谈会纪要》（2019 年 2 月 20 日）

1. 关于单位犯罪的认定

……

为了单位利益，实施环境污染行为，并具有下列情形之一的，应当认定为单位犯罪：（1）经单位决策机构按照决策程序决定的；（2）经单位实际控制人、主要负责人或者授权的分管负责人决定、同意的；（3）单位实际控制人、主要负责人或者授权的分管负责人得知单位成员个人实施环境污染犯罪行为，并未加以制止或者及时采取措施，而是予以追认、纵容或者默许的；（4）使用单位营业执照、合同书、公章、印鉴等对外开展活动，并调用单位车辆、船舶、生产设备、原辅材料等实施环境污染犯罪行为的。

单位犯罪中的“直接负责的主管人员”，一般是指对单位犯罪起决定、批准、组织、策划、指挥、授意、纵容等作用的主管人员，包括单位实际控制人、主要负责人或者授权的分管负责人、高级管理人员等；“其他直接责任人员”，一般是指在直接负责的主管人员的指挥、授意下积极参与实施单位犯罪或者对具体实施单位犯罪起较大作用的人员。

……

2. 关于犯罪未遂的认定

……对于行为人已经着手实施非法排放、倾倒、处置有毒有害污染物的行为，由于有关部门查处或者其他意志以外的原因未得逞的情形，可以污染环境罪（未遂）追究刑事责任。

3. 关于主观过错的认定

……具有下列情形之一，犯罪嫌疑人、被告人不能作出合理解释的，可以认定其故意实施环境污染犯罪，但有证据证明确系不知情的除外：（1）企业没有依法通过环境影响评价，或者未依法取得排污许可证，排放污染物，或者已经通过环境影响评价并且防治污染设施验收合格后，擅自更改工艺流程、原辅材料，导致产生新的污染物质的；（2）不使用验收合格的防治污染设施或者不按规范要求使用的；(3) 防治污染设施发生故障，发现后不及时排除，继续生产放任污染物排放的；(4) 生态环境部门责令限制生产、停产整治或者予以行政处罚后，继续生产放任污染物排放的；(5) 将危险废物委托第三方处置，没有尽到查验经营许可的义务，或者委托处置费用明显低于市场价格或者处置成本的；(6) 通过暗管、渗井、渗坑、裂隙、溶洞、灌注等逃避监管的方式排放污染物的；(7) 通过篡改、伪造监测数据的方式排放污染物的；(8) 其他足以认定的情形。

7. 关于涉大气污染环境犯罪的处理

……对重污染天气预警期间，违反国家规定，超标排放二氧化硫、氮氧化物，受过行政处罚后又实施上述行为或者具有其他严重情节的，可以适用《环境解释》第一条第十八项规定的“其他严重污染环境的情形”追究刑事责任。

8. 关于非法排放、倾倒、处置行为的认定

……认定非法排放、倾倒、处置行为时，应当根据《固体废物污染环境防治法》和《环境解释》的有关规定精神，从其行为方式是否违反国家规定或者行业操作规范、污染物是否与外环境接触、是否造成环境污染的危险或者危害等方面进行综合分析判断。对名为运输、贮存、利用，实为排放、倾倒、处置的行为应当认定为非法排放、倾倒、处置行为，可以依法追究刑事责任……

13. 关于危险废物的认定

……根据《环境解释》的规定精神，对于列入《国家危险废物名录》的，如果来源和相应特征明确，司法人员根据自身专业技术知识和工作经验认定难度不大的，司法机关可以依据名录直接认定。对于来源和相应特征不明确的，由生态环境部门、公安机关等出具书面意见，司法机关可以依据涉案物质的来源、产生过程、被告人供述、证人证言以及经批准或者备案的环境影响评价文件等证据，结合上述书面意见作出是否属于危险废物的认定……

一百八十九、非法处置进口的固体废物案（刑法第三百三十九条第一款）

◎ 刑法规定

第三百三十九条第一款　【非法处置进口的固体废物罪】违反国家规定，将境外的固体废物进境倾倒、堆放、处置的，处五年以下有期徒刑或者拘役，并处罚金；造成重大环境污染事故，致使公私财产遭受重大损失或者严重危害人体健康的，处五年以上十年以下有期徒刑，并处罚金；后果特别严重的，处

十年以上有期徒刑，并处罚金。

◎ 立案追诉标准

违反国家规定，将境外的固体废物进境倾倒、堆放、处置的，应予立案追诉。

◎ 标准依据

《最高人民检察院、公安部关于公安机关管辖的刑事案件立案追诉标准的规定（一）》（2008年6月25日　公通字〔2008〕36号）

第六十一条（见附录）

一百九十、擅自进口固体废物案（刑法第三百三十九条第二款）

◎ 刑法规定

第三百三十九条第二款　【擅自进口固体废物罪】未经国务院有关主管部门许可，擅自进口固体废物用作原料，造成重大环境污染事故，致使公私财产遭受重大损失或者严重危害人体健康的，处五年以下有期徒刑或者拘役，并处罚金；后果特别严重的，处五年以上十年以下有期徒刑，并处罚金。

◎ 立案追诉标准

未经国务院有关主管部门许可，擅自进口固体废物用作原料，造成重大环境污染事故，涉嫌下列情形之一的，应予立案追诉：

（一）致使公私财产损失三十万元以上的；

（二）造成生态环境严重损害的；

（三）致使乡镇以上集中式饮用水水源取水中断十二小时以上的；

（四）致使基本农田、防护林地、特种用途林地五亩以上，其他农用地十亩以上，其他土地二十亩以上基本功能丧失或者遭受永久性破坏的；

（五）致使森林或者其他林木死亡五十立方米以上，或者幼树死亡二千五百株以上的；

（六）致使疏散、转移群众五千人以上的；

（七）致使三十人以上中毒的；

（八）致使三人以上轻伤、轻度残疾或者器官组织损伤导致一般功能障碍的；

（九）致使一人以上重伤、中度残疾或者器官组织损伤导致严重功能障碍的。

◎ 标准依据

《最高人民检察院、公安部关于公安机关管辖的刑事案件立案追诉标准的规定（一）》（2008 年 6 月 25 日　公通字〔2008〕36 号）

__第六十二条　【擅自进口固体废物案（刑法第三百三十九条第二款）】__未经国务院有关主管部门许可，擅自进口固体废物用作原料，造成重大环境污染事故，涉嫌下列情形之一的，应予立案追诉：

（一）致使公私财产损失三十万元以上的；

（二）致使基本农田、防护林地、特种用途林地五亩以上，其他农用地十亩以上，其他土地二十亩以上基本功能丧失或者遭受永久性破坏的；

（三）致使森林或者其他林木死亡五十立方米以上，或者幼树死亡二千五百株以上的；

（四）致使一人以上死亡、三人以上重伤、十人以上轻伤，或者一人以上重伤并且五人以上轻伤的；

（五）致使传染病发生、流行或者人员中毒达到《国家突发公共卫生事件应急预案》中突发公共卫生事件分级III 级以上情形，严重危害人体健康的；

（六）其他致使公私财产遭受重大损失或者严重危害人体健康的情形。

《最高人民法院、最高人民检察院关于办理环境污染刑事案件适用法律若干问题的解释》（2016 年 12 月 23 日　法释〔2016〕29 号）

第一条　实施刑法第三百三十八条规定的行为，具有下列情形之一的，应当认定为“严重污染环境”：

……

（十）造成生态环境严重损害的；

（十一）致使乡镇以上集中式饮用水水源取水中断十二小时以上的；

（十二）致使基本农田、防护林地、特种用途林地五亩以上，其他农用地十亩以上，其他土地二十亩以上基本功能丧失或者遭受永久性破坏的；

（十三）致使森林或者其他林木死亡五十立方米以上，或者幼树死亡二千五百株以上的；

（十四）致使疏散、转移群众五千人以上的；

（十五）致使三十人以上中毒的；

（十六）致使三人以上轻伤、轻度残疾或者器官组织损伤导致一般功能障碍的；

（十七）致使一人以上重伤、中度残疾或者器官组织损伤导致严重功能障碍的；

……

第二条 实施刑法第三百三十九条、第四百零八条规定的行为，致使公私财产损失三十万元以上，或者具有本解释第一条第十项至第十七项规定情形之一的，应当认定为“致使公私财产遭受重大损失或者严重危害人体健康”或者“致使公私财产遭受重大损失或者造成人身伤亡的严重后果”。

◎ 特别说明

《最高人民检察院、公安部关于公安机关管辖的刑事案件立案追诉标准的规定（一）》发布之后，《最高人民法院、最高人民检察院关于办理环境污染刑事案件适用法律若干问题的解释》第一条、第二条对“致使公私财产遭受重大损失或者严重危害人体健康”作了明确规定，应以《最高人民法院、最高人民检察院关于办理环境污染刑事案件适用法律若干问题的解释》为准。本案的立案追诉标准是根据《最高人民法院、最高人民检察院关于办理环境污染刑事案件适用法律若干问题的解释》第一条、第二条归纳整理而成。

一百九十一、非法捕捞水产品案（刑法第三百四十条）

◎ 刑法规定

第三百四十条 【非法捕捞水产品罪】违反保护水产资源法规，在禁渔区、禁渔期或者使用禁用的工具、方法捕捞水产品，情节严重的，处三年以下有期徒刑、拘役、管制或者罚金。

◎ 立案追诉标准

违反保护水产资源法规，在禁渔区、禁渔期或者使用禁用的工具、方法捕捞水产品，涉嫌下列情形之一的，应予立案追诉：

（一）在内陆水域非法捕捞水产品五百公斤以上或者价值五千元以上的，或者在海洋水域非法捕捞水产品一万公斤以上或者价值十万元以上的；

（二）非法捕捞有重要经济价值的水生动物苗种、怀卵亲体或者在水产种质资源保护区内捕捞水产品，在内陆水域五十公斤以上或者价值五百元以上，或者在海洋水域二千公斤以上或者价值二万元以上的；

（三）在禁渔区内使用禁用的工具或者方法捕捞的；

（四）在禁渔期内使用禁用的工具或者方法捕捞的；

（五）在公海使用禁用渔具从事捕捞作业，造成严重影响的；

（六）其他情节严重的情形。

◎ **标准依据**

《最高人民检察院、公安部关于公安机关管辖的刑事案件立案追诉标准的规定（一）》（2008年6月25日　公通字〔2008〕36号）

第六十三条　【非法捕捞水产品案（刑法第三百四十条）】违反保护水产资源法规，在禁渔区、禁渔期或者使用禁用的工具、方法捕捞水产品，涉嫌下列情形之一的，应予立案追诉：

（一）在内陆水域非法捕捞水产品五百公斤以上或者价值五千元以上，或者在海洋水域非法捕捞水产品二千公斤以上或者价值二万元以上的；

（二）非法捕捞有重要经济价值的水生动物苗种、怀卵亲体或者在水产种质资源保护区内捕捞水产品，在内陆水域五十公斤以上或者价值五百元以上，或者在海洋水域二百公斤以上或者价值二千元以上的；

（三）在禁渔区内使用禁用的工具或者禁用的方法捕捞的；

（四）在禁渔期内使用禁用的工具或者禁用的方法捕捞的；

（五）在公海使用禁用渔具从事捕捞作业，造成严重影响的；

（六）其他情节严重的情形。

《最高人民法院关于审理发生在我国管辖海域相关案件若干问题的规定（二）》（2016年8月1日　法释〔2016〕17号）

第四条　违反保护水产资源法规，在海洋水域，在禁渔区、禁渔期或者使用禁用的工具、方法捕捞水产品，具有下列情形之一的，应当认定为刑法第三百四十条规定的“情节严重”：

（一）非法捕捞水产品一万公斤以上或者价值十万元以上的；

（二）非法捕捞有重要经济价值的水生动物苗种、怀卵亲体二千公斤以上或者价值二万元以上的；

（三）在水产种质资源保护区内捕捞水产品二千公斤以上或者价值二万元以上的；

（四）在禁渔区内使用禁用的工具或者方法捕捞的；

（五）在禁渔期内使用禁用的工具或者方法捕捞的；

（六）在公海使用禁用渔具从事捕捞作业，造成严重影响的；

（七）其他情节严重的情形。

◎ 特别说明

《最高人民检察院、公安部关于公安机关管辖的刑事案件立案追诉标准的规定（一）》发布之后，《最高人民法院关于审理发生在我国管辖海域相关案件若干问题的规定（二）》对"在海洋水域非法捕捞水产品"作了新规定，"在海洋水域非法捕捞水产品"应以《最高人民法院关于审理发生在我国管辖海域相关案件若干问题的规定（二）》的规定为准，内陆水域仍沿用《最高人民检察院、公安部关于公安机关管辖的刑事案件立案追诉标准的规定（一）》的规定。

一百九十二、非法猎捕、杀害珍贵、濒危野生动物案（刑法第三百四十一条第一款）

◎ 刑法规定

第三百四十一条第一款　【危害珍贵、濒危野生动物罪】① 非法猎捕、杀害国家重点保护的珍贵、濒危野生动物的，或者非法收购、运输、出售国家重点保护的珍贵、濒危野生动物及其制品的，处五年以下有期徒刑或者拘役，并处罚金；情节严重的，处五年以上十年以下有期徒刑，并处罚金；情节特别严重的，处十年以上有期徒刑，并处罚金或者没收财产。

◎ 立案追诉标准

非法猎捕、杀害国家重点保护的珍贵、濒危野生动物的，应予立案追诉。

本条和本书第一百九十三条规定的"珍贵、濒危野生动物"，包括列入《国家重点保护野生动物名录》的国家一、二级保护野生动物、列入《濒危野生动植物种国际贸易公约》附录一、附录二的野生动物以及驯养繁殖的上述物种。

◎ 标准依据

《最高人民检察院、公安部关于公安机关管辖的刑事案件立案追诉标准的规

① 依据《最高人民法院、最高人民检察院关于执行〈中华人民共和国刑法〉确定罪名的补充规定（七）》，原"非法猎捕、杀害珍贵、濒危野生动物罪"和"非法收购、运输、出售珍贵、濒危野生动物、珍贵、濒危野生动物制品罪"罪名被取消，刑法第三百四十一条第一款罪名确定为"危害珍贵、濒危野生动物罪"。

定（一）》（2008年6月25日　公通字〔2008〕36号）

第六十四条（见附录）

一百九十三、非法收购、运输、出售珍贵、濒危野生动物、珍贵、濒危野生动物制品案（刑法第三百四十一条第一款）

◎ 刑法规定

第三百四十一条第一款　【危害珍贵、濒危野生动物罪】[①] 非法猎捕、杀害国家重点保护的珍贵、濒危野生动物的，或者非法收购、运输、出售国家重点保护的珍贵、濒危野生动物及其制品的，处五年以下有期徒刑或者拘役，并处罚金；情节严重的，处五年以上十年以下有期徒刑，并处罚金；情节特别严重的，处十年以上有期徒刑，并处罚金或者没收财产。

◎ 立案追诉标准

非法收购、运输、出售国家重点保护的珍贵、濒危野生动物及其制品的，应予立案追诉。

本条规定的"收购"，包括以营利、自用等为目的的购买行为；"运输"，包括采用携带、邮寄、利用他人、使用交通工具等方法进行运送的行为；"出售"，包括出卖和以营利为目的的加工利用行为。

◎ 标准依据

《最高人民检察院、公安部关于公安机关管辖的刑事案件立案追诉标准的规定（一）》（2008年6月25日　公通字〔2008〕36号）

第六十五条（见附录）

一百九十四、非法狩猎案（刑法第三百四十一条第二款）

◎ 刑法规定

第三百四十一条第二款　【非法狩猎罪】 违反狩猎法规，在禁猎区、禁猎

---

① 依据《最高人民法院、最高人民检察院关于执行〈中华人民共和国刑法〉确定罪名的补充规定（七）》，原"非法猎捕、杀害珍贵、濒危野生动物罪"和"非法收购、运输、出售珍贵、濒危野生动物、珍贵、濒危野生动物制品罪"罪名被取消，刑法第三百四十一条第一款罪名确定为"危害珍贵、濒危野生动物罪"。

期或者使用禁用的工具、方法进行狩猎，破坏野生动物资源，情节严重的，处三年以下有期徒刑、拘役、管制或者罚金。

◎ **立案追诉标准**

违反狩猎法规，在禁猎区、禁猎期或者使用禁用的工具、方法进行狩猎，破坏野生动物资源，涉嫌下列情形之一的，应予立案追诉：

（一）非法狩猎野生动物二十只以上的；

（二）在禁猎区内使用禁用的工具或者禁用的方法狩猎的；

（三）在禁猎期内使用禁用的工具或者禁用的方法狩猎的；

（四）其他情节严重的情形。

◎ **标准依据**

《最高人民检察院、公安部关于公安机关管辖的刑事案件立案追诉标准的规定（一）》（2008年6月25日　公通字〔2008〕36号）

第六十六条（见附录）

一百九十五、非法占用农用地案（刑法第三百四十二条）

◎ **刑法规定**

第三百四十二条　【非法占用农用地罪】违反土地管理法规，非法占用耕地、林地等农用地，改变被占用土地用途，数量较大，造成耕地、林地等农用地大量毁坏的，处五年以下有期徒刑或者拘役，并处或者单处罚金。

◎ **立案追诉标准**

违反土地管理法规，非法占用耕地、林地等农用地，改变被占用土地用途，造成耕地、林地等农用地大量毁坏，涉嫌下列情形之一的，应予立案追诉：

（一）非法占用基本农田五亩以上或者基本农田以外的耕地十亩以上的；

（二）非法占用防护林地或者特种用途林地数量单种或者合计五亩以上的；

（三）非法占用其他林地数量十亩以上的；

（四）非法占用本款第（二）项、第（三）项规定的林地，其中一项数量达到相应规定的数量标准的百分之五十以上，且两项数量合计达到该项规定的数量标准的；

（五）非法占用其他农用地数量较大的情形。

违反土地管理法规，非法占用耕地建窑、建坟、建房、挖沙、采石、采矿、取土、堆放固体废弃物或者进行其他非农业建设，造成耕地种植条件严重毁坏或者严重污染，被毁坏耕地数量达到以上规定的，属于本条规定的“造成耕地大量毁坏”。

违反土地管理法规，非法占用林地，改变被占用林地用途，在非法占用的林地上实施建窑、建坟、建房、挖沙、采石、采矿、取土、种植农作物、堆放或者排泄废弃物等行为或者进行其他非林业生产、建设，造成林地的原有植被或者林业种植条件严重毁坏或者严重污染，被毁坏林地数量达到以上规定的，属于本条规定的“造成林地大量毁坏”。

◎ 标准依据

《最高人民检察院、公安部关于公安机关管辖的刑事案件立案追诉标准的规定（一）》（2008 年 6 月 25 日　公通字〔2008〕36 号）

第六十七条（见附录）

[相关规范 1]《最高人民法院关于审理破坏草原资源刑事案件应用法律若干问题的解释》（2012 年 11 月 2 日　法释〔2012〕15 号）

第二条　非法占用草原，改变被占用草原用途，数量在二十亩以上的，或者曾因非法占用草原受过行政处罚，在三年内又非法占用草原，改变被占用草原用途，数量在十亩以上的，应当认定为刑法第三百四十二条规定的“数量较大”。

非法占用草原，改变被占用草原用途，数量较大，具有下列情形之一的，应当认定为刑法第三百四十二条规定的“造成耕地、林地等农用地大量毁坏”：

（一）开垦草原种植粮食作物、经济作物、林木的；

（二）在草原上建窑、建房、修路、挖砂、采石、采矿、取土、剥取草皮的；

（三）在草原上堆放或者排放废弃物，造成草原的原有植被严重毁坏或者严重污染的；

（四）违反草原保护、建设、利用规划种植牧草和饲料作物，造成草原沙化或者水土严重流失的；

（五）其他造成草原严重毁坏的情形。

第六条　多次实施破坏草原资源的违法犯罪行为，未经处理，应当依法追究刑事责任的，按照累计的数量、数额定罪处罚。

第七条　本解释所称“草原”，是指天然草原和人工草地，天然草原包括草地、草山和草坡，人工草地包括改良草地和退耕还草地，不包括城镇草地。

[相关规范2]《全国人民代表大会常务委员会关于〈中华人民共和国刑法〉第二百二十八条、第三百四十二条、第四百一十条的解释》(2009年8月27日)

……“违反土地管理法规”，是指违反土地管理法、森林法、草原法等法律以及有关行政法规中关于土地管理的规定。

一百九十六、非法采矿案（刑法第三百四十三条第一款）

◎ 刑法规定

第三百四十三条第一款　【非法采矿罪】违反矿产资源法的规定，未取得采矿许可证擅自采矿，擅自进入国家规划矿区、对国民经济具有重要价值的矿区和他人矿区范围采矿，或者擅自开采国家规定实行保护性开采的特定矿种，情节严重的，处三年以下有期徒刑、拘役或者管制，并处或者单处罚金；情节特别严重的，处三年以上七年以下有期徒刑，并处罚金。

◎ 立案追诉标准

违反矿产资源法的规定，未取得采矿许可证擅自采矿，或者擅自进入国家规划矿区、对国民经济具有重要价值的矿区和他人矿区范围采矿，或者擅自开采国家规定实行保护性开采的特定矿种，涉嫌下列情形之一的，应予立案追诉：

（一）开采的矿产品价值或者造成矿产资源破坏的价值在十万元至三十万元以上的；

（二）在国家规划矿区、对国民经济具有重要价值的矿区采矿，开采国家规定实行保护性开采的特定矿种，或者在禁采区、禁采期内采矿，开采的矿产品价值或者造成矿产资源破坏的价值在五万元至十五万元以上的；

（三）二年内曾因非法采矿受过两次以上行政处罚，又实施非法采矿行为的；

（四）造成生态环境严重损害的；

（五）其他情节严重的情形。

在河道管理范围内采砂，依据相关规定应当办理河道采砂许可证而未取得河道采砂许可证，或者应当办理河道采砂许可证和采矿许可证，既未取得河道采砂许可证又未取得采矿许可证，具有本条第一款规定的情形之一，或者严重影响河势稳定危害防洪安全的，应予立案追诉。

采挖海砂，未取得海砂开采海域使用权证且未取得采矿许可证，具有本条第一款规定的情形之一，或者造成海岸线严重破坏的，应予立案追诉。

具有下列情形之一的，属于本条规定的“未取得采矿许可证”：

（一）无许可证的；

（二）许可证被注销、吊销、撤销的；

（三）超越许可证规定的矿区范围或者开采范围的；

（四）超出许可证规定的矿种的（共生、伴生矿种除外）；

（五）其他未取得许可证的情形。

多次非法采矿构成犯罪，依法应当追诉的，或者二年内多次非法采矿未经处理的，价值数额累计计算。

非法开采的矿产品价值，根据销赃数额认定；无销赃数额，销赃数额难以查证，或者根据销赃数额认定明显不合理的，根据矿产品价格和数量认定。

矿产品价值难以确定的，依据价格认证机构，省级以上人民政府国土资源、水行政、海洋等主管部门，或者国务院水行政主管部门在国家确定的重要江河、湖泊设立的流域管理机构出具的报告，结合其他证据作出认定。

◎ 标准依据

《最高人民检察院、公安部关于公安机关管辖的刑事案件立案追诉标准的规定（一）的补充规定》（2017年4月27日　公通字〔2017〕12号）

十一、（见附录）

［相关规范］《最高人民法院、最高人民检察院关于办理非法采矿、破坏性采矿刑事案件适用法律若干问题的解释》（2016年11月28日　法释〔2016〕25号）

第一条　违反《中华人民共和国矿产资源法》《中华人民共和国水法》等法律、行政法规有关矿产资源开发、利用、保护和管理的规定的，应当认定为刑法第三百四十三条规定的“违反矿产资源法的规定”。

第十一条　对受雇佣为非法采矿、破坏性采矿犯罪提供劳务的人员，除参与利润分成或者领取高额固定工资的以外，一般不以犯罪论处，但曾因非法采矿、破坏性采矿受过处罚的除外。

一百九十七、破坏性采矿案（刑法第三百四十三条第二款）

◎ 刑法规定

第三百四十三条第二款　【破坏性采矿罪】违反矿产资源法的规定，采取破坏性的开采方法开采矿产资源，造成矿产资源严重破坏的，处五年以下有期徒刑或者拘役，并处罚金。

◎ 立案追诉标准

违反矿产资源法的规定，采取破坏性的开采方法开采矿产资源，造成矿产资源严重破坏的价值在五十万元至一百万元以上，或者造成国家规划矿区、对国民经济具有重要价值的矿区和国家规定实行保护性开采的特定矿种资源破坏的价值在二十五万元至五十万元以上的，应当认定为具有破坏性采矿罪“造成矿产资源严重破坏”的情形，予以立案追诉。

本条规定的“采取破坏性的开采方法开采矿产资源”，是指行为人违反地质矿产主管部门审查批准的矿产资源开发利用方案开采矿产资源，并造成矿产资源严重破坏的行为。

破坏性的开采方法以及造成矿产资源严重破坏的价值数额，由省级以上地质矿产主管部门出具鉴定结论，经查证属实后予以认定。

多次破坏性采矿构成犯罪，依法应当追诉的，或者二年内多次破坏性采矿未经处理的，价值数额累计计算。

◎ 标准依据

《最高人民检察院、公安部关于公安机关管辖的刑事案件立案追诉标准的规定（一）》（2008年6月25日　公通字〔2008〕36号）

第六十九条　【破坏性采矿案（刑法第三百四十三条第二款）】违反矿产资源法的规定，采取破坏性的开采方法开采矿产资源，造成矿产资源严重破坏，价值数额在三十万元至五十万元以上的，应予立案追诉。

本条规定的“采取破坏性的开采方法开采矿产资源”，是指行为人违反地质矿产主管部门审查批准的矿产资源开发利用方案开采矿产资源，并造成矿产资源严重破坏的行为。

破坏性的开采方法以及造成矿产资源严重破坏的价值数额，由省级以上地质矿产主管部门出具鉴定结论，经查证属实后予以认定。

《最高人民法院、最高人民检察院关于办理非法采矿、破坏性采矿刑事案件适用法律若干问题的解释》（2016年11月28日　法释〔2016〕25号）

第六条　造成矿产资源破坏的价值在五十万元至一百万元以上，或者造成国家规划矿区、对国民经济具有重要价值的矿区和国家规定实行保护性开采的特定矿种资源破坏的价值在二十五万元至五十万元以上的，应当认定为刑法第三百四十三条第二款规定的“造成矿产资源严重破坏”。

◎ 特别说明

《最高人民检察院、公安部关于公安机关管辖的刑事案件立案追诉标准的规定（一）》发布之后，《最高人民法院、最高人民检察院关于办理非法采矿、破坏性采矿刑事案件适用法律若干问题的解释》对“造成矿产资源破坏的价值”作出了新规定，应以新规定为准。

一百九十八、非法采伐、毁坏国家重点保护植物案（刑法第三百四十四条）

◎ 刑法规定

第三百四十四条　【危害国家重点保护植物罪】①　违反国家规定，非法采伐、毁坏珍贵树木或者国家重点保护的其他植物的，或者非法收购、运输、加工、出售珍贵树木或者国家重点保护的其他植物及其制品的，处三年以下有期徒刑、拘役或者管制，并处罚金；情节严重的，处三年以上七年以下有期徒刑，并处罚金。

◎ 立案追诉标准

违反国家规定，非法采伐、毁坏珍贵树木或者国家重点保护的其他植物的，应予立案追诉。

本条和本书第一百九十九条规定的“珍贵树木或者国家重点保护的其他植物”，包括由省级以上林业主管部门或者其他部门确定的具有重大历史纪念意义、科学研究价值或者年代久远的古树名木，国家禁止、限制出口的珍贵树木以及列入《国家重点保护野生植物名录》的树木或者其他植物。

◎ 标准依据

《最高人民检察院、公安部关于公安机关管辖的刑事案件立案追诉标准的规定（一）》（2008 年 6 月 25 日　公通字〔2008〕36 号）

第七十条（见附录）

---

① 依据《最高人民法院、最高人民检察院关于执行〈中华人民共和国刑法〉确定罪名的补充规定（七）》，原“非法采伐、毁坏国家重点保护植物罪”和“非法收购、运输、加工、出售国家重点保护植物、国家重点保护植物制品罪”罪名被取消，刑法第三百四十四条罪名确定为“危害国家重点保护植物罪”。

［相关规范］《最高人民法院、最高人民检察院关于适用〈中华人民共和国刑法〉第三百四十四条有关问题的批复》（2020年3月19日　法释〔2020〕2号）

一、古树名木以及列入《国家重点保护野生植物名录》的野生植物，属于刑法第三百四十四条规定的"珍贵树木或者国家重点保护的其他植物"。

二、根据《中华人民共和国野生植物保护条例》的规定，野生植物限于原生地天然生长的植物。人工培育的植物，除古树名木外，不属于刑法第三百四十四条规定的"珍贵树木或者国家重点保护的其他植物"。非法采伐、毁坏或者非法收购、运输人工培育的植物（古树名木除外），构成盗伐林木罪、滥伐林木罪、非法收购、运输盗伐、滥伐的林木罪等犯罪的，依照相关规定追究刑事责任。

三、对于非法移栽珍贵树木或者国家重点保护的其他植物，依法应当追究刑事责任的，依照刑法第三百四十四条的规定，以非法采伐国家重点保护植物罪定罪处罚。

鉴于移栽在社会危害程度上与砍伐存在一定差异，对非法移栽珍贵树木或者国家重点保护的其他植物的行为，在认定是否构成犯罪以及裁量刑罚时，应当考虑植物的珍贵程度、移栽目的、移栽手段、移栽数量、对生态环境的损害程度等情节，综合评估社会危害性，确保罪责刑相适应。

一百九十九、非法收购、运输、加工、出售国家重点保护植物、国家重点保护植物制品案（刑法第三百四十四条）

◎ 刑法规定

第三百四十四条　【危害国家重点保护植物罪】① 违反国家规定，非法采伐、毁坏珍贵树木或者国家重点保护的其他植物的，或者非法收购、运输、加工、出售珍贵树木或者国家重点保护的其他植物及其制品的，处三年以下有期徒刑、拘役或者管制，并处罚金；情节严重的，处三年以上七年以下有期徒刑，并处罚金。

◎ 立案追诉标准

违反国家规定，非法收购、运输、加工、出售珍贵树木或者国家重点保护的其他植物及其制品的，应予立案追诉。

---

① 依据《最高人民法院、最高人民检察院关于执行〈中华人民共和国刑法〉确定罪名的补充规定（七）》，原"非法采伐、毁坏国家重点保护植物罪"和"非法收购、运输、加工、出售国家重点保护植物、国家重点保护植物制品罪"罪名被取消，刑法第三百四十四条罪名确定为"危害国家重点保护植物罪"。

◎ **标准依据**

《最高人民检察院、公安部关于公安机关管辖的刑事案件立案追诉标准的规定（一）》（2008 年 6 月 25 日　公通字〔2008〕36 号）

第七十一条（见附录）

二百、盗伐林木案（刑法第三百四十五条第一款）

◎ **刑法规定**

第三百四十五条第一款　【盗伐林木罪】 盗伐森林或者其他林木，数量较大的，处三年以下有期徒刑、拘役或者管制，并处或者单处罚金；数量巨大的，处三年以上七年以下有期徒刑，并处罚金；数量特别巨大的，处七年以上有期徒刑，并处罚金。

◎ **立案追诉标准**

盗伐森林或者其他林木，涉嫌下列情形之一的，应予立案追诉：

（一）盗伐二至五立方米以上的；

（二）盗伐幼树一百至二百株以上的。

以非法占有为目的，具有下列情形之一的，属于本条规定的“盗伐森林或者其他林木”：

（一）擅自砍伐国家、集体、他人所有或者他人承包经营管理的森林或者其他林木的；

（二）擅自砍伐本单位或者本人承包经营管理的森林或者其他林木的；

（三）在林木采伐许可证规定的地点以外采伐国家、集体、他人所有或者他人承包经营管理的森林或者其他林木的。

本条和本书第二百零二条、第二百零三条规定的林木数量以立木蓄积计算，计算方法为：原木材积除以该树种的出材率；“幼树”，是指胸径五厘米以下的树木。

◎ **标准依据**

《最高人民检察院、公安部关于公安机关管辖的刑事案件立案追诉标准的规定（一）》（2008 年 6 月 25 日　公通字〔2008〕36 号）

第七十二条（见附录）

二百零一、滥伐林木案（刑法第三百四十五条第二款）

◎ 刑法规定

第三百四十五条第二款　【滥伐林木罪】违反森林法的规定，滥伐森林或者其他林木，数量较大的，处三年以下有期徒刑、拘役或者管制，并处或者单处罚金；数量巨大的，处三年以上七年以下有期徒刑，并处罚金。

◎ 立案追诉标准

违反森林法的规定，滥伐森林或者其他林木，涉嫌下列情形之一的，应予立案追诉：

（一）滥伐十至二十立方米以上的；

（二）滥伐幼树五百至一千株以上的。

违反森林法的规定，具有下列情形之一的，属于本条规定的“滥伐森林或者其他林木”：

（一）未经林业行政主管部门及法律规定的其他主管部门批准并核发林木采伐许可证，或者虽持有林木采伐许可证，但违反林木采伐许可证规定的时间、数量、树种或者方式，任意采伐本单位所有或者本人所有的森林或者其他林木的；

（二）超过林木采伐许可证规定的数量采伐他人所有的森林或者其他林木的。

违反森林法的规定，在林木采伐许可证规定的地点以外，采伐本单位或者本人所有的森林或者其他林木的，除农村居民采伐自留地和房前屋后个人所有的零星林木以外，属于本条第二款第（一）项“未经林业行政主管部门及法律规定的其他主管部门批准并核发林木采伐许可证”规定的情形。

林木权属争议一方在林木权属确权之前，擅自砍伐森林或者其他林木的，属于本条规定的“滥伐森林或者其他林木”。

滥伐林木的数量，应在伐区调查设计允许的误差额以上计算。

◎ 标准依据

《最高人民检察院、公安部关于公安机关管辖的刑事案件立案追诉标准的规定（一）》（2008年6月25日　公通字〔2008〕36号）

第七十三条（见附录）

二百零二、非法收购、运输盗伐、滥伐的林木案（刑法第三百四十五条第三款）

◎ 刑法规定

第三百四十五条第三款　【非法收购、运输盗伐、滥伐的林木罪】非法收购、运输明知是盗伐、滥伐的林木，情节严重的，处三年以下有期徒刑、拘役或者管制，并处或者单处罚金；情节特别严重的，处三年以上七年以下有期徒刑，并处罚金。

◎ 立案追诉标准

非法收购、运输明知是盗伐、滥伐的林木，涉嫌下列情形之一的，应予立案追诉：

（一）非法收购、运输盗伐、滥伐的林木二十立方米以上或者幼树一千株以上的；

（二）其他情节严重的情形。

本条规定的“非法收购”的“明知”，是指知道或者应当知道。具有下列情形之一的，可以视为应当知道，但是有证据证明确属被蒙骗的除外：

（一）在非法的木材交易场所或者销售单位收购木材的；

（二）收购以明显低于市场价格出售的木材的；

（三）收购违反规定出售的木材的。

◎ 标准依据

《最高人民检察院、公安部关于公安机关管辖的刑事案件立案追诉标准的规定（一）》（2008年6月25日　公通字〔2008〕36号）

第七十四条（见附录）

二百零三、走私、贩卖、运输、制造毒品案（刑法第三百四十七条）

◎ 刑法规定

第三百四十七条　【走私、贩卖、运输、制造毒品罪】走私、贩卖、运输、制造毒品，无论数量多少，都应当追究刑事责任，予以刑事处罚。

走私、贩卖、运输、制造毒品，有下列情形之一的，处十五年有期徒刑、无期徒刑或者死刑，并处没收财产：

（一）走私、贩卖、运输、制造鸦片一千克以上、海洛因或者甲基苯丙胺五十克以上或者其他毒品数量大的；

（二）走私、贩卖、运输、制造毒品集团的首要分子；

（三）武装掩护走私、贩卖、运输、制造毒品的；

（四）以暴力抗拒检查、拘留、逮捕，情节严重的；

（五）参与有组织的国际贩毒活动的。

走私、贩卖、运输、制造鸦片二百克以上不满一千克、海洛因或者甲基苯丙胺十克以上不满五十克或者其他毒品数量较大的，处七年以上有期徒刑，并处罚金。

走私、贩卖、运输、制造鸦片不满二百克、海洛因或者甲基苯丙胺不满十克或者其他少量毒品的，处三年以下有期徒刑、拘役或者管制，并处罚金；情节严重的，处三年以上七年以下有期徒刑，并处罚金。

单位犯第二款、第三款、第四款罪的，对单位判处罚金，并对其直接负责的主管人员和其他直接责任人员，依照各该款的规定处罚。

利用、教唆未成年人走私、贩卖、运输、制造毒品，或者向未成年人出售毒品的，从重处罚。

对多次走私、贩卖、运输、制造毒品，未经处理的，毒品数量累计计算。

◎ 立案追诉标准

走私、贩卖、运输、制造毒品，无论数量多少，都应予立案追诉。

本条规定的“走私”是指明知是毒品而非法将其运输、携带、寄递进出国（边）境的行为。直接向走私人非法收购走私进口的毒品，或者在内海、领海、界河、界湖运输、收购、贩卖毒品的，以走私毒品罪立案追诉。

本条规定的“贩卖”是指明知是毒品而非法销售或者以贩卖为目的而非法收买的行为。

有证据证明行为人以牟利为目的，为他人代购仅用于吸食、注射的毒品，对代购者以贩卖毒品罪立案追诉。不以牟利为目的，为他人代购仅用于吸食、注射的毒品，毒品数量达到非法持有毒品罪规定的数量标准的，对托购者和代购者以非法持有毒品罪立案追诉。明知他人实施毒品犯罪而为其居间介绍、代购代卖的，无论是否牟利，都应以相关毒品犯罪的共犯立案追诉。

本条规定的“运输”是指明知是毒品而采用携带、寄递、托运、利用他人或者使用交通工具等方法非法运送毒品的行为。

本条规定的“制造”是指非法利用毒品原植物直接提炼或者用化学方法加工、配制毒品，或者以改变毒品成分和效用为目的，用混合等物理方法加工、配制毒品的行为。为了便于隐蔽运输、销售、使用、欺骗购买者，或者为了增重，对毒品掺杂使假，添加或者去除其他非毒品物质，不属于制造毒品的行为。

为了制造毒品而采用生产、加工、提炼等方法非法制造易制毒化学品的，以制造毒品罪（预备）立案追诉。购进制造毒品的设备和原材料，开始着手制造毒品，尚未制造出毒品或者半成品的，以制造毒品罪（未遂）立案追诉。明知他人制造毒品而为其生产、加工、提炼、提供醋酸酐、乙醚、三氯甲烷等制毒物品的，以制造毒品罪的共犯立案追诉。

走私、贩卖、运输毒品主观故意中的“明知”，是指行为人知道或者应当知道所实施的是走私、贩卖、运输毒品行为。具有下列情形之一，结合行为人的供述和其他证据综合审查判断，可以认定其“应当知道”，但有证据证明确属被蒙骗的除外：

（一）执法人员在口岸、机场、车站、港口、邮局和其他检查站点检查时，要求行为人申报携带、运输、寄递的物品和其他疑似毒品物，并告知其法律责任，而行为人未如实申报，在其携带、运输、寄递的物品中查获毒品的；

（二）以伪报、藏匿、伪装等蒙蔽手段逃避海关、边防等检查，在其携带、运输、寄递的物品中查获毒品的；

（三）执法人员检查时，有逃跑、丢弃携带物品或者逃避、抗拒检查等行为，在其携带、藏匿或者丢弃的物品中查获毒品的；

（四）体内或者贴身隐秘处藏匿毒品的；

（五）为获取不同寻常的高额或者不等值的报酬为他人携带、运输、寄递、收取物品，从中查获毒品的；

（六）采用高度隐蔽的方式携带、运输物品，从中查获毒品的；

（七）采用高度隐蔽的方式交接物品，明显违背合法物品惯常交接方式，从中查获毒品的；

（八）行程路线故意绕开检查站点，在其携带、运输的物品中查获毒品的；

（九）以虚假身份、地址或者其他虚假方式办理托运、寄递手续，在托运、寄递的物品中查获毒品的；

（十）有其他证据足以证明行为人应当知道的。

制造毒品主观故意中的“明知”，是指行为人知道或者应当知道所实施的是制造毒品行为。有下列情形之一，结合行为人的供述和其他证据综合审查判断，可以认定其“应当知道”，但有证据证明确属被蒙骗的除外：

（一）购置了专门用于制造毒品的设备、工具、制毒物品或者配制方案的；

（二）为获取不同寻常的高额或者不等值的报酬为他人制造物品，经检验是毒品的；

（三）在偏远、隐蔽场所制造，或者采取对制造设备进行伪装等方式制造物品，经检验是毒品的；

（四）制造人员在执法人员检查时，有逃跑、抗拒检查等行为，在现场查获制造出的物品，经检验是毒品的；

（五）有其他证据足以证明行为人应当知道的。

走私、贩卖、运输、制造毒品罪是选择性罪名，对同一宗毒品实施了两种以上犯罪行为，并有相应确凿证据的，应当按照所实施的犯罪行为的性质并列适用罪名，毒品数量不重复计算。对同一宗毒品可能实施了两种以上犯罪行为，但相应证据只能认定其中一种或者几种行为，认定其他行为的证据不够确实充分的，只按照依法能够认定的行为的性质适用罪名。对不同宗毒品分别实施了不同种犯罪行为的，应对不同行为并列适用罪名，累计计算毒品数量。

◎ 标准依据

《最高人民检察院、公安部关于公安机关管辖的刑事案件立案追诉标准的规定（三）》（2012年5月16日　公通字〔2012〕26号）

第一条（见附录）

［相关规范］最高人民法院、最高人民检察院、公安部《关于办理走私、非法买卖麻黄碱类复方制剂等刑事案件适用法律若干问题的意见》（2012年6月18日　法发〔2012〕12号）

一、关于走私、非法买卖麻黄碱类复方制剂等行为的定性

以加工、提炼制毒物品制造毒品为目的，购买麻黄碱类复方制剂，或者运输、携带、寄递麻黄碱类复方制剂进出境的，依照刑法第三百四十七条的规定，以制造毒品罪定罪处罚。

……

二、关于利用麻黄碱类复方制剂加工、提炼制毒物品行为的定性

以制造毒品为目的，利用麻黄碱类复方制剂加工、提炼制毒物品的，依照刑法第三百四十七条的规定，以制造毒品罪定罪处罚。

……

三、关于共同犯罪的认定

明知他人利用麻黄碱类制毒物品制造毒品，向其提供麻黄碱类复方制剂，为其利用麻黄碱类复方制剂加工、提炼制毒物品，或者为其获取、利用麻黄碱类复方制剂提供其他帮助的，以制造毒品罪的共犯论处。

……

二百零四、非法持有毒品案（刑法第三百四十八条）

◎ 刑法规定

第三百四十八条　【非法持有毒品罪】非法持有鸦片一千克以上、海洛因或者甲基苯丙胺五十克以上或者其他毒品数量大的，处七年以上有期徒刑或者无期徒刑，并处罚金；非法持有鸦片二百克以上不满一千克、海洛因或者甲基苯丙胺十克以上不满五十克或者其他毒品数量较大的，处三年以下有期徒刑、拘役或者管制，并处罚金；情节严重的，处三年以上七年以下有期徒刑，并处罚金。

◎ 立案追诉标准

明知是毒品而非法持有，涉嫌下列情形之一的，应予立案追诉：

（一）鸦片二百克以上、海洛因或者甲基苯丙胺十克以上；

（二）可卡因十克以上；

（三）3，4－亚甲二氧基甲基苯丙胺（MDMA）等苯丙胺类毒品（甲基苯丙胺除外）、吗啡二十克以上；

（四）芬太尼二十五克以上；

（五）甲卡西酮四十克以上；

（六）二氢埃托啡二毫克以上；

（七）哌替啶（度冷丁）五十克以上；

（八）氯胺酮一百克以上；

（九）美沙酮二百克以上；

（十）曲马多、γ－羟丁酸四百克以上；

（十一）大麻油一千克以上、大麻脂二千克以上、大麻叶及大麻烟三十千克以上；

（十二）可待因、丁丙诺啡一千克以上；

（十三）三唑仑、安眠酮十千克以上；

（十四）阿普唑仑、恰特草二十千克以上；

（十五）咖啡因、罂粟壳四十千克以上；

（十六）巴比妥、苯巴比妥、安钠咖、尼美西泮五十千克以上；

（十七）氯氮卓、艾司唑仑、地西泮、溴西泮一百千克以上；

（十八）上述毒品以外的其他毒品数量较大的。

非法持有两种以上毒品，每种毒品均没有达到本条第一款规定的数量标准，但按前款规定的立案追诉数量比例折算成海洛因后累计相加达到十克以上的，应予立案追诉。

本条规定的“非法持有”，是指违反国家法律和国家主管部门的规定，占有、携带、藏有或者以其他方式持有毒品。

非法持有毒品主观故意中的“明知”，依照本书“二百零三、走私、贩卖、运输、制造毒品案”中关于走私、贩卖、运输毒品主观故意中的“明知”予以认定。

◎ 标准依据

《最高人民检察院、公安部关于公安机关管辖的刑事案件立案追诉标准的规定（三）》（2012年5月16日　公通字〔2012〕26号）

第二条　【非法持有毒品案（刑法第三百四十八条）】*明知是毒品而非法持有，涉嫌下列情形之一的，应予立案追诉：*

（一）鸦片二百克以上、海洛因、可卡因或者甲基苯丙胺十克以上；

（二）二亚甲基双氧安非他明（MDMA）等苯丙胺类毒品（甲基苯丙胺除外）、吗啡二十克以上；

（三）度冷丁（杜冷丁）五十克以上（针剂100mg/支规格的五百支以上，50mg/支规格的一千支以上；片剂25mg/片规格的二千片以上，50mg/片规格的一千片以上）；

（四）盐酸二氢埃托啡二毫克以上（针剂或者片剂20ug/支、片规格的一百支、片以上）；

（五）氯胺酮、美沙酮二百克以上；

（六）三唑仑、安眠酮十千克以上；

（七）咖啡因五十千克以上；

（八）氯氮卓、艾司唑仑、地西泮、溴西泮一百千克以上；

（九）大麻油一千克以上，大麻脂二千克以上，大麻叶及大麻烟三十千克以上；

（十）罂粟壳五十千克以上；

（十一）上述毒品以外的其他毒品数量较大的。

非法持有两种以上毒品，每种毒品均没有达到本条第一款规定的数量标准，但按前款规定的立案追诉数量比例折算成海洛因后累计相加达到十克以上的，应予立案追诉。

本条规定的“非法持有”，是指违反国家法律和国家主管部门的规定，占有、携带、藏有或者以其他方式持有毒品。

非法持有毒品主观故意中的“明知”，依照本规定第一条第八款的有关规定予以认定。

《最高人民法院关于审理毒品犯罪案件适用法律若干问题的解释》（2016年4月6日　法释〔2016〕8号）

第二条　走私、贩卖、运输、制造、非法持有下列毒品，应当认定为刑法第三百四十七条第三款、第三百四十八条规定的“其他毒品数量较大”：

（一）可卡因十克以上不满五十克；

（二）3，4－亚甲二氧基甲基苯丙胺（MDMA）等苯丙胺类毒品（甲基苯丙胺除外）、吗啡二十克以上不满一百克；

（三）芬太尼二十五克以上不满一百二十五克；

（四）甲卡西酮四十克以上不满二百克；

（五）二氢埃托啡二毫克以上不满十毫克；

（六）哌替啶（度冷丁）五十克以上不满二百五十克；

（七）氯胺酮一百克以上不满五百克；

（八）美沙酮二百克以上不满一千克；

（九）曲马多、γ－羟丁酸四百克以上不满二千克；

（十）大麻油一千克以上不满五千克、大麻脂二千克以上不满十千克、大麻叶及大麻烟三十千克以上不满一百五十千克；

（十一）可待因、丁丙诺啡一千克以上不满五千克；

（十二）三唑仑、安眠酮十千克以上不满五十千克；

（十三）阿普唑仑、恰特草二十千克以上不满一百千克；

（十四）咖啡因、罂粟壳四十千克以上不满二百千克；

（十五）巴比妥、苯巴比妥、安钠咖、尼美西泮五十千克以上不满二百五十千克；

（十六）氯氮卓、艾司唑仑、地西泮、溴西泮一百千克以上不满五百千克；

（十七）上述毒品以外的其他毒品数量较大的。

◎ 特别说明

《最高人民检察院、公安部关于公安机关管辖的刑事案件立案追诉标准的规定（三）》发布之后，《最高人民法院关于审理毒品犯罪案件适用法律若干问题的解释》对“其他毒品数量较大”作出新规定，应以《最高人民法院关于审理毒品犯罪案件适用法律若干问题的解释》为准。本条立案追诉标准是依据《刑法》第三百四十八条和《最高人民法院关于审理毒品犯罪案件适用法律若干问题的解释》第二条，结合《最高人民检察院、公安部关于公安机关管辖的刑事案件立案追诉标准的规定（三）》归纳整理而成。

二百零五、包庇毒品犯罪分子案（刑法第三百四十九条）

◎ 刑法规定

第三百四十九条　【包庇毒品犯罪分子罪】【窝藏、转移、隐瞒毒品、毒赃罪】包庇走私、贩卖、运输、制造毒品的犯罪分子的，为犯罪分子窝藏、转移、隐瞒毒品或者犯罪所得的财物的，处三年以下有期徒刑、拘役或者管制；情节严重的，处三年以上十年以下有期徒刑。

缉毒人员或者其他国家机关工作人员掩护、包庇走私、贩卖、运输、制造毒品的犯罪分子的，依照前款的规定从重处罚。

犯前两款罪，事先通谋的，以走私、贩卖、运输、制造毒品罪的共犯论处。

◎ 立案追诉标准

包庇走私、贩卖、运输、制造毒品的犯罪分子，涉嫌下列情形之一的，应予立案追诉：

（一）作虚假证明，帮助掩盖罪行的；

（二）帮助隐藏、转移或者毁灭证据的；

（三）帮助取得虚假身份或者身份证件的；

（四）以其他方式包庇犯罪分子的。

实施前款规定的行为，事先通谋的，以走私、贩卖、运输、制造毒品的共犯立案追诉。

◎ 标准依据

《最高人民检察院、公安部关于公安机关管辖的刑事案件立案追诉标准的规定（三）》（2012 年 5 月 16 日　公通字〔2012〕26 号）

第三条（见附录）

二百零六、窝藏、转移、隐瞒毒品、毒赃案（刑法第三百四十九条）

◎ 刑法规定

（参见本书“二百零五、包庇毒品犯罪分子案”）

◎ 立案追诉标准

为走私、贩卖、运输、制造毒品的犯罪分子窝藏、转移、隐瞒毒品或者犯罪所得的财物的，应予立案追诉。

实施前款规定的行为，事先通谋的，以走私、贩卖、运输、制造毒品的共犯立案追诉。

◎ 标准依据

《最高人民检察院、公安部关于公安机关管辖的刑事案件立案追诉标准的规定（三）》（2012 年 5 月 16 日　公通字〔2012〕26 号）

第四条（见附录）

二百零七、非法生产、买卖、运输制毒物品、走私制毒物品案（刑法第三百五十条第一款）

◎ 刑法规定

第三百五十条第一款　【非法生产、买卖、运输制毒物品、走私制毒物品罪】违反国家规定，非法生产、买卖、运输醋酸酐、乙醚、三氯甲烷或者其他用于制造毒品的原料、配剂，或者携带上述物品进出境，情节较重的，处三年以下有期徒刑、拘役或者管制，并处罚金；情节严重的，处三年以上七年以下有期徒刑，并处罚金；情节特别严重的，处七年以上有期徒刑，并处罚金或者没收财产。

◎ 立案追诉标准

违反国家规定，非法生产、买卖、运输制毒物品、走私制毒物品，情节较重的，应予立案追诉。

（一）非法生产、买卖、运输制毒物品、走私制毒物品，达到下列数量标准的，应当认定为“情节较重”：

1. 麻黄碱（麻黄素）、伪麻黄碱（伪麻黄素）、消旋麻黄碱（消旋麻黄素）一千克以上不满五千克；

2. 1－苯基－2－丙酮、1－苯基－2－溴－1－丙酮、3，4－亚甲基二氧苯基－2－丙酮、羟亚胺二千克以上不满十千克；

3. 3－氧－2－苯基丁腈、邻氯苯基环戊酮、去甲麻黄碱（去甲麻黄素）、甲基麻黄碱（甲基麻黄素）四千克以上不满二十千克；

4. 醋酸酐十千克以上不满五十千克；

5. 麻黄浸膏、麻黄浸膏粉、胡椒醛、黄樟素、黄樟油、异黄樟素、麦角酸、麦角胺、麦角新碱、苯乙酸二十千克以上不满一百千克；

6. N－乙酰邻氨基苯酸、邻氨基苯甲酸、三氯甲烷、乙醚、哌啶五十千克以上不满二百五十千克；

7. 甲苯、丙酮、甲基乙基酮、高锰酸钾、硫酸、盐酸一百千克以上不满五百千克；

8. 其他制毒物品数量相当的。

（二）非法生产、买卖、运输制毒物品、走私制毒物品，达到前款规定的数量标准最低值的百分之五十，且具有下列情形之一的，应当认定为“情节较重”：

1. 曾因非法生产、买卖、运输制毒物品、走私制毒物品受过刑事处罚的；

2. 二年内曾因非法生产、买卖、运输制毒物品、走私制毒物品受过行政处罚的；

3. 一次组织五人以上或者多次非法生产、买卖、运输制毒物品、走私制毒物品，或者在多个地点非法生产制毒物品的；

4. 利用、教唆未成年人非法生产、买卖、运输制毒物品、走私制毒物品的；

5. 国家工作人员非法生产、买卖、运输制毒物品、走私制毒物品的；

6. 严重影响群众正常生产、生活秩序的；

7. 其他情节较重的情形。

易制毒化学品生产、经营、购买、运输单位或者个人未办理许可证明或者备案证明，生产、销售、购买、运输易制毒化学品，确实用于合法生产、生活需要的，不以制毒物品犯罪论处。

◎ 标准依据

《最高人民法院关于审理毒品犯罪案件适用法律若干问题的解释》（2016 年 4 月 6 日　法释〔2016〕8 号）

第七条 违反国家规定，非法生产、买卖、运输制毒物品、走私制毒物品，达到下列数量标准的，应当认定为刑法第三百五十条第一款规定的“情节较重”：

（一）麻黄碱（麻黄素）、伪麻黄碱（伪麻黄素）、消旋麻黄碱（消旋麻黄素）一千克以上不满五千克；

（二）1－苯基－2－丙酮、1－苯基－2－溴－1－丙酮、3，4－亚甲基二氧苯基－2－丙酮、羟亚胺二千克以上不满十千克；

（三）3－氧－2－苯基丁腈、邻氯苯基环戊酮、去甲麻黄碱（去甲麻黄素）、甲基麻黄碱（甲基麻黄素）四千克以上不满二十千克；

（四）醋酸酐十千克以上不满五十千克；

（五）麻黄浸膏、麻黄浸膏粉、胡椒醛、黄樟素、黄樟油、异黄樟素、麦角酸、麦角胺、麦角新碱、苯乙酸二十千克以上不满一百千克；

（六）N－乙酰邻氨基苯酸、邻氨基苯甲酸、三氯甲烷、乙醚、哌啶五十千克以上不满二百五十千克；

（七）甲苯、丙酮、甲基乙基酮、高锰酸钾、硫酸、盐酸一百千克以上不满五百千克；

（八）其他制毒物品数量相当的。

违反国家规定，非法生产、买卖、运输制毒物品、走私制毒物品，达到前款规定的数量标准最低值的百分之五十，且具有下列情形之一的，应当认定为刑法第三百五十条第一款规定的“情节较重”：

（一）曾因非法生产、买卖、运输制毒物品、走私制毒物品受过刑事处罚的；

（二）二年内曾因非法生产、买卖、运输制毒物品、走私制毒物品受过行政处罚的；

（三）一次组织五人以上或者多次非法生产、买卖、运输制毒物品、走私制毒物品，或者在多个地点非法生产制毒物品的；

（四）利用、教唆未成年人非法生产、买卖、运输制毒物品、走私制毒物品的；

（五）国家工作人员非法生产、买卖、运输制毒物品、走私制毒物品的；

（六）严重影响群众正常生产、生活秩序的；

（七）其他情节较重的情形。

易制毒化学品生产、经营、购买、运输单位或者个人未办理许可证明或者备案证明，生产、销售、购买、运输易制毒化学品，确实用于合法生产、生活需要的，不以制毒物品犯罪论处。

◎ 特别说明

1. 2015 年 8 月 29 日中华人民共和国主席令第 30 号公布的《中华人民共和国刑法修正案（九）》对本条进行了修改。修正前的刑法第三百五十条规定：“违反国家规定，非法运输、携带醋酸酐、乙醚、三氯甲烷或者其他用于制造毒品的原料或者配剂进出境的，或者违反国家规定，在境内非法买卖上述物品的，处三年以下有期徒刑、拘役或者管制，并处罚金；数量大的，处三年以上十年以下有期徒刑，并处罚金。明知他人制造毒品而为其提供前款规定的物品的，以制造毒品罪的共犯论处。单位犯前两款罪的，对单位判处罚金，并对其直接负责的主管人员和其他直接责任人员，依照前两款的规定处罚。”

2. 根据 2015 年 11 月 1 日起施行的《最高人民法院、最高人民检察院关于执行〈中华人民共和国刑法〉确定罪名的补充规定（六）》，刑法第三百五十条对应的罪名为“非法生产、买卖、运输制毒物品、走私制毒物品罪”，取消了“走私制毒物品罪”和“非法买卖制毒物品罪”。关于走私制毒物品案和非法买卖制毒物品案的《最高人民检察院、公安部关于公安机关管辖的刑事案件立案追诉标准的规定（三）》中的立案追诉标准不再适用。

二百零八、非法种植毒品原植物案（刑法第三百五十一条）

◎ 刑法规定

第三百五十一条　【非法种植毒品原植物罪】非法种植罂粟、大麻等毒品原植物的，一律强制铲除。有下列情形之一的，处五年以下有期徒刑、拘役或者管制，并处罚金：

（一）种植罂粟五百株以上不满三千株或者其他毒品原植物数量较大的；

（二）经公安机关处理后又种植的；

（三）抗拒铲除的。

非法种植罂粟三千株以上或者其他毒品原植物数量大的，处五年以上有期徒刑，并处罚金或者没收财产。

非法种植罂粟或者其他毒品原植物，在收获前自动铲除的，可以免除处罚。

◎ 立案追诉标准

非法种植罂粟、大麻等毒品原植物，涉嫌下列情形之一的，应予立案追诉：

（一）非法种植罂粟五百株以上的；

（二）非法种植大麻五千株以上的；

（三）非法种植其他毒品原植物数量较大的；

（四）非法种植罂粟二百平方米以上、大麻二千平方米以上，尚未出苗的；

（五）经公安机关处理后又种植的；

（六）抗拒铲除的。

本条所规定的“种植”，是指播种、育苗、移栽、插苗、施肥、灌溉、割取津液或者收取种子等行为。非法种植毒品原植物的株数一般应以实际查获的数量为准。因种植面积较大，难以逐株清点数目的，可以抽样测算每平方米平均株数后按实际种植面积测算出种植总株数。

非法种植罂粟或者其他毒品原植物，在收获前自动铲除的，可以不予立案追诉。

◎ 标准依据

《最高人民检察院、公安部关于公安机关管辖的刑事案件立案追诉标准的规定（三）》（2012年5月16日　公通字〔2012〕26号）

*第七条　**【非法种植毒品原植物案（刑法第三百五十一条）】**非法种植罂粟、大麻等毒品原植物，涉嫌下列情形之一的，应予立案追诉：*

（一）非法种植罂粟五百株以上的；

（二）非法种植大麻五千株以上的；

（三）非法种植其他毒品原植物数量较大的；

（四）非法种植罂粟二百平方米以上、大麻二千平方米以上或者其他毒品原植物面积较大，尚未出苗的；

（五）经公安机关处理后又种植的；

（六）抗拒铲除的。

本条所规定的“种植”，是指播种、育苗、移栽、插苗、施肥、灌溉、割取津液或者收取种子等行为。非法种植毒品原植物的株数一般应以实际查获的数量为准。因种植面积较大，难以逐株清点数目的，可以抽样测算每平方米平均株数后按实际种植面积测算出种植总株数。

非法种植罂粟或者其他毒品原植物，在收获前自动铲除的，可以不予立案追诉。

《最高人民法院关于审理毒品犯罪案件适用法律若干问题的解释》（2016年4月6日　法释〔2016〕8号）

第九条 非法种植毒品原植物，具有下列情形之一的，应当认定为刑法第三百五十一条第一款第一项规定的“数量较大”：

（一）非法种植大麻五千株以上不满三万株的；

（二）非法种植罂粟二百平方米以上不满一千二百平方米、大麻二千平方米以上不满一万二千平方米，尚未出苗的；

（三）非法种植其他毒品原植物数量较大的。

非法种植毒品原植物，达到前款规定的最高数量标准的，应当认定为刑法第三百五十一条第二款规定的“数量大”。

◎ 特别说明

《最高人民检察院、公安部关于公安机关管辖的刑事案件立案追诉标准的规定（三）》第七条第四项为“非法种植罂粟二百平方米以上、大麻二千平方米以上或者其他毒品原植物面积较大，尚未出苗的”，《最高人民法院关于审理毒品犯罪案件适用法律若干问题的解释》相应的规定为：“非法种植罂粟二百平方米以上、大麻二千平方米以上，尚未出苗的”，将“其他毒品原植物面积较大”不再规定为犯罪，应采用《最高人民法院关于审理毒品犯罪案件适用法律若干问题的解释》的规定。本条的立案追诉标准是对《刑法》第三百五十一条、《最高人民法院关于审理毒品犯罪案件适用法律若干问题的解释》及《最高人民检察院、公安部关于公安机关管辖的刑事案件立案追诉标准的规定（三）》的综合归纳。

二百零九、非法买卖、运输、携带、持有毒品原植物种子、幼苗案（刑法第三百五十二条）

◎ 刑法规定

第三百五十二条 【非法买卖、运输、携带、持有毒品原植物种子、幼苗罪】非法买卖、运输、携带、持有未经灭活的罂粟等毒品原植物种子或者幼苗，数量较大的，处三年以下有期徒刑、拘役或者管制，并处或者单处罚金。

◎ 立案追诉标准

非法买卖、运输、携带、持有未经灭活的罂粟等毒品原植物种子或者幼苗，涉嫌下列情形之一的，应予立案追诉：

（一）罂粟种子五十克以上、罂粟幼苗五千株以上的；

（二）大麻种子五十千克以上、大麻幼苗五万株以上的；

（三）其他毒品原植物种子、幼苗数量较大的。

◎ **标准依据**

《最高人民检察院、公安部关于公安机关管辖的刑事案件立案追诉标准的规定（三）》（2012年5月16日　公通字〔2012〕26号）

第八条（见附录）

二百一十、引诱、教唆、欺骗他人吸毒案（刑法第三百五十三条第一款）

◎ **刑法规定**

第三百五十三条第一款　**【引诱、教唆、欺骗他人吸毒罪】**引诱、教唆、欺骗他人吸食、注射毒品的，处三年以下有期徒刑、拘役或者管制，并处罚金；情节严重的，处三年以上七年以下有期徒刑，并处罚金。

◎ **立案追诉标准**

引诱、教唆、欺骗他人吸食、注射毒品的，应予立案追诉。

◎ **标准依据**

《最高人民检察院、公安部关于公安机关管辖的刑事案件立案追诉标准的规定（三）》（2012年5月16日　公通字〔2012〕26号）

第九条（见附录）

二百一十一、强迫他人吸毒案（刑法第三百五十三条第二款）

◎ **刑法规定**

第三百五十三条第二款　**【强迫他人吸毒罪】**强迫他人吸食、注射毒品的，处三年以上十年以下有期徒刑，并处罚金。

引诱、教唆、欺骗或者强迫未成年人吸食、注射毒品的，从重处罚。

◎ **立案追诉标准**

违背他人意志，以暴力、威胁或者其他强制手段，迫使他人吸食、注射毒品的，应予立案追诉。

◎ **标准依据**

《最高人民检察院、公安部关于公安机关管辖的刑事案件立案追诉标准的规定（三）》（2012年5月16日 公通字〔2012〕26号）

第十条（见附录）

二百一十二、容留他人吸毒案（刑法第三百五十四条）

◎ **刑法规定**

第三百五十四条 【容留他人吸毒罪】容留他人吸食、注射毒品的，处三年以下有期徒刑、拘役或者管制，并处罚金。

◎ **立案追诉标准**

提供场所，容留他人吸食、注射毒品，涉嫌下列情形之一的，应予立案追诉：

（一）一次容留多人吸食、注射毒品的；

（二）二年内多次容留他人吸食、注射毒品的；

（三）二年内曾因容留他人吸食、注射毒品受过行政处罚的；

（四）容留未成年人吸食、注射毒品的；

（五）以牟利为目的容留他人吸食、注射毒品的；

（六）容留他人吸食、注射毒品造成严重后果的；

（七）其他应当追究刑事责任的情形。

◎ **标准依据**

《最高人民检察院、公安部关于公安机关管辖的刑事案件立案追诉标准的规定（三）》（2012年5月16日 公通字〔2012〕26号）

第十一条 【容留他人吸毒案（刑法第三百五十四条）】_提供场所，容留他人吸食、注射毒品，涉嫌下列情形之一的，应予立案追诉：_

（一）容留他人吸食、注射毒品两次以上的；

（二）一次容留三人以上吸食、注射毒品的；

（三）因容留他人吸食、注射毒品被行政处罚，又容留他人吸食、注射毒品的；

（四）容留未成年人吸食、注射毒品的；

（五）以牟利为目的容留他人吸食、注射毒品的；

（六）容留他人吸食、注射毒品造成严重后果或者其他情节严重的。

《最高人民法院关于审理毒品犯罪案件适用法律若干问题的解释》（2016年4月6日　法释〔2016〕8号）

第十二条　容留他人吸食、注射毒品，具有下列情形之一的，应当依照刑法第三百五十四条的规定，以容留他人吸毒罪定罪处罚：

（一）一次容留多人吸食、注射毒品的；

（二）二年内多次容留他人吸食、注射毒品的；

（三）二年内曾因容留他人吸食、注射毒品受过行政处罚的；

（四）容留未成年人吸食、注射毒品的；

（五）以牟利为目的容留他人吸食、注射毒品的；

（六）容留他人吸食、注射毒品造成严重后果的；

（七）其他应当追究刑事责任的情形。

向他人贩卖毒品后又容留其吸食、注射毒品，或者容留他人吸食、注射毒品并向其贩卖毒品，符合前款规定的容留他人吸毒罪的定罪条件的，以贩卖毒品罪和容留他人吸毒罪数罪并罚。

容留近亲属吸食、注射毒品，情节显著轻微危害不大的，不作为犯罪处理；需要追究刑事责任的，可以酌情从宽处罚。

◎ 特别说明

《最高人民检察院、公安部关于公安机关管辖的刑事案件立案追诉标准的规定（三）》发布之后，《最高人民法院关于审理毒品犯罪案件适用法律若干问题的解释》对容留他人吸毒罪作出新规定，应以新规定为准。①

---

① “……关于容留他人吸毒罪的定罪标准问题。构成容留他人吸毒罪仅限于容留者拥有对场所的支配、控制权，而被容留者未经容留者允许，不享有场所使用权的情形。此外，对场所有共同居住、使用权的一方放任另一方在共同的住所内容留他人吸食、注射毒品的，因放任者不符合认定为犯罪的条件，对其亦不应以容留他人吸毒罪定罪处罚。在司法工作中，可以将行为人‘曾因容留他人吸食、注射毒品受过刑事处罚的’认定为第一款第七项中‘其他应当追究刑事责任的情形’。如果行为人不构成累犯的，依法定罪处罚；行为人构成累犯的，可以认定累犯但不予从重处罚，以免违反‘禁止重复评价’原则。”参见叶晓颖、马岩、方文军、李静然：《〈最高人民法院关于审理毒品犯罪案件适用法律若干问题的解释〉的理解与适用》，载《人民司法》2016年第13期。

二百一十三、非法提供麻醉药品、精神药品案（刑法第三百五十五条）

◎ 刑法规定

第三百五十五条　【非法提供麻醉药品、精神药品罪】依法从事生产、运输、管理、使用国家管制的麻醉药品、精神药品的人员，违反国家规定，向吸食、注射毒品的人提供国家规定管制的能够使人形成瘾癖的麻醉药品、精神药品的，处三年以下有期徒刑或者拘役，并处罚金；情节严重的，处三年以上七年以下有期徒刑，并处罚金。向走私、贩卖毒品的犯罪分子或者以牟利为目的，向吸食、注射毒品的人提供国家规定管制的能够使人形成瘾癖的麻醉药品、精神药品的，依照本法第三百四十七条的规定定罪处罚。

单位犯前款罪的，对单位判处罚金，并对其直接负责的主管人员和其他直接责任人员，依照前款的规定处罚。

◎ 立案追诉标准

依法从事生产、运输、管理、使用国家管制的麻醉药品、精神药品的个人或者单位，违反国家规定，向吸食、注射毒品的人员提供国家规定管制的能够使人形成瘾癖的麻醉药品、精神药品，涉嫌下列情形之一的，应予立案追诉：

（一）非法提供麻醉药品、精神药品达到刑法第三百四十七条第三款或者《最高人民法院关于审理毒品犯罪案件适用法律若干问题的解释》第二条规定的“数量较大”标准最低值的百分之五十，不满“数量较大”标准的；

1. 鸦片100克以上、海洛因或者甲基苯丙胺5克以上；

2. 可卡因5克以上；

3. 3，4－亚甲二氧基甲基苯丙胺（MDMA）等苯丙胺类毒品（甲基苯丙胺除外）、吗啡10克以上；

4. 芬太尼12.5克以上；

5. 甲卡西酮20克以上；

6. 二氢埃托啡1毫克以上；

7. 哌替啶（度冷丁）25克以上；

8. 氯胺酮50克以上；

9. 美沙酮100克以上；

10. 曲马多、γ－羟丁酸200克以上；

11. 大麻油500克以上、大麻脂1千克以上、大麻叶及大麻烟15千克以上；
12. 可待因、丁丙诺啡500克以上；
13. 三唑仑、安眠酮5千克以上；
14. 阿普唑仑、恰特草10千克以上；
15. 咖啡因、罂粟壳20千克以上；
16. 巴比妥、苯巴比妥、安钠咖、尼美西泮25千克以上；
17. 氯氮卓、艾司唑仑、地西泮、溴西泮50千克以上；
（二）二年内曾因非法提供麻醉药品、精神药品受过行政处罚的；
（三）向多人或者多次非法提供麻醉药品、精神药品的；
（四）向吸食、注射毒品的未成年人非法提供麻醉药品、精神药品的；
（五）非法提供麻醉药品、精神药品造成严重后果的；
（六）其他应当追究刑事责任的情形。

◎ 标准依据

《最高人民检察院、公安部关于公安机关管辖的刑事案件立案追诉标准的规定（三）》（2012年5月16日　公通字〔2012〕26号）

第十二条　【非法提供麻醉药品、精神药品案（刑法第三百五十五条）】 *依法从事生产、运输、管理、使用国家管制的麻醉药品、精神药品的个人或者单位，违反国家规定，向吸食、注射毒品的人员提供国家规定管制的能够使人形成瘾癖的麻醉药品、精神药品，涉嫌下列情形之一的，应予立案追诉：*

（一）非法提供鸦片二十克以上、吗啡二克以上、度冷丁（杜冷丁）五克以上（针剂100mg/支规格的五十支以上，50mg/支规格的一百支以上；片剂25mg/片规格的二百片以上，50mg/片规格的一百片以上）、盐酸二氢埃托啡零点二毫克以上（针剂或者片剂20ug/支、片规格的十支、片以上）、氯胺酮、美沙酮二十克以上、三唑仑、安眠酮一千克以上、咖啡因五千克以上、氯氮卓、艾司唑仑、地西泮、溴西泮十千克以上，以及其他麻醉药品和精神药品数量较大的；

（二）虽未达到上述数量标准，但非法提供麻醉药品、精神药品两次以上，数量累计达到前项规定的数量标准百分之八十以上的；

（三）因非法提供麻醉药品、精神药品被行政处罚，又非法提供麻醉药品、精神药品的；

（四）向吸食、注射毒品的未成年人提供麻醉药品、精神药品的；

（五）造成严重后果或者其他情节严重的。

依法从事生产、运输、管理、使用国家管制的麻醉药品、精神药品的人员或者单位，违反国家规定，向走私、贩卖毒品的犯罪分子提供国家规定管制的能够使人形成瘾癖的麻醉药品、精神药品的，或者以牟利为目的，向吸食、注射毒品的人提供国家规定管制的能够使人形成瘾癖的麻醉药品、精神药品的，以走私、贩卖毒品罪立案追诉。

《最高人民法院关于审理毒品犯罪案件适用法律若干问题的解释》（2016年4月6日　法释〔2016〕8号）

第十三条　依法从事生产、运输、管理、使用国家管制的麻醉药品、精神药品的人员，违反国家规定，向吸食、注射毒品的人提供国家规定管制的能够使人形成瘾癖的麻醉药品、精神药品，具有下列情形之一的，应当依照刑法第三百五十五条第一款的规定，以非法提供麻醉药品、精神药品罪定罪处罚：

（一）非法提供麻醉药品、精神药品达到刑法第三百四十七条第三款或者本解释第二条规定的“数量较大”标准最低值的百分之五十，不满“数量较大”标准的；

（二）二年内曾因非法提供麻醉药品、精神药品受过行政处罚的；

（三）向多人或者多次非法提供麻醉药品、精神药品的；

（四）向吸食、注射毒品的未成年人非法提供麻醉药品、精神药品的；

（五）非法提供麻醉药品、精神药品造成严重后果的；

（六）其他应当追究刑事责任的情形。

……

◎ 特别说明

1.《最高人民检察院、公安部关于公安机关管辖的刑事案件立案追诉标准的规定（三）》发布之后，《最高人民法院关于审理毒品犯罪案件适用法律若干问题的解释》对非法提供麻醉药品、精神药品罪作出新规定，应以《最高人民法院关于审理毒品犯罪案件适用法律若干问题的解释》为准。本条的立案追诉标准是以《最高人民法院关于审理毒品犯罪案件适用法律若干问题的解释》为依据，适用第十三条第一款第一项计算而成。

2. 刑法第三百四十七条第三款内容参见本书“二百零三、走私、贩卖、运输、制造毒品案”。

3.《最高人民法院关于审理毒品犯罪案件适用法律若干问题的解释》第二条内容参见本书“二百零四、非法持有毒品案”。

二百一十四、组织卖淫案（刑法第三百五十八条第一款）

◎ 刑法规定

第三百五十八条第一款　【组织卖淫罪】【强迫卖淫罪】组织、强迫他人卖淫的，处五年以上十年以下有期徒刑，并处罚金；情节严重的，处十年以上有期徒刑或者无期徒刑，并处罚金或者没收财产。

◎ 立案追诉标准

以招募、雇佣、纠集等手段，管理或者控制他人卖淫，卖淫人员在三人以上的，应当认定为“组织他人卖淫”。

◎ 标准依据

《最高人民检察院、公安部关于公安机关管辖的刑事案件立案追诉标准的规定（一）》（2008年6月25日　公通字〔2008〕36号）

第七十五条　【组织卖淫案（刑法第三百五十八条第一款）】以招募、雇佣、强迫、引诱、容留等手段，组织他人卖淫的，应予立案追诉。

《最高人民法院、最高人民检察院关于办理组织、强迫、引诱、容留、介绍卖淫刑事案件适用法律若干问题的解释》（2017年7月21日　法释〔2017〕13号）

第一条　以招募、雇佣、纠集等手段，管理或者控制他人卖淫，卖淫人员在三人以上的，应当认定为刑法第三百五十八条规定的“组织他人卖淫”。

组织卖淫者是否设置固定的卖淫场所、组织卖淫者人数多少、规模大小，不影响组织卖淫行为的认定。

◎ 特别说明

《最高人民检察院、公安部关于公安机关管辖的刑事案件立案追诉标准的规定（一）》发布之后，《最高人民法院、最高人民检察院关于办理组织、强迫、引诱、容留、介绍卖淫刑事案件适用法律若干问题的解释》对组织卖淫罪作出了新规定，应以新规定为准。

二百一十五、强迫卖淫案（刑法第三百五十八条第一款）

◎ **刑法规定**

（参见本书“二百一十四、组织卖淫案”）

◎ **立案追诉标准**

以暴力、胁迫等手段强迫他人卖淫的，应予立案追诉。

◎ **标准依据**

《最高人民检察院、公安部关于公安机关管辖的刑事案件立案追诉标准的规定（一）》（2008 年 6 月 25 日　公通字〔2008〕36 号）

第七十六条（见附录）

二百一十六、协助组织卖淫案（刑法第三百五十八条第四款）

◎ **刑法规定**

第三百五十八条第四款　【协助组织卖淫罪】为组织卖淫的人招募、运送人员或者有其他协助组织他人卖淫行为的，处五年以下有期徒刑，并处罚金；情节严重的，处五年以上十年以下有期徒刑，并处罚金。

◎ **立案追诉标准**

在组织卖淫的犯罪活动中，帮助招募、运送、培训人员三人以上，或者充当保镖、打手、管账人等，起帮助作用的，应予立案追诉。

◎ **标准依据**

《最高人民检察院、公安部关于公安机关管辖的刑事案件立案追诉标准的规定（一）的补充规定》（2017 年 4 月 27 日　公通字〔2017〕12 号）

十二、（见附录）

［相关规范］《最高人民法院、最高人民检察院关于办理组织、强迫、引诱、容留、介绍卖淫刑事案件适用法律若干问题的解释》（2017 年 7 月 21 日　法释〔2017〕13 号）

第四条　明知他人实施组织卖淫犯罪活动而为其招募、运送人员或者充当保镖、打手、管账人等的，依照刑法第三百五十八条第四款的规定，以协助组织卖淫罪定罪处罚，不以组织卖淫罪的从犯论处。

在具有营业执照的会所、洗浴中心等经营场所担任保洁员、收银员、保安员等，从事一般服务性、劳务性工作，仅领取正常薪酬，且无前款所列协助组织卖淫行为的，不认定为协助组织卖淫罪。

二百一十七、引诱、容留、介绍卖淫案（刑法第三百五十九条第一款）

◎ 刑法规定

第三百五十九条第一款　【引诱、容留、介绍卖淫罪】引诱、容留、介绍他人卖淫的，处五年以下有期徒刑、拘役或者管制，并处罚金；情节严重的，处五年以上有期徒刑，并处罚金。

◎ 立案追诉标准

引诱、容留、介绍他人卖淫，涉嫌下列情形之一的，应予立案追诉：

（一）引诱他人卖淫的；

（二）容留、介绍二人以上卖淫的；

（三）容留、介绍未成年人、孕妇、智障人员、患有严重性病的人卖淫的；

（四）一年内曾因引诱、容留、介绍卖淫行为被行政处罚，又实施容留、介绍卖淫行为的；

（五）非法获利人民币一万元以上的。

◎ 标准依据

《最高人民检察院、公安部关于公安机关管辖的刑事案件立案追诉标准的规定（一）》（2008年6月25日　公通字〔2008〕36号）

第七十八条　【引诱、容留、介绍卖淫案（刑法第三百五十九条第一款）】
引诱、容留、介绍他人卖淫，涉嫌下列情形之一的，应予立案追诉：

（一）引诱、容留、介绍二人次以上卖淫的；

（二）引诱、容留、介绍已满十四周岁未满十八周岁的未成年人卖淫的；

（三）被引诱、容留、介绍卖淫的人患有艾滋病或者患有梅毒、淋病等严重性病的；

（四）其他引诱、容留、介绍卖淫应予追究刑事责任的情形。

《最高人民法院、最高人民检察院关于办理组织、强迫、引诱、容留、介绍卖淫刑事案件适用法律若干问题的解释》（2017年7月21日　法释〔2017〕13号）

第八条　引诱、容留、介绍他人卖淫，具有下列情形之一的，应当依照刑法第三百五十九条第一款的规定定罪处罚：

（一）引诱他人卖淫的；

（二）容留、介绍二人以上卖淫的；

（三）容留、介绍未成年人、孕妇、智障人员、患有严重性病的人卖淫的；

（四）一年内曾因引诱、容留、介绍卖淫行为被行政处罚，又实施容留、介绍卖淫行为的；

（五）非法获利人民币一万元以上的。

利用信息网络发布招嫖违法信息，情节严重的，依照刑法第二百八十七条之一的规定，以非法利用信息网络罪定罪处罚。同时构成介绍卖淫罪的，依照处罚较重的规定定罪处罚。

引诱、容留、介绍他人卖淫是否以营利为目的，不影响犯罪的成立。

引诱不满十四周岁的幼女卖淫的，依照刑法第三百五十九条第二款的规定，以引诱幼女卖淫罪定罪处罚。

被引诱卖淫的人员中既有不满十四周岁的幼女，又有其他人员的，分别以引诱幼女卖淫罪和引诱卖淫罪定罪，实行并罚。

◎ 特别说明

《最高人民检察院、公安部关于公安机关管辖的刑事案件立案追诉标准的规定（一）》发布之后，《最高人民法院、最高人民检察院关于办理组织、强迫、引诱、容留、介绍卖淫刑事案件适用法律若干问题的解释》对引诱、容留、介绍他人卖淫作出了新规定，应以新规定为准。

二百一十八、引诱幼女卖淫案（刑法第三百五十九条第二款）

◎ 刑法规定

第三百五十九条第二款　**【引诱幼女卖淫罪】**引诱不满十四周岁的幼女卖淫的，处五年以上有期徒刑，并处罚金。

◎ 立案追诉标准

引诱不满十四周岁的幼女卖淫的，应予立案追诉。

◎ 标准依据

《最高人民检察院、公安部关于公安机关管辖的刑事案件立案追诉标准的规定（一）》（2008年6月25日　公通字〔2008〕36号）

第七十九条（见附录）

二百一十九、传播性病案（刑法第三百六十条）

◎ 刑法规定

第三百六十条　【传播性病罪】明知自己患有梅毒、淋病等严重性病卖淫、嫖娼的，处五年以下有期徒刑、拘役或者管制，并处罚金。

◎ 立案追诉标准

明知自己患有梅毒、淋病等严重性病卖淫、嫖娼的，应予立案追诉。

具有下列情形之一的，应当认定为刑法第三百六十条规定的“明知”：

（一）有证据证明曾到医院或者其他医疗机构就医或者检查，被诊断为患有严重性病的；

（二）根据本人的知识和经验，能够知道自己患有严重性病的；

（三）通过其他方法能够证明行为人是“明知”的。

◎ 标准依据

《最高人民检察院、公安部关于公安机关管辖的刑事案件立案追诉标准的规定（一）》（2008年6月25日　公通字〔2008〕36号）

第八十条　【传播性病案（刑法第三百六十条第一款）】*明知自己患有梅毒、淋病等严重性病卖淫、嫖娼的，应予立案追诉。*

具有下列情形之一的，可以认定为本条规定的“明知”：

（一）有证据证明曾到医疗机构就医，被诊断为患有严重性病的；

（二）根据本人的知识和经验，能够知道自己患有严重性病的；

（三）通过其他方法能够证明是“明知”的。

《最高人民法院、最高人民检察院关于办理组织、强迫、引诱、容留、介绍卖淫刑事案件适用法律若干问题的解释》（2017年7月21日　法释〔2017〕13号）

第十一条　具有下列情形之一的，应当认定为刑法第三百六十条规定的“明知”：

（一）有证据证明曾到医院或者其他医疗机构就医或者检查，被诊断为患有严重性病的；

（二）根据本人的知识和经验，能够知道自己患有严重性病的；

（三）通过其他方法能够证明行为人是“明知”的。

传播性病行为是否实际造成他人患上严重性病的后果，不影响本罪的成立。

刑法第三百六十条规定所称的“严重性病”，包括梅毒、淋病等。其他性病是否认定为“严重性病”，应当根据《中华人民共和国传染病防治法》《性病防治管理办法》的规定，在国家卫生与计划生育委员会规定实行性病监测的性病范围内，依照其危害、特点与梅毒、淋病相当的原则，从严掌握。

◎ 特别说明

《最高人民检察院、公安部关于公安机关管辖的刑事案件立案追诉标准的规定（一）》发布之后，《最高人民法院、最高人民检察院关于办理组织、强迫、引诱、容留、介绍卖淫刑事案件适用法律若干问题的解释》对刑法第三百六十条规定的“明知”作出了新的规定，应以《最高人民法院、最高人民检察院关于办理组织、强迫、引诱、容留、介绍卖淫刑事案件适用法律若干问题的解释》为准。

二百二十、制作、复制、出版、贩卖、传播淫秽物品牟利案（刑法第三百六十三条第一款、第二款）

◎ 刑法规定

第三百六十三条　【制作、复制、出版、贩卖、传播淫秽物品牟利罪】以牟利为目的，制作、复制、出版、贩卖、传播淫秽物品的，处三年以下有期徒刑、拘役或者管制，并处罚金；情节严重的，处三年以上十年以下有期徒刑，并处罚金；情节特别严重的，处十年以上有期徒刑或者无期徒刑，并处罚金或者没收财产。

【为他人提供书号出版淫秽书刊罪】为他人提供书号，出版淫秽书刊的，处三年以下有期徒刑、拘役或者管制，并处或者单处罚金；明知他人用于出版淫秽书刊而提供书号的，依照前款的规定处罚。

◎ 立案追诉标准

以牟利为目的，制作、复制、出版、贩卖、传播淫秽物品，涉嫌下列情形之一的，应予立案追诉：

（一）制作、复制、出版淫秽影碟、软件、录像带五十至一百张（盒）以上，淫秽音碟、录音带一百至二百张（盒）以上，淫秽扑克、书刊、画册一百至二百副（册）以上，淫秽照片、画片五百至一千张以上的；

（二）贩卖淫秽影碟、软件、录像带一百至二百张（盒）以上，淫秽音碟、录音带二百至四百张（盒）以上，淫秽扑克、书刊、画册二百至四百副（册）以上，淫秽照片、画片一千至二千张以上的；

（三）向他人传播淫秽物品达二百至五百人次以上，或者组织播放淫秽影、像达十至二十场次以上的；

（四）制作、复制、出版、贩卖、传播淫秽物品，获利五千元至一万元以上的。

以牟利为目的，利用互联网、移动通讯终端制作、复制、出版、贩卖、传播淫秽电子信息，涉嫌下列情形之一的，应予立案追诉：

（一）制作、复制、出版、贩卖、传播淫秽电影、表演、动画等视频文件二十个以上的；

（二）制作、复制、出版、贩卖、传播淫秽音频文件一百个以上的；

（三）制作、复制、出版、贩卖、传播淫秽电子刊物、图片、文章、短信息等二百件以上的；

（四）制作、复制、出版、贩卖、传播的淫秽电子信息，实际被点击数达到一万次以上的；

（五）以会员制方式出版、贩卖、传播淫秽电子信息，注册会员达二百人以上的；

（六）利用淫秽电子信息收取广告费、会员注册费或者其他费用，违法所得一万元以上的；

（七）数量或者数额虽未达到本款第（一）项至第（六）项规定标准，但分别达到其中两项以上标准的百分之五十以上的；

（八）造成严重后果的。

利用聊天室、论坛、即时通信软件、电子邮件等方式，实施本条第二款规定行为的，应予立案追诉。

以牟利为目的，通过声讯台传播淫秽语音信息，涉嫌下列情形之一的，应予立案追诉：

（一）向一百人次以上传播的；

（二）违法所得一万元以上的；

（三）造成严重后果的。

明知他人用于出版淫秽书刊而提供书号、刊号的，应予立案追诉。

◎ **标准依据**

《最高人民检察院、公安部关于公安机关管辖的刑事案件立案追诉标准的规定（一）》（2008年6月25日　公通字〔2008〕36号）

第八十二条（见附录）

[相关规范1]《最高人民法院、最高人民检察院关于办理利用互联网、移动通讯终端、声讯台制作、复制、出版、贩卖、传播淫秽电子信息刑事案件具体应用法律若干问题的解释（二）》（2010年2月2日　法释〔2010〕3号）

第一条　以牟利为目的，利用互联网、移动通讯终端制作、复制、出版、贩卖、传播淫秽电子信息的，依照《最高人民法院、最高人民检察院关于办理利用互联网、移动通讯终端、声讯台制作、复制、出版、贩卖、传播淫秽电子信息刑事案件具体应用法律若干问题的解释》第一条、第二条的规定定罪处罚。

以牟利为目的，利用互联网、移动通讯终端制作、复制、出版、贩卖、传播内容含有不满十四周岁未成年人的淫秽电子信息，具有下列情形之一的，依照刑法第三百六十三条第一款的规定，以制作、复制、出版、贩卖、传播淫秽物品牟利罪定罪处罚：

（一）制作、复制、出版、贩卖、传播淫秽电影、表演、动画等视频文件十个以上的；

（二）制作、复制、出版、贩卖、传播淫秽音频文件五十个以上的；

（三）制作、复制、出版、贩卖、传播淫秽电子刊物、图片、文章等一百件以上的；

（四）制作、复制、出版、贩卖、传播的淫秽电子信息，实际被点击数达到五千次以上的；

（五）以会员制方式出版、贩卖、传播淫秽电子信息，注册会员达一百人以上的；

（六）利用淫秽电子信息收取广告费、会员注册费或者其他费用，违法所得五千元以上的；

（七）数量或者数额虽未达到第（一）项至第（六）项规定标准，但分别达到其中两项以上标准一半以上的；

（八）造成严重后果的。

……

第四条　以牟利为目的，网站建立者、直接负责的管理者明知他人制作、复制、出版、贩卖、传播的是淫秽电子信息，允许或者放任他人在自己所有、管理的网站或者网页上发布，具有下列情形之一的，依照刑法第三百六十三条第一款的规定，以传播淫秽物品牟利罪定罪处罚：

（一）数量或者数额达到第一条第二款第（一）项至第（六）项规定标准五倍以上的；

（二）数量或者数额分别达到第一条第二款第（一）项至第（六）项两项以上标准二倍以上的；

（三）造成严重后果的。

……

第六条 电信业务经营者、互联网信息服务提供者明知是淫秽网站，为其提供互联网接入、服务器托管、网络存储空间、通讯传输通道、代收费等服务，并收取服务费，具有下列情形之一的，对直接负责的主管人员和其他直接责任人员，依照刑法第三百六十三条第一款的规定，以传播淫秽物品牟利罪定罪处罚：

（一）为五个以上淫秽网站提供上述服务的；

（二）为淫秽网站提供互联网接入、服务器托管、网络存储空间、通讯传输通道等服务，收取服务费数额在二万元以上的；

（三）为淫秽网站提供代收费服务，收取服务费数额在五万元以上的；

（四）造成严重后果的。

……

第七条 明知是淫秽网站，以牟利为目的，通过投放广告等方式向其直接或者间接提供资金，或者提供费用结算服务，具有下列情形之一的，对直接负责的主管人员和其他直接责任人员，依照刑法第三百六十三条第一款的规定，以制作、复制、出版、贩卖、传播淫秽物品牟利罪的共同犯罪处罚：

（一）向十个以上淫秽网站投放广告或者以其他方式提供资金的；

（二）向淫秽网站投放广告二十条以上的；

（三）向十个以上淫秽网站提供费用结算服务的；

（四）以投放广告或者其他方式向淫秽网站提供资金数额在五万元以上的；

（五）为淫秽网站提供费用结算服务，收取服务费数额在二万元以上的；

（六）造成严重后果的。

……

第八条 实施第四条至第七条规定的行为，具有下列情形之一的，应当认定行为人“明知”，但是有证据证明确实不知道的除外：

（一）行政主管机关书面告知后仍然实施上述行为的；

（二）接到举报后不履行法定管理职责的；

（三）为淫秽网站提供互联网接入、服务器托管、网络存储空间、通讯传输通道、代收费、费用结算等服务，收取服务费明显高于市场价格的；

（四）向淫秽网站投放广告，广告点击率明显异常的；

（五）其他能够认定行为人明知的情形。

第九条 一年内多次实施制作、复制、出版、贩卖、传播淫秽电子信息行为未经处理，数量或者数额累计计算构成犯罪的，应当依法定罪处罚。

［相关规范2］《最高人民法院、最高人民检察院关于利用网络云盘制作、复制、贩卖、传播淫秽电子信息牟利行为定罪量刑问题的批复》（2017年11月22日 法释〔2017〕19号）

近来，部分高级人民法院、省级人民检察院就如何对利用网络云盘制作、复制、贩卖、传播淫秽电子信息牟利行为定罪量刑的问题提出请示。经研究，批复如下：

一、对于以牟利为目的，利用网络云盘制作、复制、贩卖、传播淫秽电子信息的行为，是否应当追究刑事责任，适用刑法和《最高人民法院、最高人民检察院关于办理利用互联网、移动通讯终端、声讯台制作、复制、出版、贩卖、传播淫秽电子信息刑事案件具体应用法律若干问题的解释》（法释〔2004〕11号）、《最高人民法院、最高人民检察院关于办理利用互联网、移动通讯终端、声讯台制作、复制、出版、贩卖、传播淫秽电子信息刑事案件具体应用法律若干问题的解释（二）》（法释〔2010〕3号）的有关规定。

二、对于以牟利为目的，利用网络云盘制作、复制、贩卖、传播淫秽电子信息的行为，在追究刑事责任时，鉴于网络云盘的特点，不应单纯考虑制作、复制、贩卖、传播淫秽电子信息的数量，还应充分考虑传播范围、违法所得、行为人一贯表现以及淫秽电子信息、传播对象是否涉及未成年人等情节，综合评估社会危害性，恰当裁量刑罚，确保罪责刑相适应。

二百二十一、为他人提供书号出版淫秽书刊案（刑法第三百六十三条第二款）

◎ 刑法规定

（参见本书“二百二十、制作、复制、出版、贩卖、传播淫秽物品牟利案”）

◎ 立案追诉标准

为他人提供书号、刊号出版淫秽书刊，或者为他人提供版号出版淫秽音像制品的，应予立案追诉。

◎ 标准依据

《最高人民检察院、公安部关于公安机关管辖的刑事案件立案追诉标准的规定（一）》（2008 年 6 月 25 日　公通字〔2008〕36 号）

第八十三条（见附录）

二百二十二、传播淫秽物品案（刑法第三百六十四条第一款）

◎ 刑法规定

第三百六十四条第一款　【传播淫秽物品罪】传播淫秽的书刊、影片、音像、图片或者其他淫秽物品，情节严重的，处二年以下有期徒刑、拘役或者管制。

◎ 立案追诉标准

传播淫秽的书刊、影片、音像、图片或者其他淫秽物品，涉嫌下列情形之一的，应予立案追诉：

（一）向他人传播三百至六百人次以上的；

（二）造成恶劣社会影响的。

不以牟利为目的，利用互联网、移动通讯终端传播淫秽电子信息，涉嫌下列情形之一的，应予立案追诉：

（一）数量达到《最高人民检察院、公安部关于公安机关管辖的刑事案件立案追诉标准的规定（一）》第八十二条第二款第一项至第五项规定标准二倍以上的；

（二）数量分别达到《最高人民检察院、公安部关于公安机关管辖的刑事案件立案追诉标准的规定（一）》第八十二条第二款第一项至第五项两项以上标准的；

（三）造成严重后果的。

利用聊天室、论坛、即时通信软件、电子邮件等方式，实施本条第二款规定行为的，应予立案追诉。

◎ 标准依据

《最高人民检察院、公安部关于公安机关管辖的刑事案件立案追诉标准的规定（一）》（2008年6月25日　公通字〔2008〕36号）

第八十四条（见附录）

［相关规范］**《最高人民法院、最高人民检察院关于办理利用互联网、移动通讯终端、声讯台制作、复制、出版、贩卖、传播淫秽电子信息刑事案件具体应用法律若干问题的解释（二）》**（2010年2月2日　法释〔2010〕3号）

第二条　利用互联网、移动通讯终端传播淫秽电子信息的，依照《最高人民法院、最高人民检察院关于办理利用互联网、移动通讯终端、声讯台制作、复制、出版、贩卖、传播淫秽电子信息刑事案件具体应用法律若干问题的解释》第三条的规定定罪处罚。

利用互联网、移动通讯终端传播内容含有不满十四周岁未成年人的淫秽电子信息，具有下列情形之一的，依照刑法第三百六十四条第一款的规定，以传播淫秽物品罪定罪处罚：

（一）数量达到第一条第二款①第（一）项至第（五）项规定标准二倍以上的；

（二）数量分别达到第一条第二款第（一）项至第（五）项两项以上标准的；

（三）造成严重后果的。

第三条　利用互联网建立主要用于传播淫秽电子信息的群组，成员达三十人以上或者造成严重后果的，对建立者、管理者和主要传播者，依照刑法第三百六十四条第一款的规定，以传播淫秽物品罪定罪处罚。

第五条　网站建立者、直接负责的管理者明知他人制作、复制、出版、贩卖、传播的是淫秽电子信息，允许或者放任他人在自己所有、管理的网站或者网页上发布，具有下列情形之一的，依照刑法第三百六十四条第一款的规定，以传播淫秽物品罪定罪处罚：

（一）数量达到第一条第二款第（一）项至第（五）项规定标准十倍以上的；

（二）数量分别达到第一条第二款第（一）项至第（五）项两项以上标准五倍以上的；

（三）造成严重后果的。

---

① 参见本书“二百二十、制作、复制、出版、贩卖、传播淫秽物品牟利案”的［相关规范1］。

二百二十三、组织播放淫秽音像制品案（刑法第三百六十四条第二款）

◎ **刑法规定**

第三百六十四条第二款　【组织播放淫秽音像制品罪】组织播放淫秽的电影、录像等音像制品的，处三年以下有期徒刑、拘役或者管制，并处罚金；情节严重的，处三年以上十年以下有期徒刑，并处罚金。

◎ **立案追诉标准**

组织播放淫秽的电影、录像等音像制品，涉嫌下列情形之一的，应予立案追诉：

（一）组织播放十五至三十场次以上的；

（二）造成恶劣社会影响的。

◎ **标准依据**

《最高人民检察院、公安部关于公安机关管辖的刑事案件立案追诉标准的规定（一）》（2008年6月25日　公通字〔2008〕36号）

第八十五条（见附录）

二百二十四、组织淫秽表演案（刑法第三百六十五条）

◎ **刑法规定**

第三百六十五条　【组织淫秽表演罪】组织进行淫秽表演的，处三年以下有期徒刑、拘役或者管制，并处罚金；情节严重的，处三年以上十年以下有期徒刑，并处罚金。

◎ **立案追诉标准**

以策划、招募、强迫、雇用、引诱、提供场地、提供资金等手段，组织进行淫秽表演，涉嫌下列情形之一的，应予立案追诉：

（一）组织表演者进行裸体表演的；

（二）组织表演者利用性器官进行诲淫性表演的；

（三）组织表演者半裸体或者变相裸体表演并通过语言、动作具体描绘性行为的；

（四）其他组织进行淫秽表演应予追究刑事责任的情形。

◎ 标准依据

《最高人民检察院、公安部关于公安机关管辖的刑事案件立案追诉标准的规定（一）》（2008年6月25日 公通字〔2008〕36号）

第八十六条（见附录）

二百二十五、妨害公务案和袭警案（刑法第二百七十七条）

◎ 刑法规定

第二百七十七条 【妨害公务罪】以暴力、威胁方法阻碍国家机关工作人员依法执行职务的，处三年以下有期徒刑、拘役、管制或者罚金。

以暴力、威胁方法阻碍全国人民代表大会和地方各级人民代表大会代表依法执行代表职务的，依照前款的规定处罚。

在自然灾害和突发事件中，以暴力、威胁方法阻碍红十字会工作人员依法履行职责的，依照第一款的规定处罚。

故意阻碍国家安全机关、公安机关依法执行国家安全工作任务，未使用暴力、威胁方法，造成严重后果的，依照第一款的规定处罚。

【袭警罪】暴力袭击正在依法执行职务的人民警察的，处三年以下有期徒刑、拘役或者管制；使用枪支、管制刀具，或者以驾驶机动车撞击等手段，严重危及其人身安全的，处三年以上七年以下有期徒刑。

◎ 立案追诉标准

一、妨害公务罪

涉嫌下列情形之一的，应以妨害公务罪立案追诉：

1. 以暴力、威胁方法阻碍国家机关工作人员依法执行职务的；

2. 以暴力、威胁方法阻碍全国人民代表大会和地方各级人民代表大会代表依法执行代表职务的；

3. 在自然灾害和突发事件中，以暴力、威胁方法阻碍红十字会工作人员依法履行职责的；

4. 故意阻碍国家安全机关、公安机关依法执行国家安全工作任务，未使用暴力、威胁方法，造成严重后果的。

二、袭警罪

对正在依法执行职务的民警实施下列行为之一的，应以袭警罪立案追诉：

1. 实施撕咬、踢打、抱摔、投掷等，对民警人身进行攻击的；

2. 实施打砸、毁坏、抢夺民警正在使用的警用车辆、警械等警用装备，对民警人身进行攻击的。

◎ 标准依据

《最高人民法院、最高人民检察院、公安部关于依法惩治袭警违法犯罪行为的指导意见》（2019 年 12 月 27 日　公通字〔2019〕32 号）

一、对正在依法执行职务的民警实施下列行为的，属于刑法第二百七十七条第五款规定的“暴力袭击正在依法执行职务的人民警察”，应当以妨害公务罪定罪从重处罚：

1. 实施撕咬、踢打、抱摔、投掷等，对民警人身进行攻击的；

2. 实施打砸、毁坏、抢夺民警正在使用的警用车辆、警械等警用装备，对民警人身进行攻击的；

对正在依法执行职务的民警虽未实施暴力袭击，但以实施暴力相威胁，符合刑法第二百七十七条第一款规定的，以妨害公务罪定罪处罚。

……

［相关规范 1］《最高人民法院、最高人民检察院、公安部关于依法惩治妨害公共交通工具安全驾驶违法犯罪行为的指导意见》（2019 年 1 月 8 日　公通字〔2019〕1 号）

一、准确认定行为性质，依法从严惩处妨害安全驾驶犯罪

……

（六）以暴力、威胁方法阻碍国家机关工作人员依法处置妨害安全驾驶违法犯罪行为、维护公共交通秩序的，依照刑法第二百七十七条的规定，以妨害公务罪定罪处罚；暴力袭击正在依法执行职务的人民警察的，从重处罚。

……

［相关规范 2］最高人民法院、最高人民检察院、公安部、司法部《关于依法惩治妨害新型冠状病毒感染肺炎疫情防控违法犯罪的意见》（2020 年 2 月 6 日　法发〔2020〕7 号）

二、准确适用法律，依法严惩妨害疫情防控的各类违法犯罪

（一）依法严惩抗拒疫情防控措施犯罪……

以暴力、威胁方法阻碍国家机关工作人员（含在依照法律、法规规定行使

国家有关疫情防控行政管理职权的组织中从事公务的人员，在受国家机关委托代表国家机关行使疫情防控职权的组织中从事公务的人员，虽未列入国家机关人员编制但在国家机关中从事疫情防控公务的人员）依法履行为防控疫情而采取的防疫、检疫、强制隔离、隔离治疗等措施的，依照刑法第二百七十七条第一款、第三款的规定，以妨害公务罪定罪处罚。暴力袭击正在依法执行职务的人民警察的，以妨害公务罪定罪，从重处罚。

……

第六章　危害国防利益案

二百二十六、故意提供不合格武器装备、军事设施案（刑法第三百七十条第一款）

◎ 刑法规定

第三百七十条　【故意提供不合格武器装备、军事设施罪】明知是不合格的武器装备、军事设施而提供给武装部队的，处五年以下有期徒刑或者拘役；情节严重的，处五年以上十年以下有期徒刑；情节特别严重的，处十年以上有期徒刑、无期徒刑或者死刑。

【过失提供不合格武器装备、军事设施罪】过失犯前款罪，造成严重后果的，处三年以下有期徒刑或者拘役；造成特别严重后果的，处三年以上七年以下有期徒刑。

单位犯第一款罪的，对单位判处罚金，并对其直接负责的主管人员和其他直接责任人员，依照第一款的规定处罚。

◎ 立案追诉标准

明知是不合格的武器装备、军事设施而提供给武装部队，涉嫌下列情形之一的，应予立案追诉：

（一）造成人员轻伤以上的；

（二）造成直接经济损失十万元以上的；

（三）提供不合格的枪支三支以上、子弹一百发以上、雷管五百枚以上、炸药五千克以上或者其他重要武器装备、军事设施的；

（四）影响作战、演习、抢险救灾等重大任务完成的；

（五）发生在战时的；

（六）其他故意提供不合格武器装备、军事设施应予追究刑事责任的情形。

◎ 标准依据

《最高人民检察院、公安部关于公安机关管辖的刑事案件立案追诉标准的规

定（一）》（2008年6月25日　公通字〔2008〕36号）

第八十七条（见附录）

二百二十七、过失提供不合格武器装备、军事设施案（刑法第三百七十条第二款）

◎ 刑法规定

（参见本书“二百二十五、故意提供不合格武器装备、军事设施案”）

◎ 立案追诉标准

过失提供不合格武器装备、军事设施给武装部队，涉嫌下列情形之一的，应予立案追诉：

（一）造成死亡一人以上或者重伤三人以上的；

（二）造成直接经济损失三十万元以上的；

（三）严重影响作战、演习、抢险救灾等重大任务完成的；

（四）其他造成严重后果的情形。

◎ 标准依据

《最高人民检察院、公安部关于公安机关管辖的刑事案件立案追诉标准的规定（一）》（2008年6月25日　公通字〔2008〕36号）

第八十八条（见附录）

二百二十八、聚众冲击军事禁区案（刑法第三百七十一条第一款）

◎ 刑法规定

第三百七十一条第一款　【聚众冲击军事禁区罪】聚众冲击军事禁区，严重扰乱军事禁区秩序的，对首要分子，处五年以上十年以下有期徒刑；对其他积极参加的，处五年以下有期徒刑、拘役、管制或者剥夺政治权利。

◎ 立案追诉标准

组织、策划、指挥聚众冲击军事禁区或者积极参加聚众冲击军事禁区，严重扰乱军事禁区秩序，涉嫌下列情形之一的，应予立案追诉：

（一）冲击三次以上或者一次冲击持续时间较长的；
（二）持械或者采取暴力手段冲击的；
（三）冲击重要军事禁区的；
（四）发生在战时的；
（五）其他严重扰乱军事禁区秩序应予追究刑事责任的情形。

◎ **标准依据**

《最高人民检察院、公安部关于公安机关管辖的刑事案件立案追诉标准的规定（一）》（2008年6月25日　公通字〔2008〕36号）

第八十九条（见附录）

二百二十九、聚众扰乱军事管理区秩序案（刑法第三百七十一条第二款）

◎ **刑法规定**

第三百七十一条第二款　【聚众扰乱军事管理区秩序罪】聚众扰乱军事管理区秩序，情节严重，致使军事管理区工作无法进行，造成严重损失的，对首要分子，处三年以上七年以下有期徒刑；对其他积极参加的，处三年以下有期徒刑、拘役、管制或者剥夺政治权利。

◎ **立案追诉标准**

组织、策划、指挥聚众扰乱军事管理区秩序或者积极参加聚众扰乱军事管理区秩序，致使军事管理区工作无法进行，造成严重损失，涉嫌下列情形之一的，应予立案追诉：
（一）造成人员轻伤以上的；
（二）扰乱三次以上或者一次扰乱持续时间较长的；
（三）造成直接经济损失五万元以上的；
（四）持械或者采取暴力手段的；
（五）扰乱重要军事管理区秩序的；
（六）发生在战时的；
（七）其他聚众扰乱军事管理区秩序应予追究刑事责任的情形。

◎ **标准依据**

《最高人民检察院、公安部关于公安机关管辖的刑事案件立案追诉标准的规

定（一）》（2008年6月25日　公通字〔2008〕36号）

第九十条（见附录）

二百三十、煽动军人逃离部队案（刑法第三百七十三条）

◎ 刑法规定

第三百七十三条　【煽动军人逃离部队罪】【雇用逃离部队军人罪】煽动军人逃离部队或者明知是逃离部队的军人而雇用，情节严重的，处三年以下有期徒刑、拘役或者管制。

◎ 立案追诉标准

煽动军人逃离部队，涉嫌下列情形之一的，应予立案追诉：

（一）煽动三人以上逃离部队的；

（二）煽动指挥人员、值班执勤人员或者其他负有重要职责人员逃离部队的；

（三）影响重要军事任务完成的；

（四）发生在战时的；

（五）其他情节严重的情形。

◎ 标准依据

《最高人民检察院、公安部关于公安机关管辖的刑事案件立案追诉标准的规定（一）》（2008年6月25日　公通字〔2008〕36号）

第九十一条（见附录）

二百三十一、雇用逃离部队军人案（刑法第三百七十三条）

◎ 刑法规定

（参见本书“二百二十九、煽动军人逃离部队案”）

◎ 立案追诉标准

明知是逃离部队的军人而雇用，涉嫌下列情形之一的，应予立案追诉：

（一）雇用一人六个月以上的；

（二）雇用三人以上的；

（三）明知是逃离部队的指挥人员、值班执勤人员或者其他负有重要职责人员而雇用的；

（四）阻碍部队将被雇用军人带回的；

（五）其他情节严重的情形。

◎ **标准依据**

《最高人民检察院、公安部关于公安机关管辖的刑事案件立案追诉标准的规定（一）》（2008年6月25日　公通字〔2008〕36号）

第九十二条（见附录）

二百三十二、接送不合格兵员案（刑法第三百七十四条）

◎ **刑法规定**

第三百七十四条　【接送不合格兵员罪】 在征兵工作中徇私舞弊，接送不合格兵员，情节严重的，处三年以下有期徒刑或者拘役；造成特别严重后果的，处三年以上七年以下有期徒刑。

◎ **立案追诉标准**

在征兵工作中徇私舞弊，接送不合格兵员，涉嫌下列情形之一的，应予立案追诉：

（一）接送不合格特种条件兵员一名以上或者普通兵员三名以上的；

（二）发生在战时的；

（三）造成严重后果的；

（四）其他情节严重的情形。

◎ **标准依据**

《最高人民检察院、公安部关于公安机关管辖的刑事案件立案追诉标准的规定（一）》（2008年6月25日　公通字〔2008〕36号）

第九十三条（见附录）

二百三十三、非法生产、买卖武装部队制式服装案（刑法第三百七十五条第二款）

◎ **刑法规定**

第三百七十五条第二款　【非法生产、买卖武装部队制式服装罪】 非法生产、买卖武装部队制式服装，情节严重的，处三年以下有期徒刑、拘役或者管制，并处或者单处罚金。

◎ 立案追诉标准

非法生产、买卖武装部队制式服装，涉嫌下列情形之一的，应予立案追诉：

（一）非法生产、买卖成套制式服装三十套以上，或者非成套制式服装一百件以上的；

（二）非法生产、买卖帽徽、领花、臂章等标志服饰合计一百件（副）以上的；

（三）非法经营数额二万元以上的；

（四）违法所得数额五千元以上的；

（五）其他情节严重的情形。

买卖仿制的现行装备的武装部队制式服装，情节严重的，应予立案追诉。

◎ 标准依据

《最高人民检察院、公安部关于公安机关管辖的刑事案件立案追诉标准的规定（一）的补充规定》（2017 年 4 月 27 日　公通字〔2017〕12 号）

十四、（见附录）

二百三十四、伪造、盗窃、买卖、非法提供、非法使用武装部队专用标志案（刑法第三百七十五条第三款）

◎ 刑法规定

第三百七十五条第三款　【伪造、盗窃、买卖、非法提供、非法使用武装部队专用标志罪】伪造、盗窃、买卖或者非法提供、使用武装部队车辆号牌等专用标志，情节严重的，处三年以下有期徒刑、拘役或者管制，并处或者单处罚金；情节特别严重的，处三年以上七年以下有期徒刑，并处罚金。

◎ 立案追诉标准

伪造、盗窃、买卖或者非法提供、使用武装部队车辆号牌等专用标志，涉嫌下列情形之一的，应予立案追诉：

（一）伪造、盗窃、买卖或者非法提供、使用武装部队军以上领导机关车辆号牌一副以上或者其他车辆号牌三副以上的；

（二）非法提供、使用军以上领导机关车辆号牌之外的其他车辆号牌累计六个月以上的；

（三）伪造、盗窃、买卖或者非法提供、使用军徽、军旗、军种符号或者其他军用标志合计一百件（副）以上的；

（四）造成严重后果或者恶劣影响的。

盗窃、买卖、提供、使用伪造、变造的武装部队车辆号牌等专用标志，情节严重的，应予立案追诉。

◎ 标准依据

《最高人民检察院、公安部关于公安机关管辖的刑事案件立案追诉标准的规定（一）的补充规定》（2017年4月27日　公通字〔2017〕12号）

十五、（见附录）

二百三十五、战时拒绝、逃避征召、军事训练案（刑法第三百七十六条第一款）

◎ 刑法规定

第三百七十六条第一款　【战时拒绝、逃避征召、军事训练罪】预备役人员战时拒绝、逃避征召或者军事训练，情节严重的，处三年以下有期徒刑或者拘役。

◎ 立案追诉标准

预备役人员战时拒绝、逃避征召或者军事训练，涉嫌下列情形之一的，应予立案追诉：

（一）无正当理由经教育仍拒绝、逃避征召或者军事训练的；

（二）以暴力、威胁、欺骗等手段，或者采取自伤、自残等方式拒绝、逃避征召或者军事训练的；

（三）联络、煽动他人共同拒绝、逃避征召或者军事训练的；

（四）其他情节严重的情形。

◎ 标准依据

《最高人民检察院、公安部关于公安机关管辖的刑事案件立案追诉标准的规定（一）》（2008年6月25日　公通字〔2008〕36号）

第九十五条（见附录）

二百三十六、战时拒绝、逃避服役案（刑法第三百七十六条第二款）

◎ 刑法规定

第三百七十六条第二款　【战时拒绝、逃避服役罪】公民战时拒绝、逃避服役，情节严重的，处二年以下有期徒刑或者拘役。

◎ 立案追诉标准

公民战时拒绝、逃避服役，涉嫌下列情形之一的，应予立案追诉：

（一）无正当理由经教育仍拒绝、逃避服役的；

（二）以暴力、威胁、欺骗等手段，或者采取自伤、自残等方式拒绝、逃避服役的；

（三）联络、煽动他人共同拒绝、逃避服役的；

（四）其他情节严重的情形。

◎ 标准依据

《最高人民检察院、公安部关于公安机关管辖的刑事案件立案追诉标准的规定（一）》（2008 年 6 月 25 日　公通字〔2008〕36 号）

第九十六条（见附录）

二百三十七、战时窝藏逃离部队军人案（刑法第三百七十九条）

◎ 刑法规定

第三百七十九条　【战时窝藏逃离部队军人罪】战时明知是逃离部队的军人而为其提供隐蔽处所、财物，情节严重的，处三年以下有期徒刑或者拘役。

◎ 立案追诉标准

战时明知是逃离部队的军人而为其提供隐蔽处所、财物，涉嫌下列情形之一的，应予立案追诉：

（一）窝藏三人次以上的；

（二）明知是指挥人员、值班执勤人员或者其他负有重要职责人员而窝藏的；

（三）有关部门查找时拒不交出的；
（四）其他情节严重的情形。

◎ **标准依据**

《最高人民检察院、公安部关于公安机关管辖的刑事案件立案追诉标准的规定（一）》（2008年6月25日　公通字〔2008〕36号）

第九十七条（见附录）

二百三十八、战时拒绝、故意延误军事订货案（刑法第三百八十条）

◎ **刑法规定**

第三百八十条　【战时拒绝、故意延误军事订货罪】战时拒绝或者故意延误军事订货，情节严重的，对单位判处罚金，并对其直接负责的主管人员和其他直接责任人员，处五年以下有期徒刑或者拘役；造成严重后果的，处五年以上有期徒刑。

◎ **立案追诉标准**

战时拒绝或者故意延误军事订货，涉嫌下列情形之一的，应予立案追诉：
（一）拒绝或者故意延误军事订货三次以上的；
（二）联络、煽动他人共同拒绝或者故意延误军事订货的；
（三）拒绝或者故意延误重要军事订货，影响重要军事任务完成的；
（四）其他情节严重的情形。

◎ **标准依据**

《最高人民检察院、公安部关于公安机关管辖的刑事案件立案追诉标准的规定（一）》（2008年6月25日　公通字〔2008〕36号）

第九十八条（见附录）

二百三十九、战时拒绝军事征收、征用案（刑法第三百八十一条）

◎ **刑法规定**

第三百八十一条　【战时拒绝军事征收、征用罪】战时拒绝军事征收、征用，情节严重的，处三年以下有期徒刑或者拘役。

◎ 立案追诉标准

战时拒绝军事征收、征用，涉嫌下列情形之一的，应予立案追诉：

（一）无正当理由拒绝军事征收、征用三次以上的；

（二）采取暴力、威胁、欺骗等手段拒绝军事征收、征用的；

（三）联络、煽动他人共同拒绝军事征收、征用的；

（四）拒绝重要军事征收、征用，影响重要军事任务完成的；

（五）其他情节严重的情形。

◎ 标准依据

《最高人民检察院、公安部关于公安机关管辖的刑事案件立案追诉标准的规定（一）的补充规定》（2017年4月27日　公通字〔2017〕12号）

十六、（见附录）

附录：相关司法解释与规范性文件[①]

最高人民检察院、公安部关于公安机关管辖的刑事案件立案追诉标准的规定（一）[②]

（2008年6月25日　公通字〔2008〕36号）

一、危害公共安全案

第一条　【失火案（刑法第一百一十五条第二款）】 过失引起火灾，涉嫌下列情形之一的，应予立案追诉：

（一）造成死亡一人以上，或者重伤三人以上的；

（二）造成公共财产或者他人财产直接经济损失五十万元以上的；

（三）造成十户以上家庭的房屋以及其他基本生活资料烧毁的；

（四）造成森林火灾，过火有林地面积二公顷以上，或者过火疏林地、灌木林地、未成林地、苗圃地面积四公顷以上的；

（五）其他造成严重后果的情形。

本条和本规定第十五条规定的"有林地"、"疏林地"、"灌木林地"、"未成林地"、"苗圃地"，按照国家林业主管部门的有关规定确定。

第二条　【非法制造、买卖、运输、储存危险物质案（刑法第一百二十五条第二款）】 非法制造、买卖、运输、储存毒害性、放射性、传染病病原体等物质，危害公共安全，涉嫌下列情形之一的，应予立案追诉：

（一）造成人员重伤或者死亡的；

（二）造成直接经济损失十万元以上的；

（三）非法制造、买卖、运输、储存毒鼠强、氟乙酰胺、氟乙酸钠、毒鼠硅、甘氟原粉、原液、制剂五十克以上，或者饵料二千克以上的；

---

① 根据司法解释和规范性文件整理，本书出版之后有新的司法解释和规范性文件的，依照新规定执行。

② 本规定修改情况参见《最高人民检察院、公安部关于公安机关管辖的刑事案件立案追诉标准的规定（一）的补充规定》。

（四）造成急性中毒、放射性疾病或者造成传染病流行、暴发的；

（五）造成严重环境污染的；

（六）造成毒害性、放射性、传染病病原体等危险物质丢失、被盗、被抢或者被他人利用进行违法犯罪活动的；

（七）其他危害公共安全的情形。

第三条　【违规制造、销售枪支案（刑法第一百二十六条）】依法被指定、确定的枪支制造企业、销售企业，违反枪支管理规定，以非法销售为目的，超过限额或者不按照规定的品种制造、配售枪支，或者以非法销售为目的，制造无号、重号、假号的枪支，或者非法销售枪支或者在境内销售为出口制造的枪支，涉嫌下列情形之一的，应予立案追诉：

（一）违规制造枪支五支以上的；

（二）违规销售枪支二支以上的；

（三）虽未达到上述数量标准，但具有造成严重后果等其他恶劣情节的。

本条和本规定第四条、第七条规定的"枪支"，包括枪支散件。成套枪支散件，以相应数量的枪支计；非成套枪支散件，以每三十件为一成套枪支散件计。

第四条　【非法持有、私藏枪支、弹药案（刑法第一百二十八条第一款）】违反枪支管理规定，非法持有、私藏枪支、弹药，涉嫌下列情形之一的，应予立案追诉：

（一）非法持有、私藏军用枪支一支以上的；

（二）非法持有、私藏以火药为动力发射枪弹的非军用枪支一支以上，或者以压缩气体等为动力的其他非军用枪支二支以上的；

（三）非法持有、私藏军用子弹二十发以上、气枪铅弹一千发以上或者其他非军用子弹二百发以上的；

（四）非法持有、私藏手榴弹、炸弹、地雷、手雷等具有杀伤性弹药一枚以上的；

（五）非法持有、私藏的弹药造成人员伤亡、财产损失的。

本条规定的"非法持有"，是指不符合配备、配置枪支、弹药条件的人员，擅自持有枪支、弹药的行为；"私藏"，是指依法配备、配置枪支、弹药的人员，在配备、配置枪支、弹药的条件消除后，私自藏匿所配备、配置的枪支、弹药且拒不交出的行为。

第五条　【非法出租、出借枪支案（刑法第一百二十八条第二、三、四款）】依法配备公务用枪的人员或者单位，非法将枪支出租、出借给未取得公务用枪配备资格的人员或者单位，或者将公务用枪用作借债质押物的，应予立案追诉。

依法配备公务用枪的人员或者单位，非法将枪支出租、出借给具有公务用枪配备资格的人员或者单位，以及依法配置民用枪支的人员或者单位，非法出租、出借民用枪支，涉嫌下列情形之一的，应予立案追诉：

（一）造成人员轻伤以上伤亡事故的；

（二）造成枪支丢失、被盗、被抢的；

（三）枪支被他人利用进行违法犯罪活动的；

（四）其他造成严重后果的情形。

第六条　【丢失枪支不报案（刑法第一百二十九条）】依法配备公务用枪的人员，丢失枪支不及时报告，涉嫌下列情形之一的，应予立案追诉：

（一）丢失的枪支被他人使用造成人员轻伤以上伤亡事故的；

（二）丢失的枪支被他人利用进行违法犯罪活动的；

（三）其他造成严重后果的情形。

第七条　【非法携带枪支、弹药、管制刀具、危险物品危及公共安全案（刑法第一百三十条）】非法携带枪支、弹药、管制刀具或者爆炸性、易燃性、放射性、毒害性、腐蚀性物品，进入公共场所或者公共交通工具，危及公共安全，涉嫌下列情形之一的，应予立案追诉：

（一）携带枪支一支以上或者手榴弹、炸弹、地雷、手雷等具有杀伤性弹药一枚以上的；

（二）携带爆炸装置一套以上的；

（三）携带炸药、发射药、黑火药五百克以上或者烟火药一千克以上、雷管二十枚以上或者导火索、导爆索二十米以上，或者虽未达到上述数量标准，但拒不交出的；

（四）携带的弹药、爆炸物在公共场所或者公共交通工具上发生爆炸或者燃烧，尚未造成严重后果的；

（五）携带管制刀具二十把以上，或者虽未达到上述数量标准，但拒不交出，或者用来进行违法活动尚未构成其他犯罪的；

（六）携带的爆炸性、易燃性、放射性、毒害性、腐蚀性物品在公共场所或者公共交通工具上发生泄漏、遗洒，尚未造成严重后果的；

（七）其他情节严重的情形。

第八条　【重大责任事故案（刑法第一百三十四条第一款）】在生产、作业中违反有关安全管理的规定，涉嫌下列情形之一的，应予立案追诉：

（一）造成死亡一人以上，或者重伤三人以上的；

（二）造成直接经济损失五十万元以上的；

（三）发生矿山生产安全事故，造成直接经济损失一百万元以上的；

（四）其他造成严重后果的情形。

第九条　【强令违章冒险作业案（刑法第一百三十四条第二款）】强令他人违章冒险作业，涉嫌下列情形之一的，应予立案追诉：

（一）造成死亡一人以上，或者重伤三人以上的；

（二）造成直接经济损失五十万元以上的；

（三）发生矿山生产安全事故，造成直接经济损失一百万元以上的；

（四）其他造成严重后果的情形。

第十条　【重大劳动安全事故案（刑法第一百三十五条）】安全生产设施或者安全生产条件不符合国家规定，涉嫌下列情形之一的，应予立案追诉：

（一）造成死亡一人以上，或者重伤三人以上的；

（二）造成直接经济损失五十万元以上的；

（三）发生矿山生产安全事故，造成直接经济损失一百万元以上的；

（四）其他造成严重后果的情形。

第十一条　【大型群众性活动重大安全事故案（刑法第一百三十五条之一）】举办大型群众性活动违反安全管理规定，涉嫌下列情形之一的，应予立案追诉：

（一）造成死亡一人以上，或者重伤三人以上的；

（二）造成直接经济损失五十万元以上的；

（三）其他造成严重后果的情形。

第十二条　【危险物品肇事案（刑法第一百三十六条）】违反爆炸性、易燃性、放射性、毒害性、腐蚀性物品的管理规定，在生产、储存、运输、使用中发生重大事故，涉嫌下列情形之一的，应予立案追诉：

（一）造成死亡一人以上，或者重伤三人以上的；

（二）造成直接经济损失五十万元以上的；

（三）其他造成严重后果的情形。

第十三条　【工程重大安全事故案（刑法第一百三十七条）】建设单位、设计单位、施工单位、工程监理单位违反国家规定，降低工程质量标准，涉嫌下列情形之一的，应予立案追诉：

（一）造成死亡一人以上，或者重伤三人以上的；

（二）造成直接经济损失五十万元以上的；

（三）其他造成严重后果的情形。

第十四条　【教育设施重大安全事故案（刑法第一百三十八条）】明知校舍或者教育教学设施有危险，而不采取措施或者不及时报告，涉嫌下列情形之一的，应予立案追诉：

（一）造成死亡一人以上、重伤三人以上或者轻伤十人以上的；

（二）其他致使发生重大伤亡事故的情形。

第十五条　【消防责任事故案（刑法第一百三十九条）】违反消防管理法规，经消防监督机构通知采取改正措施而拒绝执行，涉嫌下列情形之一的，应予立案追诉：

（一）造成死亡一人以上，或者重伤三人以上的；

（二）造成直接经济损失五十万元以上的；

（三）造成森林火灾，过火有林地面积二公顷以上，或者过火疏林地、灌木林地、未成林地、苗圃地面积四公顷以上的；

（四）其他造成严重后果的情形。

二、破坏社会主义市场经济秩序案

第十六条　【生产、销售伪劣产品案（刑法第一百四十条）】生产者、销售者在产品中掺杂、掺假，以假充真，以次充好或者以不合格产品冒充合格产品，涉嫌下列情形之一的，应予立案追诉：

（一）伪劣产品销售金额五万元以上的；

（二）伪劣产品尚未销售，货值金额十五万元以上的；

（三）伪劣产品销售金额不满五万元，但将已销售金额乘以三倍后，与尚未销售的伪劣产品货值金额合计十五万元以上的。

本条规定的“掺杂、掺假”，是指在产品中掺入杂质或者异物，致使产品质量不符合国家法律、法规或者产品明示质量标准规定的质量要求，降低、失去应有使用性能的行为；“以假充真”，是指以不具有某种使用性能的产品冒充具有该种使用性能的产品的行为；“以次充好”，是指以低等级、低档次产品冒充高等级、高档次产品，或者以残次、废旧零配件组合、拼装后冒充正品或者新产品的行为；“不合格产品”，是指不符合《中华人民共和国产品质量法》规定的质量要求的产品。

对本条规定的上述行为难以确定的，应当委托法律、行政法规规定的产品质量检验机构进行鉴定。本条规定的“销售金额”，是指生产者、销售者出售伪劣产品后所得和应得的全部违法收入；“货值金额”，以违法生产、销售的伪劣产品的标价计算；没有标价的，按照同类合格产品的市场中间价格计算。货值金额难以确定的，按照《扣押、追缴、没收物品估价管理办法》的规定，委托估价机构进行确定。

第十七条　【生产、销售假药案（刑法第一百四十一条）】生产（包括配制）、销售假药，涉嫌下列情形之一的，应予立案追诉：

（一）含有超标准的有毒有害物质的；

（二）不含所标明的有效成份，可能贻误诊治的；

（三）所标明的适应症或者功能主治超出规定范围，可能造成贻误诊治的；

（四）缺乏所标明的急救必需的有效成份的；

（五）其他足以严重危害人体健康或者对人体健康造成严重危害的情形。

本条规定的“假药”，是指依照《中华人民共和国药品管理法》的规定属于假药和按假药论处的药品、非药品。

第十八条　【生产、销售劣药案（刑法第一百四十二条）】生产（包括配制）、销售劣药，涉嫌下列情形之一的，应予立案追诉：

（一）造成人员轻伤、重伤或者死亡的；

（二）其他对人体健康造成严重危害的情形。

本条规定的“劣药”，是指依照《中华人民共和国药品管理法》的规定，药品成份的含量不符合国家药品标准的药品和按劣药论处的药品。

第十九条　【生产、销售不符合卫生标准的食品案（刑法第一百四十三条）】生产、销售不符合卫生标准的食品，涉嫌下列情形之一的，应予立案追诉：

（一）含有可能导致严重食物中毒事故或者其他严重食源性疾患的超标准的有害细菌的；

（二）含有可能导致严重食物中毒事故或者其他严重食源性疾患的其他污染物的。

本条规定的“不符合卫生标准的食品”，由省级以上卫生行政部门确定的机构进行鉴定。

第二十条　【生产、销售有毒、有害食品案（刑法第一百四十四条）】在生产、销售的食品中掺入有毒、有害的非食品原料的，或者销售明知掺有有毒、有害的非食品原料的食品的，应予立案追诉。

使用盐酸克仑特罗（俗称“瘦肉精”）等禁止在饲料和动物饮用水中使用的药品或者含有该类药品的饲料养殖供人食用的动物，或者销售明知是使用该类药品或者含有该类药品的饲料养殖的供人食用的动物的，应予立案追诉。

明知是使用盐酸克仑特罗等禁止在饲料和动物饮用水中使用的药品或者含有该类药品的饲料养殖的供人食用的动物，而提供屠宰等加工服务，或者销售其制品的，应予立案追诉。

第二十一条　【生产、销售不符合标准的医用器材案（刑法第一百四十五条）】生产不符合保障人体健康的国家标准、行业标准的医疗器械、医用卫生材料，或者销售明知是不符合保障人体健康的国家标准、行业标准的医疗器械、医用卫生材料，涉嫌下列情形之一的，应予立案追诉：

（一）进入人体的医疗器械的材料中含有超过标准的有毒有害物质的；

（二）进入人体的医疗器械的有效性指标不符合标准要求，导致治疗、替代、调节、补偿功能部分或者全部丧失，可能造成贻误诊治或者人体严重损伤的；

（三）用于诊断、监护、治疗的有源医疗器械的安全指标不符合强制性标准要求，可能对人体构成伤害或者潜在危害的；

（四）用于诊断、监护、治疗的有源医疗器械的主要性能指标不合格，可能造成贻误诊治或者人体严重损伤的；

（五）未经批准，擅自增加功能或者适用范围，可能造成贻误诊治或者人体严重损伤的；

（六）其他足以严重危害人体健康或者对人体健康造成严重危害的情形。

医疗机构或者个人知道或者应当知道是不符合保障人体健康的国家标准、行业标准的医疗器械、医用卫生材料而购买并有偿使用的，视为本条规定的“销售”。

第二十二条　【生产、销售不符合安全标准的产品案（刑法第一百四十六条）】生产不符合保障人身、财产安全的国家标准、行业标准的电器、压力容器、易燃易爆产品或者其他不符合保障人身、财产安全的国家标准、行业标准的产品，或者销售明知是以上不符合保障人身、财产安全的国家标准、行业标准的产品，涉嫌下列情形之一的，应予立案追诉：

（一）造成人员重伤或者死亡的；

（二）造成直接经济损失十万元以上的；

（三）其他造成严重后果的情形。

第二十三条　【生产、销售伪劣农药、兽药、化肥、种子案（刑法第一百四十七条）】生产假农药、假兽药、假化肥，销售明知是假的或者失去使用效能的农药、兽药、化肥、种子，或者生产者、销售者以不合格的农药、兽药、化肥、种子冒充合格的农药、兽药、化肥、种子，涉嫌下列情形之一的，应予立案追诉：

（一）使生产遭受损失二万元以上的；

（二）其他使生产遭受较大损失的情形。

第二十四条　【生产、销售不符合卫生标准的化妆品案（刑法第一百四十八条）】生产不符合卫生标准的化妆品，或者销售明知是不符合卫生标准的化妆品，涉嫌下列情形之一的，应予立案追诉：

（一）造成他人容貌毁损或者皮肤严重损伤的；

（二）造成他人器官组织损伤导致严重功能障碍的；

（三）致使他人精神失常或者自杀、自残造成重伤、死亡的；

（四）其他造成严重后果的情形。

第二十五条　【走私淫秽物品案（刑法第一百五十二条第一款）】以牟利或者传播为目的，走私淫秽的影片、录像带、录音带、图片、书刊或者其他通过文字、声音、形象等形式表现淫秽内容的影碟、音碟、电子出版物等物品，涉嫌下列情形之一的，应予立案追诉：

（一）走私淫秽录像带、影碟五十盘（张）以上的；

（二）走私淫秽录音带、音碟一百盘（张）以上的；

（三）走私淫秽扑克、书刊、画册一百副（册）以上的；

（四）走私淫秽照片、图片五百张以上的；

（五）走私其他淫秽物品相当于上述数量的；

（六）走私淫秽物品数量虽未达到本条第（一）项至第（四）项规定标准，但分别达到其中两项以上标准的百分之五十以上的。

第二十六条　【侵犯著作权案（刑法第二百一十七条）】以营利为目的，未经著作权人许可，复制发行其文字作品、音乐、电影、电视、录像作品、计算机软件及其他作品，或者出版他人享有专有出版权的图书，或者未经录音录像制作者许可，复制发行其制作的录音录像，或者制作、出售假冒他人署名的美术作品，涉嫌下列情形之一的，应予立案追诉：

（一）违法所得数额三万元以上的；

（二）非法经营数额五万元以上的；

（三）未经著作权人许可，复制发行其文字作品、音乐、电影、电视、录像作品、计算机软件及其他作品，复制品数量合计五百张（份）以上的；

（四）未经录音录像制作者许可，复制发行其制作的录音录像制品，复制品数量合计五百张（份）以上的；

（五）其他情节严重的情形。

以刊登收费广告等方式直接或者间接收取费用的情形，属于本条规定的“以营利为目的”。

本条规定的“未经著作权人许可”，是指没有得到著作权人授权或者伪造、涂改著作权人授权许可文件或者超出授权许可范围的情形。

本条规定的“复制发行”，包括复制、发行或者既复制又发行的行为。

通过信息网络向公众传播他人文字作品、音乐、电影、电视、录像作品、计算机软件及其他作品，或者通过信息网络传播他人制作的录音录像制品的行为，应当视为本条规定的“复制发行”。

侵权产品的持有人通过广告、征订等方式推销侵权产品的，属于本条规定的“发行”。

本条规定的“非法经营数额”，是指行为人在实施侵犯知识产权行为过程中，制造、储存、运输、销售侵权产品的价值。已销售的侵权产品的价值，按照实际销售的价格计算。制造、储存、运输和未销售的侵权产品的价值，按照标价或者已经查清的侵权产品的实际销售平均价格计算。侵权产品没有标价或者无法查清其实际销售价格的，按照被侵权产品的市场中间价格计算。

第二十七条　【销售侵权复制品案（刑法第二百一十八条）】以营利为目的，销售明知是刑法第二百一十七条规定的侵权复制品，涉嫌下列情形之一的，应予立案追诉：

（一）违法所得数额十万元以上的；

（二）违法所得数额虽未达到上述数额标准，但尚未销售的侵权复制品货值金额达到三十万元以上的。

第二十八条　【强迫交易案（刑法第二百二十六条）】以暴力、威胁手段强买强卖商品、强迫他人提供服务或者强迫他人接受服务，涉嫌下列情形之一的，应予立案追诉：

（一）造成被害人轻微伤或者其他严重后果的；

（二）造成直接经济损失二千元以上的；

（三）强迫交易三次以上或者强迫三人以上交易的；

（四）强迫交易数额一万元以上，或者违法所得数额二千元以上的；

（五）强迫他人购买伪劣商品数额五千元以上，或者违法所得数额一千元以上的；

（六）其他情节严重的情形。

第二十九条　【伪造、倒卖伪造的有价票证案（刑法第二百二十七条第一款）】伪造或者倒卖伪造的车票、船票、邮票或者其他有价票证，涉嫌下列情形之一的，应予立案追诉：

（一）车票、船票票面数额累计二千元以上，或者数量累计五十张以上的；

（二）邮票票面数额累计五千元以上，或者数量累计一千枚以上的；

（三）其他有价票证价额累计五千元以上，或者数量累计一百张以上的；

（四）非法获利累计一千元以上的；

（五）其他数额较大的情形。

第三十条　【倒卖车票、船票案（刑法第二百二十七条第二款）】倒卖车票、船票或者倒卖车票坐席、卧铺签字号以及订购车票、船票凭证，涉嫌下列情形之一的，应予立案追诉：

（一）票面数额累计五千元以上的；

（二）非法获利累计二千元以上的；

（三）其他情节严重的情形。

三、侵犯公民人身权利、民主权利案

第三十一条　【强迫职工劳动案（刑法第二百四十四条）】用人单位违反劳动管理法规，以限制人身自由方法强迫职工劳动，涉嫌下列情形之一的，应予立案追诉：

（一）强迫他人劳动，造成人员伤亡或者患职业病的；

（二）采取殴打、胁迫、扣发工资、扣留身份证件等手段限制人身自由，强迫他人劳动的；

（三）强迫妇女从事井下劳动、国家规定的第四级体力劳动强度的劳动或者其他禁忌从事的劳动，或者强迫处于经期、孕期和哺乳期妇女从事国家规定的第三级体力劳动强度以上的劳动或者其他禁忌从事的劳动的；

（四）强迫已满十六周岁未满十八周岁的未成年人从事国家规定的第四级体力劳动强度的劳动，或者从事高空、井下劳动，或者在爆炸性、易燃性、放射性、毒害性等危险环境下从事劳动的；

（五）其他情节严重的情形。

第三十二条　【雇用童工从事危重劳动案（刑法第二百四十四条之一）】违反劳动管理法规，雇用未满十六周岁的未成年人从事国家规定的第四级体力劳动强度的劳动，或者从事高空、井下作业，或者在爆炸性、易燃性、放射性、毒害性等危险环境下从事劳动，涉嫌下列情形之一的，应予立案追诉：

（一）造成未满十六周岁的未成年人伤亡或者对其身体健康造成严重危害的；

（二）雇用未满十六周岁的未成年人三人以上的；

（三）以强迫、欺骗等手段雇用未满十六周岁的未成年人从事危重劳动的；

（四）其他情节严重的情形。

四、侵犯财产案

第三十三条　【故意毁坏财物案（刑法第二百七十五条）】故意毁坏公私财物，涉嫌下列情形之一的，应予立案追诉：

（一）造成公私财物损失五千元以上的；

（二）毁坏公私财物三次以上的；

（三）纠集三人以上公然毁坏公私财物的；

（四）其他情节严重的情形。

第三十四条　【破坏生产经营案（刑法第二百七十六条）】由于泄愤报复或者其他个人目的，毁坏机器设备、残害耕畜或者以其他方法破坏生产经营，涉嫌下列情形之一的，应予立案追诉：

（一）造成公私财物损失五千元以上的；

（二）破坏生产经营三次以上的；

（三）纠集三人以上公然破坏生产经营的；

（四）其他破坏生产经营应予追究刑事责任的情形。

五、妨害社会管理秩序案

第三十五条　【非法生产、买卖警用装备案（刑法第二百八十一条）】非法生产、买卖人民警察制式服装、车辆号牌等专用标志、警械，涉嫌下列情形之一的，应予立案追诉：

（一）成套制式服装三十套以上，或者非成套制式服装一百件以上的；

（二）手铐、脚镣、警用抓捕网、警用催泪喷射器、警灯、警报器单种或者合计十件以上的；

（三）警棍五十根以上的；

（四）警衔、警号、胸章、臂章、帽徽等警用标志单种或者合计一百件以上的；

（五）警车号牌、省级以上公安机关专段民用车辆号牌一副以上，或者其他公安机关专段民用车辆号牌三副以上的；

（六）非法经营数额五千元以上，或者非法获利一千元以上的；

（七）被他人利用进行违法犯罪活动的；

（八）其他情节严重的情形。

第三十六条　【聚众斗殴案（刑法第二百九十二条第一款）】组织、策划、指挥或者积极参加聚众斗殴的，应予立案追诉。

第三十七条　【寻衅滋事案（刑法第二百九十三条）】寻衅滋事，破坏社会秩序，涉嫌下列情形之一的，应予立案追诉：

（一）随意殴打他人造成他人身体伤害、持械随意殴打他人或者具有其他恶劣情节的；

（二）追逐、拦截、辱骂他人，严重影响他人正常工作、生产、生活，或者造成他人精神失常、自杀或者具有其他恶劣情节的；

（三）强拿硬要或者任意损毁、占用公私财物价值二千元以上，强拿硬要或者任意损毁、占用公私财物三次以上或者具有其他严重情节的；

（四）在公共场所起哄闹事，造成公共场所秩序严重混乱的。

第三十八条　【非法集会、游行、示威案（刑法第二百九十六条）】举行集会、游行、示威，未依照法律规定申请或者申请未获许可，或者未按照主管机关许可的起止时间、地点、路线进行，又拒不服从解散命令，严重破坏社会秩序的，应予立案追诉。

第三十九条　【非法携带武器、管制刀具、爆炸物参加集会、游行、示威案（刑法第二百九十七条）】违反法律规定，携带武器、管制刀具或者爆炸物参加集会、游行、示威的，应予立案追诉。

第四十条　【破坏集会、游行、示威案（刑法第二百九十八条）】扰乱、冲击或者以其他方法破坏依法举行的集会、游行、示威，造成公共秩序混乱的，应予立案追诉。

第四十一条　【聚众淫乱案（刑法第三百零一条第一款）】组织、策划、指挥三人以上进行聚众淫乱活动或者参加聚众淫乱活动三次以上的，应予立案追诉。

第四十二条　【引诱未成年人聚众淫乱案（刑法第三百零一条第二款）】引诱未成年人参加聚众淫乱活动的，应予立案追诉。

第四十三条　【赌博案（刑法第三百零三条第一款）】以营利为目的，聚众赌博，涉嫌下列情形之一的，应予立案追诉：

（一）组织三人以上赌博，抽头渔利数额累计五千元以上的；

（二）组织三人以上赌博，赌资数额累计五万元以上的；

（三）组织三人以上赌博，参赌人数累计二十人以上的；

（四）组织中华人民共和国公民十人以上赴境外赌博，从中收取回扣、介绍费的；

（五）其他聚众赌博应予追究刑事责任的情形。

以营利为目的，以赌博为业的，应予立案追诉。

赌博犯罪中用作赌注的款物、换取筹码的款物和通过赌博赢取的款物属于赌资。通过计算机网络实施赌博犯罪的，赌资数额可以按照在计算机网络上投注或者赢取的点数乘以每一点实际代表的金额认定。

第四十四条　【开设赌场案（刑法第三百零三条第二款）】开设赌场的，应予立案追诉。

在计算机网络上建立赌博网站，或者为赌博网站担任代理，接受投注的，属于本条规定的“开设赌场”。

第四十五条　【故意延误投递邮件案（刑法第三百零四条）】邮政工作人员严重不负责任，故意延误投递邮件，涉嫌下列情形之一的，应予立案追诉：

（一）造成直接经济损失二万元以上的；

（二）延误高校录取通知书或者其他重要邮件投递，致使他人失去高校录取资格或者造成其他无法挽回的重大损失的；

（三）严重损害国家声誉或者造成恶劣社会影响的；

（四）其他致使公共财产、国家和人民利益遭受重大损失的情形。

第四十六条　【故意损毁文物案（刑法第三百二十四条第一款）】故意损毁国家保护的珍贵文物或者被确定为全国重点文物保护单位、省级文物保护单位的文物的，应予立案追诉。

第四十七条　【故意损毁名胜古迹案（刑法第三百二十四条第二款）】故意损毁国家保护的名胜古迹，涉嫌下列情形之一的，应予立案追诉：

（一）造成国家保护的名胜古迹严重损毁的；

（二）损毁国家保护的名胜古迹三次以上或者三处以上，尚未造成严重毁损后果的；

（三）损毁手段特别恶劣的；

（四）其他情节严重的情形。

第四十八条　【过失损毁文物案（刑法第三百二十四条第三款）】过失损毁国家保护的珍贵文物或者被确定为全国重点文物保护单位、省级文物保护单位的文物，涉嫌下列情形之一的，应予立案追诉：

（一）造成珍贵文物严重损毁的；

（二）造成被确定为全国重点文物保护单位、省级文物保护单位的文物严重损毁的；

（三）造成珍贵文物损毁三件以上的；

（四）其他造成严重后果的情形。

第四十九条　【妨害传染病防治案（刑法第三百三十条）】违反传染病防治法的规定，引起甲类或者按甲类管理的传染病传播或者有传播严重危险，涉嫌下列情形之一的，应予立案追诉：

（一）供水单位供应的饮用水不符合国家规定的卫生标准的；

（二）拒绝按照疾病预防控制机构提出的卫生要求，对传染病病原体污染的污水、污物、粪便进行消毒处理的；

（三）准许或者纵容传染病病人、病原携带者和疑似传染病病人从事国务院卫生行政部门规定禁止从事的易使该传染病扩散的工作的；

（四）拒绝执行疾病预防控制机构依照传染病防治法提出的预防、控制措施的。

本条和本规定第五十条规定的“甲类传染病”，是指鼠疫、霍乱；“按甲类管理的传染病”，是指乙类传染病中传染性非典型肺炎、炭疽中的肺炭疽、人感染高致病性禽流感以及国务院卫生行政部门根据需要报经国务院批准公布实施的其他需要按甲类管理的乙类传染病和突发原因不明的传染病。

第五十条　【传染病菌种、毒种扩散案（刑法第三百三十一条）】从事实验、保藏、携带、运输传染病菌种、毒种的人员，违反国务院卫生行政部门的有关规定，造成传染病菌种、毒种扩散，涉嫌下列情形之一的，应予立案追诉：

（一）导致甲类和按甲类管理的传染病传播的；

（二）导致乙类、丙类传染病流行、暴发的；

（三）造成人员重伤或者死亡的；

（四）严重影响正常的生产、生活秩序的；

（五）其他造成严重后果的情形。

第五十一条　【妨害国境卫生检疫案（刑法第三百三十二条）】违反国境卫生检疫规定，引起检疫传染病传播或者有传播严重危险的，应予立案追诉。

本条规定的“检疫传染病”，是指鼠疫、霍乱、黄热病以及国务院确定和公布的其他传染病。

第五十二条　【非法组织卖血案（刑法第三百三十三条第一款）】非法组织他人出卖血液，涉嫌下列情形之一的，应予立案追诉：

（一）组织卖血三人次以上的；

（二）组织卖血非法获利累计二千元以上的；

（三）组织未成年人卖血的；

（四）被组织卖血的人的血液含有艾滋病病毒、乙型肝炎病毒、丙型肝炎病毒、梅毒螺旋体等病原微生物的；

（五）其他非法组织卖血应予追究刑事责任的情形。

第五十三条　【强迫卖血案（刑法第三百三十三条第一款）】以暴力、威胁方法强迫他人出卖血液的，应予立案追诉。

第五十四条　【非法采集、供应血液、制作、供应血液制品案（刑法第三百三十四条第一款）】非法采集、供应血液或者制作、供应血液制品，涉嫌下列情形之一的，应予立案追诉：

（一）采集、供应的血液含有艾滋病病毒、乙型肝炎病毒、丙型肝炎病毒、梅毒螺旋体等病原微生物的；

（二）制作、供应的血液制品含有艾滋病病毒、乙型肝炎病毒、丙型肝炎病毒、梅毒螺旋体等病原微生物，或者将含有上述病原微生物的血液用于制作血液制品的；

（三）使用不符合国家规定的药品、诊断试剂、卫生器材，或者重复使用一次性采血器材采集血液，造成传染病传播危险的；

（四）违反规定对献血者、供血浆者超量、频繁采集血液、血浆，足以危害人体健康的；

（五）其他不符合国家有关采集、供应血液或者制作、供应血液制品的规定，足以危害人体健康或者对人体健康造成严重危害的情形。

未经国家主管部门批准或者超过批准的业务范围，采集、供应血液或者制作、供应血液制品的，属于本条规定的“非法采集、供应血液或者制作、供应血液制品”。

本条和本规定第五十二条、第五十三条、第五十五条规定的“血液”，是指全血、成分血和特殊血液成分。

本条和本规定第五十五条规定的“血液制品”，是指各种人血浆蛋白制品。

第五十五条　【采集、供应血液、制作、供应血液制品事故案（刑法第三百三十四条第二款）】经国家主管部门批准采集、供应血液或者制作、供应血液制品的部门，不依照规定进行检测或者违背其他操作规定，涉嫌下列情形之一的，应予立案追诉：

（一）造成献血者、供血浆者、受血者感染艾滋病病毒、乙型肝炎病毒、丙型肝炎病毒、梅毒螺旋体或者其他经血液传播的病原微生物的；

（二）造成献血者、供血浆者、受血者重度贫血、造血功能障碍或者其他器官组织损伤导致功能障碍等身体严重危害的；

（三）其他造成危害他人身体健康后果的情形。

经国家主管部门批准的采供血机构和血液制品生产经营单位，属于本条规定的“经国家主管部门批准采集、供应血液或者制作、供应血液制品的部门”。采供血机构包括血液中心、中心血站、中心血库、脐带血造血干细胞库和国家卫生行政主管部门根据医学发展需要批准、设置的其他类型血库、单采血浆站。

具有下列情形之一的，属于本条规定的“不依照规定进行检测或者违背其他操作规定”：

（一）血站未用两个企业生产的试剂对艾滋病病毒抗体、乙型肝炎病毒表面抗原、丙型肝炎病毒抗体、梅毒抗体进行两次检测的；

（二）单采血浆站不依照规定对艾滋病病毒抗体、乙型肝炎病毒表面抗原、丙型肝炎病毒抗体、梅毒抗体进行检测的；

（三）血液制品生产企业在投料生产前未用主管部门批准和检定合格的试剂进行复检的；

（四）血站、单采血浆站和血液制品生产企业使用的诊断试剂没有生产单位名称、生产批准文号或者经检定不合格的；

（五）采供血机构在采集检验标本、采集血液和成分血分离时，使用没有生产单位名称、生产批准文号或者超过有效期的一次性注射器等采血器材的；

（六）不依照国家规定的标准和要求包装、储存、运输血液、原料血浆的；

（七）对国家规定检测项目结果呈阳性的血液未及时按照规定予以清除的；

（八）不具备相应资格的医务人员进行采血、检验操作的；

（九）对献血者、供血浆者超量、频繁采集血液、血浆的；

（十）采供血机构采集血液、血浆前，未对献血者或者供血浆者进行身份识别，采集冒名顶替者、健康检查不合格者血液、血浆的；

（十一）血站擅自采集原料血浆，单采血浆站擅自采集临床用血或者向医疗机构供应原料血浆的；

（十二）重复使用一次性采血器材的；

（十三）其他不依照规定进行检测或者违背操作规定的。

第五十六条　【医疗事故案（刑法第三百三十五条）】医务人员由于严重不负责任，造成就诊人死亡或者严重损害就诊人身体健康的，应予立案追诉。

具有下列情形之一的，属于本条规定的“严重不负责任”：

（一）擅离职守的；

（二）无正当理由拒绝对危急就诊人实行必要的医疗救治的；

（三）未经批准擅自开展试验性医疗的；

（四）严重违反查对、复核制度的；

（五）使用未经批准使用的药品、消毒药剂、医疗器械的；

（六）严重违反国家法律法规及有明确规定的诊疗技术规范、常规的；

（七）其他严重不负责任的情形。

本条规定的“严重损害就诊人身体健康”，是指造成就诊人严重残疾、重伤、感染艾滋病、病毒性肝炎等难以治愈的疾病或者其他严重损害就诊人身体健康的后果。

第五十七条　【非法行医案（刑法第三百三十六条第一款）】未取得医生执业资格的人非法行医，涉嫌下列情形之一的，应予立案追诉：

（一）造成就诊人轻度残疾、器官组织损伤导致一般功能障碍，或者中度以上残疾、器官组织损伤导致严重功能障碍，或者死亡的；

（二）造成甲类传染病传播、流行或者有传播、流行危险的；

（三）使用假药、劣药或不符合国家规定标准的卫生材料、医疗器械，足以严重危害人体健康的；

（四）非法行医被卫生行政部门行政处罚两次以后，再次非法行医的；

（五）其他情节严重的情形。

具有下列情形之一的，属于本条规定的“未取得医生执业资格的人非法行医”：

（一）未取得或者以非法手段取得医师资格从事医疗活动的；

（二）个人未取得《医疗机构执业许可证》开办医疗机构的；

（三）被依法吊销医师执业证书期间从事医疗活动的；

（四）未取得乡村医生执业证书，从事乡村医疗活动的；

（五）家庭接生员实施家庭接生以外的医疗行为的。

本条规定的“轻度残疾、器官组织损伤导致一般功能障碍”、“中度以上残疾、器官组织损伤导致严重功能障碍”，参照卫生部《医疗事故分级标准（试行）》认定。

第五十八条　【非法进行节育手术案（刑法第三百三十六条第二款）】未取得医生执业资格的人擅自为他人进行节育复通手术、假节育手术、终止妊娠手术或者摘取宫内节育器，涉嫌下列情形之一的，应予立案追诉：

（一）造成就诊人轻伤、重伤、死亡或者感染艾滋病、病毒性肝炎等难以治愈的疾病的；

（二）非法进行节育复通手术、假节育手术、终止妊娠手术或者摘取宫内节育器五人次以上的；

（三）致使他人超计划生育的；

（四）非法进行选择性别的终止妊娠手术的；

（五）非法获利累计五千元以上的；

（六）其他情节严重的情形。

第五十九条　【逃避动植物检疫案（刑法第三百三十七条）】违反进出境动植物检疫法的规定，逃避动植物检疫，涉嫌下列情形之一的，应予立案追诉：

（一）造成国家规定的《进境动物一、二类传染病、寄生虫病名录》中所列的动物疫病传入或者对农、牧、渔业生产以及人体健康、公共安全造成严重危害的其他动物疫病在国内暴发流行的；

（二）造成国家规定的《进境植物检疫性有害生物名录》中所列的有害生物传入或者对农、林业生产、生态环境以及人体健康有严重危害的其他有害生物在国内传播扩散的。

第六十条　【重大环境污染事故案（刑法第三百三十八条）】违反国家规定，向土地、水体、大气排放、倾倒或者处置有放射性的废物、含传染病病原体的废物、有毒物质或者其他危险废物，造成重大环境污染事故，涉嫌下列情形之一的，应予立案追诉：

（一）致使公私财产损失三十万元以上的；

（二）致使基本农田、防护林地、特种用途林地五亩以上，其他农用地十亩以上，其他土地二十亩以上基本功能丧失或者遭受永久性破坏的；

（三）致使森林或者其他林木死亡五十立方米以上，或者幼树死亡二千五百株以上的；

（四）致使一人以上死亡、三人以上重伤、十人以上轻伤，或者一人以上重伤并且五人以上轻伤的；

（五）致使传染病发生、流行或者人员中毒达到《国家突发公共卫生事件应急预案》中突发公共卫生事件分级 III 级以上情形，严重危害人体健康的；

（六）其他致使公私财产遭受重大损失或者人身伤亡的严重后果的情形。

本条和本规定第六十二条规定的“公私财产损失”，包括污染环境行为直接造成的财产损毁、减少的实际价值，为防止污染扩大以及消除污染而采取的必要的、合理的措施而发生的费用。

第六十一条　【非法处置进口的固体废物案（刑法第三百三十九条第一款）】违反国家规定，将境外的固体废物进境倾倒、堆放、处置的，应予立案追诉。

第六十二条　【擅自进口固体废物案（刑法第三百三十九条第二款）】未经国务院有关主管部门许可，擅自进口固体废物用作原料，造成重大环境污染事故，涉嫌下列情形之一的，应予立案追诉：

（一）致使公私财产损失三十万元以上的；

（二）致使基本农田、防护林地、特种用途林地五亩以上，其他农用地十亩以上，其他土地二十亩以上基本功能丧失或者遭受永久性破坏的；

（三）致使森林或者其他林木死亡五十立方米以上，或者幼树死亡二千五百株以上的；

（四）致使一人以上死亡、三人以上重伤、十人以上轻伤，或者一人以上重伤并且五人以上轻伤的；

（五）致使传染病发生、流行或者人员中毒达到《国家突发公共卫生事件应急预案》中突发公共卫生事件分级 III 级以上情形，严重危害人体健康的；

（六）其他致使公私财产遭受重大损失或者严重危害人体健康的情形。

第六十三条　【非法捕捞水产品案（刑法第三百四十条）】违反保护水产资源法规，在禁渔区、禁渔期或者使用禁用的工具、方法捕捞水产品，涉嫌下列情形之一的，应予立案追诉：

（一）在内陆水域非法捕捞水产品五百公斤以上或者价值五千元以上，或者在海洋水域非法捕捞水产品二千公斤以上或者价值二万元以上的；

（二）非法捕捞有重要经济价值的水生动物苗种、怀卵亲体或者在水产种质资源保护区内捕捞水产品，在内陆水域五十公斤以上或者价值五百元以上，或者在海洋水域二百公斤以上或者价值二千元以上的；

（三）在禁渔区内使用禁用的工具或者禁用的方法捕捞的；

（四）在禁渔期内使用禁用的工具或者禁用的方法捕捞的；

（五）在公海使用禁用渔具从事捕捞作业，造成严重影响的；

（六）其他情节严重的情形。

第六十四条　【非法猎捕、杀害珍贵、濒危野生动物案（刑法第三百四十一条第一款）】非法猎捕、杀害国家重点保护的珍贵、濒危野生动物的，应予立案追诉。

本条和本规定第六十五条规定的“珍贵、濒危野生动物”，包括列入《国家重点保护野生动物名录》的国家一、二级保护野生动物、列入《濒危野生动植物种国际贸易公约》附录一、附录二的野生动物以及驯养繁殖的上述物种。

第六十五条　【非法收购、运输、出售珍贵、濒危野生动物、珍贵、濒危野生动物制品案（刑法第三百四十一条第一款）】非法收购、运输、出售国家重点保护的珍贵、濒危野生动物及其制品的，应予立案追诉。

本条规定的“收购”，包括以营利、自用等为目的的购买行为；“运输”，包括采用携带、邮寄、利用他人、使用交通工具等方法进行运送的行为；“出售”，包括出卖和以营利为目的的加工利用行为。

第六十六条　【非法狩猎案（刑法第三百四十一条第二款）】违反狩猎法规，在禁猎区、禁猎期或者使用禁用的工具、方法进行狩猎，破坏野生动物资源，涉嫌下列情形之一的，应予立案追诉：

（一）非法狩猎野生动物二十只以上的；

（二）在禁猎区内使用禁用的工具或者禁用的方法狩猎的；

（三）在禁猎期内使用禁用的工具或者禁用的方法狩猎的；

（四）其他情节严重的情形。

第六十七条　【非法占用农用地案（刑法第三百四十二条）】违反土地管理法规，非法占用耕地、林地等农用地，改变被占用土地用途，造成耕地、林地等农用地大量毁坏，涉嫌下列情形之一的，应予立案追诉：

（一）非法占用基本农田五亩以上或者基本农田以外的耕地十亩以上的；

（二）非法占用防护林地或者特种用途林地数量单种或者合计五亩以上的；

（三）非法占用其他林地数量十亩以上的；

（四）非法占用本款第（二）项、第（三）项规定的林地，其中一项数量达到相应规定的数量标准的百分之五十以上，且两项数量合计达到该项规定的数量标准的；

（五）非法占用其他农用地数量较大的情形。

违反土地管理法规，非法占用耕地建窑、建坟、建房、挖沙、采石、采矿、取土、堆放固体废弃物或者进行其他非农业建设，造成耕地种植条件严重毁坏或者严重污染，被毁坏耕地数量达到以上规定的，属于本条规定的“造成耕地大量毁坏”。

违反土地管理法规，非法占用林地，改变被占用林地用途，在非法占用的林地上实施建窑、建坟、建房、挖沙、采石、采矿、取土、种植农作物、堆放或者排泄废弃物等行为或者进行其他非林业生产、建设，造成林地的原有植被或者林业种植条件严重毁坏或者严重污染，被毁坏林地数量达到以上规定的，属于本条规定的“造成林地大量毁坏”。

第六十八条　【非法采矿案（刑法第三百四十三条第一款）】违反矿产资源法的规定，未取得采矿许可证擅自采矿的，或者擅自进入国家规划矿区、对国民经济具有重要价值的矿区和他人矿区范围采矿的，或者擅自开采国家规定实行保护性开采的特定矿种，经责令停止开采后拒不停止开采，造成矿产资源破坏的价值数额在五万元至十万元以上的，应予立案追诉。

具有下列情形之一的，属于本条规定的“未取得采矿许可证擅自采矿”：

（一）无采矿许可证开采矿产资源的；

（二）采矿许可证被注销、吊销后继续开采矿产资源的；

（三）超越采矿许可证规定的矿区范围开采矿产资源的；

（四）未按采矿许可证规定的矿种开采矿产资源的（共生、伴生矿种除外）；

（五）其他未取得采矿许可证开采矿产资源的情形。

在采矿许可证被依法暂扣期间擅自开采的，视为本条规定的“未取得采矿许可证擅自采矿”。

造成矿产资源破坏的价值数额，由省级以上地质矿产主管部门出具鉴定结论，经查证属实后予以认定。

第六十九条　【破坏性采矿案（刑法第三百四十三条第二款）】违反矿产资源法的规定，采取破坏性的开采方法开采矿产资源，造成矿产资源严重破坏，价值数额在三十万元至五十万元以上的，应予立案追诉。

本条规定的“采取破坏性的开采方法开采矿产资源”，是指行为人违反地质矿产主管部门审查批准的矿产资源开发利用方案开采矿产资源，并造成矿产资源严重破坏的行为。

破坏性的开采方法以及造成矿产资源严重破坏的价值数额，由省级以上地质矿产主管部门出具鉴定结论，经查证属实后予以认定。

第七十条 【非法采伐、毁坏国家重点保护植物案（刑法第三百四十四条）】 违反国家规定，非法采伐、毁坏珍贵树木或者国家重点保护的其他植物的，应予立案追诉。

本条和本规定第七十一条规定的“珍贵树木或者国家重点保护的其他植物”，包括由省级以上林业主管部门或者其他部门确定的具有重大历史纪念意义、科学研究价值或者年代久远的古树名木，国家禁止、限制出口的珍贵树木以及列入《国家重点保护野生植物名录》的树木或者其他植物。

第七十一条 【非法收购、运输、加工、出售国家重点保护植物、国家重点保护植物制品案（刑法第三百四十四条）】 违反国家规定，非法收购、运输、加工、出售珍贵树木或者国家重点保护的其他植物及其制品的，应予立案追诉。

第七十二条 【盗伐林木案（刑法第三百四十五条第一款）】 盗伐森林或者其他林木，涉嫌下列情形之一的，应予立案追诉：

（一）盗伐二至五立方米以上的；

（二）盗伐幼树一百至二百株以上的。

以非法占有为目的，具有下列情形之一的，属于本条规定的“盗伐森林或者其他林木”：

（一）擅自砍伐国家、集体、他人所有或者他人承包经营管理的森林或者其他林木的；

（二）擅自砍伐本单位或者本人承包经营管理的森林或者其他林木的；

（三）在林木采伐许可证规定的地点以外采伐国家、集体、他人所有或者他人承包经营管理的森林或者其他林木的。

本条和本规定第七十三条、第七十四条规定的林木数量以立木蓄积计算，计算方法为：原木材积除以该树种的出材率；“幼树”，是指胸径五厘米以下的树木。

第七十三条 【滥伐林木案（刑法第三百四十五条第二款）】 违反森林法的规定，滥伐森林或者其他林木，涉嫌下列情形之一的，应予立案追诉：

（一）滥伐十至二十立方米以上的；

（二）滥伐幼树五百至一千株以上的。

违反森林法的规定，具有下列情形之一的，属于本条规定的“滥伐森林或者其他林木”：

（一）未经林业行政主管部门及法律规定的其他主管部门批准并核发林木采伐许可证，或者虽持有林木采伐许可证，但违反林木采伐许可证规定的时间、数量、树种或者方式，任意采伐本单位所有或者本人所有的森林或者其他林木的；

（二）超过林木采伐许可证规定的数量采伐他人所有的森林或者其他林木的。

违反森林法的规定，在林木采伐许可证规定的地点以外，采伐本单位或者本人所有的森林或者其他林木的，除农村居民采伐自留地和房前屋后个人所有的零星林木以外，属于本条第二款第（一）项“未经林业行政主管部门及法律规定的其他主管部门批准并核发林木采伐许可证”规定的情形。

林木权属争议一方在林木权属确权之前，擅自砍伐森林或者其他林木的，属于本条规定的“滥伐森林或者其他林木”。

滥伐林木的数量，应在伐区调查设计允许的误差额以上计算。

第七十四条　【非法收购、运输盗伐、滥伐的林木案（刑法第三百四十五条第三款）】非法收购、运输明知是盗伐、滥伐的林木，涉嫌下列情形之一的，应予立案追诉：

（一）非法收购、运输盗伐、滥伐的林木二十立方米以上或者幼树一千株以上的；

（二）其他情节严重的情形。

本条规定的“非法收购”的“明知”，是指知道或者应当知道。具有下列情形之一的，可以视为应当知道，但是有证据证明确属被蒙骗的除外：

（一）在非法的木材交易场所或者销售单位收购木材的；

（二）收购以明显低于市场价格出售的木材的；

（三）收购违反规定出售的木材的。

第七十五条　【组织卖淫案（刑法第三百五十八条第一款）】以招募、雇佣、强迫、引诱、容留等手段，组织他人卖淫的，应予立案追诉。

第七十六条　【强迫卖淫案（刑法第三百五十八条第一款）】以暴力、胁迫等手段强迫他人卖淫的，应予立案追诉。

第七十七条　【协助组织卖淫案（刑法第三百五十八条第三款）】在组织卖淫的犯罪活动中，充当保镖、打手、管账人等，起帮助作用的，应予立案追诉。

第七十八条　【引诱、容留、介绍卖淫案（刑法第三百五十九条第一款）】引诱、容留、介绍他人卖淫，涉嫌下列情形之一的，应予立案追诉：

（一）引诱、容留、介绍二人次以上卖淫的；

（二）引诱、容留、介绍已满十四周岁未满十八周岁的未成年人卖淫的；

（三）被引诱、容留、介绍卖淫的人患有艾滋病或者患有梅毒、淋病等严重性病的；

（四）其他引诱、容留、介绍卖淫应予追究刑事责任的情形。

第七十九条　【引诱幼女卖淫案（刑法第三百五十九条第二款）】引诱不满十四周岁的幼女卖淫的，应予立案追诉。

第八十条　【传播性病案（刑法第三百六十条第一款）】明知自己患有梅毒、淋病等严重性病卖淫、嫖娼的，应予立案追诉。

具有下列情形之一的，可以认定为本条规定的“明知”：

（一）有证据证明曾到医疗机构就医，被诊断为患有严重性病的；

（二）根据本人的知识和经验，能够知道自己患有严重性病的；

（三）通过其他方法能够证明是“明知”的。

第八十一条　【嫖宿幼女案（刑法第三百六十条第二款）】行为人知道被害人是或者可能是不满十四周岁的幼女而嫖宿的，应予立案追诉。

第八十二条　【制作、复制、出版、贩卖、传播淫秽物品牟利案（刑法第三百六十三条第一款、第二款）】以牟利为目的，制作、复制、出版、贩卖、传播淫秽物品，涉嫌下列情形之一的，应予立案追诉：

（一）制作、复制、出版淫秽影碟、软件、录像带五十至一百张（盒）以上，淫秽音碟、录音带一百至二百张（盒）以上，淫秽扑克、书刊、画册一百至二百副（册）以上，淫秽照片、画片五百至一千张以上的；

（二）贩卖淫秽影碟、软件、录像带一百至二百张（盒）以上，淫秽音碟、录音带二百至四百张（盒）以上，淫秽扑克、书刊、画册二百至四百副（册）以上，淫秽照片、画片一千至二千张以上的；

（三）向他人传播淫秽物品达二百至五百人次以上，或者组织播放淫秽影、像达十至二十场次以上的；

（四）制作、复制、出版、贩卖、传播淫秽物品，获利五千至一万元以上的。

以牟利为目的，利用互联网、移动通讯终端制作、复制、出版、贩卖、传播淫秽电子信息，涉嫌下列情形之一的，应予立案追诉：

（一）制作、复制、出版、贩卖、传播淫秽电影、表演、动画等视频文件二十个以上的；

（二）制作、复制、出版、贩卖、传播淫秽音频文件一百个以上的；

（三）制作、复制、出版、贩卖、传播淫秽电子刊物、图片、文章、短信息等二百件以上的；

（四）制作、复制、出版、贩卖、传播的淫秽电子信息，实际被点击数达到一万次以上的；

（五）以会员制方式出版、贩卖、传播淫秽电子信息，注册会员达二百人以上的；

（六）利用淫秽电子信息收取广告费、会员注册费或者其他费用，违法所得一万元以上的；

（七）数量或者数额虽未达到本款第（一）项至第（六）项规定标准，但分别达到其中两项以上标准的百分之五十以上的；

（八）造成严重后果的。

利用聊天室、论坛、即时通信软件、电子邮件等方式，实施本条第二款规定行为的，应予立案追诉。

以牟利为目的，通过声讯台传播淫秽语音信息，涉嫌下列情形之一的，应予立案追诉：

（一）向一百人次以上传播的；

（二）违法所得一万元以上的；

（三）造成严重后果的。

明知他人用于出版淫秽书刊而提供书号、刊号的，应予立案追诉。

第八十三条　【为他人提供书号出版淫秽书刊案（刑法第三百六十三条第二款）】为他人提供书号、刊号出版淫秽书刊，或者为他人提供版号出版淫秽音像制品的，应予立案追诉。

第八十四条　【传播淫秽物品案（刑法第三百六十四条第一款）】传播淫秽的书刊、影片、音像、图片或者其他淫秽物品，涉嫌下列情形之一的，应予立案追诉：

（一）向他人传播三百至六百人次以上的；

（二）造成恶劣社会影响的。

不以牟利为目的，利用互联网、移动通讯终端传播淫秽电子信息，涉嫌下列情形之一的，应予立案追诉：

（一）数量达到本规定第八十二条第二款第（一）项至第（五）项规定标准二倍以上的；

（二）数量分别达到本规定第八十二条第二款第（一）项至第（五）项两项以上标准的；

（三）造成严重后果的。

利用聊天室、论坛、即时通信软件、电子邮件等方式，实施本条第二款规定行为的，应予立案追诉。

第八十五条　【组织播放淫秽音像制品案（刑法第三百六十四条第二款）】组织播放淫秽的电影、录像等音像制品，涉嫌下列情形之一的，应予立案追诉：

（一）组织播放十五至三十场次以上的；

（二）造成恶劣社会影响的。

第八十六条　【组织淫秽表演案（刑法第三百六十五条）】以策划、招募、强迫、雇用、引诱、提供场地、提供资金等手段，组织进行淫秽表演，涉嫌下列情形之一的，应予立案追诉：

（一）组织表演者进行裸体表演的；

（二）组织表演者利用性器官进行诲淫性表演的；

（三）组织表演者半裸体或者变相裸体表演并通过语言、动作具体描绘性行为的；

（四）其他组织进行淫秽表演应予追究刑事责任的情形。

六、危害国防利益案

第八十七条　【故意提供不合格武器装备、军事设施案（刑法第三百七十条第一款）】明知是不合格的武器装备、军事设施而提供给武装部队，涉嫌下列情形之一的，应予立案追诉：

（一）造成人员轻伤以上的；

（二）造成直接经济损失十万元以上的；

（三）提供不合格的枪支三支以上、子弹一百发以上、雷管五百枚以上、炸药五千克以上或者其他重要武器装备、军事设施的；

（四）影响作战、演习、抢险救灾等重大任务完成的；

（五）发生在战时的；

（六）其他故意提供不合格武器装备、军事设施应予追究刑事责任的情形。

第八十八条　【过失提供不合格武器装备、军事设施案（刑法第三百七十条第二款）】过失提供不合格武器装备、军事设施给武装部队，涉嫌下列情形之一的，应予立案追诉：

（一）造成死亡一人以上或者重伤三人以上的；

（二）造成直接经济损失三十万元以上的；

（三）严重影响作战、演习、抢险救灾等重大任务完成的；

（四）其他造成严重后果的情形。

第八十九条　【聚众冲击军事禁区案（刑法第三百七十一条第一款）】组织、策划、指挥聚众冲击军事禁区或者积极参加聚众冲击军事禁区，严重扰乱军事禁区秩序，涉嫌下列情形之一的，应予立案追诉：

（一）冲击三次以上或者一次冲击持续时间较长的；

（二）持械或者采取暴力手段冲击的；

（三）冲击重要军事禁区的；

（四）发生在战时的；

（五）其他严重扰乱军事禁区秩序应予追究刑事责任的情形。

第九十条　【聚众扰乱军事管理区秩序案（刑法第三百七十一条第二款）】组织、策划、指挥聚众扰乱军事管理区秩序或者积极参加聚众扰乱军事管理区秩序，致使军事管理区工作无法进行，造成严重损失，涉嫌下列情形之一的，应予立案追诉：

（一）造成人员轻伤以上的；

（二）扰乱三次以上或者一次扰乱时间较长的；

（三）造成直接经济损失五万元以上的；

（四）持械或者采取暴力手段的；

（五）扰乱重要军事管理区秩序的；

（六）发生在战时的；

（七）其他聚众扰乱军事管理区秩序应予追究刑事责任的情形。

第九十一条　【煽动军人逃离部队案（刑法第三百七十三条）】煽动军人逃离部队，涉嫌下列情形之一的，应予立案追诉：

（一）煽动三人以上逃离部队的；

（二）煽动指挥人员、值班执勤人员或者其他负有重要职责人员逃离部队的；

（三）影响重要军事任务完成的；

（四）发生在战时的；

（五）其他情节严重的情形。

第九十二条　【雇用逃离部队军人案（刑法第三百七十三条）】明知是逃离部队的军人而雇用，涉嫌下列情形之一的，应予立案追诉：

（一）雇用一人六个月以上的；

（二）雇用三人以上的；

（三）明知是逃离部队的指挥人员、值班执勤人员或者其他负有重要职责人员而雇用的；

（四）阻碍部队将被雇用军人带回的；

（五）其他情节严重的情形。

第九十三条　【接送不合格兵员案（刑法第三百七十四条）】在征兵工作中徇私舞弊，接送不合格兵员，涉嫌下列情形之一的，应予立案追诉：

（一）接送不合格特种条件兵员一名以上或者普通兵员三名以上的；

（二）发生在战时的；

（三）造成严重后果的；

（四）其他情节严重的情形。

第九十四条　【非法生产、买卖军用标志案（刑法第三百七十五条第二款）】

非法生产、买卖武装部队制式服装、车辆号牌等专用标志，涉嫌下列情形之一的，应予立案追诉：

（一）成套制式服装三十套以上，或者非成套制式服装一百件以上的；

（二）军徽、军旗、肩章、星徽、帽徽、军种符号或者其他军用标志单种或者合计一百件以上的；

（三）军以上领导机关专用车辆号牌一副以上或者其他军用车辆号牌三副以上的；

（四）非法经营数额五千元以上，或者非法获利一千元以上的；

（五）被他人利用进行违法犯罪活动的；

（六）其他情节严重的情形。

第九十五条　【战时拒绝、逃避征召、军事训练案（刑法第三百七十六条第一款）】预备役人员战时拒绝、逃避征召或者军事训练，涉嫌下列情形之一的，应予立案追诉：

（一）无正当理由经教育仍拒绝、逃避征召或者军事训练的；

（二）以暴力、威胁、欺骗等手段，或者采取自伤、自残等方式拒绝、逃避征召或者军事训练的；

（三）联络、煽动他人共同拒绝、逃避征召或者军事训练的；

（四）其他情节严重的情形。

第九十六条　【战时拒绝、逃避服役案（刑法第三百七十六条第二款）】公民战时拒绝、逃避服役，涉嫌下列情形之一的，应予立案追诉：

（一）无正当理由经教育仍拒绝、逃避服役的；

（二）以暴力、威胁、欺骗等手段，或者采取自伤、自残等方式拒绝、逃避服役的；

（三）联络、煽动他人共同拒绝、逃避服役的；

（四）其他情节严重的情形。

第九十七条　【战时窝藏逃离部队军人案（刑法第三百七十九条）】战时明知是逃离部队的军人而为其提供隐蔽处所、财物，涉嫌下列情形之一的，应予立案追诉：

（一）窝藏三人次以上的；

（二）明知是指挥人员、值班执勤人员或者其他负有重要职责人员而窝藏的；

（三）有关部门查找时拒不交出的；

（四）其他情节严重的情形。

第九十八条　【战时拒绝、故意延误军事订货案（刑法第三百八十条）】战时拒绝或者故意延误军事订货，涉嫌下列情形之一的，应予立案追诉：

（一）拒绝或者故意延误军事订货三次以上的；

（二）联络、煽动他人共同拒绝或者故意延误军事订货的；

（三）拒绝或者故意延误重要军事订货，影响重要军事任务完成的；

（四）其他情节严重的情形。

第九十九条　【战时拒绝军事征用案（刑法第三百八十一条）】战时拒绝军事征用，涉嫌下列情形之一的，应予立案追诉：

（一）无正当理由拒绝军事征用三次以上的；

（二）采取暴力、威胁、欺骗等手段拒绝军事征用的；

（三）联络、煽动他人共同拒绝军事征用的；

（四）拒绝重要军事征用，影响重要军事任务完成的；

（五）其他情节严重的情形。

附　　则

第一百条　本规定中的立案追诉标准，除法律、司法解释另有规定的以外，适用于相关的单位犯罪。

第一百零一条　本规定中的“以上”，包括本数。

第一百零二条　本规定自印发之日起施行。

最高人民检察院、公安部关于公安机关管辖的刑事案件立案追诉标准的规定（一）的补充规定

（2017年4月27日　公通字〔2017〕12号）

一、在《最高人民检察院公安部关于公安机关管辖的刑事案件立案追诉标准的规定（一）》（以下简称《立案追诉标准（一）》）第十五条后增加一条，作为第十五条之一：［不报、谎报安全事故案（刑法第一百三十九条之一）］在安全事故发生后，负有报告职责的人员不报或者谎报事故情况，贻误事故抢救，涉嫌下列情形之一的，应予立案追诉：

（一）导致事故后果扩大，增加死亡一人以上，或者增加重伤三人以上，或者增加直接经济损失一百万元以上的；

（二）实施下列行为之一，致使不能及时有效开展事故抢救的：

1. 决定不报、迟报、谎报事故情况或者指使、串通有关人员不报、迟报、谎报事故情况的；

2. 在事故抢救期间擅离职守或者逃匿的；

3. 伪造、破坏事故现场，或者转移、藏匿、毁灭遇难人员尸体，或者转移、藏匿受伤人员的；

4. 毁灭、伪造、隐匿与事故有关的图纸、记录、计算机数据等资料以及其他证据的；

（三）其他不报、谎报安全事故情节严重的情形。

本条规定的"负有报告职责的人员"，是指负有组织、指挥或者管理职责的负责人、管理人员、实际控制人、投资人，以及其他负有报告职责的人员。

二、将《立案追诉标准（一）》第十七条修改为：［生产、销售假药案（刑法第一百四十一条）］生产、销售假药的，应予立案追诉。但销售少量根据民间传统配方私自加工的药品，或者销售少量未经批准进口的国外、境外药品，没有造成他人伤害后果或者延误诊治，情节显著轻微危害不大的除外。

以生产、销售假药为目的，具有下列情形之一的，属于本条规定的"生产"：

（一）合成、精制、提取、储存、加工炮制药品原料的；

（二）将药品原料、辅料、包装材料制成成品过程中，进行配料、混合、制剂、储存、包装的；

（三）印制包装材料、标签、说明书的。

医疗机构、医疗机构工作人员明知是假药而有偿提供给他人使用，或者为出售而购买、储存的，属于本条规定的"销售"。

本条规定的"假药"，是指依照《中华人民共和国药品管理法》的规定属于假药和按假药处理的药品、非药品。是否属于假药难以确定的，可以根据地市级以上药品监督管理部门出具的认定意见等相关材料进行认定。必要时，可以委托省级以上药品监督管理部门设置或者确定的药品检验机构进行检验。

三、将《立案追诉标准（一）》第十九条修改为：［生产、销售不符合安全标准的食品案（刑法第一百四十三条）］生产、销售不符合食品安全标准的食品，涉嫌下列情形之一的，应予立案追诉：

（一）食品含有严重超出标准限量的致病性微生物、农药残留、兽药残留、重金属、污染物质以及其他危害人体健康的物质的；

（二）属于病死、死因不明或者检验检疫不合格的畜、禽、兽、水产动物及其肉类、肉类制品的；

（三）属于国家为防控疾病等特殊需要明令禁止生产、销售的食品的；

（四）婴幼儿食品中生长发育所需营养成分严重不符合食品安全标准的；

（五）其他足以造成严重食物中毒事故或者严重食源性疾病的情形。

在食品加工、销售、运输、贮存等过程中，违反食品安全标准，超限量或者超范围滥用食品添加剂，足以造成严重食物中毒事故或者其他严重食源性疾病的，应予立案追诉。

在食用农产品种植、养殖、销售、运输、贮存等过程中，违反食品安全标准，超限量或者超范围滥用添加剂、农药、兽药等，足以造成严重食物中毒事故或者其他严重食源性疾病的，应予立案追诉。

四、将《立案追诉标准（一）》第二十条修改为：［生产、销售有毒、有害食品案（刑法第一百四十四条）］在生产、销售的食品中掺入有毒、有害的非食品原料的，或者销售明知掺有有毒、有害的非食品原料的食品的，应予立案追诉。

在食品加工、销售、运输、贮存等过程中，掺入有毒、有害的非食品原料，或者使用有毒、有害的非食品原料加工食品的，应予立案追诉。

在食用农产品种植、养殖、销售、运输、贮存等过程中，使用禁用农药、兽药等禁用物质或者其他有毒、有害物质的，应予立案追诉。

在保健食品或者其他食品中非法添加国家禁用药物等有毒、有害物质的，应予立案追诉。

下列物质应当认定为本条规定的“有毒、有害的非食品原料”：

（一）法律、法规禁止在食品生产经营活动中添加、使用的物质；

（二）国务院有关部门公布的《食品中可能违法添加的非食用物质名单》《保健食品中可能非法添加的物质名单》中所列物质；

（三）国务院有关部门公告禁止使用的农药、兽药以及其他有毒、有害物质；

（四）其他危害人体健康的物质。

五、将《立案追诉标准（一）》第二十八条修改为：［强迫交易案（刑法第二百二十六条）］以暴力、威胁手段强买强卖商品，强迫他人提供服务或者接受服务，涉嫌下列情形之一的，应予立案追诉：

（一）造成被害人轻微伤的；

（二）造成直接经济损失二千元以上的；

（三）强迫交易三次以上或者强迫三人以上交易的；

（四）强迫交易数额一万元以上，或者违法所得数额二千元以上的；

（五）强迫他人购买伪劣商品数额五千元以上，或者违法所得数额一千元以上的；

（六）其他情节严重的情形。

以暴力、威胁手段强迫他人参与或者退出投标、拍卖，强迫他人转让或者收购公司、企业的股份、债券或者其他资产，强迫他人参与或者退出特定的经营活动，具有多次实施、手段恶劣、造成严重后果或者恶劣社会影响等情形之一的，应予立案追诉。

六、将《立案追诉标准（一）》第三十一条修改为：［强迫劳动案（刑法第二百四十四条）］以暴力、威胁或者限制人身自由的方法强迫他人劳动的，应予立案追诉。

明知他人以暴力、威胁或者限制人身自由的方法强迫他人劳动，为其招募、运送人员或者有其他协助强迫他人劳动行为的，应予立案追诉。

七、在《立案追诉标准（一）》第三十四条后增加一条，作为第三十四条之一：［拒不支付劳动报酬案（刑法第二百七十六条之一）］以转移财产、逃匿等方法逃避支付劳动者的劳动报酬或者有能力支付而不支付劳动者的劳动报酬，经政府有关部门责令支付仍不支付，涉嫌下列情形之一的，应予立案追诉：

（一）拒不支付一名劳动者三个月以上的劳动报酬且数额在五千元至二万元以上的；

（二）拒不支付十名以上劳动者的劳动报酬且数额累计在三万元至十万元以上的。

不支付劳动者的劳动报酬，尚未造成严重后果，在刑事立案前支付劳动者的劳动报酬，并依法承担相应赔偿责任的，可以不予立案追诉。

八、将《立案追诉标准（一）》第三十七条修改为：［寻衅滋事案（刑法第二百九十三条）］随意殴打他人，破坏社会秩序，涉嫌下列情形之一的，应予立案追诉：

（一）致一人以上轻伤或者二人以上轻微伤的；

（二）引起他人精神失常、自杀等严重后果的；

（三）多次随意殴打他人的；

（四）持凶器随意殴打他人的；

（五）随意殴打精神病人、残疾人、流浪乞讨人员、老年人、孕妇、未成年人，造成恶劣社会影响的；

（六）在公共场所随意殴打他人，造成公共场所秩序严重混乱的；

（七）其他情节恶劣的情形。

追逐、拦截、辱骂、恐吓他人，破坏社会秩序，涉嫌下列情形之一的，应予立案追诉：

（一）多次追逐、拦截、辱骂、恐吓他人，造成恶劣社会影响的；

（二）持凶器追逐、拦截、辱骂、恐吓他人的；

（三）追逐、拦截、辱骂、恐吓精神病人、残疾人、流浪乞讨人员、老年人、孕妇、未成年人，造成恶劣社会影响的；

（四）引起他人精神失常、自杀等严重后果的；

（五）严重影响他人的工作、生活、生产、经营的；

（六）其他情节恶劣的情形。

强拿硬要或者任意损毁、占用公私财物，破坏社会秩序，涉嫌下列情形之一的，应予立案追诉：

（一）强拿硬要公私财物价值一千元以上，或者任意损毁、占用公私财物价值二千元以上的；

（二）多次强拿硬要或者任意损毁、占用公私财物，造成恶劣社会影响的；

（三）强拿硬要或者任意损毁、占用精神病人、残疾人、流浪乞讨人员、老年人、孕妇、未成年人的财物，造成恶劣社会影响的；

（四）引起他人精神失常、自杀等严重后果的；

（五）严重影响他人的工作、生活、生产、经营的；

（六）其他情节严重的情形。

在车站、码头、机场、医院、商场、公园、影剧院、展览会、运动场或者其他公共场所起哄闹事，应当根据公共场所的性质、公共活动的重要程度、公共场所的人数、起哄闹事的时间、公共场所受影响的范围与程度等因素，综合判断是否造成公共场所秩序严重混乱。

九、将《立案追诉标准（一）》第五十九条修改为：［妨害动植物防疫、检疫案（刑法第三百三十七条）］违反有关动植物防疫、检疫的国家规定，引起重大动植物疫情的，应予立案追诉。

违反有关动植物防疫、检疫的国家规定，有引起重大动植物疫情危险，涉嫌下列情形之一的，应予立案追诉：

（一）非法处置疫区内易感动物或者其产品，货值金额五万元以上的；

（二）非法处置因动植物防疫、检疫需要被依法处理的动植物或者其产品，货值金额二万元以上的；

（三）非法调运、生产、经营感染重大植物检疫性有害生物的林木种子、苗木等繁殖材料或者森林植物产品的；

（四）输入《中华人民共和国进出境动植物检疫法》规定的禁止进境物逃避检疫，或者对特许进境的禁止进境物未有效控制与处置，导致其逃逸、扩散的；

（五）进境动植物及其产品检出有引起重大动植物疫情危险的动物疫病或者植

物有害生物后，非法处置导致进境动植物及其产品流失的；

（六）一年内携带或者寄递《中华人民共和国禁止携带、邮寄进境的动植物及其产品名录》所列物品进境逃避检疫两次以上，或者窃取、抢夺、损毁、抛洒动植物检疫机关截留的《中华人民共和国禁止携带、邮寄进境的动植物及其产品名录》所列物品的；

（七）其他情节严重的情形。

本条规定的“重大动植物疫情”，按照国家行政主管部门的有关规定认定。

十、将《立案追诉标准（一）》第六十条修改为：［污染环境案（刑法第三百三十八条）］违反国家规定，排放、倾倒或者处置有放射性的废物、含传染病病原体的废物、有毒物质或者其他有害物质，涉嫌下列情形之一的，应予立案追诉：

（一）在饮用水水源一级保护区、自然保护区核心区排放、倾倒、处置有放射性的废物、含传染病病原体的废物、有毒物质的；

（二）非法排放、倾倒、处置危险废物三吨以上的；

（三）排放、倾倒、处置含铅、汞、镉、铬、砷、铊、锑的污染物，超过国家或者地方污染物排放标准三倍以上的；

（四）排放、倾倒、处置含镍、铜、锌、银、钒、锰、钴的污染物，超过国家或者地方污染物排放标准十倍以上的；

（五）通过暗管、渗井、渗坑、裂隙、溶洞、灌注等逃避监管的方式排放、倾倒、处置有放射性的废物、含传染病病原体的废物、有毒物质的；

（六）二年内曾因违反国家规定，排放、倾倒、处置有放射性的废物、含传染病病原体的废物、有毒物质受过两次以上行政处罚，又实施前列行为的；

（七）重点排污单位篡改、伪造自动监测数据或者干扰自动监测设施，排放化学需氧量、氨氮、二氧化硫、氮氧化物等污染物的；

（八）违法减少防治污染设施运行支出一百万元以上的；

（九）违法所得或者致使公私财产损失三十万元以上的；

（十）造成生态环境严重损害的；

（十一）致使乡镇以上集中式饮用水水源取水中断十二小时以上的；

（十二）致使基本农田、防护林地、特种用途林地五亩以上，其他农用地十亩以上，其他土地二十亩以上基本功能丧失或者遭受永久性破坏的；

（十三）致使森林或者其他林木死亡五十立方米以上，或者幼树死亡二千五百株以上的；

（十四）致使疏散、转移群众五千人以上的；

（十五）致使三十人以上中毒的；

（十六）致使三人以上轻伤、轻度残疾或者器官组织损伤导致一般功能障碍的；

（十七）致使一人以上重伤、中度残疾或者器官组织损伤导致严重功能障碍的；

（十八）其他严重污染环境的情形。

本条规定的“有毒物质”，包括列入国家危险废物名录或者根据国家规定的危险废物鉴别标准和鉴别方法认定的具有危险特性的废物，《关于持久性有机污染物的斯德哥尔摩公约》附件所列物质，含重金属的污染物，以及其他具有毒性可能污染环境的物质。

本条规定的“非法处置危险废物”，包括无危险废物经营许可证，以营利为目的，从危险废物中提取物质作为原材料或者燃料，并具有超标排放污染物、非法倾倒污染物或者其他违法造成环境污染情形的行为。

本条规定的“重点排污单位”，是指设区的市级以上人民政府环境保护主管部门依法确定的应当安装、使用污染物排放自动监测设备的重点监控企业及其他单位。

本条规定的“公私财产损失”，包括直接造成财产损毁、减少的实际价值，为防止污染扩大、消除污染而采取必要合理措施所产生的费用，以及处置突发环境事件的应急监测费用。

本条规定的“生态环境损害”，包括生态环境修复费用，生态环境修复期间服务功能的损失和生态环境功能永久性损害造成的损失，以及其他必要合理费用。

本条规定的“无危险废物经营许可证”，是指未取得危险废物经营许可证，或者超出危险废物经营许可证的经营范围。

十一、将《立案追诉标准（一）》第六十八条修改为：［非法采矿案（刑法第三百四十三条第一款）］违反矿产资源法的规定，未取得采矿许可证擅自采矿，或者擅自进入国家规划矿区、对国民经济具有重要价值的矿区和他人矿区范围采矿，或者擅自开采国家规定实行保护性开采的特定矿种，涉嫌下列情形之一的，应予立案追诉：

（一）开采的矿产品价值或者造成矿产资源破坏的价值在十万元至三十万元以上的；

（二）在国家规划矿区、对国民经济具有重要价值的矿区采矿，开采国家规定实行保护性开采的特定矿种，或者在禁采区、禁采期内采矿，开采的矿产品价值或者造成矿产资源破坏的价值在五万元至十五万元以上的；

（三）二年内曾因非法采矿受过两次以上行政处罚，又实施非法采矿行为的；

（四）造成生态环境严重损害的；

（五）其他情节严重的情形。

在河道管理范围内采砂，依据相关规定应当办理河道采砂许可证而未取得河道采砂许可证，或者应当办理河道采砂许可证和采矿许可证，既未取得河道采砂许可证又未取得采矿许可证，具有本条第一款规定的情形之一，或者严重影响河势稳定危害防洪安全的，应予立案追诉。

采挖海砂，未取得海砂开采海域使用权证且未取得采矿许可证，具有本条第一款规定的情形之一，或者造成海岸线严重破坏的，应予立案追诉。

具有下列情形之一的，属于本条规定的“未取得采矿许可证”：

（一）无许可证的；

（二）许可证被注销、吊销、撤销的；

（三）超越许可证规定的矿区范围或者开采范围的；

（四）超出许可证规定的矿种的（共生、伴生矿种除外）；

（五）其他未取得许可证的情形。

多次非法采矿构成犯罪，依法应当追诉的，或者二年内多次非法采矿未经处理的，价值数额累计计算。

非法开采的矿产品价值，根据销赃数额认定；无销赃数额，销赃数额难以查证，或者根据销赃数额认定明显不合理的，根据矿产品价格和数量认定。

矿产品价值难以确定的，依据价格认证机构，省级以上人民政府国土资源、水行政、海洋等主管部门，或者国务院水行政主管部门在国家确定的重要江河、湖泊设立的流域管理机构出具的报告，结合其他证据作出认定。

十二、将《立案追诉标准（一）》第七十七条修改为：［协助组织卖淫案（刑法第三百五十八条第四款）］在组织卖淫的犯罪活动中，帮助招募、运送、培训人员三人以上，或者充当保镖、打手、管账人等，起帮助作用的，应予立案追诉。

十三、将《立案追诉标准（一）》第八十一条删除。

十四、将《立案追诉标准（一）》第九十四条修改为：［非法生产、买卖武装部队制式服装案（刑法第三百七十五条第二款）］非法生产、买卖武装部队制式服装，涉嫌下列情形之一的，应予立案追诉：

（一）非法生产、买卖成套制式服装三十套以上，或者非成套制式服装一百件以上的；

（二）非法生产、买卖帽徽、领花、臂章等标志服饰合计一百件（副）以上的；

（三）非法经营数额二万元以上的；

（四）违法所得数额五千元以上的；

（五）其他情节严重的情形。

买卖仿制的现行装备的武装部队制式服装，情节严重的，应予立案追诉。

十五、在《立案追诉标准（一）》第九十四条后增加一条，作为第九十四条之

一：[伪造、盗窃、买卖、非法提供、非法使用武装部队专用标志案（刑法第三百七十五条第三款）] 伪造、盗窃、买卖或者非法提供、使用武装部队车辆号牌等专用标志，涉嫌下列情形之一的，应予立案追诉：

（一）伪造、盗窃、买卖或者非法提供、使用武装部队军以上领导机关车辆号牌一副以上或者其他车辆号牌三副以上的；

（二）非法提供、使用军以上领导机关车辆号牌之外的其他车辆号牌累计六个月以上的；

（三）伪造、盗窃、买卖或者非法提供、使用军徽、军旗、军种符号或者其他军用标志合计一百件（副）以上的；

（四）造成严重后果或者恶劣影响的。

盗窃、买卖、提供、使用伪造、变造的武装部队车辆号牌等专用标志，情节严重的，应予立案追诉。

十六、将《立案追诉标准（一）》第九十九条修改为：[战时拒绝军事征收、征用案（刑法第三百八十一条）] 战时拒绝军事征收、征用，涉嫌下列情形之一的，应予立案追诉：

（一）无正当理由拒绝军事征收、征用三次以上的；

（二）采取暴力、威胁、欺骗等手段拒绝军事征收、征用的；

（三）联络、煽动他人共同拒绝军事征收、征用的；

（四）拒绝重要军事征收、征用，影响重要军事任务完成的；

（五）其他情节严重的情形。

最高人民检察院、公安部关于公安机关管辖的刑事案件立案追诉标准的规定（二）[①]

（2010 年 5 月 7 日　公通字〔2010〕23 号）

一、危害公共安全案

第一条　【资助恐怖活动案（刑法第一百二十条之一）】资助恐怖活动组织或者实施恐怖活动的个人的，应予立案追诉。

---

① 本规定修改情况参见《最高人民检察院、公安部关于公安机关管辖的刑事案件立案追诉标准的规定（二）的补充规定》；此外，本规定已被《最高人民检察院、公安部关于修改侵犯商业秘密刑事案件立案追诉标准的决定》修改，请参见正文中“一百零八、侵犯商业秘密案”的相关标准依据。

本条规定的“资助”，是指为恐怖活动组织或者实施恐怖活动的个人筹集、提供经费、物资或者提供场所以及其他物质便利的行为。“实施恐怖活动的个人”，包括预谋实施、准备实施和实际实施恐怖活动的个人。

二、破坏社会主义市场经济秩序案

第二条　【走私假币案（刑法第一百五十一条第一款）】走私伪造的货币，总面额在二千元以上或者币量在二百张（枚）以上的，应予立案追诉。

第三条　【虚报注册资本案（刑法第一百五十八条）】申请公司登记使用虚假证明文件或者采取其他欺诈手段虚报注册资本，欺骗公司登记主管部门，取得公司登记，涉嫌下列情形之一的，应予立案追诉：

（一）超过法定出资期限，实缴注册资本不足法定注册资本最低限额，有限责任公司虚报数额在三十万元以上并占其应缴出资数额百分之六十以上的，股份有限公司虚报数额在三百万元以上并占其应缴出资数额百分之三十以上的；

（二）超过法定出资期限，实缴注册资本达到法定注册资本最低限额，但仍虚报注册资本，有限责任公司虚报数额在一百万元以上并占其应缴出资数额百分之六十以上的，股份有限公司虚报数额在一千万元以上并占其应缴出资数额百分之三十以上的；

（三）造成投资者或者其他债权人直接经济损失累计数额在十万元以上的；

（四）虽未达到上述数额标准，但具有下列情形之一的：

1. 两年内因虚报注册资本受过行政处罚二次以上，又虚报注册资本的；

2. 向公司登记主管人员行贿的；

3. 为进行违法活动而注册的。

（五）其他后果严重或者有其他严重情节的情形。

第四条　【虚假出资、抽逃出资案（刑法第一百五十九条）】公司发起人、股东违反公司法的规定未交付货币、实物或者未转移财产权，虚假出资，或者在公司成立后又抽逃其出资，涉嫌下列情形之一的，应予立案追诉：

（一）超过法定出资期限，有限责任公司股东虚假出资数额在三十万元以上并占其应缴出资数额百分之六十以上的，股份有限公司发起人、股东虚假出资数额在三百万元以上并占其应缴出资数额百分之三十以上的；

（二）有限责任公司股东抽逃出资数额在三十万元以上并占其实缴出资数额百分之六十以上的，股份有限公司发起人、股东抽逃出资数额在三百万元以上并占其实缴出资数额百分之三十以上的；

（三）造成公司、股东、债权人的直接经济损失累计数额在十万元以上的；

（四）虽未达到上述数额标准，但具有下列情形之一的：

1. 致使公司资不抵债或者无法正常经营的；

2. 公司发起人、股东合谋虚假出资、抽逃出资的；

3. 两年内因虚假出资、抽逃出资受过行政处罚二次以上，又虚假出资、抽逃出资的；

4. 利用虚假出资、抽逃出资所得资金进行违法活动的。

（五）其他后果严重或者有其他严重情节的情形。

第五条　【欺诈发行股票、债券案（刑法第一百六十条）】在招股说明书、认股书、公司、企业债券募集办法中隐瞒重要事实或者编造重大虚假内容，发行股票或者公司、企业债券，涉嫌下列情形之一的，应予立案追诉：

（一）发行数额在五百万元以上的；

（二）伪造、变造国家机关公文、有效证明文件或者相关凭证、单据的；

（三）利用募集的资金进行违法活动的；

（四）转移或者隐瞒所募集资金的；

（五）其他后果严重或者有其他严重情节的情形。

第六条　【违规披露、不披露重要信息案（刑法第一百六十一条）】依法负有信息披露义务的公司、企业向股东和社会公众提供虚假的或者隐瞒重要事实的财务会计报告，或者对依法应当披露的其他重要信息不按照规定披露，涉嫌下列情形之一的，应予立案追诉：

（一）造成股东、债权人或者其他人直接经济损失数额累计在五十万元以上的；

（二）虚增或者虚减资产达到当期披露的资产总额百分之三十以上的；

（三）虚增或者虚减利润达到当期披露的利润总额百分之三十以上的；

（四）未按照规定披露的重大诉讼、仲裁、担保、关联交易或者其他重大事项所涉及的数额或者连续十二个月的累计数额占净资产百分之五十以上的；

（五）致使公司发行的股票、公司债券或者国务院依法认定的其他证券被终止上市交易或者多次被暂停上市交易的；

（六）致使不符合发行条件的公司、企业骗取发行核准并且上市交易的；

（七）在公司财务会计报告中将亏损披露为盈利，或者将盈利披露为亏损的；

（八）多次提供虚假的或者隐瞒重要事实的财务会计报告，或者多次对依法应当披露的其他重要信息不按照规定披露的；

（九）其他严重损害股东、债权人或者其他人利益，或者有其他严重情节的情形。

第七条　【妨害清算案（刑法第一百六十二条）】公司、企业进行清算时，隐匿财产，对资产负债表或者财产清单作虚伪记载或者在未清偿债务前分配公司、企业财产，涉嫌下列情形之一的，应予立案追诉：

（一）隐匿财产价值在五十万元以上的；

（二）对资产负债表或者财产清单作虚伪记载涉及金额在五十万元以上的；

（三）在未清偿债务前分配公司、企业财产价值在五十万元以上的；

（四）造成债权人或者其他人直接经济损失数额累计在十万元以上的；

（五）虽未达到上述数额标准，但应清偿的职工的工资、社会保险费用和法定补偿金得不到及时清偿，造成恶劣社会影响的；

（六）其他严重损害债权人或者其他人利益的情形。

第八条　【隐匿、故意销毁会计凭证、会计账簿、财务会计报告案（刑法第一百六十二条之一）】隐匿或者故意销毁依法应当保存的会计凭证、会计账簿、财务会计报告，涉嫌下列情形之一的，应予立案追诉：

（一）隐匿、故意销毁的会计凭证、会计账簿、财务会计报告涉及金额在五十万元以上的；

（二）依法应当向司法机关、行政机关、有关主管部门等提供而隐匿、故意销毁或者拒不交出会计凭证、会计账簿、财务会计报告的；

（三）其他情节严重的情形。

第九条　【虚假破产案（刑法第一百六十二条之二）】公司、企业通过隐匿财产、承担虚构的债务或者以其他方法转移、处分财产，实施虚假破产，涉嫌下列情形之一的，应予立案追诉：

（一）隐匿财产价值在五十万元以上的；

（二）承担虚构的债务涉及金额在五十万元以上的；

（三）以其他方法转移、处分财产价值在五十万元以上的；

（四）造成债权人或者其他人直接经济损失数额累计在十万元以上的；

（五）虽未达到上述数额标准，但应清偿的职工的工资、社会保险费用和法定补偿金得不到及时清偿，造成恶劣社会影响的；

（六）其他严重损害债权人或者其他人利益的情形。

第十条　【非国家工作人员受贿案（刑法第一百六十三条）】公司、企业或者其他单位的工作人员利用职务上的便利，索取他人财物或者非法收受他人财物，为他人谋取利益，或者在经济往来中，利用职务上的便利，违反国家规定，收受各种名义的回扣、手续费，归个人所有，数额在五千元以上的，应予立案追诉。

第十一条　【对非国家工作人员行贿案（刑法第一百六十四条）】为谋取不正当利益，给予公司、企业或者其他单位的工作人员以财物，个人行贿数额在一万元以上的，单位行贿数额在二十万元以上的，应予立案追诉。

第十二条　【非法经营同类营业案（刑法第一百六十五条）】国有公司、企业的董事、经理利用职务便利，自己经营或者为他人经营与其所任职公司、企业同类的营业，获取非法利益，数额在十万元以上的，应予立案追诉。

第十三条　【为亲友非法牟利案（刑法第一百六十六条）】国有公司、企业、事业单位的工作人员，利用职务便利，为亲友非法牟利，涉嫌下列情形之一的，应予立案追诉：

（一）造成国家直接经济损失数额在十万元以上的；

（二）使其亲友非法获利数额在二十万元以上的；

（三）造成有关单位破产，停业、停产六个月以上，或者被吊销许可证和营业执照、责令关闭、撤销、解散的；

（四）其他致使国家利益遭受重大损失的情形。

第十四条　【签订、履行合同失职被骗案（刑法第一百六十七条）】国有公司、企业、事业单位直接负责的主管人员，在签订、履行合同过程中，因严重不负责任被诈骗，涉嫌下列情形之一的，应予立案追诉：

（一）造成国家直接经济损失数额在五十万元以上的；

（二）造成有关单位破产，停业、停产六个月以上，或者被吊销许可证和营业执照、责令关闭、撤销、解散的；

（三）其他致使国家利益遭受重大损失的情形。

金融机构、从事对外贸易经营活动的公司、企业的工作人员严重不负责任，造成一百万美元以上外汇被骗购或者逃汇一千万美元以上的，应予立案追诉。

本条规定的"诈骗"，是指对方当事人的行为已经涉嫌诈骗犯罪，不以对方当事人已经被人民法院判决构成诈骗犯罪作为立案追诉的前提。

第十五条　【国有公司、企业、事业单位人员失职案（刑法第一百六十八条）】国有公司、企业、事业单位的工作人员，严重不负责任，涉嫌下列情形之一的，应予立案追诉：

（一）造成国家直接经济损失数额在五十万元以上的；

（二）造成有关单位破产，停业、停产一年以上，或者被吊销许可证和营业执照、责令关闭、撤销、解散的；

（三）其他致使国家利益遭受重大损失的情形。

第十六条　【国有公司、企业、事业单位人员滥用职权案（刑法第一百六十八条）】国有公司、企业、事业单位的工作人员，滥用职权，涉嫌下列情形之一的，应予立案追诉：

（一）造成国家直接经济损失数额在三十万元以上的；

（二）造成有关单位破产，停业、停产六个月以上，或者被吊销许可证和营业执照、责令关闭、撤销、解散的；

（三）其他致使国家利益遭受重大损失的情形。

第十七条　【徇私舞弊低价折股、出售国有资产案（刑法第一百六十九条）】国有公司、企业或者其上级主管部门直接负责的主管人员，徇私舞弊，将国有资产低价折股或者低价出售，涉嫌下列情形之一的，应予立案追诉：

（一）造成国家直接经济损失数额在三十万元以上的；

（二）造成有关单位破产，停业、停产六个月以上，或者被吊销许可证和营业执照、责令关闭、撤销、解散的；

（三）其他致使国家利益遭受重大损失的情形。

第十八条　【背信损害上市公司利益案（刑法第一百六十九条之一）】上市公司的董事、监事、高级管理人员违背对公司的忠实义务，利用职务便利，操纵上市公司从事损害上市公司利益的行为，以及上市公司的控股股东或者实际控制人，指使上市公司董事、监事、高级管理人员实施损害上市公司利益的行为，涉嫌下列情形之一的，应予立案追诉：

（一）无偿向其他单位或者个人提供资金、商品、服务或者其他资产，致使上市公司直接经济损失数额在一百五十万元以上的；

（二）以明显不公平的条件，提供或者接受资金、商品、服务或者其他资产，致使上市公司直接经济损失数额在一百五十万元以上的；

（三）向明显不具有清偿能力的单位或者个人提供资金、商品、服务或者其他资产，致使上市公司直接经济损失数额在一百五十万元以上的；

（四）为明显不具有清偿能力的单位或者个人提供担保，或者无正当理由为其他单位或者个人提供担保，致使上市公司直接经济损失数额在一百五十万元以上的；

（五）无正当理由放弃债权、承担债务，致使上市公司直接经济损失数额在一百五十万元以上的；

（六）致使公司发行的股票、公司债券或者国务院依法认定的其他证券被终止上市交易或者多次被暂停上市交易的；

（七）其他致使上市公司利益遭受重大损失的情形。

第十九条　【伪造货币案（刑法第一百七十条）】伪造货币，涉嫌下列情形之一的，应予立案追诉：

（一）伪造货币，总面额在二千元以上或者币量在二百张（枚）以上的；

（二）制造货币版样或者为他人伪造货币提供版样的；

（三）其他伪造货币应予追究刑事责任的情形。

本规定中的“货币”是指流通的以下货币：

（一）人民币（含普通纪念币、贵金属纪念币）、港元、澳门元、新台币；

（二）其他国家及地区的法定货币。

贵金属纪念币的面额以中国人民银行授权中国金币总公司的初始发售价格为准。

第二十条　【出售、购买、运输假币案（刑法第一百七十一条第一款）】出售、购买伪造的货币或者明知是伪造的货币而运输，总面额在四千元以上或者币量在四百张（枚）以上的，应予立案追诉。

在出售假币时被抓获的，除现场查获的假币应认定为出售假币的数额外，现场之外在行为人住所或者其他藏匿地查获的假币，也应认定为出售假币的数额。

第二十一条　【金融工作人员购买假币、以假币换取货币案（刑法第一百七十一条第二款）】银行或者其他金融机构的工作人员购买伪造的货币或者利用职务上的便利，以伪造的货币换取货币，总面额在二千元以上或者币量在二百张（枚）以上的，应予立案追诉。

第二十二条　【持有、使用假币案（刑法第一百七十二条）】明知是伪造的货币而持有、使用，总面额在四千元以上或者币量在四百张（枚）以上的，应予立案追诉。

第二十三条　【变造货币案（刑法第一百七十三条）】变造货币，总面额在二千元以上或者币量在二百张（枚）以上的，应予立案追诉。

第二十四条　【擅自设立金融机构案（刑法第一百七十四条第一款）】未经国家有关主管部门批准，擅自设立金融机构，涉嫌下列情形之一的，应予立案追诉：

（一）擅自设立商业银行、证券交易所、期货交易所、证券公司、期货公司、保险公司或者其他金融机构的；

（二）擅自设立商业银行、证券交易所、期货交易所、证券公司、期货公司、保险公司或者其他金融机构筹备组织的。

第二十五条　【伪造、变造、转让金融机构经营许可证、批准文件案（刑法第一百七十四条第二款）】伪造、变造、转让商业银行、证券交易所、期货交易所、证券公司、期货公司、保险公司或者其他金融机构的经营许可证或者批准文件的，应予立案追诉。

第二十六条　【高利转贷案（刑法第一百七十五条）】以转贷牟利为目的，套取金融机构信贷资金高利转贷他人，涉嫌下列情形之一的，应予立案追诉：

（一）高利转贷，违法所得数额在十万元以上的；

（二）虽未达到上述数额标准，但两年内因高利转贷受过行政处罚二次以上，又高利转贷的。

第二十七条 【骗取贷款、票据承兑、金融票证案（刑法第一百七十五条之一）】以欺骗手段取得银行或者其他金融机构贷款、票据承兑、信用证、保函等，涉嫌下列情形之一的，应予立案追诉：

（一）以欺骗手段取得贷款、票据承兑、信用证、保函等，数额在一百万元以上的；

（二）以欺骗手段取得贷款、票据承兑、信用证、保函等，给银行或者其他金融机构造成直接经济损失数额在二十万元以上的；

（三）虽未达到上述数额标准，但多次以欺骗手段取得贷款、票据承兑、信用证、保函等的；

（四）其他给银行或者其他金融机构造成重大损失或者有其他严重情节的情形。

第二十八条 【非法吸收公众存款案（刑法第一百七十六条）】非法吸收公众存款或者变相吸收公众存款，扰乱金融秩序，涉嫌下列情形之一的，应予立案追诉：

（一）个人非法吸收或者变相吸收公众存款数额在二十万元以上的，单位非法吸收或者变相吸收公众存款数额在一百万元以上的；

（二）个人非法吸收或者变相吸收公众存款三十户以上的，单位非法吸收或者变相吸收公众存款一百五十户以上的；

（三）个人非法吸收或者变相吸收公众存款给存款人造成直接经济损失数额在十万元以上的，单位非法吸收或者变相吸收公众存款给存款人造成直接经济损失数额在五十万元以上的；

（四）造成恶劣社会影响的；

（五）其他扰乱金融秩序情节严重的情形。

第二十九条 【伪造、变造金融票证案（刑法第一百七十七条）】伪造、变造金融票证，涉嫌下列情形之一的，应予立案追诉：

（一）伪造、变造汇票、本票、支票，或者伪造、变造委托收款凭证、汇款凭证、银行存单等其他银行结算凭证，或者伪造、变造信用证或者附随的单据、文件，总面额在一万元以上或者数量在十张以上的；

（二）伪造信用卡一张以上，或者伪造空白信用卡十张以上的。

第三十条 【妨害信用卡管理案（刑法第一百七十七条之一第一款）】妨害信用卡管理，涉嫌下列情形之一的，应予立案追诉：

（一）明知是伪造的信用卡而持有、运输的；

（二）明知是伪造的空白信用卡而持有、运输，数量累计在十张以上的；

（三）非法持有他人信用卡，数量累计在五张以上的；

（四）使用虚假的身份证明骗领信用卡的；

（五）出售、购买、为他人提供伪造的信用卡或者以虚假的身份证明骗领的信用卡的。

违背他人意愿，使用其居民身份证、军官证、士兵证、港澳居民往来内地通行证、台湾居民来往大陆通行证、护照等身份证明申领信用卡的，或者使用伪造、变造的身份证明申领信用卡的，应当认定为“使用虚假的身份证明骗领信用卡”。

第三十一条　【窃取、收买、非法提供信用卡信息案（刑法第一百七十七条之一第二款）】窃取、收买或者非法提供他人信用卡信息资料，足以伪造可进行交易的信用卡，或者足以使他人以信用卡持卡人名义进行交易，涉及信用卡一张以上的，应予立案追诉。

第三十二条　【伪造、变造国家有价证券案（刑法第一百七十八条第一款）】伪造、变造国库券或者国家发行的其他有价证券，总面额在二千元以上的，应予立案追诉。

第三十三条　【伪造、变造股票、公司、企业债券案（刑法第一百七十八条第二款）】伪造、变造股票或者公司、企业债券，总面额在五千元以上的，应予立案追诉。

第三十四条　【擅自发行股票、公司、企业债券案（刑法第一百七十九条）】未经国家有关主管部门批准，擅自发行股票或者公司、企业债券，涉嫌下列情形之一的，应予立案追诉：

（一）发行数额在五十万元以上的；

（二）虽未达到上述数额标准，但擅自发行致使三十人以上的投资者购买了股票或者公司、企业债券的；

（三）不能及时清偿或者清退的；

（四）其他后果严重或者有其他严重情节的情形。

第三十五条　【内幕交易、泄露内幕信息案（刑法第一百八十条第一款）】证券、期货交易内幕信息的知情人员、单位或者非法获取证券、期货交易内幕信息的人员、单位，在涉及证券的发行，证券、期货交易或者其他对证券、期货交易价格有重大影响的信息尚未公开前，买入或者卖出该证券，或者从事与该内幕信息有关的期货交易，或者泄露该信息，或者明示、暗示他人从事上述交易活动，涉嫌下列情形之一的，应予立案追诉：

（一）证券交易成交额累计在五十万元以上的；

（二）期货交易占用保证金数额累计在三十万元以上的；

（三）获利或者避免损失数额累计在十五万元以上的；

（四）多次进行内幕交易、泄露内幕信息的；

（五）其他情节严重的情形。

第三十六条 【利用未公开信息交易案（刑法第一百八十条第四款）】证券交易所、期货交易所、证券公司、期货公司、基金管理公司、商业银行、保险公司等金融机构的从业人员以及有关监管部门或者行业协会的工作人员，利用因职务便利获取的内幕信息以外的其他未公开的信息，违反规定，从事与该信息相关的证券、期货交易活动，或者明示、暗示他人从事相关交易活动，涉嫌下列情形之一的，应予立案追诉：

（一）证券交易成交额累计在五十万元以上的；

（二）期货交易占用保证金数额累计在三十万元以上的；

（三）获利或者避免损失数额累计在十五万元以上的；

（四）多次利用内幕信息以外的其他未公开信息进行交易活动的；

（五）其他情节严重的情形。

第三十七条 【编造并传播证券、期货交易虚假信息案（刑法第一百八十一条第一款）】编造并且传播影响证券、期货交易的虚假信息，扰乱证券、期货交易市场，涉嫌下列情形之一的，应予立案追诉：

（一）获利或者避免损失数额累计在五万元以上的；

（二）造成投资者直接经济损失数额在五万元以上的；

（三）致使交易价格和交易量异常波动的；

（四）虽未达到上述数额标准，但多次编造并且传播影响证券、期货交易的虚假信息的；

（五）其他造成严重后果的情形。

第三十八条 【诱骗投资者买卖证券、期货合约案（刑法第一百八十一条第二款）】证券交易所、期货交易所、证券公司、期货公司的从业人员，证券业协会、期货业协会或者证券期货监督管理部门的工作人员，故意提供虚假信息或者伪造、变造、销毁交易记录，诱骗投资者买卖证券、期货合约，涉嫌下列情形之一的，应予立案追诉：

（一）获利或者避免损失数额累计在五万元以上的；

（二）造成投资者直接经济损失数额在五万元以上的；

（三）致使交易价格和交易量异常波动的；

（四）其他造成严重后果的情形。

第三十九条 【操纵证券、期货市场案（刑法第一百八十二条）】操纵证券、期货市场，涉嫌下列情形之一的，应予立案追诉：

（一）单独或者合谋，持有或者实际控制证券的流通股份数达到该证券的实际流通股份总量百分之三十以上，且在该证券连续二十个交易日内联合或者连续买卖股份数累计达到该证券同期总成交量百分之三十以上的；

（二）单独或者合谋，持有或者实际控制期货合约的数量超过期货交易所业务规则限定的持仓量百分之五十以上，且在该期货合约连续二十个交易日内联合或者连续买卖期货合约数累计达到该期货合约同期总成交量百分之三十以上的；

（三）与他人串通，以事先约定的时间、价格和方式相互进行证券或者期货合约交易，且在该证券或者期货合约连续二十个交易日内成交量累计达到该证券或者期货合约同期总成交量百分之二十以上的；

（四）在自己实际控制的账户之间进行证券交易，或者以自己为交易对象，自买自卖期货合约，且在该证券或者期货合约连续二十个交易日内成交量累计达到该证券或者期货合约同期总成交量百分之二十以上的；

（五）单独或者合谋，当日连续申报买入或者卖出同一证券、期货合约并在成交前撤回申报，撤回申报量占当日该种证券总申报量或者该种期货合约总申报量百分之五十以上的；

（六）上市公司及其董事、监事、高级管理人员、实际控制人、控股股东或者其他关联人单独或者合谋，利用信息优势，操纵该公司证券交易价格或者证券交易量的；

（七）证券公司、证券投资咨询机构、专业中介机构或者从业人员，违背有关从业禁止的规定，买卖或者持有相关证券，通过对证券或者其发行人、上市公司公开作出评价、预测或者投资建议，在该证券的交易中谋取利益，情节严重的；

（八）其他情节严重的情形。

第四十条　【背信运用受托财产案（刑法第一百八十五条之一第一款）】商业银行、证券交易所、期货交易所、证券公司、期货公司、保险公司或者其他金融机构，违背受托义务，擅自运用客户资金或者其他委托、信托的财产，涉嫌下列情形之一的，应予立案追诉：

（一）擅自运用客户资金或者其他委托、信托的财产数额在三十万元以上的；

（二）虽未达到上述数额标准，但多次擅自运用客户资金或者其他委托、信托的财产，或者擅自运用多个客户资金或者其他委托、信托的财产的；

（三）其他情节严重的情形。

第四十一条　【违法运用资金案（刑法第一百八十五条之一第二款）】社会保障基金管理机构、住房公积金管理机构等公众资金管理机构，以及保险公司、保险资产管理公司、证券投资基金管理公司，违反国家规定运用资金，涉嫌下列情形之一的，应予立案追诉：

（一）违反国家规定运用资金数额在三十万元以上的；

（二）虽未达到上述数额标准，但多次违反国家规定运用资金的；

（三）其他情节严重的情形。

第四十二条　【违法发放贷款案（刑法第一百八十六条）】银行或者其他金融机构及其工作人员违反国家规定发放贷款，涉嫌下列情形之一的，应予立案追诉：

（一）违法发放贷款，数额在一百万元以上的；

（二）违法发放贷款，造成直接经济损失数额在二十万元以上的。

第四十三条　【吸收客户资金不入账案（刑法第一百八十七条）】银行或者其他金融机构及其工作人员吸收客户资金不入账，涉嫌下列情形之一的，应予立案追诉：

（一）吸收客户资金不入账，数额在一百万元以上的；

（二）吸收客户资金不入账，造成直接经济损失数额在二十万元以上的。

第四十四条　【违规出具金融票证案（刑法第一百八十八条）】银行或者其他金融机构及其工作人员违反规定，为他人出具信用证或者其他保函、票据、存单、资信证明，涉嫌下列情形之一的，应予立案追诉：

（一）违反规定为他人出具信用证或者其他保函、票据、存单、资信证明，数额在一百万元以上的；

（二）违反规定为他人出具信用证或者其他保函、票据、存单、资信证明，造成直接经济损失数额在二十万元以上的；

（三）多次违规出具信用证或者其他保函、票据、存单、资信证明的；

（四）接受贿赂违规出具信用证或者其他保函、票据、存单、资信证明的；

（五）其他情节严重的情形。

第四十五条　【对违法票据承兑、付款、保证案（刑法第一百八十九条）】银行或者其他金融机构及其工作人员在票据业务中，对违反票据法规定的票据予以承兑、付款或者保证，造成直接经济损失数额在二十万元以上的，应予立案追诉。

第四十六条　【逃汇案（刑法第一百九十条）】公司、企业或者其他单位，违反国家规定，擅自将外汇存放境外，或者将境内的外汇非法转移到境外，单笔在二百万美元以上或者累计数额在五百万美元以上的，应予立案追诉。

第四十七条　【骗购外汇案（全国人民代表大会常务委员会《关于惩治骗购外汇、逃汇和非法买卖外汇犯罪的决定》第一条）】骗购外汇，数额在五十万美元以上的，应予立案追诉。

第四十八条　【洗钱案（刑法第一百九十一条）】明知是毒品犯罪、黑社会性质的组织犯罪、恐怖活动犯罪、走私犯罪、贪污贿赂犯罪、破坏金融管理秩序犯罪、金融诈骗犯罪的所得及其产生的收益，为掩饰、隐瞒其来源和性质，涉嫌下列情形之一的，应予立案追诉：

（一）提供资金账户的；

（二）协助将财产转换为现金、金融票据、有价证券的；

（三）通过转账或者其他结算方式协助资金转移的；

（四）协助将资金汇往境外的；

（五）以其他方法掩饰、隐瞒犯罪所得及其收益的来源和性质的。

第四十九条　【集资诈骗案（刑法第一百九十二条）】以非法占有为目的，使用诈骗方法非法集资，涉嫌下列情形之一的，应予立案追诉：

（一）个人集资诈骗，数额在十万元以上的；

（二）单位集资诈骗，数额在五十万元以上的。

第五十条　【贷款诈骗案（刑法第一百九十三条）】以非法占有为目的，诈骗银行或者其他金融机构的贷款，数额在二万元以上的，应予立案追诉。

第五十一条　【票据诈骗案（刑法第一百九十四条第一款）】进行金融票据诈骗活动，涉嫌下列情形之一的，应予立案追诉：

（一）个人进行金融票据诈骗，数额在一万元以上的；

（二）单位进行金融票据诈骗，数额在十万元以上的。

第五十二条　【金融凭证诈骗案（刑法第一百九十四条第二款）】使用伪造、变造的委托收款凭证、汇款凭证、银行存单等其他银行结算凭证进行诈骗活动，涉嫌下列情形之一的，应予立案追诉：

（一）个人进行金融凭证诈骗，数额在一万元以上的；

（二）单位进行金融凭证诈骗，数额在十万元以上的。

第五十三条　【信用证诈骗案（刑法第一百九十五条）】进行信用证诈骗活动，涉嫌下列情形之一的，应予立案追诉：

（一）使用伪造、变造的信用证或者附随的单据、文件的；

（二）使用作废的信用证的；

（三）骗取信用证的；

（四）以其他方法进行信用证诈骗活动的。

第五十四条　【信用卡诈骗案（刑法第一百九十六条）】进行信用卡诈骗活动，涉嫌下列情形之一的，应予立案追诉：

（一）使用伪造的信用卡，或者使用以虚假的身份证明骗领的信用卡，或者使用作废的信用卡，或者冒用他人信用卡，进行诈骗活动，数额在五千元以上的；

（二）恶意透支，数额在一万元以上的。

本条规定的“恶意透支”，是指持卡人以非法占有为目的，超过规定限额或者规定期限透支，并且经发卡银行两次催收后超过三个月仍不归还的。

恶意透支，数额在一万元以上不满十万元的，在公安机关立案前已偿还全部透支款息，情节显著轻微的，可以依法不追究刑事责任。

第五十五条　【有价证券诈骗案（刑法第一百九十七条）】使用伪造、变造的国库券或者国家发行的其他有价证券进行诈骗活动，数额在一万元以上的，应予立案追诉。

第五十六条　【保险诈骗案（刑法第一百九十八条）】进行保险诈骗活动，涉嫌下列情形之一的，应予立案追诉：

（一）个人进行保险诈骗，数额在一万元以上的；

（二）单位进行保险诈骗，数额在五万元以上的。

第五十七条　【逃税案（刑法第二百零一条）】逃避缴纳税款，涉嫌下列情形之一的，应予立案追诉：

（一）纳税人采取欺骗、隐瞒手段进行虚假纳税申报或者不申报，逃避缴纳税款，数额在五万元以上并且占各税种应纳税总额百分之十以上，经税务机关依法下达追缴通知后，不补缴应纳税款、不缴纳滞纳金或者不接受行政处罚的；

（二）纳税人五年内因逃避缴纳税款受过刑事处罚或者被税务机关给予二次以上行政处罚，又逃避缴纳税款，数额在五万元以上并且占各税种应纳税总额百分之十以上的；

（三）扣缴义务人采取欺骗、隐瞒手段，不缴或者少缴已扣、已收税款，数额在五万元以上的。

纳税人在公安机关立案后再补缴应纳税款、缴纳滞纳金或者接受行政处罚的，不影响刑事责任的追究。

第五十八条　【抗税案（刑法第二百零二条）】以暴力、威胁方法拒不缴纳税款，涉嫌下列情形之一的，应予立案追诉：

（一）造成税务工作人员轻微伤以上的；

（二）以给税务工作人员及其亲友的生命、健康、财产等造成损害为威胁，抗拒缴纳税款的；

（三）聚众抗拒缴纳税款的；

（四）以其他暴力、威胁方法拒不缴纳税款的。

第五十九条　【逃避追缴欠税案（刑法第二百零三条）】纳税人欠缴应纳税款，采取转移或者隐匿财产的手段，致使税务机关无法追缴欠缴的税款，数额在一万元以上的，应予立案追诉。

第六十条　【骗取出口退税案（刑法第二百零四条第一款）】以假报出口或者

其他欺骗手段，骗取国家出口退税款，数额在五万元以上的，应予立案追诉。

第六十一条　【虚开增值税专用发票、用于骗取出口退税、抵扣税款发票案（刑法第二百零五条）】虚开增值税专用发票或者虚开用于骗取出口退税、抵扣税款的其他发票，虚开的税款数额在一万元以上或者致使国家税款被骗数额在五千元以上的，应予立案追诉。

第六十二条　【伪造、出售伪造的增值税专用发票案（刑法第二百零六条）】伪造或者出售伪造的增值税专用发票二十五份以上或者票面额累计在十万元以上的，应予立案追诉。

第六十三条　【非法出售增值税专用发票案（刑法第二百零七条）】非法出售增值税专用发票二十五份以上或者票面额累计在十万元以上的，应予立案追诉。

第六十四条　【非法购买增值税专用发票、购买伪造的增值税专用发票案（刑法第二百零八条第一款）】非法购买增值税专用发票或者购买伪造的增值税专用发票二十五份以上或者票面额累计在十万元以上的，应予立案追诉。

第六十五条　【非法制造、出售非法制造的用于骗取出口退税、抵扣税款发票案（刑法第二百零九条第一款）】伪造、擅自制造或者出售伪造、擅自制造的可以用于骗取出口退税、抵扣税款的非增值税专用发票五十份以上或者票面额累计在二十万元以上的，应予立案追诉。

第六十六条　【非法制造、出售非法制造的发票案（刑法第二百零九条第二款）】伪造、擅自制造或者出售伪造、擅自制造的不具有骗取出口退税、抵扣税款功能的普通发票一百份以上或者票面额累计在四十万元以上的，应予立案追诉。

第六十七条　【非法出售用于骗取出口退税、抵扣税款发票案（刑法第二百零九条第三款）】非法出售可以用于骗取出口退税、抵扣税款的非增值税专用发票五十份以上或者票面额累计在二十万元以上的，应予立案追诉。

第六十八条　【非法出售发票案（刑法第二百零九条第四款）】非法出售普通发票一百份以上或者票面额累计在四十万元以上的，应予立案追诉。

第六十九条　【假冒注册商标案（刑法第二百一十三条）】未经注册商标所有人许可，在同一种商品上使用与其注册商标相同的商标，涉嫌下列情形之一的，应予立案追诉：

（一）非法经营数额在五万元以上或者违法所得数额在三万元以上的；

（二）假冒两种以上注册商标，非法经营数额在三万元以上或者违法所得数额在二万元以上的；

（三）其他情节严重的情形。

第七十条　【销售假冒注册商标的商品案（刑法第二百一十四条）】销售明知

是假冒注册商标的商品，涉嫌下列情形之一的，应予立案追诉：

（一）销售金额在五万元以上的；

（二）尚未销售，货值金额在十五万元以上的；

（三）销售金额不满五万元，但已销售金额与尚未销售的货值金额合计在十五万元以上的。

第七十一条　【非法制造、销售非法制造的注册商标标识案（刑法第二百一十五条）】伪造、擅自制造他人注册商标标识或者销售伪造、擅自制造的注册商标标识，涉嫌下列情形之一的，应予立案追诉：

（一）伪造、擅自制造或者销售伪造、擅自制造的注册商标标识数量在二万件以上，或者非法经营数额在五万元以上，或者违法所得数额在三万元以上的；

（二）伪造、擅自制造或者销售伪造、擅自制造两种以上注册商标标识数量在一万件以上，或者非法经营数额在三万元以上，或者违法所得数额在二万元以上的；

（三）其他情节严重的情形。

第七十二条　【假冒专利案（刑法第二百一十六条）】假冒他人专利，涉嫌下列情形之一的，应予立案追诉：

（一）非法经营数额在二十万元以上或者违法所得数额在十万元以上的；

（二）给专利权人造成直接经济损失在五十万元以上的；

（三）假冒两项以上他人专利，非法经营数额在十万元以上或者违法所得数额在五万元以上的；

（四）其他情节严重的情形。

第七十三条　【侵犯商业秘密案（刑法第二百一十九条）】侵犯商业秘密，涉嫌下列情形之一的，应予立案追诉：

（一）给商业秘密权利人造成损失数额在五十万元以上的；

（二）因侵犯商业秘密违法所得数额在五十万元以上的；

（三）致使商业秘密权利人破产的；

（四）其他给商业秘密权利人造成重大损失的情形。

第七十四条　【损害商业信誉、商品声誉案（刑法第二百二十一条）】捏造并散布虚伪事实，损害他人的商业信誉、商品声誉，涉嫌下列情形之一的，应予立案追诉：

（一）给他人造成直接经济损失数额在五十万元以上的；

（二）虽未达到上述数额标准，但具有下列情形之一的：

1. 利用互联网或者其他媒体公开损害他人商业信誉、商品声誉的；

2. 造成公司、企业等单位停业、停产六个月以上，或者破产的。

（三）其他给他人造成重大损失或者有其他严重情节的情形。

第七十五条　【虚假广告案（刑法第二百二十二条）】广告主、广告经营者、广告发布者违反国家规定，利用广告对商品或者服务作虚假宣传，涉嫌下列情形之一的，应予立案追诉：

（一）违法所得数额在十万元以上的；

（二）给单个消费者造成直接经济损失数额在五万元以上的，或者给多个消费者造成直接经济损失数额累计在二十万元以上的；

（三）假借预防、控制突发事件的名义，利用广告作虚假宣传，致使多人上当受骗，违法所得数额在三万元以上的；

（四）虽未达到上述数额标准，但两年内因利用广告作虚假宣传，受过行政处罚二次以上，又利用广告作虚假宣传的；

（五）造成人身伤残的；

（六）其他情节严重的情形。

第七十六条　【串通投标案（刑法第二百二十三条）】投标人相互串通投标报价，或者投标人与招标人串通投标，涉嫌下列情形之一的，应予立案追诉：

（一）损害招标人、投标人或者国家、集体、公民的合法利益，造成直接经济损失数额在五十万元以上的；

（二）违法所得数额在十万元以上的；

（三）中标项目金额在二百万元以上的；

（四）采取威胁、欺骗或者贿赂等非法手段的；

（五）虽未达到上述数额标准，但两年内因串通投标，受过行政处罚二次以上，又串通投标的；

（六）其他情节严重的情形。

第七十七条　【合同诈骗案（刑法第二百二十四条）】以非法占有为目的，在签订、履行合同过程中，骗取对方当事人财物，数额在二万元以上的，应予立案追诉。

第七十八条　【组织、领导传销活动案（刑法第二百二十四条之一）】组织、领导以推销商品、提供服务等经营活动为名，要求参加者以缴纳费用或者购买商品、服务等方式获得加入资格，并按照一定顺序组成层级，直接或者间接以发展人员的数量作为计酬或者返利依据，引诱、胁迫参加者继续发展他人参加，骗取财物，扰乱经济社会秩序的传销活动，涉嫌组织、领导的传销活动人员在三十人以上且层级在三级以上的，对组织者、领导者，应予立案追诉。

本条所指的传销活动的组织者、领导者，是指在传销活动中起组织、领导作用的发起人、决策人、操纵人，以及在传销活动中担负策划、指挥、布置、协调等重要职责，或者在传销活动实施中起到关键作用的人员。

第七十九条 【非法经营案（刑法第二百二十五条）】违反国家规定，进行非法经营活动，扰乱市场秩序，涉嫌下列情形之一的，应予立案追诉：

（一）违反国家有关盐业管理规定，非法生产、储运、销售食盐，扰乱市场秩序，具有下列情形之一的：

1. 非法经营食盐数量在二十吨以上的；

2. 曾因非法经营食盐行为受过二次以上行政处罚又非法经营食盐，数量在十吨以上的。

（二）违反国家烟草专卖管理法律法规，未经烟草专卖行政主管部门许可，无烟草专卖生产企业许可证、烟草专卖批发企业许可证、特种烟草专卖经营企业许可证、烟草专卖零售许可证等许可证明，非法经营烟草专卖品，具有下列情形之一的：

1. 非法经营数额在五万元以上，或者违法所得数额在二万元以上的；

2. 非法经营卷烟二十万支以上的；

3. 曾因非法经营烟草专卖品三年内受过二次以上行政处罚，又非法经营烟草专卖品且数额在三万元以上的。

（三）未经国家有关主管部门批准，非法经营证券、期货、保险业务，或者非法从事资金支付结算业务，具有下列情形之一的：

1. 非法经营证券、期货、保险业务，数额在三十万元以上的；

2. 非法从事资金支付结算业务，数额在二百万元以上的；

3. 违反国家规定，使用销售点终端机具（POS 机）等方法，以虚构交易、虚开价格、现金退货等方式向信用卡持卡人直接支付现金，数额在一百万元以上的，或者造成金融机构资金二十万元以上逾期未还的，或者造成金融机构经济损失十万元以上的；

4. 违法所得数额在五万元以上的。

（四）非法经营外汇，具有下列情形之一的：

1. 在外汇指定银行和中国外汇交易中心及其分中心以外买卖外汇，数额在二十万美元以上的，或者违法所得数额在五万元以上的；

2. 公司、企业或者其他单位违反有关外贸代理业务的规定，采用非法手段，或者明知是伪造、变造的凭证、商业单据，为他人向外汇指定银行骗购外汇，数额在五百万美元以上或者违法所得数额在五十万元以上的；

3. 居间介绍骗购外汇，数额在一百万美元以上或者违法所得数额在十万元以上的。

（五）出版、印刷、复制、发行严重危害社会秩序和扰乱市场秩序的非法出版物，具有下列情形之一的：

1. 个人非法经营数额在五万元以上的，单位非法经营数额在十五万元以上的；

2. 个人违法所得数额在二万元以上的，单位违法所得数额在五万元以上的；

3. 个人非法经营报纸五千份或者期刊五千本或者图书二千册或者音像制品、电子出版物五百张（盒）以上的，单位非法经营报纸一万五千份或者期刊一万五千本或者图书五千册或者音像制品、电子出版物一千五百张（盒）以上的；

4. 虽未达到上述数额标准，但具有下列情形之一的：

（1）两年内因出版、印刷、复制、发行非法出版物受过行政处罚二次以上的，又出版、印刷、复制、发行非法出版物的；

（2）因出版、印刷、复制、发行非法出版物造成恶劣社会影响或者其他严重后果的。

（六）非法从事出版物的出版、印刷、复制、发行业务，严重扰乱市场秩序，具有下列情形之一的：

1. 个人非法经营数额在十五万元以上的，单位非法经营数额在五十万元以上的；

2. 个人违法所得数额在五万元以上的，单位违法所得数额在十五万元以上的；

3. 个人非法经营报纸一万五千份或者期刊一万五千本或者图书五千册或者音像制品、电子出版物一千五百张（盒）以上的，单位非法经营报纸五万份或者期刊五万本或者图书一万五千册或者音像制品、电子出版物五千张（盒）以上的；

4. 虽未达到上述数额标准，两年内因非法从事出版物的出版、印刷、复制、发行业务受过行政处罚二次以上的，又非法从事出版物的出版、印刷、复制、发行业务的。

（七）采取租用国际专线、私设转接设备或者其他方法，擅自经营国际电信业务或者涉港澳台电信业务进行营利活动，扰乱电信市场管理秩序，具有下列情形之一的：

1. 经营去话业务数额在一百万元以上的；

2. 经营来话业务造成电信资费损失数额在一百万元以上的；

3. 虽未达到上述数额标准，但具有下列情形之一的：

（1）两年内因非法经营国际电信业务或者涉港澳台电信业务行为受过行政处罚二次以上，又非法经营国际电信业务或者涉港澳台电信业务的；

（2）因非法经营国际电信业务或者涉港澳台电信业务行为造成其他严重后果的。

（八）从事其他非法经营活动，具有下列情形之一的：

1. 个人非法经营数额在五万元以上，或者违法所得数额在一万元以上的；

2. 单位非法经营数额在五十万元以上，或者违法所得数额在十万元以上的；

3. 虽未达到上述数额标准，但两年内因同种非法经营行为受过二次以上行政处罚，又进行同种非法经营行为的；

4. 其他情节严重的情形。

第八十条　【非法转让、倒卖土地使用权案（刑法第二百二十八条）】以牟利为目的，违反土地管理法规，非法转让、倒卖土地使用权，涉嫌下列情形之一的，应予立案追诉：

（一）非法转让、倒卖基本农田五亩以上的；

（二）非法转让、倒卖基本农田以外的耕地十亩以上的；

（三）非法转让、倒卖其他土地二十亩以上的；

（四）违法所得数额在五十万元以上的；

（五）虽未达到上述数额标准，但因非法转让、倒卖土地使用权受过行政处罚，又非法转让、倒卖土地的；

（六）其他情节严重的情形。

第八十一条　【提供虚假证明文件案（刑法第二百二十九条第一款、第二款）】承担资产评估、验资、验证、会计、审计、法律服务等职责的中介组织的人员故意提供虚假证明文件，涉嫌下列情形之一的，应予立案追诉：

（一）给国家、公众或者其他投资者造成直接经济损失数额在五十万元以上的；

（二）违法所得数额在十万元以上的；

（三）虚假证明文件虚构数额在一百万元且占实际数额百分之三十以上的；

（四）虽未达到上述数额标准，但具有下列情形之一的：

1. 在提供虚假证明文件过程中索取或者非法接受他人财物的；

2. 两年内因提供虚假证明文件，受过行政处罚二次以上，又提供虚假证明文件的。

（五）其他情节严重的情形。

第八十二条　【出具证明文件重大失实案（刑法第二百二十九条第三款）】承担资产评估、验资、验证、会计、审计、法律服务等职责的中介组织的人员严重不负责任，出具的证明文件有重大失实，涉嫌下列情形之一的，应予立案追诉：

（一）给国家、公众或者其他投资者造成直接经济损失数额在一百万元以上的；

（二）其他造成严重后果的情形。

第八十三条　【逃避商检案（刑法第二百三十条）】违反进出口商品检验法的规定，逃避商品检验，将必须经商检机构检验的进口商品未报经检验而擅自销售、使用，或者将必须经商检机构检验的出口商品未报经检验合格而擅自出口，涉嫌下列情形之一的，应予立案追诉：

（一）给国家、单位或者个人造成直接经济损失数额在五十万元以上的；

（二）逃避商检的进出口货物货值金额在三百万元以上的；

（三）导致病疫流行、灾害事故的；

（四）多次逃避商检的；

（五）引起国际经济贸易纠纷，严重影响国家对外贸易关系，或者严重损害国家声誉的；

（六）其他情节严重的情形。

三、侵犯财产案

第八十四条　【职务侵占案（刑法第二百七十一条第一款）】公司、企业或者其他单位的人员，利用职务上的便利，将本单位财物非法占为己有，数额在五千元至一万元以上的，应予立案追诉。

第八十五条　【挪用资金案（刑法第二百七十二条第一款）】公司、企业或者其他单位的工作人员，利用职务上的便利，挪用本单位资金归个人使用或者借贷给他人，涉嫌下列情形之一的，应予立案追诉：

（一）挪用本单位资金数额在一万元至三万元以上，超过三个月未还的；

（二）挪用本单位资金数额在一万元至三万元以上，进行营利活动的；

（三）挪用本单位资金数额在五千元至二万元以上，进行非法活动的。

具有下列情形之一的，属于本条规定的“归个人使用”：

（一）将本单位资金供本人、亲友或者其他自然人使用的；

（二）以个人名义将本单位资金供其他单位使用的；

（三）个人决定以单位名义将本单位资金供其他单位使用，谋取个人利益的。

第八十六条　【挪用特定款物案（刑法第二百七十三条）】挪用用于救灾、抢险、防汛、优抚、扶贫、移民、救济款物，涉嫌下列情形之一的，应予立案追诉：

（一）挪用特定款物数额在五千元以上的；

（二）造成国家和人民群众直接经济损失数额在五万元以上的；

（三）虽未达到上述数额标准，但多次挪用特定款物的，或者造成人民群众的生产、生活严重困难的；

（四）严重损害国家声誉，或者造成恶劣社会影响的；

（五）其他致使国家和人民群众利益遭受重大损害的情形。

附　　则

第八十七条　本规定中的“多次”，是指三次以上。

第八十八条 本规定中的“虽未达到上述数额标准”，是指接近上述数额标准且已达到该数额的百分之八十以上的。

第八十九条 对于预备犯、未遂犯、中止犯，需要追究刑事责任的，应予立案追诉。

第九十条 本规定中的立案追诉标准，除法律、司法解释、本规定中另有规定的以外，适用于相应的单位犯罪。

第九十一条 本规定中的“以上”，包括本数。

第九十二条 本规定自印发之日起施行。2001 年 4 月 18 日最高人民检察院、公安部印发的《关于经济犯罪案件追诉标准的规定》（公发〔2001〕11 号）和 2008 年 3 月 5 日最高人民检察院、公安部印发的《关于经济犯罪案件追诉标准的补充规定》（高检会〔2008〕2 号）同时废止。

最高人民检察院、公安部关于公安机关管辖的刑事案件立案追诉标准的规定（二）的补充规定

（2011 年 11 月 14 日　公通字〔2011〕47 号）

一、在《最高人民检察院公安部关于公安机关管辖的刑事案件立案追诉标准的规定（二）》（以下简称《立案追诉标准（二）》）中增加第十一条之一：［对外国公职人员、国际公共组织官员行贿案（刑法第一百六十四条第二款）］

为谋取不正当商业利益，给予外国公职人员或者国际公共组织官员以财物，个人行贿数额在一万元以上的，单位行贿数额在二十万元以上的，应予立案追诉。

二、在《立案追诉标准（二）》中增加第六十一条之一：［虚开发票案（刑法第二百零五条之一）］ 虚开刑法第二百零五条规定以外的其他发票，涉嫌下列情形之一的，应予立案追诉：

（一）虚开发票一百份以上或者虚开金额累计在四十万元以上的；

（二）虽未达到上述数额标准，但五年内因虚开发票行为受过行政处罚二次以上，又虚开发票的；

（三）其他情节严重的情形。

三、在《立案追诉标准（二）》中增加第六十八条之一：［持有伪造的发票案（刑法第二百一十条之一）］ 明知是伪造的发票而持有，具有下列情形之一的，应予立案追诉：

（一）持有伪造的增值税专用发票五十份以上或者票面额累计在二十万元以上的，应予立案追诉；

（二）持有伪造的可以用于骗取出口退税、抵扣税款的其他发票一百份以上或者票面额累计在四十万元以上的，应予立案追诉；

（三）持有伪造的第（一）项、第（二）项规定以外的其他发票二百份以上或者票面额累计在八十万元以上的，应予立案追诉。

最高人民检察院、公安部关于公安机关管辖的刑事案件立案追诉标准的规定（三）

（2012 年 5 月 16 日）

第一条　【走私、贩卖、运输、制造毒品案（刑法第三百四十七条）】走私、贩卖、运输、制造毒品，无论数量多少，都应予立案追诉。

本条规定的“走私”是指明知是毒品而非法将其运输、携带、寄递进出国（边）境的行为。直接向走私人非法收购走私进口的毒品，或者在内海、领海、界河、界湖运输、收购、贩卖毒品的，以走私毒品罪立案追诉。

本条规定的“贩卖”是指明知是毒品而非法销售或者以贩卖为目的而非法收买的行为。

有证据证明行为人以牟利为目的，为他人代购仅用于吸食、注射的毒品，对代购者以贩卖毒品罪立案追诉。不以牟利为目的，为他人代购仅用于吸食、注射的毒品，毒品数量达到本规定第二条规定的数量标准的，对托购者和代购者以非法持有毒品罪立案追诉。明知他人实施毒品犯罪而为其居间介绍、代购代卖的，无论是否牟利，都应以相关毒品犯罪的共犯立案追诉。

本条规定的“运输”是指明知是毒品而采用携带、寄递、托运、利用他人或者使用交通工具等方法非法运送毒品的行为。

本条规定的“制造”是指非法利用毒品原植物直接提炼或者用化学方法加工、配制毒品，或者以改变毒品成分和效用为目的，用混合等物理方法加工、配制毒品的行为。为了便于隐蔽运输、销售、使用、欺骗购买者，或者为了增重，对毒品掺杂使假，添加或者去除其他非毒品物质，不属于制造毒品的行为。

为了制造毒品而采用生产、加工、提炼等方法非法制造易制毒化学品的，以制造毒品罪（预备）立案追诉。购进制造毒品的设备和原材料，开始着手制造毒品，尚未制造出毒品或者半成品的，以制造毒品罪（未遂）立案追诉。明知他人制造毒品而为其生产、加工、提炼、提供醋酸酐、乙醚、三氯甲烷等制毒物品的，以制造毒品罪的共犯立案追诉。

走私、贩卖、运输毒品主观故意中的“明知”，是指行为人知道或者应当知道所实施的是走私、贩卖、运输毒品行为。具有下列情形之一，结合行为人的供述和其他证据综合审查判断，可以认定其“应当知道”，但有证据证明确属被蒙骗的除外：

（一）执法人员在口岸、机场、车站、港口、邮局和其他检查站点检查时，要求行为人申报携带、运输、寄递的物品和其他疑似毒品物，并告知其法律责任，而行为人未如实申报，在其携带、运输、寄递的物品中查获毒品的；

（二）以伪报、藏匿、伪装等蒙蔽手段逃避海关、边防等检查，在其携带、运输、寄递的物品中查获毒品的；

（三）执法人员检查时，有逃跑、丢弃携带物品或者逃避、抗拒检查等行为，在其携带、藏匿或者丢弃的物品中查获毒品的；

（四）体内或者贴身隐秘处藏匿毒品的；

（五）为获取不同寻常的高额或者不等值的报酬为他人携带、运输、寄递、收取物品，从中查获毒品的；

（六）采用高度隐蔽的方式携带、运输物品，从中查获毒品的；

（七）采用高度隐蔽的方式交接物品，明显违背合法物品惯常交接方式，从中查获毒品的；

（八）行程路线故意绕开检查站点，在其携带、运输的物品中查获毒品的；

（九）以虚假身份、地址或者其他虚假方式办理托运、寄递手续，在托运、寄递的物品中查获毒品的；

（十）有其他证据足以证明行为人应当知道的。

制造毒品主观故意中的“明知”，是指行为人知道或者应当知道所实施的是制造毒品行为。有下列情形之一，结合行为人的供述和其他证据综合审查判断，可以认定其“应当知道”，但有证据证明确属被蒙骗的除外：

（一）购置了专门用于制造毒品的设备、工具、制毒物品或者配制方案的；

（二）为获取不同寻常的高额或者不等值的报酬为他人制造物品，经检验是毒品的；

（三）在偏远、隐蔽场所制造，或者采取对制造设备进行伪装等方式制造物品，经检验是毒品的；

（四）制造人员在执法人员检查时，有逃跑、抗拒检查等行为，在现场查获制造出的物品，经检验是毒品的；

（五）有其他证据足以证明行为人应当知道的。

走私、贩卖、运输、制造毒品罪是选择性罪名，对同一宗毒品实施了两种以上犯罪行为，并有相应确凿证据的，应当按照所实施的犯罪行为的性质并列适用罪名，毒品数量不重复计算。对同一宗毒品可能实施了两种以上犯罪行为，但相应证据只能认定其中一种或者几种行为，认定其他行为的证据不够确实充分的，只按照依法能够认定的行为的性质适用罪名。对不同宗毒品分别实施了不同种犯罪行为的，应对不同行为并列适用罪名，累计计算毒品数量。

第二条　【非法持有毒品案（刑法第三百四十八条）】明知是毒品而非法持有，涉嫌下列情形之一的，应予立案追诉：

（一）鸦片二百克以上、海洛因、可卡因或者甲基苯丙胺十克以上；

（二）二亚甲基双氧安非他明（MDMA）等苯丙胺类毒品（甲基苯丙胺除外）、吗啡二十克以上；

（三）度冷丁（杜冷丁）五十克以上（针剂100mg/支规格的五百支以上，50mg/支规格的一千支以上；片剂25mg/片规格的二千片以上，50mg/片规格的一千片以上）；

（四）盐酸二氢埃托啡二毫克以上（针剂或者片剂20ug/支、片规格的一百支、片以上）；

（五）氯胺酮、美沙酮二百克以上；

（六）三唑仑、安眠酮十千克以上；

（七）咖啡因五十千克以上；

（八）氯氮卓、艾司唑仑、地西泮、溴西泮一百千克以上；

（九）大麻油一千克以上，大麻脂二千克以上，大麻叶及大麻烟三十千克以上；

（十）罂粟壳五十千克以上；

（十一）上述毒品以外的其他毒品数量较大的。

非法持有两种以上毒品，每种毒品均没有达到本条第一款规定的数量标准，但按前款规定的立案追诉数量比例折算成海洛因后累计相加达到十克以上的，应予立案追诉。

本条规定的“非法持有”，是指违反国家法律和国家主管部门的规定，占有、携带、藏有或者以其他方式持有毒品。

非法持有毒品主观故意中的“明知”，依照本规定第一条第八款的有关规定予以认定。

第三条　【包庇毒品犯罪分子案（刑法第三百四十九条）】包庇走私、贩卖、运输、制造毒品的犯罪分子，涉嫌下列情形之一的，应予立案追诉：

（一）作虚假证明，帮助掩盖罪行的；

（二）帮助隐藏、转移或者毁灭证据的；

（三）帮助取得虚假身份或者身份证件的；

（四）以其他方式包庇犯罪分子的。

实施前款规定的行为，事先通谋的，以走私、贩卖、运输、制造毒品罪的共犯立案追诉。

第四条　【窝藏、转移、隐瞒毒品、毒赃案（刑法第三百四十九条）】为走私、贩卖、运输、制造毒品的犯罪分子窝藏、转移、隐瞒毒品或者犯罪所得的财物的，应予立案追诉。

实施前款规定的行为，事先通谋的，以走私、贩卖、运输、制造毒品罪的共犯立案追诉。

第五条　【走私制毒物品案（刑法第三百五十条）】违反国家规定，非法运输、携带制毒物品进出国（边）境，涉嫌下列情形之一的，应予立案追诉：

（一）1-苯基-2-丙酮五千克以上；

（二）麻黄碱、伪麻黄碱及其盐类和单方制剂五千克以上，麻黄浸膏、麻黄浸膏粉一百千克以上；

（三）3，4-亚甲基二氧苯基-2-丙酮、去甲麻黄素（去甲麻黄碱）、甲基麻黄素（甲基麻黄碱）、羟亚胺及其盐类十千克以上；

（四）胡椒醛、黄樟素、黄樟油、异黄樟素、麦角酸、麦角胺、麦角新碱、苯乙酸二十千克以上；

（五）N-乙酰邻氨基苯酸、邻氨基苯甲酸、哌啶一百五十千克以上；

（六）醋酸酐、三氯甲烷二百千克以上；

（七）乙醚、甲苯、丙酮、甲基乙基酮、高锰酸钾、硫酸、盐酸四百千克以上；

（八）其他用于制造毒品的原料或者配剂相当数量的。

非法运输、携带两种以上制毒物品进出国（边）境，每种制毒物品均没有达到本条第一款规定的数量标准，但按前款规定的立案追诉数量比例折算成一种制毒物品后累计相加达到上述数量标准的，应予立案追诉。

为了走私制毒物品而采用生产、加工、提炼等方法非法制造易制毒化学品的，以走私制毒物品罪（预备）立案追诉。

实施走私制毒物品行为，有下列情形之一，且查获了易制毒化学品，结合行为人的供述和其他证据综合审查判断，可以认定其“明知”是制毒物品而走私或者非法买卖，但有证据证明确属被蒙骗的除外：

（一）改变产品形状、包装或者使用虚假标签、商标等产品标志的；

（二）以藏匿、夹带、伪装或者其他隐蔽方式运输、携带易制毒化学品逃避检查的；

（三）抗拒检查或者在检查时丢弃货物逃跑的；

（四）以伪报、藏匿、伪装等蒙蔽手段逃避海关、边防等检查的；

（五）选择不设海关或者边防检查站的路段绕行出入境的；

（六）以虚假身份、地址或者其他虚假方式办理托运、寄递手续的；

（七）以其他方法隐瞒真相，逃避对易制毒化学品依法监管的。

明知他人实施走私制毒物品犯罪，而为其运输、储存、代理进出口或者以其他方式提供便利的，以走私制毒物品罪的共犯立案追诉。

第六条　【非法买卖制毒物品案（刑法第三百五十条）】违反国家规定，在境内非法买卖制毒物品，数量达到本规定第五条第一款规定情形之一的，应予立案追诉。

非法买卖两种以上制毒物品，每种制毒物品均没有达到本条第一款规定的数量标准，但按前款规定的立案追诉数量比例折算成一种制毒物品后累计相加达到上述数量标准的，应予立案追诉。

违反国家规定，实施下列行为之一的，认定为本条规定的非法买卖制毒物品行为：

（一）未经许可或者备案，擅自购买、销售易制毒化学品的；

（二）超出许可证明或者备案证明的品种、数量范围购买、销售易制毒化学品的；

（三）使用他人的或者伪造、变造、失效的许可证明或者备案证明购买、销售易制毒化学品的；

（四）经营单位违反规定，向无购买许可证明、备案证明的单位、个人销售易制毒化学品的，或者明知购买者使用他人的或者伪造、变造、失效的许可证明或者备案证明，向其销售易制毒化学品的；

（五）以其他方式非法买卖易制毒化学品的。

易制毒化学品生产、经营、使用单位或者个人未办理许可证明或者备案证明，购买、销售易制毒化学品，如果有证据证明确实用于合法生产、生活需要，依法能够办理只是未及时办理许可证明或者备案证明，且未造成严重社会危害的，可不以非法买卖制毒物品罪立案追诉。

为了非法买卖制毒物品而采用生产、加工、提炼等方法非法制造易制毒化学品的，以非法买卖制毒物品罪（预备）立案追诉。

非法买卖制毒物品主观故意中的“明知”，依照本规定第五条第四款的有关规定予以认定。

明知他人实施非法买卖制毒物品犯罪，而为其运输、储存、代理进出口或者以其他方式提供便利的，以非法买卖制毒物品罪的共犯立案追诉。

第七条　【非法种植毒品原植物案（刑法第三百五十一条）】非法种植罂粟、大麻等毒品原植物，涉嫌下列情形之一的，应予立案追诉：

（一）非法种植罂粟五百株以上的；

（二）非法种植大麻五千株以上的；

（三）非法种植其他毒品原植物数量较大的；

（四）非法种植罂粟二百平方米以上、大麻二千平方米以上或者其他毒品原植物面积较大，尚未出苗的；

（五）经公安机关处理后又种植的；

（六）抗拒铲除的。

本条所规定的“种植”，是指播种、育苗、移栽、插苗、施肥、灌溉、割取津液或者收取种子等行为。非法种植毒品原植物的株数一般应以实际查获的数量为准。因种植面积较大，难以逐株清点数目的，可以抽样测算每平方米平均株数后按实际种植面积测算出种植总株数。

非法种植罂粟或者其他毒品原植物，在收获前自动铲除的，可以不予立案追诉。

第八条　【非法买卖、运输、携带、持有毒品原植物种子、幼苗案（刑法第三百五十二条）】非法买卖、运输、携带、持有未经灭活的罂粟等毒品原植物种子或者幼苗，涉嫌下列情形之一的，应予立案追诉：

（一）罂粟种子五十克以上、罂粟幼苗五千株以上；

（二）大麻种子五十千克以上、大麻幼苗五万株以上；

（三）其他毒品原植物种子、幼苗数量较大的。

第九条　【引诱、教唆、欺骗他人吸毒案（刑法第三百五十三条）】引诱、教唆、欺骗他人吸食、注射毒品的，应予立案追诉。

第十条　【强迫他人吸毒案（刑法第三百五十三条）】违背他人意志，以暴力、胁迫或者其他强制手段，迫使他人吸食、注射毒品的，应予立案追诉。

第十一条　【容留他人吸毒案（刑法第三百五十四条）】提供场所，容留他人吸食、注射毒品，涉嫌下列情形之一的，应予立案追诉：

（一）容留他人吸食、注射毒品两次以上的；

（二）一次容留三人以上吸食、注射毒品的；

（三）因容留他人吸食、注射毒品被行政处罚，又容留他人吸食、注射毒品的；

（四）容留未成年人吸食、注射毒品的；

（五）以牟利为目的容留他人吸食、注射毒品的；

（六）容留他人吸食、注射毒品造成严重后果或者其他情节严重的。

第十二条　【非法提供麻醉药品、精神药品案（刑法第三百五十五条）】依法从事生产、运输、管理、使用国家管制的麻醉药品、精神药品的个人或者单位，违反国家规定，向吸食、注射毒品的人员提供国家规定管制的能够使人形成瘾癖的麻醉药品、精神药品，涉嫌下列情形之一的，应予立案追诉：

（一）非法提供鸦片二十克以上、吗啡二克以上、度冷丁（杜冷丁）五克以上（针剂100mg/支规格的五十支以上，50mg/支规格的一百支以上；片剂25mg/片规格的二百片以上，50mg/片规格的一百片以上）、盐酸二氢埃托啡零点二毫克以上（针剂或者片剂20ug/支、片规格的十支、片以上）、氯胺酮、美沙酮二十克以上、三唑仑、安眠酮一千克以上、咖啡因五千克以上、氯氮卓、艾司唑仑、地西泮、溴西泮十千克以上，以及其他麻醉药品和精神药品数量较大的；

（二）虽未达到上述数量标准，但非法提供麻醉药品、精神药品两次以上，数量累计达到前项规定的数量标准百分之八十以上的；

（三）因非法提供麻醉药品、精神药品被行政处罚，又非法提供麻醉药品、精神药品的；

（四）向吸食、注射毒品的未成年人提供麻醉药品、精神药品的；

（五）造成严重后果或者其他情节严重的。

依法从事生产、运输、管理、使用国家管制的麻醉药品、精神药品的人员或者单位，违反国家规定，向走私、贩卖毒品的犯罪分子提供国家规定管制的能够使人形成瘾癖的麻醉药品、精神药品的，或者以牟利为目的，向吸食、注射毒品的人提供国家规定管制的能够使人形成瘾癖的麻醉药品、精神药品的，以走私、贩卖毒品罪立案追诉。

第十三条　本规定中的毒品是指鸦片、海洛因、甲基苯丙胺（冰毒）、吗啡、大麻、可卡因以及国家规定管制的其他能够使人形成瘾癖的麻醉药品和精神药品。具体品种以国家食品药品监督管理局、公安部、卫生部发布的《麻醉药品品种目录》、《精神药品品种目录》为依据。

本规定中的"制毒物品"是指刑法第三百五十条第一款规定的醋酸酐、乙醚、三氯甲烷或者其他用于制造毒品的原料或者配剂，具体品种范围按照国家关于易制毒化学品管理的规定确定。

第十四条　本规定中未明确立案追诉标准的毒品，有条件折算为海洛因的，参照有关麻醉药品和精神药品折算标准进行折算。

第十五条 本规定中的立案追诉标准，除法律、司法解释另有规定的以外，适用于相关的单位犯罪。

第十六条 本规定中的“以上”，包括本数。

第十七条 本规定自印发之日起施行。

最高人民法院、最高人民检察院、公安部、司法部关于办理恐怖活动和极端主义犯罪案件适用法律若干问题的意见

（2018 年 3 月 16 日 高检会〔2018〕1 号）

为了依法惩治恐怖活动和极端主义犯罪，维护国家安全、社会稳定，保障人民群众生命财产安全，根据《中华人民共和国刑法》《中华人民共和国刑事诉讼法》《中华人民共和国反恐怖主义法》等法律规定，结合司法实践，制定本意见。

一、准确认定犯罪

（一）具有下列情形之一的，应当认定为刑法第一百二十条规定的“组织、领导恐怖活动组织”，以组织、领导恐怖组织罪定罪处罚：

1. 发起、建立恐怖活动组织的；

2. 恐怖活动组织成立后，对组织及其日常运行负责决策、指挥、管理的；

3. 恐怖活动组织成立后，组织、策划、指挥该组织成员进行恐怖活动的；

4. 其他组织、领导恐怖活动组织的情形。

具有下列情形之一的，应当认定为刑法第一百二十条规定的“积极参加”，以参加恐怖组织罪定罪处罚：

1. 纠集他人共同参加恐怖活动组织的；

2. 多次参加恐怖活动组织的；

3. 曾因参加恐怖活动组织、实施恐怖活动被追究刑事责任或者二年内受过行政处罚，又参加恐怖活动组织的；

4. 在恐怖活动组织中实施恐怖活动且作用突出的；

5. 在恐怖活动组织中积极协助组织、领导者实施组织、领导行为的；

6. 其他积极参加恐怖活动组织的情形。

参加恐怖活动组织，但不具有前两款规定情形的，应当认定为刑法第一百二十条规定的“其他参加”，以参加恐怖组织罪定罪处罚。

犯刑法第一百二十条规定的犯罪，又实施杀人、放火、爆炸、绑架、抢劫等犯罪的，依照数罪并罚的规定定罪处罚。

（二）具有下列情形之一的，依照刑法第一百二十条之一的规定，以帮助恐怖活动罪定罪处罚：

1. 以募捐、变卖房产、转移资金等方式为恐怖活动组织、实施恐怖活动的个人、恐怖活动培训筹集、提供经费，或者提供器材、设备、交通工具、武器装备等物资，或者提供其他物质便利的；

2. 以宣传、招收、介绍、输送等方式为恐怖活动组织、实施恐怖活动、恐怖活动培训招募人员的；

3. 以帮助非法出入境，或者为非法出入境提供中介服务、中转运送、停留住宿、伪造身份证明材料等便利，或者充当向导、帮助探查偷越国（边）境路线等方式，为恐怖活动组织、实施恐怖活动、恐怖活动培训运送人员的；

4. 其他资助恐怖活动组织、实施恐怖活动的个人、恐怖活动培训，或者为恐怖活动组织、实施恐怖活动、恐怖活动培训招募、运送人员的情形。

实施恐怖活动的个人，包括已经实施恐怖活动的个人，也包括准备实施、正在实施恐怖活动的个人。包括在我国领域内实施恐怖活动的个人，也包括在我国领域外实施恐怖活动的个人。包括我国公民，也包括外国公民和无国籍人。

帮助恐怖活动罪的主观故意，应当根据案件具体情况，结合行为人的具体行为、认知能力、一贯表现和职业等综合认定。

明知是恐怖活动犯罪所得及其产生的收益，为掩饰、隐瞒其来源和性质，而提供资金账户，协助将财产转换为现金、金融票据、有价证券，通过转账或者其他结算方式协助资金转移，协助将资金汇往境外的，以洗钱罪定罪处罚。事先通谋的，以相关恐怖活动犯罪的共同犯罪论处。

（三）具有下列情形之一的，依照刑法第一百二十条之二的规定，以准备实施恐怖活动罪定罪处罚：

1. 为实施恐怖活动制造、购买、储存、运输凶器，易燃易爆、易制爆品，腐蚀性、放射性、传染性、毒害性物品等危险物品，或者其他工具的；

2. 以当面传授、开办培训班、组建训练营、开办论坛、组织收听收看音频视频资料等方式，或者利用网站、网页、论坛、博客、微博客、网盘、即时通信、通讯群组、聊大室等网络平台、网络应用服务组织恐怖活动培训的，或者积极参加恐怖活动心理体能培训，传授、学习犯罪技能方法或者进行恐怖活动训练的；

3. 为实施恐怖活动，通过拨打电话、发送短信、电子邮件等方式，或者利用网站、网页、论坛、博客、微博客、网盘、即时通信、通讯群组、聊天室等网络平台、网络应用服务与境外恐怖活动组织、人员联络的；

4. 为实施恐怖活动出入境或者组织、策划、煽动、拉拢他人出入境的；

5. 为实施恐怖活动进行策划或者其他准备的情形。

（四）实施下列行为之一，宣扬恐怖主义、极端主义或者煽动实施恐怖活动的，依照刑法第一百二十条之三的规定，以宣扬恐怖主义、极端主义、煽动实施恐怖活动罪定罪处罚：

1. 编写、出版、印刷、复制、发行、散发、播放载有宣扬恐怖主义、极端主义内容的图书、报刊、文稿、图片或者音频视频资料的；

2. 设计、生产、制作、销售、租赁、运输、托运、寄递、散发、展示带有宣扬恐怖主义、极端主义内容的标识、标志、服饰、旗帜、徽章、器物、纪念品等物品的；

3. 利用网站、网页、论坛、博客、微博客、网盘、即时通信、通讯群组、聊天室等网络平台、网络应用服务等登载、张贴、复制、发送、播放、演示载有恐怖主义、极端主义内容的图书、报刊、文稿、图片或者音频视频资料的；

4. 网站、网页、论坛、博客、微博客、网盘、即时通信、通讯群组，聊天室等网络平台、网络应用服务的建立、开办、经营、管理者，明知他人利用网络平台、网络应用服务散布、宣扬恐怖主义、极端主义内容，经相关行政主管部门处罚后仍允许或者放任他人发布的；

5. 利用教经、讲经、解经、学经、婚礼、葬礼、纪念、聚会和文体活动等宣扬恐怖主义、极端主义、煽动实施恐怖活动的；

6. 其他宣扬恐怖主义、极端主义、煽动实施恐怖活动的行为。

（五）利用极端主义，实施下列行为之一的，依照刑法第一百二十条之四的规定，以利用极端主义破坏法律实施罪定罪处罚：

1. 煽动、胁迫群众以宗教仪式取代结婚、离婚登记，或者干涉婚姻自由的；

2. 煽动、胁迫群众破坏国家法律确立的司法制度实施的；

3. 煽动、胁迫群众干涉未成年人接受义务教育，或者破坏学校教育制度、国家教育考试制度等国家法律规定的教育制度的；

4. 煽动、胁迫群众抵制人民政府依法管理，或者阻碍国家机关工作人员依法执行职务的；

5. 煽动、胁迫群众损毁居民身份证、居民户口簿等国家法定证件以及人民币的；

6. 煽动、胁迫群众驱赶其他民族、有其他信仰的人员离开居住地，或者干涉他人生活和生产经营的；

7. 其他煽动、胁迫群众破坏国家法律制度实施的行为。

（六）具有下列情形之一的，依照刑法第一百二十条之五的规定，以强制穿戴宣扬恐怖主义、极端主义服饰、标志罪定罪处罚：

1. 以暴力、胁迫等方式强制他人在公共场所穿着、佩戴宣扬恐怖主义、极端主义服饰的；

2. 以暴力、胁迫等方式强制他人在公共场所穿着、佩戴含有恐怖主义、极端主义的文字、符号、图形、口号、徽章的服饰、标志的；

3. 其他强制他人穿戴宣扬恐怖主义、极端主义服饰、标志的情形。

（七）明知是载有宣扬恐怖主义、极端主义内容的图书、报刊、文稿、图片、音频视频资料、服饰、标志或者其他物品而非法持有，达到下列数量标准之一的，依照刑法第一百二十条之六的规定，以非法持有宣扬恐怖主义、极端主义物品罪定罪处罚：

1. 图书、刊物二十册以上，或者电子图书、刊物五册以上的；

2. 报纸一百份（张）以上，或者电子报纸二十份（张）以上的；

3. 文稿、图片一百篇（张）以上，或者电子文稿、图片二十篇（张）以上，或者电子文档五十万字符以上的；

4. 录音带、录像带等音像制品二十个以上，或者电子音频视频资料五个以上，或者电子音频视频资料二十分钟以上的；

5. 服饰、标志二十件以上的。

非法持有宣扬恐怖主义、极端主义的物品，虽未达到前款规定的数量标准，但具有多次持有，持有多类物品，造成严重后果或者恶劣社会影响，曾因实施恐怖活动、极端主义违法犯罪被追究刑事责任或者二年内受过行政处罚等情形之一的，也可以定罪处罚。

多次非法持有宣扬恐怖主义、极端主义的物品，未经处理的，数量应当累计计算。非法持有宣扬恐怖主义、极端主义的物品，涉及不同种类或者形式的，可以根据本条规定的不同数量标准的相应比例折算后累计计算。

非法持有宣扬恐怖主义、极端主义物品罪主观故意中的“明知”，应当根据案件具体情况，以行为人实施的客观行为为基础，结合其一贯表现，具体行为、程度、手段、事后态度，以及年龄、认知和受教育程度、所从事的职业等综合审查判断。

具有下列情形之一，行为人不能做出合理解释的，可以认定其“明知”，但有证据证明确属被蒙骗的除外：

1. 曾因实施恐怖活动、极端主义违法犯罪被追究刑事责任，或者二年内受过行政处罚，或者被责令改正后又实施的；

2. 在执法人员检查时，有逃跑、丢弃携带物品或者逃避、抗拒检查等行为，在其携带、藏匿或者丢弃的物品中查获宣扬恐怖主义、极端主义的物品的；

3. 采用伪装、隐匿、暗语、手势、代号等隐蔽方式制作、散发、持有宣扬恐怖主义、极端主义的物品的；

4. 以虚假身份、地址或者其他虚假方式办理托运，寄递手续，在托运、寄递的物品中查获宣扬恐怖主义、极端主义的物品的；

5. 有其他证据足以证明行为人应当知道的情形。

（八）犯刑法第一百二十条规定的犯罪，同时构成刑法第一百二十条之一至之六规定的犯罪的，依照处罚较重的规定定罪处罚。

犯刑法第一百二十条之一至之六规定的犯罪，同时构成其他犯罪的，依照处罚较重的规定定罪处罚。

（九）恐怖主义、极端主义，恐怖活动，恐怖活动组织，根据《中华人民共和国反恐怖主义法》等法律法规认定。

二、正确适用程序

（一）组织、领导、参加恐怖组织罪，帮助恐怖活动罪，准备实施恐怖活动罪，宣扬恐怖主义、煽动实施恐怖活动罪，强制穿戴宣扬恐怖主义服饰、标志罪，非法持有宣扬恐怖主义物品罪的第一审刑事案件由中级人民法院管辖；宣扬极端主义罪，利用极端主义破坏法律实施罪，强制穿戴宣扬极端主义服饰、标志罪，非法持有宣扬极端主义物品罪的第一审刑事案件由基层人民法院管辖。高级人民法院可以根据级别管辖的规定，结合本地区社会治安状况、案件数量等情况，决定实行相对集中管辖，指定辖区内特定的中级人民法院集中审理恐怖活动和极端主义犯罪第一审刑事案件，或者指定辖区内特定的基层人民法院集中审理极端主义犯罪第一审刑事案件，并将指定法院名单报最高人民法院备案。

（二）国家反恐怖主义工作领导机构对恐怖活动组织和恐怖活动人员作出认定并予以公告的，人民法院可以在办案中根据公告直接认定。国家反恐怖主义工作领导机构没有公告的，人民法院应当严格依照《中华人民共和国反恐怖主义法》有关恐怖活动组织和恐怖活动人员的定义认定，必要时，可以商地市级以上公安机关出具意见作为参考。

（三）宣扬恐怖主义、极端主义的图书、音频视频资料，服饰、标志或者其他物品的认定，应当根据《中华人民共和国反恐怖主义法》有关恐怖主义、极端主义的规定，从其记载的内容、外观特征等分析判断。公安机关应当对涉案物品全面审查并逐一标注或者摘录，提出审读意见，与扣押、移交物品清单及涉案物品原件一并移送人民检察院审查。人民检察院、人民法院可以结合在案证据、案件情况、办案经验等综合审查判断。

（四）恐怖活动和极端主义犯罪案件初查过程中收集提取的电子数据，以及通过网络在线提取的电子数据，可以作为证据使用。对于原始存储介质位于境外或者远程计算机信息系统上的恐怖活动和极端主义犯罪电子数据，可以通过网络在线提取。必要时，可以对远程计算机信息系统进行网络远程勘验。立案后，经设区的市一级以上公安机关负责人批准，可以采取技术侦查措施。对于恐怖活动和极端主义犯罪电子数据量大或者提取时间长等需要冻结的，经县级以上公安机关负责人或者检察长批准，可以进行冻结。对于电子数据涉及的专门性问题难以确定的，由具备资格的司法鉴定机构出具鉴定意见，或者由公安部指定的机构出具报告。

三、完善工作机制

（一）人民法院、人民检察院和公安机关办理恐怖活动和极端主义犯罪案件，应当互相配合，互相制约，确保法律有效执行。对于主要犯罪事实、关键证据和法律适用等可能产生分歧或者重大、疑难、复杂的恐怖活动和极端主义犯罪案件，公安机关商请听取有管辖权的人民检察院意见和建议的，人民检察院可以提出意见和建议。

（二）恐怖活动和极端主义犯罪案件一般由犯罪地公安机关管辖，犯罪嫌疑人居住地公安机关管辖更为适宜的，也可以由犯罪嫌疑人居住地公安机关管辖。移送案件应当一案一卷，将案件卷宗、提取物证和扣押物品等全部随案移交。移送案件的公安机关应当指派专人配合接收案件的公安机关开展后续案件办理工作。

（三）人民法院、人民检察院和公安机关办理恐怖活动和极端主义犯罪案件，应当坚持对涉案人员区别对待，实行教育转化。对被教唆、胁迫、引诱参与恐怖活动、极端主义活动，或者参与恐怖活动、极端主义活动情节轻微，尚不构成犯罪的人员，公安机关应当组织有关部门、村民委员会、居民委员会、所在单位、就读学校、家庭和监护人对其进行帮教。对被判处有期徒刑以上刑罚的恐怖活动罪犯和极端主义罪犯，服刑地的中级人民法院应当根据其社会危险性评估结果和安置教育建议，在其刑满释放前作出是否安置教育的决定。人民检察院依法对安置教育进行监督，对于实施安置教育过程中存在违法行为的，应当及时提出纠正意见或者检察建议。

最高人民法院、最高人民检察院关于办理非法从事资金支付结算业务、非法买卖外汇刑事案件适用法律若干问题的解释

（2019年9月17日最高人民法院审判委员会第1749次会议、2018年12月12日最高人民检察院第十三届检察委员会第十一次会议通过　2019年1月31日最高人民法院、最高人民检察院公告公布　自2019年2月11日起施行　法释〔2019〕1号）

为依法惩治非法从事资金支付结算业务、非法买卖外汇犯罪活动，维护金融市场秩序，根据《中华人民共和国刑法》《中华人民共和国刑事诉讼法》的规定，现就办理非法从事资金支付结算业务、非法买卖外汇刑事案件适用法律的若干问题解释如下：

第一条　违反国家规定，具有下列情形之一的，属于刑法第二百二十五条第三项规定的“非法从事资金支付结算业务”：

（一）使用受理终端或者网络支付接口等方法，以虚构交易、虚开价格、交易退款等非法方式向指定付款方支付货币资金的；

（二）非法为他人提供单位银行结算账户套现或者单位银行结算账户转个人账户服务的；

（三）非法为他人提供支票套现服务的；

（四）其他非法从事资金支付结算业务的情形。

第二条　违反国家规定，实施倒买倒卖外汇或者变相买卖外汇等非法买卖外汇行为，扰乱金融市场秩序，情节严重的，依照刑法第二百二十五条第四项的规定，以非法经营罪定罪处罚。

第三条　非法从事资金支付结算业务或者非法买卖外汇，具有下列情形之一的，应当认定为非法经营行为“情节严重”：

（一）非法经营数额在五百万元以上的；

（二）违法所得数额在十万元以上的。

非法经营数额在二百五十万元以上，或者违法所得数额在五万元以上，且具有下列情形之一的，可以认定为非法经营行为“情节严重”：

（一）曾因非法从事资金支付结算业务或者非法买卖外汇犯罪行为受过刑事追

究的；

（二）二年内因非法从事资金支付结算业务或者非法买卖外汇违法行为受过行政处罚的；

（三）拒不交代涉案资金去向或者拒不配合追缴工作，致使赃款无法追缴的；

（四）造成其他严重后果的。

第四条 非法从事资金支付结算业务或者非法买卖外汇，具有下列情形之一的，应当认定为非法经营行为“情节特别严重”：

（一）非法经营数额在二千五百万元以上的；

（二）违法所得数额在五十万元以上的。

非法经营数额在一千二百五十万元以上，或者违法所得数额在二十五万元以上，且具有本解释第三条第二款规定的四种情形之一的，可以认定为非法经营行为“情节特别严重”。

第五条 非法从事资金支付结算业务或者非法买卖外汇，构成非法经营罪，同时又构成刑法第一百二十条之一规定的帮助恐怖活动罪或者第一百九十一条规定的洗钱罪的，依照处罚较重的规定定罪处罚。

第六条 二次以上非法从事资金支付结算业务或者非法买卖外汇，依法应予行政处理或者刑事处理而未经处理的，非法经营数额或者违法所得数额累计计算。

同一案件中，非法经营数额、违法所得数额分别构成情节严重、情节特别严重的，按照处罚较重的数额定罪处罚。

第七条 非法从事资金支付结算业务或者非法买卖外汇违法所得数额难以确定的，按非法经营数额的千分之一认定违法所得数额，依法并处或者单处违法所得一倍以上五倍以下罚金。

第八条 符合本解释第三条规定的标准，行为人如实供述犯罪事实，认罪悔罪，并积极配合调查，退缴违法所得的，可以从轻处罚；其中犯罪情节轻微的，可以依法不起诉或者免予刑事处罚。

符合刑事诉讼法规定的认罪认罚从宽适用范围和条件的，依照刑事诉讼法的规定处理。

第九条 单位实施本解释第一条、第二条规定的非法从事资金支付结算业务、非法买卖外汇行为，依照本解释规定的定罪量刑标准，对单位判处罚金，并对其直接负责的主管人员和其他直接责任人员定罪处罚。

第十条 非法从事资金支付结算业务、非法买卖外汇刑事案件中的犯罪地，包括犯罪嫌疑人、被告人用于犯罪活动的账户开立地、资金接收地、资金过渡账户开立地、资金账户操作地，以及资金交易对手资金交付和汇出地等。

第十一条 涉及外汇的犯罪数额，按照案发当日中国外汇交易中心或者中国人民银行授权机构公布的人民币对该货币的中间价折合成人民币计算。中国外汇交易中心或者中国人民银行授权机构未公布汇率中间价的境外货币，按照案发当日境内银行人民币对该货币的中间价折算成人民币，或者该货币在境内银行、国际外汇市场对美元汇率，与人民币对美元汇率中间价进行套算。

第十二条 本解释自2019年2月1日起施行。《最高人民法院关于审理骗购外汇、非法买卖外汇刑事案件具体应用法律若干问题的解释》（法释［1998］20号）与本解释不一致的，以本解释为准。

最高人民法院、最高人民检察院、公安部、司法部关于办理非法放贷刑事案件若干问题的意见

（2019年7月23日）

为依法惩治非法放贷犯罪活动，切实维护国家金融市场秩序与社会和谐稳定，有效防范因非法放贷诱发涉黑涉恶以及其他违法犯罪活动，保护公民、法人和其他组织合法权益，根据刑法、刑事诉讼法及有关司法解释、规范性文件的规定，现对办理非法放贷刑事案件若干问题提出如下意见：

一、违反国家规定，未经监管部门批准，或者超越经营范围，以营利为目的，经常性地向社会不特定对象发放贷款，扰乱金融市场秩序，情节严重的，依照刑法第二百二十五条第（四）项的规定，以非法经营罪定罪处罚。

前款规定中的“经常性地向社会不特定对象发放贷款”，是指2年内向不特定多人（包括单位和个人）以借款或其他名义出借资金10次以上。

贷款到期后延长还款期限的，发放贷款次数按照1次计算。

二、以超过36%的实际年利率实施符合本意见第一条规定的非法放贷行为，具有下列情形之一的，属于刑法第二百二十五条规定的“情节严重”，但单次非法放贷行为实际年利率未超过36%的，定罪量刑时不得计入：

（一）个人非法放贷数额累计在200万元以上的，单位非法放贷数额累计在1000万元以上的；

（二）个人违法所得数额累计在80万元以上的，单位违法所得数额累计在400万元以上的；

（三）个人非法放贷对象累计在50人以上的，单位非法放贷对象累计在150人

以上的；

（四）造成借款人或者其近亲属自杀、死亡或者精神失常等严重后果的。

具有下列情形之一的，属于刑法第二百二十五条规定的“情节特别严重”：

（一）个人非法放贷数额累计在1000万元以上的，单位非法放贷数额累计在5000万元以上的；

（二）个人违法所得数额累计在400万元以上的，单位违法所得数额累计在2000万元以上的；

（三）个人非法放贷对象累计在250人以上的，单位非法放贷对象累计在750人以上的；

（四）造成多名借款人或者其近亲属自杀、死亡或者精神失常等特别严重后果的。

三、非法放贷数额、违法所得数额、非法放贷对象数量接近本意见第二条规定的“情节严重”“情节特别严重”的数额、数量起点标准，并具有下列情形之一的，可以分别认定为“情节严重”“情节特别严重”：

（一）2年内因实施非法放贷行为受过行政处罚2次以上的；

（二）以超过72%的实际年利率实施非法放贷行为10次以上的。

前款规定中的“接近”，一般应当掌握在相应数额、数量标准的80%以上。

四、仅向亲友、单位内部人员等特定对象出借资金，不得适用本意见第一条的规定定罪处罚。但具有下列情形之一的，定罪量刑时应当与向不特定对象非法放贷的行为一并处理：

（一）通过亲友、单位内部人员等特定对象向不特定对象发放贷款的；

（二）以发放贷款为目的，将社会人员吸收为单位内部人员，并向其发放贷款的；

（三）向社会公开宣传，同时向不特定多人和亲友、单位内部人员等特定对象发放贷款的。

五、非法放贷数额应当以实际出借给借款人的本金金额认定。非法放贷行为人以介绍费、咨询费、管理费、逾期利息、违约金等名义和以从本金中预先扣除等方式收取利息的，相关数额在计算实际年利率时均应计入。

非法放贷行为人实际收取的除本金之外的全部财物，均应计入违法所得。

非法放贷行为未经处理的，非法放贷次数和数额、违法所得数额、非法放贷对象数量等应当累计计算。

六、为从事非法放贷活动，实施擅自设立金融机构、套取金融机构资金高利转贷、骗取贷款、非法吸收公众存款等行为，构成犯罪的，应当择一重罪处罚。

为强行索要因非法放贷而产生的债务，实施故意杀人、故意伤害、非法拘禁、故意毁坏财物、寻衅滋事等行为，构成犯罪的，应当数罪并罚。

纠集、指使、雇佣他人采用滋扰、纠缠、哄闹、聚众造势等手段强行索要债务，尚不单独构成犯罪，但实施非法放贷行为已构成非法经营罪的，应当按照非法经营罪的规定酌情从重处罚。

以上规定的情形，刑法、司法解释另有规定的除外。

七、有组织地非法放贷，同时又有其他违法犯罪活动，符合黑社会性质组织或者恶势力、恶势力犯罪集团认定标准的，应当分别按照黑社会性质组织或者恶势力、恶势力犯罪集团侦查、起诉、审判。

黑恶势力非法放贷的，据以认定“情节严重”“情节特别严重”的非法放贷数额、违法所得数额、非法放贷对象数量起点标准，可以分别按照本意见第二条规定中相应数额、数量标准的50%确定；同时具有本意见第三条第一款规定情形的，可以分别按照相应数额、数量标准的40%确定。

八、本意见自2019年10月21日起施行。对于本意见施行前发生的非法放贷行为，依照最高人民法院《关于准确理解和适用刑法中“国家规定”的有关问题的通知》（法发〔2011〕155号）的规定办理。

最高人民法院、最高人民检察院
关于办理利用信息网络实施诽谤等
刑事案件适用法律若干问题的解释

（2013年9月5日最高人民法院审判委员会第1589次会议、2013年9月2日最高人民检察院第十二届检察委员会第9次会议通过　2013年9月6日最高人民法院、最高人民检察院公告公布　自2013年9月10日起施行　法释〔2013〕21号）

为保护公民、法人和其他组织的合法权益，维护社会秩序，根据《中华人民共和国刑法》《全国人民代表大会常务委员会关于维护互联网安全的决定》等规定，对办理利用信息网络实施诽谤、寻衅滋事、敲诈勒索、非法经营等刑事案件适用法律的若干问题解释如下：

第一条　具有下列情形之一的，应当认定为刑法第二百四十六条第一款规定的“捏造事实诽谤他人”：

（一）捏造损害他人名誉的事实，在信息网络上散布，或者组织、指使人员在

信息网络上散布的；

（二）将信息网络上涉及他人的原始信息内容篡改为损害他人名誉的事实，在信息网络上散布，或者组织、指使人员在信息网络上散布的；

明知是捏造的损害他人名誉的事实，在信息网络上散布，情节恶劣的，以“捏造事实诽谤他人”论。

第二条 利用信息网络诽谤他人，具有下列情形之一的，应当认定为刑法第二百四十六条第一款规定的“情节严重”：

（一）同一诽谤信息实际被点击、浏览次数达到五千次以上，或者被转发次数达到五百次以上的；

（二）造成被害人或者其近亲属精神失常、自残、自杀等严重后果的；

（三）二年内曾因诽谤受过行政处罚，又诽谤他人的；

（四）其他情节严重的情形。

第三条 利用信息网络诽谤他人，具有下列情形之一的，应当认定为刑法第二百四十六条第二款规定的“严重危害社会秩序和国家利益”：

（一）引发群体性事件的；

（二）引发公共秩序混乱的；

（三）引发民族、宗教冲突的；

（四）诽谤多人，造成恶劣社会影响的；

（五）损害国家形象，严重危害国家利益的；

（六）造成恶劣国际影响的；

（七）其他严重危害社会秩序和国家利益的情形。

第四条 一年内多次实施利用信息网络诽谤他人行为未经处理，诽谤信息实际被点击、浏览、转发次数累计计算构成犯罪的，应当依法定罪处罚。

第五条 利用信息网络辱骂、恐吓他人，情节恶劣，破坏社会秩序的，依照刑法第二百九十三条第一款第（二）项的规定，以寻衅滋事罪定罪处罚。

编造虚假信息，或者明知是编造的虚假信息，在信息网络上散布，或者组织、指使人员在信息网络上散布，起哄闹事，造成公共秩序严重混乱的，依照刑法第二百九十三条第一款第（四）项的规定，以寻衅滋事罪定罪处罚。

第六条 以在信息网络上发布、删除等方式处理网络信息为由，威胁、要挟他人，索取公私财物，数额较大，或者多次实施上述行为的，依照刑法第二百七十四条的规定，以敲诈勒索罪定罪处罚。

第七条 违反国家规定，以营利为目的，通过信息网络有偿提供删除信息服务，或者明知是虚假信息，通过信息网络有偿提供发布信息等服务，扰乱市场秩序，具有下列情形之一的，属于非法经营行为“情节严重”，依照刑法第二百二十五条第（四）项的规定，以非法经营罪定罪处罚：

（一）个人非法经营数额在五万元以上，或者违法所得数额在二万元以上的；

（二）单位非法经营数额在十五万元以上，或者违法所得数额在五万元以上的。

实施前款规定的行为，数额达到前款规定的数额五倍以上的，应当认定为刑法第二百二十五条规定的“情节特别严重”。

第八条 明知他人利用信息网络实施诽谤、寻衅滋事、敲诈勒索、非法经营等犯罪，为其提供资金、场所、技术支持等帮助的，以共同犯罪论处。

第九条 利用信息网络实施诽谤、寻衅滋事、敲诈勒索、非法经营犯罪，同时又构成刑法第二百二十一条规定的损害商业信誉、商品声誉罪，第二百七十八条规定的煽动暴力抗拒法律实施罪，第二百九十一条之一规定的编造、故意传播虚假恐怖信息罪等犯罪的，依照处罚较重的规定定罪处罚。

第十条 本解释所称信息网络，包括以计算机、电视机、固定电话机、移动电话机等电子设备为终端的计算机互联网、广播电视网、固定通信网、移动通信网等信息网络，以及向公众开放的局域网络。

最高人民法院、最高人民检察院关于办理侵犯公民个人信息刑事案件适用法律若干问题的解释

（2017年3月20日最高人民法院审判委员会第1712次会议、2017年4月26日最高人民检察院第十二届检察委员会第63次会议通过　2017年5月8日最高人民法院、最高人民检察院公告公布　自2017年6月1日起施行　法释〔2017〕10号）

为依法惩治侵犯公民个人信息犯罪活动，保护公民个人信息安全和合法权益，根据《中华人民共和国刑法》《中华人民共和国刑事诉讼法》的有关规定，现就办理此类刑事案件适用法律的若干问题解释如下：

第一条 刑法第二百五十三条之一规定的“公民个人信息”，是指以电子或者其他方式记录的能够单独或者与其他信息结合识别特定自然人身份或者反映特定自然人活动情况的各种信息，包括姓名、身份证件号码、通信通讯联系方式、住址、账号密码、财产状况、行踪轨迹等。

第二条 违反法律、行政法规、部门规章有关公民个人信息保护的规定的，应

当认定为刑法第二百五十三条之一规定的“违反国家有关规定”。

第三条 向特定人提供公民个人信息，以及通过信息网络或者其他途径发布公民个人信息的，应当认定为刑法第二百五十三条之一规定的“提供公民个人信息”。

未经被收集者同意，将合法收集的公民个人信息向他人提供的，属于刑法第二百五十三条之一规定的“提供公民个人信息”，但是经过处理无法识别特定个人且不能复原的除外。

第四条 违反国家有关规定，通过购买、收受、交换等方式获取公民个人信息，或者在履行职责、提供服务过程中收集公民个人信息的，属于刑法第二百五十三条之一第三款规定的“以其他方法非法获取公民个人信息”。

第五条 非法获取、出售或者提供公民个人信息，具有下列情形之一的，应当认定为刑法第二百五十三条之一规定的“情节严重”：

（一）出售或者提供行踪轨迹信息，被他人用于犯罪的；

（二）知道或者应当知道他人利用公民个人信息实施犯罪，向其出售或者提供的；

（三）非法获取、出售或者提供行踪轨迹信息、通信内容、征信信息、财产信息五十条以上的；

（四）非法获取、出售或者提供住宿信息、通信记录、健康生理信息、交易信息等其他可能影响人身、财产安全的公民个人信息五百条以上的；

（五）非法获取、出售或者提供第三项、第四项规定以外的公民个人信息五千条以上的；

（六）数量未达到第三项至第五项规定标准，但是按相应比例合计达到有关数量标准的；

（七）违法所得五千元以上的；

（八）将在履行职责或者提供服务过程中获得的公民个人信息出售或者提供给他人，数量或者数额达到第三项至第七项规定标准一半以上的；

（九）曾因侵犯公民个人信息受过刑事处罚或者二年内受过行政处罚，又非法获取、出售或者提供公民个人信息的；

（十）其他情节严重的情形。

实施前款规定的行为，具有下列情形之一的，应当认定为刑法第二百五十三条之一第一款规定的“情节特别严重”：

（一）造成被害人死亡、重伤、精神失常或者被绑架等严重后果的；

（二）造成重大经济损失或者恶劣社会影响的；

（三）数量或者数额达到前款第三项至第八项规定标准十倍以上的；

（四）其他情节特别严重的情形。

第六条 为合法经营活动而非法购买、收受本解释第五条第一款第三项、第四项规定以外的公民个人信息，具有下列情形之一的，应当认定为刑法第二百五十三条之一规定的“情节严重”：

（一）利用非法购买、收受的公民个人信息获利五万元以上的；

（二）曾因侵犯公民个人信息受过刑事处罚或者二年内受过行政处罚，又非法购买、收受公民个人信息的；

（三）其他情节严重的情形。

实施前款规定的行为，将购买、收受的公民个人信息非法出售或者提供的，定罪量刑标准适用本解释第五条的规定。

第七条 单位犯刑法第二百五十三条之一规定之罪的，依照本解释规定的相应自然人犯罪的定罪量刑标准，对直接负责的主管人员和其他直接责任人员定罪处罚，并对单位判处罚金。

第八条 设立用于实施非法获取、出售或者提供公民个人信息违法犯罪活动的网站、通讯群组，情节严重的，应当依照刑法第二百八十七条之一的规定，以非法利用信息网络罪定罪处罚；同时构成侵犯公民个人信息罪的，依照侵犯公民个人信息罪定罪处罚。

第九条 网络服务提供者拒不履行法律、行政法规规定的信息网络安全管理义务，经监管部门责令采取改正措施而拒不改正，致使用户的公民个人信息泄露，造成严重后果的，应当依照刑法第二百八十六条之一的规定，以拒不履行信息网络安全管理义务罪定罪处罚。

第十条 实施侵犯公民个人信息犯罪，不属于“情节特别严重”，行为人系初犯，全部退赃，并确有悔罪表现的，可以认定为情节轻微，不起诉或者免予刑事处罚；确有必要判处刑罚的，应当从宽处罚。

第十一条 非法获取公民个人信息后又出售或者提供的，公民个人信息的条数不重复计算。

向不同单位或者个人分别出售、提供同一公民个人信息的，公民个人信息的条数累计计算。

对批量公民个人信息的条数，根据查获的数量直接认定，但是有证据证明信息不真实或者重复的除外。

第十二条 对于侵犯公民个人信息犯罪，应当综合考虑犯罪的危害程度、犯罪的违法所得数额以及被告人的前科情况、认罪悔罪态度等，依法判处罚金。罚金数额一般在违法所得的一倍以上五倍以下。

第十三条 本解释自 2017 年 6 月 1 日起施行。

最高人民法院关于审理抢劫、抢夺刑事案件适用法律若干问题的意见

（2005年6月8日　法发〔2005〕8号）

抢劫、抢夺是多发性的侵犯财产犯罪。1997年刑法修订后，为了更好地指导审判工作，最高人民法院先后发布了《关于审理抢劫案件具体应用法律若干问题的解释》（以下简称《抢劫解释》）和《关于审理抢夺刑事案件具体应用法律若干问题的解释》（以下简称《抢夺解释》）。但是，抢劫、抢夺犯罪案件的情况比较复杂，各地法院在审判过程中仍然遇到了不少新情况、新问题。为准确、统一适用法律，现对审理抢劫、抢夺犯罪案件中较为突出的几个法律适用问题，提出意见如下：

一、关于“入户抢劫”的认定

根据《抢劫解释》第一条规定，认定“入户抢劫”时，应当注意以下三个问题：一是“户”的范围。“户”在这里是指住所，其特征表现为供他人家庭生活和与外界相对隔离两个方面，前者为功能特征，后者为场所特征。一般情况下，集体宿舍、旅店宾馆、临时搭建工棚等不应认定为“户”，但在特定情况下，如果确实具有上述两个特征的，也可以认定为“户”。二是“入户”目的的非法性。进入他人住所须以实施抢劫等犯罪为目的。抢劫行为虽然发生在户内，但行为人不以实施抢劫等犯罪为目的进入他人住所，而是在户内临时起意实施抢劫的，不属于“入户抢劫”。三是暴力或者暴力胁迫行为必须发生在户内。入户实施盗窃被发现，行为人为窝藏赃物、抗拒抓捕或者毁灭罪证而当场使用暴力或者以暴力相威胁的，如果暴力或者暴力胁迫行为发生在户内，可以认定为“入户抢劫”；如果发生在户外，不能认定为“入户抢劫”。

二、关于“在公共交通工具上抢劫”的认定

公共交通工具承载的旅客具有不特定多数人的特点。根据《抢劫解释》第二条规定，“在公共交通工具上抢劫”主要是指在从事旅客运输的各种公共汽车、大、中型出租车、火车、船只、飞机等正在运营中的机动公共交通工具上对旅客、司售、乘务人员实施的抢劫。在未运营中的大、中型公共交通工具上针对司售、乘务人员抢劫的，或者在小型出租车上抢劫的，不属于“在公共交通工具上抢劫”。

三、关于“多次抢劫”的认定

刑法第二百六十三条第（四）项中的“多次抢劫”是指抢劫三次以上。

对于“多次”的认定，应以行为人实施的每一次抢劫行为均已构成犯罪为前提，综合考虑犯罪故意的产生、犯罪行为实施的时间、地点等因素，客观分析、认定。对于行为人基于一个犯意实施犯罪的，如在同一地点同时对在场的多人实施抢劫的；或基于同一犯意在同一地点实施连续抢劫犯罪的，如在同一地点连续地对途经此地的多人进行抢劫的；或在一次犯罪中对一栋居民楼房中的几户居民连续实施入户抢劫的，一般应认定为一次犯罪。

四、关于“携带凶器抢夺”的认定

《抢劫解释》第六条规定，“携带凶器抢夺”，是指行为人随身携带枪支、爆炸物、管制刀具等国家禁止个人携带的器械进行抢夺或者为了实施犯罪而携带其他器械进行抢夺的行为。行为人随身携带国家禁止个人携带的器械以外的其他器械抢夺，但有证据证明该器械确实不是为了实施犯罪准备的，不以抢劫罪定罪；行为人将随身携带凶器有意加以显示、能为被害人察觉到的，直接适用刑法第二百六十三条的规定定罪处罚；行为人携带凶器抢夺后，在逃跑过程中为窝藏赃物、抗拒抓捕或者毁灭罪证而当场使用暴力或者以暴力相威胁的，适用刑法第二百六十七条第二款的规定定罪处罚。

五、关于转化抢劫的认定

行为人实施盗窃、诈骗、抢夺行为，未达到“数额较大”，为窝藏赃物、抗拒抓捕或者毁灭罪证当场使用暴力或者以暴力相威胁，情节较轻、危害不大的，一般不以犯罪论处；但具有下列情节之一的，可依照刑法第二百六十九条的规定，以抢劫罪定罪处罚；

（1）盗窃、诈骗、抢夺接近“数额较大”标准的；

（2）入户或在公共交通工具上盗窃、诈骗、抢夺后在户外或交通工具外实施上述行为的；

（3）使用暴力致人轻微伤以上后果的；

（4）使用凶器或以凶器相威胁的；

（5）具有其他严重情节的。

六、关于抢劫犯罪数额的计算

抢劫信用卡后使用、消费的，其实际使用、消费的数额为抢劫数额；抢劫信用卡后未实际使用、消费的，不计数额，根据情节轻重量刑。所抢信用卡数额巨大，但未实际使用、消费或者实际使用、消费的数额未达到巨大标准的，不适用“抢劫数额巨大”的法定刑。

为抢劫其他财物，劫取机动车辆当作犯罪工具或者逃跑工具使用的，被劫取机动车辆的价值计入抢劫数额；为实施抢劫以外的其他犯罪劫取机动车辆的，以抢劫罪和实施的其他犯罪实行数罪并罚。

抢劫存折、机动车辆的数额计算，参照执行《关于审理盗窃案件具体应用法律若干问题的解释》的相关规定。

七、关于抢劫特定财物行为的定性

以毒品、假币、淫秽物品等违禁品为对象，实施抢劫的，以抢劫罪定罪；抢劫的违禁品数量作为量刑情节予以考虑。抢劫违禁品后又以违禁品实施其他犯罪的，应以抢劫罪与具体实施的其他犯罪实行数罪并罚。

抢劫赌资、犯罪所得的赃款赃物的，以抢劫罪定罪，但行为人仅以其所输赌资或所赢赌债为抢劫对象，一般不以抢劫罪定罪处罚。构成其他犯罪的，依照刑法的相关规定处罚。

为个人使用，以暴力、胁迫等手段取得家庭成员或近亲属财产的，一般不以抢劫罪定罪处罚，构成其他犯罪的，依照刑法的相关规定处理；教唆或者伙同他人采取暴力、胁迫等手段劫取家庭成员或近亲属财产的，可以抢劫罪定罪处罚。

八、关于抢劫罪数的认定

行为人实施伤害、强奸等犯罪行为，在被害人未失去知觉，利用被害人不能反抗、不敢反抗的处境，临时起意劫取他人财物的，应以此前所实施的具体犯罪与抢劫罪实行数罪并罚；在被害人失去知觉或者没有发觉的情形下，以及实施故意杀人犯罪行为之后，临时起意拿走他人财物的，应以此前所实施的具体犯罪与盗窃罪实行数罪并罚。

九、关于抢劫罪与相似犯罪的界限

1. 冒充正在执行公务的人民警察、联防人员，以抓卖淫嫖娼、赌博等违法行为为名非法占有财物的行为定性

行为人冒充正在执行公务的人民警察“抓赌”、“抓嫖”，没收赌资或者罚款的行为，构成犯罪的，以招摇撞骗罪从重处罚；在实施上述行为中使用暴力或者暴力威胁的，以抢劫罪定罪处罚。行为人冒充治安联防队员“抓赌”、“抓嫖”、没收赌资或者罚款的行为，构成犯罪的，以敲诈勒索罪定罪处罚；在实施上述行为中使用暴力或者暴力威胁的，以抢劫罪定罪处罚。

2. 以暴力、胁迫手段索取超出正常交易价钱、费用的钱财的行为定性

从事正常商品买卖、交易或者劳动服务的人，以暴力、胁迫手段迫使他人交出与合理价钱、费用相差不大钱物，情节严重的，以强迫交易罪定罪处罚；以非法占有为目的，以买卖、交易、服务为幌子采用暴力、胁迫手段迫使他人交出与合理价钱、费用相差悬殊的钱物的，以抢劫罪定罪处刑。在具体认定时，既要考虑超出合理价钱、费用的绝对数额，还要考虑超出合理价钱、费用的比例，加以综合判断。

3. 抢劫罪与绑架罪的界限

绑架罪是侵害他人人身自由权利的犯罪，其与抢劫罪的区别在于：第一，主观方面不尽相同。抢劫罪中，行为人一般出于非法占有他人财物的故意实施抢劫行为，绑架罪中，行为人既可能为勒索他人财物而实施绑架行为，也可能出于其他非经济目的实施绑架行为；第二，行为手段不尽相同。抢劫罪表现为行为人劫取财物一般应在同一时间、同一地点，具有“当场性”；绑架罪表现为行为人以杀害、伤害等方式向被绑架人的亲属或其他人或单位发出威胁，索取赎金或提出其他非法要求，劫取财物一般不具有“当场性”。

绑架过程中又当场劫取被害人随身携带财物的，同时触犯绑架罪和抢劫罪两罪名，应择一重罪定罪处罚。

4. 抢劫罪与寻衅滋事罪的界限

寻衅滋事罪是严重扰乱社会秩序的犯罪，行为人实施寻衅滋事的行为时，客观上也可能表现为强拿硬要公私财物的特征。这种强拿硬要的行为与抢劫罪的区别在于：前者行为人主观上还具有逞强好胜和通过强拿硬要来填补其精神空虚等目的，后者行为人一般只具有非法占有他人财物的目的；前者行为人客观上一般不以严重侵犯他人人身权利的方法强拿硬要财物，而后者行为人则以暴力、胁迫等方式作为劫取他人财物的手段。司法实践中，对于未成年人使用或威胁使用轻微暴力强抢少量财物的行为，一般不宜以抢劫罪定罪处罚。其行为符合寻衅滋事罪特征的，可以寻衅滋事罪定罪处罚。

5. 抢劫罪与故意伤害罪的界限

行为人为索取债务，使用暴力、暴力威胁等手段的，一般不以抢劫罪定罪处罚。构成故意伤害等其他犯罪的，依照刑法第二百三十四条等规定处罚。

十、抢劫罪的既遂、未遂的认定

抢劫罪侵犯的是复杂客体，既侵犯财产权利又侵犯人身权利，具备劫取财物或者造成他人轻伤以上后果两者之一的，均属抢劫既遂；既未劫取财物，又未造成他人人身伤害后果的，属抢劫未遂。据此，刑法第二百六十三条规定的八种处罚情节中除“抢劫致人重伤、死亡的”这一结果加重情节之外，其余七种处罚情节同样存在既遂、未遂问题，其中属抢劫未遂的，应当根据刑法关于加重情节的法定刑规定，结合未遂犯的处理原则量刑。

十一、驾驶机动车、非机动车夺取他人财物行为的定性

对于驾驶机动车、非机动车（以下简称“驾驶车辆”）夺取他人财物的，一般以抢夺罪从重处罚。但具有下列情形之一，应当以抢劫罪定罪处罚：

（1）驾驶车辆，逼挤、撞击或强行逼倒他人以排除他人反抗，乘机夺取财物的；

（2）驾驶车辆强抢财物时，因被害人不放手而采取强拉硬拽方法劫取财物的；

（3）行为人明知其驾驶车辆强行夺取他人财物的手段会造成他人伤亡的后果，仍然强行夺取并放任造成财物持有人轻伤以上后果的。

最高人民法院、最高人民检察院关于办理抢夺刑事案件适用法律若干问题的解释

（2013年9月30日最高人民法院审判委员会第1592次会议、2013年10月22日最高人民检察院第十二届检察委员会第12次会议通过　2013年11月11日最高人民法院、最高人民检察院公告公布　自2013年11月18日起施行　法释〔2013〕25号）

为依法惩治抢夺犯罪，保护公私财产，根据《中华人民共和国刑法》的有关规定，现就办理此类刑事案件适用法律的若干问题解释如下：

第一条　抢夺公私财物价值一千元至三千元以上、三万元至八万元以上、二十万元至四十万元以上的，应当分别认定为刑法第二百六十七条规定的“数额较大”“数额巨大”“数额特别巨大”。

各省、自治区、直辖市高级人民法院、人民检察院可以根据本地区经济发展状况，并考虑社会治安状况，在前款规定的数额幅度内，确定本地区执行的具体数额标准，报最高人民法院、最高人民检察院批准。

第二条　抢夺公私财物，具有下列情形之一的，“数额较大”的标准按照前条规定标准的百分之五十确定：

（一）曾因抢劫、抢夺或者聚众哄抢受过刑事处罚的；

（二）一年内曾因抢夺或者哄抢受过行政处罚的；

（三）一年内抢夺三次以上的；

（四）驾驶机动车、非机动车抢夺的；

（五）组织、控制未成年人抢夺的；

（六）抢夺老年人、未成年人、孕妇、携带婴幼儿的人、残疾人、丧失劳动能力人的财物的；

（七）在医院抢夺病人或者其亲友财物的；

（八）抢夺救灾、抢险、防汛、优抚、扶贫、移民、救济款物的；

（九）自然灾害、事故灾害、社会安全事件等突发事件期间，在事件发生地抢

夺的；

（十）导致他人轻伤或者精神失常等严重后果的。

第三条 抢夺公私财物，具有下列情形之一的，应当认定为刑法第二百六十七条规定的“其他严重情节”：

（一）导致他人重伤的；

（二）导致他人自杀的；

（三）具有本解释第二条第三项至第十项规定的情形之一，数额达到本解释第一条规定的“数额巨大”百分之五十的。

第四条 抢夺公私财物，具有下列情形之一的，应当认定为刑法第二百六十七条规定的“其他特别严重情节”：

（一）导致他人死亡的；

（二）具有本解释第二条第三项至第十项规定的情形之一，数额达到本解释第一条规定的“数额特别巨大”百分之五十的。

第五条 抢夺公私财物数额较大，但未造成他人轻伤以上伤害，行为人系初犯，认罪、悔罪，退赃、退赔，且具有下列情形之一的，可以认定为犯罪情节轻微，不起诉或者免予刑事处罚；必要时，由有关部门依法予以行政处罚：

（一）具有法定从宽处罚情节的；

（二）没有参与分赃或者获赃较少，且不是主犯的；

（三）被害人谅解的；

（四）其他情节轻微、危害不大的。

第六条 驾驶机动车、非机动车夺取他人财物，具有下列情形之一的，应当以抢劫罪定罪处罚：

（一）夺取他人财物时因被害人不放手而强行夺取的；

（二）驾驶车辆逼挤、撞击或者强行逼倒他人夺取财物的；

（三）明知会致人伤亡仍然强行夺取并放任造成财物持有人轻伤以上后果的。

第七条 本解释公布施行后，《最高人民法院关于审理抢夺刑事案件具体应用法律若干问题的解释》（法释〔2002〕18号）同时废止；之前发布的司法解释和规范性文件与本解释不一致的，以本解释为准。

最高人民法院、最高人民检察院关于办理盗窃刑事案件适用法律若干问题的解释

（2013年3月8日最高人民法院审判委员会第1571次会议、2013年3月18日最高人民检察院第十二届检察委员会第1次会议通过　2013年4月2日最高人民法院、最高人民检察院公告公布　自2013年4月4日起施行　法释〔2013〕8号）

为依法惩治盗窃犯罪活动，保护公私财产，根据《中华人民共和国刑法》、《中华人民共和国刑事诉讼法》的有关规定，现就办理盗窃刑事案件适用法律的若干问题解释如下：

第一条　盗窃公私财物价值一千元至三千元以上、三万元至十万元以上、三十万元至五十万元以上的，应当分别认定为刑法第二百六十四条规定的“数额较大”、“数额巨大”、“数额特别巨大”。

各省、自治区、直辖市高级人民法院、人民检察院可以根据本地区经济发展状况，并考虑社会治安状况，在前款规定的数额幅度内，确定本地区执行的具体数额标准，报最高人民法院、最高人民检察院批准。

在跨地区运行的公共交通工具上盗窃，盗窃地点无法查证的，盗窃数额是否达到“数额较大”、“数额巨大”、“数额特别巨大”，应当根据受理案件所在地省、自治区、直辖市高级人民法院、人民检察院确定的有关数额标准认定。

盗窃毒品等违禁品，应当按照盗窃罪处理的，根据情节轻重量刑。

第二条　盗窃公私财物，具有下列情形之一的，“数额较大”的标准可以按照前条规定标准的百分之五十确定：

（一）曾因盗窃受过刑事处罚的；

（二）一年内曾因盗窃受过行政处罚的；

（三）组织、控制未成年人盗窃的；

（四）自然灾害、事故灾害、社会安全事件等突发事件期间，在事件发生地盗窃的；

（五）盗窃残疾人、孤寡老人、丧失劳动能力人的财物的；

（六）在医院盗窃病人或者其亲友财物的；

（七）盗窃救灾、抢险、防汛、优抚、扶贫、移民、救济款物的；

（八）因盗窃造成严重后果的。

第三条 二年内盗窃三次以上的，应当认定为“多次盗窃”。

非法进入供他人家庭生活，与外界相对隔离的住所盗窃的，应当认定为“入户盗窃”。

携带枪支、爆炸物、管制刀具等国家禁止个人携带的器械盗窃，或者为了实施违法犯罪携带其他足以危害他人人身安全的器械盗窃的，应当认定为“携带凶器盗窃”。

在公共场所或者公共交通工具上盗窃他人随身携带的财物的，应当认定为“扒窃”。

第四条 盗窃的数额，按照下列方法认定：

（一）被盗财物有有效价格证明的，根据有效价格证明认定；无有效价格证明，或者根据价格证明认定盗窃数额明显不合理的，应当按照有关规定委托估价机构估价；

（二）盗窃外币的，按照盗窃时中国外汇交易中心或者中国人民银行授权机构公布的人民币对该货币的中间价折合成人民币计算；中国外汇交易中心或者中国人民银行授权机构未公布汇率中间价的外币，按照盗窃时境内银行人民币对该货币的中间价折算成人民币，或者该货币在境内银行、国际外汇市场对美元汇率，与人民币对美元汇率中间价进行套算；

（三）盗窃电力、燃气、自来水等财物，盗窃数量能够查实的，按照查实的数量计算盗窃数额；盗窃数量无法查实的，以盗窃前六个月月均正常用量减去盗窃后计量仪表显示的月均用量推算盗窃数额；盗窃前正常使用不足六个月的，按照正常使用期间的月均用量减去盗窃后计量仪表显示的月均用量推算盗窃数额；

（四）明知是盗接他人通信线路、复制他人电信码号的电信设备、设施而使用的，按照合法用户为其支付的费用认定盗窃数额；无法直接确认的，以合法用户的电信设备、设施被盗接、复制后的月缴费额减去被盗接、复制前六个月的月均电话费推算盗窃数额；合法用户使用电信设备、设施不足六个月的，按照实际使用的月均电话费推算盗窃数额；

（五）盗接他人通信线路、复制他人电信码号出售的，按照销赃数额认定盗窃数额。

盗窃行为给失主造成的损失大于盗窃数额的，损失数额可以作为量刑情节考虑。

第五条 盗窃有价支付凭证、有价证券、有价票证的，按照下列方法认定盗窃数额：

（一）盗窃不记名、不挂失的有价支付凭证、有价证券、有价票证的，应当按票面数额和盗窃时应得的孳息、奖金或者奖品等可得收益一并计算盗窃数额；

（二）盗窃记名的有价支付凭证、有价证券、有价票证，已经兑现的，按照兑现部分的财物价值计算盗窃数额；没有兑现，但失主无法通过挂失、补领、补办手续等方式避免损失的，按照给失主造成的实际损失计算盗窃数额。

第六条 盗窃公私财物，具有本解释第二条第三项至第八项规定情形之一，或者入户盗窃、携带凶器盗窃，数额达到本解释第一条规定的“数额巨大”、“数额特别巨大”百分之五十的，可以分别认定为刑法第二百六十四条规定的“其他严重情节”或者“其他特别严重情节”。

第七条 盗窃公私财物数额较大，行为人认罪、悔罪，退赃、退赔，且具有下列情形之一，情节轻微的，可以不起诉或者免予刑事处罚；必要时，由有关部门予以行政处罚：

（一）具有法定从宽处罚情节的；

（二）没有参与分赃或者获赃较少且不是主犯的；

（三）被害人谅解的；

（四）其他情节轻微、危害不大的。

第八条 偷拿家庭成员或者近亲属的财物，获得谅解的，一般可不认为是犯罪；追究刑事责任的，应当酌情从宽。

第九条 盗窃国有馆藏一般文物、三级文物、二级以上文物的，应当分别认定为刑法第二百六十四条规定的“数额较大”、“数额巨大”、“数额特别巨大”。

盗窃多件不同等级国有馆藏文物的，三件同级文物可以视为一件高一级文物。

盗窃民间收藏的文物的，根据本解释第四条第一款第一项的规定认定盗窃数额。

第十条 偷开他人机动车的，按照下列规定处理：

（一）偷开机动车，导致车辆丢失的，以盗窃罪定罪处罚；

（二）为盗窃其他财物，偷开机动车作为犯罪工具使用后非法占有车辆，或者将车辆遗弃导致丢失的，被盗车辆的价值计入盗窃数额；

（三）为实施其他犯罪，偷开机动车作为犯罪工具使用后非法占有车辆，或者将车辆遗弃导致丢失的，以盗窃罪和其他犯罪数罪并罚；将车辆送回未造成丢失的，按照其所实施的其他犯罪从重处罚。

第十一条 盗窃公私财物并造成财物损毁的，按照下列规定处理：

（一）采用破坏性手段盗窃公私财物，造成其他财物损毁的，以盗窃罪从重处罚；同时构成盗窃罪和其他犯罪的，择一重罪从重处罚；

（二）实施盗窃犯罪后，为掩盖罪行或者报复等，故意毁坏其他财物构成犯罪的，以盗窃罪和构成的其他犯罪数罪并罚；

（三）盗窃行为未构成犯罪，但损毁财物构成其他犯罪的，以其他犯罪定罪处罚。

第十二条 盗窃未遂，具有下列情形之一的，应当依法追究刑事责任：

（一）以数额巨大的财物为盗窃目标的；

（二）以珍贵文物为盗窃目标的；

（三）其他情节严重的情形。

盗窃既有既遂，又有未遂，分别达到不同量刑幅度的，依照处罚较重的规定处罚；达到同一量刑幅度的，以盗窃罪既遂处罚。

第十三条 单位组织、指使盗窃，符合刑法第二百六十四条及本解释有关规定的，以盗窃罪追究组织者、指使者、直接实施者的刑事责任。

第十四条 因犯盗窃罪，依法判处罚金刑的，应当在一千元以上盗窃数额的二倍以下判处罚金；没有盗窃数额或者盗窃数额无法计算的，应当在一千元以上十万元以下判处罚金。

第十五条 本解释发布实施后，《最高人民法院关于审理盗窃案件具体应用法律若干问题的解释》（法释〔1998〕4号）同时废止；之前发布的司法解释和规范性文件与本解释不一致的，以本解释为准。

最高人民法院、最高人民检察院关于办理诈骗刑事案件具体应用法律若干问题的解释

（2011年2月21日最高人民法院审判委员会第1512次会议、2010年11月24日最高人民检察院第十一届检察委员会第49次会议通过 2011年3月1日最高人民法院、最高人民检察院公告公布 自2011年4月8日起施行 法释〔2011〕7号）

为依法惩治诈骗犯罪活动，保护公私财产所有权，根据刑法、刑事诉讼法有关规定，结合司法实践的需要，现就办理诈骗刑事案件具体应用法律的若干问题解释如下：

第一条 诈骗公私财物价值三千元至一万元以上、三万元至十万元以上、五十万元以上的，应当分别认定为刑法第二百六十六条规定的“数额较大”、“数额巨大”、“数额特别巨大”。

各省、自治区、直辖市高级人民法院、人民检察院可以结合本地区经济社会发展状况，在前款规定的数额幅度内，共同研究确定本地区执行的具体数额标准，报

最高人民法院、最高人民检察院备案。

第二条 诈骗公私财物达到本解释第一条规定的数额标准，具有下列情形之一的，可以依照刑法第二百六十六条的规定酌情从严惩处：

（一）通过发送短信、拨打电话或者利用互联网、广播电视、报刊杂志等发布虚假信息，对不特定多数人实施诈骗的；

（二）诈骗救灾、抢险、防汛、优抚、扶贫、移民、救济、医疗款物的；

（三）以赈灾募捐名义实施诈骗的；

（四）诈骗残疾人、老年人或者丧失劳动能力人的财物的；

（五）造成被害人自杀、精神失常或者其他严重后果的。

诈骗数额接近本解释第一条规定的"数额巨大"、"数额特别巨大"的标准，并具有前款规定的情形之一或者属于诈骗集团首要分子的，应当分别认定为刑法第二百六十六条规定的"其他严重情节"、"其他特别严重情节"。

第三条 诈骗公私财物虽已达到本解释第一条规定的"数额较大"的标准，但具有下列情形之一，且行为人认罪、悔罪的，可以根据刑法第三十七条、刑事诉讼法第一百四十二条的规定不起诉或者免予刑事处罚：

（一）具有法定从宽处罚情节的；

（二）一审宣判前全部退赃、退赔的；

（三）没有参与分赃或者获赃较少且不是主犯的；

（四）被害人谅解的；

（五）其他情节轻微、危害不大的。

第四条 诈骗近亲属的财物，近亲属谅解的，一般可不按犯罪处理。

诈骗近亲属的财物，确有追究刑事责任必要的，具体处理也应酌情从宽。

第五条 诈骗未遂，以数额巨大的财物为诈骗目标的，或者具有其他严重情节的，应当定罪处罚。

利用发送短信、拨打电话、互联网等电信技术手段对不特定多数人实施诈骗，诈骗数额难以查证，但具有下列情形之一的，应当认定为刑法第二百六十六条规定的"其他严重情节"，以诈骗罪（未遂）定罪处罚：

（一）发送诈骗信息五千条以上的；

（二）拨打诈骗电话五百人次以上的；

（三）诈骗手段恶劣、危害严重的。

实施前款规定行为，数量达到前款第（一）、（二）项规定标准十倍以上的，或者诈骗手段特别恶劣、危害特别严重的，应当认定为刑法第二百六十六条规定的"其他特别严重情节"，以诈骗罪（未遂）定罪处罚。

第六条 诈骗既有既遂，又有未遂，分别达到不同量刑幅度的，依照处罚较重的规定处罚；达到同一量刑幅度的，以诈骗罪既遂处罚。

第七条 明知他人实施诈骗犯罪，为其提供信用卡、手机卡、通讯工具、通讯传输通道、网络技术支持、费用结算等帮助的，以共同犯罪论处。

第八条 冒充国家机关工作人员进行诈骗，同时构成诈骗罪和招摇撞骗罪的，依照处罚较重的规定定罪处罚。

第九条 案发后查封、扣押、冻结在案的诈骗财物及其孳息，权属明确的，应当发还被害人；权属不明确的，可按被骗款物占查封、扣押、冻结在案的财物及其孳息总额的比例发还被害人，但已获退赔的应予扣除。

第十条 行为人已将诈骗财物用于清偿债务或者转让给他人，具有下列情形之一的，应当依法追缴：

（一）对方明知是诈骗财物而收取的；

（二）对方无偿取得诈骗财物的；

（三）对方以明显低于市场的价格取得诈骗财物的；

（四）对方取得诈骗财物系源于非法债务或者违法犯罪活动的。

他人善意取得诈骗财物的，不予追缴。

第十一条 以前发布的司法解释与本解释不一致的，以本解释为准。

最高人民法院、最高人民检察院、公安部关于办理电信网络诈骗等刑事案件适用法律若干问题的意见

（2016 年 12 月 19 日　法发〔2016〕32 号）

为依法惩治电信网络诈骗等犯罪活动，保护公民、法人和其他组织的合法权益，维护社会秩序，根据《中华人民共和国刑法》《中华人民共和国刑事诉讼法》等法律和有关司法解释的规定，结合工作实际，制定本意见。

一、总体要求

近年来，利用通讯工具、互联网等技术手段实施的电信网络诈骗犯罪活动持续高发，侵犯公民个人信息，扰乱无线电通讯管理秩序，掩饰、隐瞒犯罪所得、犯罪所得收益等上下游关联犯罪不断蔓延。此类犯罪严重侵害人民群众财产安全和其他合法权益，严重干扰电信网络秩序，严重破坏社会诚信，严重影响人民群众安全感和社会和谐稳定，社会危害性大，人民群众反映强烈。

人民法院、人民检察院、公安机关要针对电信网络诈骗等犯罪的特点，坚持全链条全方位打击，坚持依法从严从快惩处，坚持最大力度最大限度追赃挽损，进一步健全工作机制，加强协作配合，坚决有效遏制电信网络诈骗等犯罪活动，努力实现法律效果和社会效果的高度统一。

二、依法严惩电信网络诈骗犯罪

（一）根据《最高人民法院、最高人民检察院关于办理诈骗刑事案件具体应用法律若干问题的解释》第一条的规定，利用电信网络技术手段实施诈骗，诈骗公私财物价值三千元以上、三万元以上、五十万元以上的，应当分别认定为刑法第二百六十六条规定的“数额较大”“数额巨大”“数额特别巨大”。

二年内多次实施电信网络诈骗未经处理，诈骗数额累计计算构成犯罪的，应当依法定罪处罚。

（二）实施电信网络诈骗犯罪，达到相应数额标准，具有下列情形之一的，酌情从重处罚：

1. 造成被害人或其近亲属自杀、死亡或者精神失常等严重后果的；

2. 冒充司法机关等国家机关工作人员实施诈骗的；

3. 组织、指挥电信网络诈骗犯罪团伙的；

4. 在境外实施电信网络诈骗的；

5. 曾因电信网络诈骗犯罪受过刑事处罚或者二年内曾因电信网络诈骗受过行政处罚的；

6. 诈骗残疾人、老年人、未成年人、在校学生、丧失劳动能力人的财物，或者诈骗重病患者及其亲属财物的；

7. 诈骗救灾、抢险、防汛、优抚、扶贫、移民、救济、医疗等款物的；

8. 以赈灾、募捐等社会公益、慈善名义实施诈骗的；

9. 利用电话追呼系统等技术手段严重干扰公安机关等部门工作的；

10. 利用“钓鱼网站”链接、“木马”程序链接、网络渗透等隐蔽技术手段实施诈骗的。

（三）实施电信网络诈骗犯罪，诈骗数额接近“数额巨大”“数额特别巨大”的标准，具有前述第（二）条规定的情形之一的，应当分别认定为刑法第二百六十六条规定的“其他严重情节”“其他特别严重情节”。

上述规定的“接近”，一般应掌握在相应数额标准的百分之八十以上。

（四）实施电信网络诈骗犯罪，犯罪嫌疑人、被告人实际骗得财物的，以诈骗罪（既遂）定罪处罚。诈骗数额难以查证，但具有下列情形之一的，应当认定为刑法第二百六十六条规定的“其他严重情节”，以诈骗罪（未遂）定罪处罚：

1. 发送诈骗信息五千条以上的，或者拨打诈骗电话五百人次以上的；

2. 在互联网上发布诈骗信息，页面浏览量累计五千次以上的。

具有上述情形，数量达到相应标准十倍以上的，应当认定为刑法第二百六十六条规定的“其他特别严重情节”，以诈骗罪（未遂）定罪处罚。

上述“拨打诈骗电话”，包括拨出诈骗电话和接听被害人回拨电话。反复拨打、接听同一电话号码，以及反复向同一被害人发送诈骗信息的，拨打、接听电话次数、发送信息条数累计计算。

因犯罪嫌疑人、被告人故意隐匿、毁灭证据等原因，致拨打电话次数、发送信息条数的证据难以收集的，可以根据经查证属实的日拨打人次数、日发送信息条数，结合犯罪嫌疑人、被告人实施犯罪的时间、犯罪嫌疑人、被告人的供述等相关证据，综合予以认定。

（五）电信网络诈骗既有既遂，又有未遂，分别达到不同量刑幅度的，依照处罚较重的规定处罚；达到同一量刑幅度的，以诈骗罪既遂处罚。

（六）对实施电信网络诈骗犯罪的被告人裁量刑罚，在确定量刑起点、基准刑时，一般应就高选择。确定宣告刑时，应当综合全案事实情节，准确把握从重、从轻量刑情节的调节幅度，保证罪责刑相适应。

（七）对实施电信网络诈骗犯罪的被告人，应当严格控制适用缓刑的范围，严格掌握适用缓刑的条件。

（八）对实施电信网络诈骗犯罪的被告人，应当更加注重依法适用财产刑，加大经济上的惩罚力度，最大限度剥夺被告人再犯的能力。

三、全面惩处关联犯罪

（一）在实施电信网络诈骗活动中，非法使用“伪基站”“黑广播”，干扰无线电通讯秩序，符合刑法第二百八十八条规定的，以扰乱无线电通讯管理秩序罪追究刑事责任。同时构成诈骗罪的，依照处罚较重的规定定罪处罚。

（二）违反国家有关规定，向他人出售或者提供公民个人信息，窃取或者以其他方法非法获取公民个人信息，符合刑法第二百五十三条之一规定的，以侵犯公民个人信息罪追究刑事责任。

使用非法获取的公民个人信息，实施电信网络诈骗犯罪行为，构成数罪的，应当依法予以并罚。

（三）冒充国家机关工作人员实施电信网络诈骗犯罪，同时构成诈骗罪和招摇撞骗罪的，依照处罚较重的规定定罪处罚。

（四）非法持有他人信用卡，没有证据证明从事电信网络诈骗犯罪活动，符合刑法第一百七十七条之一第一款第（二）项规定的，以妨害信用卡管理罪追究刑事责任。

（五）明知是电信网络诈骗犯罪所得及其产生的收益，以下列方式之一予以转账、套现、取现的，依照刑法第三百一十二条第一款的规定，以掩饰、隐瞒犯罪所得、犯罪所得收益罪追究刑事责任。但有证据证明确实不知道的除外：

1. 通过使用销售点终端机具（POS 机）刷卡套现等非法途径，协助转换或者转移财物的；

2. 帮助他人将巨额现金散存于多个银行账户，或在不同银行账户之间频繁划转的；

3. 多次使用或者使用多个非本人身份证明开设的信用卡、资金支付结算账户或者多次采用遮蔽摄像头、伪装等异常手段，帮助他人转账、套现、取现的；

4. 为他人提供非本人身份证明开设的信用卡、资金支付结算账户后，又帮助他人转账、套现、取现的；

5. 以明显异于市场的价格，通过手机充值、交易游戏点卡等方式套现的。

实施上述行为，事前通谋的，以共同犯罪论处。

实施上述行为，电信网络诈骗犯罪嫌疑人尚未到案或案件尚未依法裁判，但现有证据足以证明该犯罪行为确实存在的，不影响掩饰、隐瞒犯罪所得、犯罪所得收益罪的认定。

实施上述行为，同时构成其他犯罪的，依照处罚较重的规定定罪处罚。法律和司法解释另有规定的除外。

（六）网络服务提供者不履行法律、行政法规规定的信息网络安全管理义务，经监管部门责令采取改正措施而拒不改正，致使诈骗信息大量传播，或者用户信息泄露造成严重后果的，依照刑法第二百八十六条之一的规定，以拒不履行信息网络安全管理义务罪追究刑事责任。同时构成诈骗罪的，依照处罚较重的规定定罪处罚。

（七）实施刑法第二百八十七条之一、第二百八十七条之二规定之行为，构成非法利用信息网络罪、帮助信息网络犯罪活动罪，同时构成诈骗罪的，依照处罚较重的规定定罪处罚。

（八）金融机构、网络服务提供者、电信业务经营者等在经营活动中，违反国家有关规定，被电信网络诈骗犯罪分子利用，使他人遭受财产损失的，依法承担相应责任。构成犯罪的，依法追究刑事责任。

四、准确认定共同犯罪与主观故意

（一）三人以上为实施电信网络诈骗犯罪而组成的较为固定的犯罪组织，应依法认定为诈骗犯罪集团。对组织、领导犯罪集团的首要分子，按照集团所犯的全部罪行处罚。对犯罪集团中组织、指挥、策划者和骨干分子依法从严惩处。

对犯罪集团中起次要、辅助作用的从犯，特别是在规定期限内投案自首、积极协助抓获主犯、积极协助追赃的，依法从轻或减轻处罚。

对犯罪集团首要分子以外的主犯，应当按照其所参与的或者组织、指挥的全部犯罪处罚。全部犯罪包括能够查明具体诈骗数额的事实和能够查明发送诈骗信息条数、拨打诈骗电话人次数、诈骗信息网页浏览次数的事实。

（二）多人共同实施电信网络诈骗，犯罪嫌疑人、被告人应对其参与期间该诈骗团伙实施的全部诈骗行为承担责任。在其所参与的犯罪环节中起主要作用的，可以认定为主犯；起次要作用的，可以认定为从犯。

上述规定的“参与期间”，从犯罪嫌疑人、被告人着手实施诈骗行为开始起算。

（三）明知他人实施电信网络诈骗犯罪，具有下列情形之一的，以共同犯罪论处，但法律和司法解释另有规定的除外：

1. 提供信用卡、资金支付结算账户、手机卡、通讯工具的；

2. 非法获取、出售、提供公民个人信息的；

3. 制作、销售、提供“木马”程序和“钓鱼软件”等恶意程序的；

4. 提供“伪基站”设备或相关服务的；

5. 提供互联网接入、服务器托管、网络存储、通讯传输等技术支持，或者提供支付结算等帮助的；

6. 在提供改号软件、通话线路等技术服务时，发现主叫号码被修改为国内党政机关、司法机关、公共服务部门号码，或者境外用户改为境内号码，仍提供服务的；

7. 提供资金、场所、交通、生活保障等帮助的；

8. 帮助转移诈骗犯罪所得及其产生的收益，套现、取现的。

上述规定的“明知他人实施电信网络诈骗犯罪”，应当结合被告人的认知能力，既往经历，行为次数和手段，与他人关系，获利情况，是否曾因电信网络诈骗受过处罚，是否故意规避调查等主客观因素进行综合分析认定。

（四）负责招募他人实施电信网络诈骗犯罪活动，或者制作、提供诈骗方案、术语清单、语音包、信息等的，以诈骗共同犯罪论处。

（五）部分犯罪嫌疑人在逃，但不影响对已到案共同犯罪嫌疑人、被告人的犯罪事实认定的，可以依法先行追究已到案共同犯罪嫌疑人、被告人的刑事责任。

五、依法确定案件管辖

（一）电信网络诈骗犯罪案件一般由犯罪地公安机关立案侦查，如果由犯罪嫌疑人居住地公安机关立案侦查更为适宜的，可以由犯罪嫌疑人居住地公安机关立案侦查。犯罪地包括犯罪行为发生地和犯罪结果发生地。

“犯罪行为发生地”包括用于电信网络诈骗犯罪的网站服务器所在地，网站建立者、管理者所在地，被侵害的计算机信息系统或其管理者所在地，犯罪嫌疑人、被害人使用的计算机信息系统所在地，诈骗电话、短信息、电子邮件等的拨打地、发送地、到达地、接受地，以及诈骗行为持续发生的实施地、预备地、开始地、途经地、结束地。

"犯罪结果发生地"包括被害人被骗时所在地，以及诈骗所得财物的实际取得地、藏匿地、转移地、使用地、销售地等。

（二）电信网络诈骗最初发现地公安机关侦办的案件，诈骗数额当时未达到"数额较大"标准，但后续累计达到"数额较大"标准，可由最初发现地公安机关立案侦查。

（三）具有下列情形之一的，有关公安机关可以在其职责范围内并案侦查：

1. 一人犯数罪的；

2. 共同犯罪的；

3. 共同犯罪的犯罪嫌疑人还实施其他犯罪的；

4. 多个犯罪嫌疑人实施的犯罪存在直接关联，并案处理有利于查明案件事实的。

（四）对因网络交易、技术支持、资金支付结算等关系形成多层级链条、跨区域的电信网络诈骗等犯罪案件，可由共同上级公安机关按照有利于查清犯罪事实、有利于诉讼的原则，指定有关公安机关立案侦查。

（五）多个公安机关都有权立案侦查的电信网络诈骗等犯罪案件，由最初受理的公安机关或者主要犯罪地公安机关立案侦查。有争议的，按照有利于查清犯罪事实、有利于诉讼的原则，协商解决。经协商无法达成一致的，由共同上级公安机关指定有关公安机关立案侦查。

（六）在境外实施的电信网络诈骗等犯罪案件，可由公安部按照有利于查清犯罪事实、有利于诉讼的原则，指定有关公安机关立案侦查。

（七）公安机关立案、并案侦查，或因有争议，由共同上级公安机关指定立案侦查的案件，需要提请批准逮捕、移送审查起诉、提起公诉的，由该公安机关所在地的人民检察院、人民法院受理。

对重大疑难复杂案件和境外案件，公安机关应在指定立案侦查前，向同级人民检察院、人民法院通报。

（八）已确定管辖的电信诈骗共同犯罪案件，在逃的犯罪嫌疑人归案后，一般由原管辖的公安机关、人民检察院、人民法院管辖。

六、证据的收集和审查判断

（一）办理电信网络诈骗案件，确因被害人人数众多等客观条件的限制，无法逐一收集被害人陈述的，可以结合已收集的被害人陈述，以及经查证属实的银行账户交易记录、第三方支付结算账户交易记录、通话记录、电子数据等证据，综合认定被害人人数及诈骗资金数额等犯罪事实。

（二）公安机关采取技术侦查措施收集的案件证明材料，作为证据使用的，应当随案移送批准采取技术侦查措施的法律文书和所收集的证据材料，并对其来源等作出书面说明。

（三）依照国际条约、刑事司法协助、互助协议或平等互助原则，请求证据材料所在地司法机关收集，或通过国际警务合作机制、国际刑警组织启动合作取证程序收集的境外证据材料，经查证属实，可以作为定案的依据。公安机关应对其来源、提取人、提取时间或者提供人、提供时间以及保管移交的过程等作出说明。

对其他来自境外的证据材料，应当对其来源、提供人、提供时间以及提取人、提取时间进行审查。能够证明案件事实且符合刑事诉讼法规定的，可以作为证据使用。

七、涉案财物的处理

（一）公安机关侦办电信网络诈骗案件，应当随案移送涉案赃款赃物，并附清单。人民检察院提起公诉时，应一并移交受理案件的人民法院，同时就涉案赃款赃物的处理提出意见。

（二）涉案银行账户或者涉案第三方支付账户内的款项，对权属明确的被害人的合法财产，应当及时返还。确因客观原因无法查实全部被害人，但有证据证明该账户系用于电信网络诈骗犯罪，且被告人无法说明款项合法来源的，根据刑法第六十四条的规定，应认定为违法所得，予以追缴。

（三）被告人已将诈骗财物用于清偿债务或者转让给他人，具有下列情形之一的，应当依法追缴：

1. 对方明知是诈骗财物而收取的；

2. 对方无偿取得诈骗财物的；

3. 对方以明显低于市场的价格取得诈骗财物的；

4. 对方取得诈骗财物系源于非法债务或者违法犯罪活动的。

他人善意取得诈骗财物的，不予追缴。

最高人民法院、最高人民检察院关于办理危害计算机信息系统安全刑事案件应用法律若干问题的解释

（2011年6月20日最高人民法院审判委员会第1524次会议、2011年7月11日最高人民检察院第十一届检察委员会第63次会议通过　2011年8月1日最高人民法院、最高人民检察院公告公布　自2011年9月1日起施行　法释〔2011〕19号）

为依法惩治危害计算机信息系统安全的犯罪活动，根据《中华人民共和国刑法》、《全国人民代表大会常务委员会关于维护互联网安全的决定》的规定，现就办理这类刑事案件应用法律的若干问题解释如下：

第一条　非法获取计算机信息系统数据或者非法控制计算机信息系统，具有下列情形之一的，应当认定为刑法第二百八十五条第二款规定的“情节严重”：

（一）获取支付结算、证券交易、期货交易等网络金融服务的身份认证信息十组以上的；

（二）获取第（一）项以外的身份认证信息五百组以上的；

（三）非法控制计算机信息系统二十台以上的；

（四）违法所得五千元以上或者造成经济损失一万元以上的；

（五）其他情节严重的情形。

实施前款规定行为，具有下列情形之一的，应当认定为刑法第二百八十五条第二款规定的“情节特别严重”：

（一）数量或者数额达到前款第（一）项至第（四）项规定标准五倍以上的；

（二）其他情节特别严重的情形。

明知是他人非法控制的计算机信息系统，而对该计算机信息系统的控制权加以利用的，依照前两款的规定定罪处罚。

第二条　具有下列情形之一的程序、工具，应当认定为刑法第二百八十五条第三款规定的“专门用于侵入、非法控制计算机信息系统的程序、工具”：

（一）具有避开或者突破计算机信息系统安全保护措施，未经授权或者超越授权获取计算机信息系统数据的功能的；

（二）具有避开或者突破计算机信息系统安全保护措施，未经授权或者超越授

权对计算机信息系统实施控制的功能的；

（三）其他专门设计用于侵入、非法控制计算机信息系统、非法获取计算机信息系统数据的程序、工具。

第三条 提供侵入、非法控制计算机信息系统的程序、工具，具有下列情形之一的，应当认定为刑法第二百八十五条第三款规定的“情节严重”：

（一）提供能够用于非法获取支付结算、证券交易、期货交易等网络金融服务身份认证信息的专门性程序、工具五人次以上的；

（二）提供第（一）项以外的专门用于侵入、非法控制计算机信息系统的程序、工具二十人次以上的；

（三）明知他人实施非法获取支付结算、证券交易、期货交易等网络金融服务身份认证信息的违法犯罪行为而为其提供程序、工具五人次以上的；

（四）明知他人实施第（三）项以外的侵入、非法控制计算机信息系统的违法犯罪行为而为其提供程序、工具二十人次以上的；

（五）违法所得五千元以上或者造成经济损失一万元以上的；

（六）其他情节严重的情形。

实施前款规定行为，具有下列情形之一的，应当认定为提供侵入、非法控制计算机信息系统的程序、工具“情节特别严重”：

（一）数量或者数额达到前款第（一）项至第（五）项规定标准五倍以上的；

（二）其他情节特别严重的情形。

第四条 破坏计算机信息系统功能、数据或者应用程序，具有下列情形之一的，应当认定为刑法第二百八十六条第一款和第二款规定的“后果严重”：

（一）造成十台以上计算机信息系统的主要软件或者硬件不能正常运行的；

（二）对二十台以上计算机信息系统中存储、处理或者传输的数据进行删除、修改、增加操作的；

（三）违法所得五千元以上或者造成经济损失一万元以上的；

（四）造成为一百台以上计算机信息系统提供域名解析、身份认证、计费等基础服务或者为一万以上用户提供服务的计算机信息系统不能正常运行累计一小时以上的；

（五）造成其他严重后果的。

实施前款规定行为，具有下列情形之一的，应当认定为破坏计算机信息系统“后果特别严重”：

（一）数量或者数额达到前款第（一）项至第（三）项规定标准五倍以上的；

（二）造成为五百台以上计算机信息系统提供域名解析、身份认证、计费等基础服务或者为五万以上用户提供服务的计算机信息系统不能正常运行累计一小时以上的；

（三）破坏国家机关或者金融、电信、交通、教育、医疗、能源等领域提供公共服务的计算机信息系统的功能、数据或者应用程序，致使生产、生活受到严重影响或者造成恶劣社会影响的；

（四）造成其他特别严重后果的。

第五条 具有下列情形之一的程序，应当认定为刑法第二百八十六条第三款规定的“计算机病毒等破坏性程序”：

（一）能够通过网络、存储介质、文件等媒介，将自身的部分、全部或者变种进行复制、传播，并破坏计算机系统功能、数据或者应用程序的；

（二）能够在预先设定条件下自动触发，并破坏计算机系统功能、数据或者应用程序的；

（三）其他专门设计用于破坏计算机系统功能、数据或者应用程序的程序。

第六条 故意制作、传播计算机病毒等破坏性程序，影响计算机系统正常运行，具有下列情形之一的，应当认定为刑法第二百八十六条第三款规定的“后果严重”：

（一）制作、提供、传输第五条第（一）项规定的程序，导致该程序通过网络、存储介质、文件等媒介传播的；

（二）造成二十台以上计算机系统被植入第五条第（二）、（三）项规定的程序的；

（三）提供计算机病毒等破坏性程序十人次以上的；

（四）违法所得五千元以上或者造成经济损失一万元以上的；

（五）造成其他严重后果的。

实施前款规定行为，具有下列情形之一的，应当认定为破坏计算机信息系统“后果特别严重”：

（一）制作、提供、传输第五条第（一）项规定的程序，导致该程序通过网络、存储介质、文件等媒介传播，致使生产、生活受到严重影响或者造成恶劣社会影响的；

（二）数量或者数额达到前款第（二）项至第（四）项规定标准五倍以上的；

（三）造成其他特别严重后果的。

第七条 明知是非法获取计算机信息系统数据犯罪所获取的数据、非法控制计算机信息系统犯罪所获取的计算机信息系统控制权，而予以转移、收购、代为销售或者以其他方法掩饰、隐瞒，违法所得五千元以上的，应当依照刑法第三百一十二条第一款的规定，以掩饰、隐瞒犯罪所得罪定罪处罚。

实施前款规定行为，违法所得五万元以上的，应当认定为刑法第三百一十二条第一款规定的“情节严重”。

单位实施第一款规定行为的，定罪量刑标准依照第一款、第二款的规定执行。

第八条 以单位名义或者单位形式实施危害计算机信息系统安全犯罪，达到本解释规定的定罪量刑标准的，应当依照刑法第二百八十五条、第二百八十六条的规定追究直接负责的主管人员和其他直接责任人员的刑事责任。

第九条 明知他人实施刑法第二百八十五条、第二百八十六条规定的行为，具有下列情形之一的，应当认定为共同犯罪，依照刑法第二百八十五条、第二百八十六条的规定处罚：

（一）为其提供用于破坏计算机信息系统功能、数据或者应用程序的程序、工具，违法所得五千元以上或者提供十人次以上的；

（二）为其提供互联网接入、服务器托管、网络存储空间、通讯传输通道、费用结算、交易服务、广告服务、技术培训、技术支持等帮助，违法所得五千元以上的；

（三）通过委托推广软件、投放广告等方式向其提供资金五千元以上的。

实施前款规定行为，数量或者数额达到前款规定标准五倍以上的，应当认定为刑法第二百八十五条、第二百八十六条规定的“情节特别严重”或者“后果特别严重”。

第十条 对于是否属于刑法第二百八十五条、第二百八十六条规定的“国家事务、国防建设、尖端科学技术领域的计算机信息系统”、“专门用于侵入、非法控制计算机信息系统的程序、工具”、“计算机病毒等破坏性程序”难以确定的，应当委托省级以上负责计算机信息系统安全保护管理工作的部门检验。司法机关根据检验结论，并结合案件具体情况认定。

第十一条 本解释所称“计算机信息系统”和“计算机系统”，是指具备自动处理数据功能的系统，包括计算机、网络设备、通信设备、自动化控制设备等。

本解释所称“身份认证信息”，是指用于确认用户在计算机信息系统上操作权限的数据，包括账号、口令、密码、数字证书等。

本解释所称“经济损失”，包括危害计算机信息系统犯罪行为给用户直接造成的经济损失，以及用户为恢复数据、功能而支出的必要费用。

最高人民法院、最高人民检察院关于办理非法利用信息网络、帮助信息网络犯罪活动等刑事案件适用法律若干问题的解释

（2019年6月3日最高人民法院审判委员会第1771次会议、2019年9月4日最高人民检察院第十三届检察委员会第二十三次会议通过　2019年10月21日最高人民法院、最高人民检察院公告公布　自2019年11月1日起施行　法释〔2019〕15号）

为依法惩治拒不履行信息网络安全管理义务、非法利用信息网络、帮助信息网络犯罪活动等犯罪，维护正常网络秩序，根据《中华人民共和国刑法》《中华人民共和国刑事诉讼法》的规定，现就办理此类刑事案件适用法律的若干问题解释如下：

第一条　提供下列服务的单位和个人，应当认定为刑法第二百八十六条之一第一款规定的“网络服务提供者”：

（一）网络接入、域名注册解析等信息网络接入、计算、存储、传输服务；

（二）信息发布、搜索引擎、即时通讯、网络支付、网络预约、网络购物、网络游戏、网络直播、网站建设、安全防护、广告推广、应用商店等信息网络应用服务；

（三）利用信息网络提供的电子政务、通信、能源、交通、水利、金融、教育、医疗等公共服务。

第二条　刑法第二百八十六条之一第一款规定的“监管部门责令采取改正措施”，是指网信、电信、公安等依照法律、行政法规的规定承担信息网络安全监管职责的部门，以责令整改通知书或者其他文书形式，责令网络服务提供者采取改正措施。

认定“经监管部门责令采取改正措施而拒不改正”，应当综合考虑监管部门责令改正是否具有法律、行政法规依据，改正措施及期限要求是否明确、合理，网络服务提供者是否具有按照要求采取改正措施的能力等因素进行判断。

第三条　拒不履行信息网络安全管理义务，具有下列情形之一的，应当认定为刑法第二百八十六条之一第一款第一项规定的“致使违法信息大量传播”：

（一）致使传播违法视频文件二百个以上的；

（二）致使传播违法视频文件以外的其他违法信息二千个以上的；

（三）致使传播违法信息，数量虽未达到第一项、第二项规定标准，但是按相应比例折算合计达到有关数量标准的；

（四）致使向二千个以上用户账号传播违法信息的；

（五）致使利用群组成员账号数累计三千以上的通讯群组或者关注人员账号数累计三万以上的社交网络传播违法信息的；

（六）致使违法信息实际被点击数达到五万以上的；

（七）其他致使违法信息大量传播的情形。

第四条 拒不履行信息网络安全管理义务，致使用户信息泄露，具有下列情形之一的，应当认定为刑法第二百八十六条之一第一款第二项规定的“造成严重后果”：

（一）致使泄露行踪轨迹信息、通信内容、征信信息、财产信息五百条以上的；

（二）致使泄露住宿信息、通信记录、健康生理信息、交易信息等其他可能影响人身、财产安全的用户信息五千条以上的；

（三）致使泄露第一项、第二项规定以外的用户信息五万条以上的；

（四）数量虽未达到第一项至第三项规定标准，但是按相应比例折算合计达到有关数量标准的；

（五）造成他人死亡、重伤、精神失常或者被绑架等严重后果的；

（六）造成重大经济损失的；

（七）严重扰乱社会秩序的；

（八）造成其他严重后果的。

第五条 拒不履行信息网络安全管理义务，致使影响定罪量刑的刑事案件证据灭失，具有下列情形之一的，应当认定为刑法第二百八十六条之一第一款第三项规定的“情节严重”：

（一）造成危害国家安全犯罪、恐怖活动犯罪、黑社会性质组织犯罪、贪污贿赂犯罪案件的证据灭失的；

（二）造成可能判处五年有期徒刑以上刑罚犯罪案件的证据灭失的；

（三）多次造成刑事案件证据灭失的；

（四）致使刑事诉讼程序受到严重影响的；

（五）其他情节严重的情形。

第六条 拒不履行信息网络安全管理义务，具有下列情形之一的，应当认定为刑法第二百八十六条之一第一款第四项规定的“有其他严重情节”：

（一）对绝大多数用户日志未留存或者未落实真实身份信息认证义务的；

（二）二年内经多次责令改正拒不改正的；

（三）致使信息网络服务被主要用于违法犯罪的；

（四）致使信息网络服务、网络设施被用于实施网络攻击，严重影响生产、生活的；

（五）致使信息网络服务被用于实施危害国家安全犯罪、恐怖活动犯罪、黑社会性质组织犯罪、贪污贿赂犯罪或者其他重大犯罪的；

（六）致使国家机关或者通信、能源、交通、水利、金融、教育、医疗等领域提供公共服务的信息网络受到破坏，严重影响生产、生活的；

（七）其他严重违反信息网络安全管理义务的情形。

第七条 刑法第二百八十七条之一规定的“违法犯罪”，包括犯罪行为和属于刑法分则规定的行为类型但尚未构成犯罪的违法行为。

第八条 以实施违法犯罪活动为目的而设立或者设立后主要用于实施违法犯罪活动的网站、通讯群组，应当认定为刑法第二百八十七条之一第一款第一项规定的“用于实施诈骗、传授犯罪方法、制作或者销售违禁物品、管制物品等违法犯罪活动的网站、通讯群组”。

第九条 利用信息网络提供信息的链接、截屏、二维码、访问账号密码及其他指引访问服务的，应当认定为刑法第二百八十七条之一第一款第二项、第三项规定的“发布信息”。

第十条 非法利用信息网络，具有下列情形之一的，应当认定为刑法第二百八十七条之一第一款规定的“情节严重”：

（一）假冒国家机关、金融机构名义，设立用于实施违法犯罪活动的网站的；

（二）设立用于实施违法犯罪活动的网站，数量达到三个以上或者注册账号数累计达到二千以上的；

（三）设立用于实施违法犯罪活动的通讯群组，数量达到五个以上或者群组成员账号数累计达到一千以上的；

（四）发布有关违法犯罪的信息或者为实施违法犯罪活动发布信息，具有下列情形之一的：

1. 在网站上发布有关信息一百条以上的；

2. 向二千个以上用户账号发送有关信息的；

3. 向群组成员数累计达到三千以上的通讯群组发送有关信息的；

4. 利用关注人员账号数累计达到三万以上的社交网络传播有关信息的；

（五）违法所得一万元以上的；

（六）二年内曾因非法利用信息网络、帮助信息网络犯罪活动、危害计算机信息系统安全受过行政处罚，又非法利用信息网络的；

（七）其他情节严重的情形。

第十一条 为他人实施犯罪提供技术支持或者帮助，具有下列情形之一的，可以认定行为人明知他人利用信息网络实施犯罪，但是有相反证据的除外：

（一）经监管部门告知后仍然实施有关行为的；

（二）接到举报后不履行法定管理职责的；

（三）交易价格或者方式明显异常的；

（四）提供专门用于违法犯罪的程序、工具或者其他技术支持、帮助的；

（五）频繁采用隐蔽上网、加密通信、销毁数据等措施或者使用虚假身份，逃避监管或者规避调查的；

（六）为他人逃避监管或者规避调查提供技术支持、帮助的；

（七）其他足以认定行为人明知的情形。

第十二条 明知他人利用信息网络实施犯罪，为其犯罪提供帮助，具有下列情形之一的，应当认定为刑法第二百八十七条之二第一款规定的“情节严重”：

（一）为三个以上对象提供帮助的；

（二）支付结算金额二十万元以上的；

（三）以投放广告等方式提供资金五万元以上的；

（四）违法所得一万元以上的；

（五）二年内曾因非法利用信息网络、帮助信息网络犯罪活动、危害计算机信息系统安全受过行政处罚，又帮助信息网络犯罪活动的；

（六）被帮助对象实施的犯罪造成严重后果的；

（七）其他情节严重的情形。

实施前款规定的行为，确因客观条件限制无法查证被帮助对象是否达到犯罪的程度，但相关数额总计达到前款第二项至第四项规定标准五倍以上，或者造成特别严重后果的，应当以帮助信息网络犯罪活动罪追究行为人的刑事责任。

第十三条 被帮助对象实施的犯罪行为可以确认，但尚未到案、尚未依法裁判或者因未达到刑事责任年龄等原因依法未予追究刑事责任的，不影响帮助信息网络犯罪活动罪的认定。

第十四条 单位实施本解释规定的犯罪的，依照本解释规定的相应自然人犯罪的定罪量刑标准，对直接负责的主管人员和其他直接责任人员定罪处罚，并对单位判处罚金。

第十五条 综合考虑社会危害程度、认罪悔罪态度等情节，认为犯罪情节轻微的，可以不起诉或者免予刑事处罚；情节显著轻微危害不大的，不以犯罪论处。

第十六条 多次拒不履行信息网络安全管理义务、非法利用信息网络、帮助信息网络犯罪活动构成犯罪，依法应当追诉的，或者二年内多次实施前述行为未经处理的，数量或者数额累计计算。

第十七条 对于实施本解释规定的犯罪被判处刑罚的，可以根据犯罪情况和预防再犯罪的需要，依法宣告职业禁止；被判处管制、宣告缓刑的，可以根据犯罪情况，依法宣告禁止令。

第十八条 对于实施本解释规定的犯罪的，应当综合考虑犯罪的危害程度、违法所得数额以及被告人的前科情况、认罪悔罪态度等，依法判处罚金。

第十九条 本解释自2019年11月1日起施行。

最高人民法院关于审理掩饰、隐瞒犯罪所得、犯罪所得收益刑事案件适用法律若干问题的解释

（2015年5月11日最高人民法院审判委员会第1651次会议通过 2015年5月29日最高人民法院公告公布 自2015年6月1日起施行 法释〔2015〕11号）

为依法惩治掩饰、隐瞒犯罪所得、犯罪所得收益犯罪活动，根据刑法有关规定，结合人民法院刑事审判工作实际，现就审理此类案件具体适用法律的若干问题解释如下：

第一条 明知是犯罪所得及其产生的收益而予以窝藏、转移、收购、代为销售或者以其他方法掩饰、隐瞒，具有下列情形之一的，应当依照刑法第三百一十二条第一款的规定，以掩饰、隐瞒犯罪所得、犯罪所得收益罪定罪处罚：

（一）掩饰、隐瞒犯罪所得及其产生的收益价值三千元至一万元以上的；

（二）一年内曾因掩饰、隐瞒犯罪所得及其产生的收益行为受过行政处罚，又实施掩饰、隐瞒犯罪所得及其产生的收益行为的；

（三）掩饰、隐瞒的犯罪所得系电力设备、交通设施、广播电视设施、公用电信设施、军事设施或者救灾、抢险、防汛、优抚、扶贫、移民、救济款物的；

（四）掩饰、隐瞒行为致使上游犯罪无法及时查处，并造成公私财物损失无法挽回的；

（五）实施其他掩饰、隐瞒犯罪所得及其产生的收益行为，妨害司法机关对上游犯罪进行追究的。

各省、自治区、直辖市高级人民法院可以根据本地区经济社会发展状况，并考虑社会治安状况，在本条第一款第（一）项规定的数额幅度内，确定本地执行的具体数额标准，报最高人民法院备案。

司法解释对掩饰、隐瞒涉及计算机信息系统数据、计算机信息系统控制权的犯罪所得及其产生的收益行为构成犯罪已有规定的，审理此类案件依照该规定。

依照全国人民代表大会常务委员会《关于〈中华人民共和国刑法〉第三百四十一条、第三百一十二条的解释》，明知是非法狩猎的野生动物而收购，数量达到五十只以上的，以掩饰、隐瞒犯罪所得罪定罪处罚。

第二条　掩饰、隐瞒犯罪所得及其产生的收益行为符合本解释第一条的规定，认罪、悔罪并退赃、退赔，且具有下列情形之一的，可以认定为犯罪情节轻微，免予刑事处罚：

（一）具有法定从宽处罚情节的；

（二）为近亲属掩饰、隐瞒犯罪所得及其产生的收益，且系初犯、偶犯的；

（三）有其他情节轻微情形的。

行为人为自用而掩饰、隐瞒犯罪所得，财物价值刚达到本解释第一条第一款第（一）项规定的标准，认罪、悔罪并退赃、退赔的，一般可不认为是犯罪；依法追究刑事责任的，应当酌情从宽。

第三条　掩饰、隐瞒犯罪所得及其产生的收益，具有下列情形之一的，应当认定为刑法第三百一十二条第一款规定的“情节严重”：

（一）掩饰、隐瞒犯罪所得及其产生的收益价值总额达到十万元以上的；

（二）掩饰、隐瞒犯罪所得及其产生的收益十次以上，或者三次以上且价值总额达到五万元以上的；

（三）掩饰、隐瞒的犯罪所得系电力设备、交通设施、广播电视设施、公用电信设施、军事设施或者救灾、抢险、防汛、优抚、扶贫、移民、救济款物，价值总额达到五万元以上的；

（四）掩饰、隐瞒行为致使上游犯罪无法及时查处，并造成公私财物重大损失无法挽回或其他严重后果的；

（五）实施其他掩饰、隐瞒犯罪所得及其产生的收益行为，严重妨害司法机关对上游犯罪予以追究的。

司法解释对掩饰、隐瞒涉及机动车、计算机信息系统数据、计算机信息系统控制权的犯罪所得及其产生的收益行为认定“情节严重”已有规定的，审理此类案件依照该规定。

第四条　掩饰、隐瞒犯罪所得及其产生的收益的数额，应当以实施掩饰、隐瞒行为时为准。收购或者代为销售财物的价格高于其实际价值的，以收购或者代为销售的价格计算。

多次实施掩饰、隐瞒犯罪所得及其产生的收益行为，未经行政处罚，依法应当追诉的，犯罪所得、犯罪所得收益的数额应当累计计算。

第五条 事前与盗窃、抢劫、诈骗、抢夺等犯罪分子通谋，掩饰、隐瞒犯罪所得及其产生的收益的，以盗窃、抢劫、诈骗、抢夺等犯罪的共犯论处。

第六条 对犯罪所得及其产生的收益实施盗窃、抢劫、诈骗、抢夺等行为，构成犯罪的，分别以盗窃罪、抢劫罪、诈骗罪、抢夺罪等定罪处罚。

第七条 明知是犯罪所得及其产生的收益而予以掩饰、隐瞒，构成刑法第三百一十二条规定的犯罪，同时构成其他犯罪的，依照处罚较重的规定定罪处罚。

第八条 认定掩饰、隐瞒犯罪所得、犯罪所得收益罪，以上游犯罪事实成立为前提。上游犯罪尚未依法裁判，但查证属实的，不影响掩饰、隐瞒犯罪所得、犯罪所得收益罪的认定。

上游犯罪事实经查证属实，但因行为人未达到刑事责任年龄等原因依法不予追究刑事责任的，不影响掩饰、隐瞒犯罪所得、犯罪所得收益罪的认定。

第九条 盗用单位名义实施掩饰、隐瞒犯罪所得及其产生的收益行为，违法所得由行为人私分的，依照刑法和司法解释有关自然人犯罪的规定定罪处罚。

第十条 通过犯罪直接得到的赃款、赃物，应当认定为刑法第三百一十二条规定的“犯罪所得”。上游犯罪的行为人对犯罪所得进行处理后得到的孳息、租金等，应当认定为刑法第三百一十二条规定的“犯罪所得产生的收益”。

明知是犯罪所得及其产生的收益而采取窝藏、转移、收购、代为销售以外的方法，如居间介绍买卖，收受，持有，使用，加工，提供资金账户，协助将财物转换为现金、金融票据、有价证券，协助将资金转移、汇往境外等，应当认定为刑法第三百一十二条规定的“其他方法”。

第十一条 掩饰、隐瞒犯罪所得、犯罪所得收益罪是选择性罪名，审理此类案件，应当根据具体犯罪行为及其指向的对象，确定适用的罪名。

最高人民法院、最高人民检察院关于办理妨害国（边）境管理刑事案件应用法律若干问题的解释

（2012年8月20日最高人民法院审判委员会第1553次会议、2012年11月19日最高人民检察院第十一届检察委员会第82次会议通过　2012年12月12日最高人民法院、最高人民检察院公告公布　自2012年12月20日起施行　法释〔2012〕17号）

为依法惩处妨害国（边）境管理犯罪活动，维护国（边）境管理秩序，根据《中华人民共和国刑法》《中华人民共和国刑事诉讼法》的有关规定，现就办理这类案件应用法律的若干问题解释如下：

第一条　领导、策划、指挥他人偷越国（边）境或者在首要分子指挥下，实施拉拢、引诱、介绍他人偷越国（边）境等行为的，应当认定为刑法第三百一十八条规定的“组织他人偷越国（边）境”。

组织他人偷越国（边）境人数在十人以上的，应当认定为刑法第三百一十八条第一款第（二）项规定的“人数众多”；违法所得数额在二十万元以上的，应当认定为刑法第三百一十八条第一款第（六）项规定的“违法所得数额巨大”。

以组织他人偷越国（边）境为目的，招募、拉拢、引诱、介绍、培训偷越国（边）境人员，策划、安排偷越国（边）境行为，在他人偷越国（边）境之前或者偷越国（边）境过程中被查获的，应当以组织他人偷越国（边）境罪（未遂）论处；具有刑法第三百一十八条第一款规定的情形之一的，应当在相应的法定刑幅度基础上，结合未遂犯的处罚原则量刑。

第二条　为组织他人偷越国（边）境，编造出境事由、身份信息或者相关的境外关系证明的，应当认定为刑法第三百一十九条第一款规定的“弄虚作假”。

刑法第三百一十九条第一款规定的“出境证件”，包括护照或者代替护照使用的国际旅行证件，中华人民共和国海员证，中华人民共和国出入境通行证，中华人民共和国旅行证，中国公民往来香港、澳门、台湾地区证件，边境地区出入境通行证，签证、签注，出国（境）证明、名单，以及其他出境时需要查验的资料。

具有下列情形之一的，应当认定为刑法第三百一十九条第一款规定的“情节

严重”：

（一）骗取出境证件五份以上的；

（二）非法收取费用三十万元以上的；

（三）明知是国家规定的不准出境的人员而为其骗取出境证件的；

（四）其他情节严重的情形。

第三条 刑法第三百二十条规定的“出入境证件”，包括本解释第二条第二款所列的证件以及其他入境时需要查验的资料。

具有下列情形之一的，应当认定为刑法第三百二十条规定的“情节严重”：

（一）为他人提供伪造、变造的出入境证件或者出售出入境证件五份以上的；

（二）非法收取费用三十万元以上的；

（三）明知是国家规定的不准出入境的人员而为其提供伪造、变造的出入境证件或者向其出售出入境证件的；

（四）其他情节严重的情形。

第四条 运送他人偷越国（边）境人数在十人以上的，应当认定为刑法第三百二十一条第一款第（一）项规定的“人数众多”；违法所得数额在二十万元以上的，应当认定为刑法第三百二十一条第一款第（三）项规定的“违法所得数额巨大”。

第五条 偷越国（边）境，具有下列情形之一的，应当认定为刑法第三百二十二条规定的“情节严重”：

（一）在境外实施损害国家利益行为的；

（二）偷越国（边）境三次以上或者三人以上结伙偷越国（边）境的；

（三）拉拢、引诱他人一起偷越国（边）境的；

（四）勾结境外组织、人员偷越国（边）境的；

（五）因偷越国（边）境被行政处罚后一年内又偷越国（边）境的；

（六）其他情节严重的情形。

第六条 具有下列情形之一的，应当认定为刑法第六章第三节规定的“偷越国（边）境”行为：

（一）没有出入境证件出入国（边）境或者逃避接受边防检查的；

（二）使用伪造、变造、无效的出入境证件出入国（边）境的；

（三）使用他人出入境证件出入国（边）境的；

（四）使用以虚假的出入境事由、隐瞒真实身份、冒用他人身份证件等方式骗取的出入境证件出入国（边）境的；

（五）采用其他方式非法出入国（边）境的。

第七条 以单位名义或者单位形式组织他人偷越国（边）境、为他人提供伪造、变造的出入境证件或者运送他人偷越国（边）境的，应当依照刑法第三百一十八条、第三百二十条、第三百二十一条的规定追究直接负责的主管人员和其他直接责任人员的刑事责任。

第八条 实施组织他人偷越国（边）境犯罪，同时构成骗取出境证件罪、提供伪造、变造的出入境证件罪、出售出入境证件罪、运送他人偷越国（边）境罪的，依照处罚较重的规定定罪处罚。

第九条 对跨地区实施的不同妨害国（边）境管理犯罪，符合并案处理要求，有关地方公安机关依照法律和相关规定一并立案侦查，需要提请批准逮捕、移送审查起诉、提起公诉的，由该公安机关所在地的同级人民检察院、人民法院依法受理。

第十条 本解释发布实施后，《最高人民法院关于审理组织、运送他人偷越国（边）境等刑事案件适用法律若干问题的解释》（法释〔2002〕3号）不再适用。

图书在版编目（CIP）数据

刑事案件管辖规定与立案追诉标准／白永媛编著
．—北京：中国法制出版社，2021.2（2021.10 重印）
ISBN 978－7－5216－1630－9

Ⅰ．①刑…　Ⅱ．①白…　Ⅲ．①刑事犯罪－立案－标准
－中国　Ⅳ．①D924.3－65

中国版本图书馆 CIP 数据核字（2021）第 020988 号

责任编辑　王　熹　　　　封面设计　周黎明

刑事案件管辖规定与立案追诉标准

XINGSHI ANJIAN GUANXIA GUIDING YU LI'AN ZHUISU BIAOZHUN

编著/白永媛
经销/新华书店
印刷/三河市紫恒印装有限公司
开本/880 毫米×1230 毫米　32 开　　　　印张/15.25　字数/405 千
版次/2021 年 2 月第 1 版　　　　2021 年10 月第 2 次印刷

中国法制出版社出版
书号 ISBN 978－7－5216－1630－9　　　　定价：65.00 元

北京西单横二条 2 号
邮政编码 100031　　　　传真：010－66031119
网址：http：//www.zgfzs.com　　　　**编辑部电话：010－66010493**
市场营销部电话：010－66033393　　　　**邮购部电话：010－66033288**

（如有印装质量问题，请与本社印务部联系调换。电话：010－66032926）